El Tono Universal

EL TONO UNIVERSAL

SACANDO MI HISTORIA A LA LUZ

CON ASHLEY KAHN
Y HAL MILLER

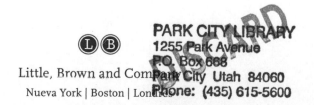

Little, Brown and Company

Nueva York | Boston | Londres

Little, Brown and Company
Hachette Book Group
1290 Avenue of the Americas, New York, NY 10104
littlebrown.com

Primera edición en español: abril de 2015
Publicado en inglés en 2014 por Little, Brown and Company con el nombre *The Universal Tone*

Little, Brown and Company es una división de Hachette Book Group, Inc. El nombre y el logotipo de Little, Brown son marcas registradas de Hachette Book Group, Inc.

La editorial no es responsable de los sitios web (o el contenido de los mismos) que no son de su propiedad.

La agencia de conferencistas Hachette Speakers Bureau ofrece una gran variedad de autores para conferencias. Para obtener más información, visite hachettespeakersbureau.com o llame al (866) 376-6591.

Fragmento de la letra de "Samba Pa Ti", © Carlos Santana.

ISBN 978-0-316-32874-6
LCCN 2015933324

10 9 8 7 6 5 4 3 2 1

Impreso en los Estados Unidos de América

Este libro está dedicado a mi queridísima madre, Josefina B. Santana, por su energía, su paciencia, su tenacidad, su fe inquebrantable y su total convicción. Ella era una amante de la verdad y siento su energía, ahora más que nunca. Gracias, mamá. Te amo eternamente. Tus oraciones funcionaron.

Contenido

El Tono Universal

INTRODUCCIÓN

Convicción y carisma

Josefina Barragán

José Santana

Mi historia comienza con un desfile.

Mi historia comienza con un desfile.

Pero, en realidad, podríamos empezar en cualquier punto de mi vida y eso sería genial. Es como la lista de temas para un concierto de Santana. Podrías hacerla trizas, arrojarla al aire y volver a armarla. La verdad es que cualquier momento sirve como punto de partida y cualquier momento sirve como punto final. Todo es parte del mismo círculo y todo está conectado.

Hay muchos capítulos en mi historia. Hay muchos en la vida de cualquier persona. Pero mi vida está formada por tres aspectos: por un lado está mi trayectoria musical; por otro mi historia como hijo, hermano, esposo y padre (lo que llamo el ritmo doméstico); y por último, está mi dimensión espiritual, el reino invisible. Todo está estrechamente entrelazado: lo físico y lo espiritual, la seriedad y el humor; lo sagrado y lo terrenal. Así es este libro.

Sé que quieres escuchar sobre el Fillmore y Woodstock, y lo harás. También quieres saber sobre los 60 y los 70 y, por supuesto, sobre *Supernatural*, las entregas de premios y todo lo que sucedió desde entonces. Abrazaré todo y a todos como corresponde: a mis antiguos maestros, mi divorcio, mi nuevo matrimonio, el abuso sexual que sufrí de niño... todo.

Está mi niñez en México y el viaje que hicimos de Autlán a Tijuana con mi mamá, mis hermanas y hermanos. Mi papá enseñándome violín y cuando me envió mi primera guitarra eléctrica desde San Francisco. Mis hermanas que se sentaban encima de mí para obligarme a escuchar a Elvis. La mudanza de mi familia de Tijuana a San Francisco, donde aprendí inglés y comencé una vida nueva, en un nuevo país como lavaplatos.

Este libro no es una crónica discográfica o anual de cada espectáculo del grupo de rock de Santana. Todo eso es para otro momento y otro libro. Este libro no es historia, es mi historia. Y al contarla, soy consciente de que elijo tener cada uno de mis recuerdos. Existe algo así como una lógica divina; yo la llamo memoria celestial. De hecho, toda persona tiene la opción de mirar hacia atrás y ver el pasado como belleza y bendiciones. Cuando me acuerdo del sabor del helado, puedo pensar que era aún más dulce; y cuando recuerdo el aire de un lugar, puedo pensar que se sentía aún mejor en mis pulmones. También celebro la honestidad y los detalles que cuentan las historias de mi vida.

Mi objetivo es que este libro sea multisensorial, que su lectura sea como saborear la comida casera de mi madre: interesante y también deliciosa. Ni insípida ni aburrida.

La comida que amo de México, la ropa, los colores y la música, todo sigue vivo en mí. Todavía siento el olor que inundaba el ambiente de los clubes de striptease en Tijuana y el detrás de escena del Auditorio Fillmore en San Francisco. Veo a la gente, huelo la marihuana. Siento en mis manos las guitarras que alguna vez toqué y puedo escuchar los sonidos que salían de cada una de ellas. Estoy tan agradecido por todos esos recuerdos...

¿Ese desfile que mencioné? Ese no es uno de mis recuerdos. No lo recuerdo porque yo no estaba allí. El día del desfile fue cuando mi padre y mi madre se conocieron por primera vez, como adultos. Allí es cuando comenzó todo para mí.

Mi mamá dice que eran las cinco de la tarde; el sol se iba acercando al horizonte y todo se veía dorado, como sucede a esa hora del día. De repente, escuchó un alboroto en la calle. Esto sucedió en su pueblo natal, Cihuatlán, en el estado de Jalisco en México, sobre la costa del Pacífico. Fue alrededor de 1938, cuando mi mamá, Josefina Barragán, todavía vivía con su familia.

Mi abuelo (su papá) se estaba quejando: "¡Oh, es ese *diablo*, el Farol!". A mi papá lo llamaban el Farol. Lo apodaron así por una canción que solía tocar y cantar.

"¿De qué hablas?", le preguntó ella. "Es él, José Santana". Mi mamá se había topado con él una vez cuando ella era niña y él un adolescente. Ella estaba jugando con una pelota que aterrizó a los pies de mi papá y ella fue corriendo a buscarla. "¡Bu!", dijo él. "¡Eh! Rubiecita, tienes el pelo lacio como barba de maíz". Y ella salió corriendo.

Más de diez años después, mi mamá abrió las cortinas y vio un grupo de personas caminando por el medio de la calle con José a la cabeza y todas las prostitutas del pueblo siguiéndolo. Todos iban riendo, haciendo música y cantando. El hombre que se convertiría en mi padre sostenía el arco de su violín en alto como un asta, de la cual colgaban un par de pantaletas y un sostén. El alcalde iba al lado de mi papá y también había otros músicos. El cura del pueblo, realmente enfurecido con este espectáculo, los seguía mientras intentaba arrojar agua bendita sobre los descarriados. Iban haciendo un increíble barullo, un gran alboroto. Por lo que contaba mi mamá, imagino que habrían estado de parranda durante toda la noche y todo el día, y estaban tan satisfechos de sí mismos, tan ebrios y desinhibidos que habían decidido trasladar la fiesta a las calles. De todos modos, era un pueblo muy pequeño y todos miraban este espectáculo y movían sus cabezas en reprobación.

El alcalde adoraba a mi papá. Amaba a los músicos y su estilo de vida, así que, ¿quién iba a decirles que no podían cantar y hacer música en las calles? Casi todos querían a mi papá; era muy carismático. Había nacido en Cuautla, un pequeño pueblo del interior que quedaba a unas tres horas de allí y, al igual que su padre, se había convertido en músico. Luego se mudó a Cihuatlán por trabajo: tocaba en orquestas y bandas que hacían canciones populares mexicanas. Lo llamaban Don José.

En 1983, después de que nació mi hijo Salvador, visité esa parte de México con mi papá. Allí conocí a una señora que me dijo: "Carlos, yo crecí con Don José. Éramos de la misma generación. Quiero que sepas que tú puedes ser reconocido en todo el mundo, pero aquí, Don José es el Santana que cuenta." Mi papá simplemente me miró. Yo sonreí y dije: "¡Por mí, está bien!"

Pero no todos en Cihuatlán sentían esto sobre mi padre. De hecho, el cura no lo apreciaba mucho y mi abuelo, el papá de mi mamá, menos aún. A él no le gustaba José porque era músico, y sobre todo porque era un mexicano de pura cepa, un mestizo. Era evidente que corría sangre india por sus venas. Era de tez oscura y mi padre estaba orgulloso de ello. Pero su nombre (Santana o Santa Ana) provenía de Europa. Santa Ana era la madre de María, la suegra de José, la abuela de Jesús. No se puede ser mucho más católico que eso.

La familia de mi mamá era de piel más clara, europea. Una vez vi mi árbol genealógico y hay algunos hebreos en ese lado de la familia (hubo muchos judíos que vinieron de España al Nuevo Mundo después de 1492). Nosotros, los Santana, comíamos cerdo pero mi mamá tenía algunas reglas extrañas acerca de la comida. Según ella, algunos alimentos sí podían comerse, otros no; algunos podían comerse en determinados momentos y algunos alimentos no podían comerse junto con otros. Parte de eso quizá hayan sido costumbres kosher heredadas.

Los Barragán vivían en una hacienda. Tenían caballos y establos, y gente que trabajaba para ellos. En cambio, todo lo que tenía mi papá, era su violín.

Pero eso no detuvo a mi mamá. Ella siempre me contaba:

"Cuando vi a tu padre al frente de ese loco desfile, supe que sería el hombre con el cual me casaría y dejaría este pequeño pueblo. Tenía que irme. Estaba cansada del olor a rancho; no me gustaban los hombres que olían a caballos y cuero. Pero tu padre no olía así".

José y Josefina se conocieron y se enamoraron. Mi abuelo, el padre de mi mamá, nunca bendijo esta unión. Se fugaron a caballo; papá simplemente se la llevó. La familia los estuvo buscando y un amigo los ayudó a esconderse en Cihuatlán. Después siguieron hasta Autlán, donde comenzaron a armar nuestra familia. Mamá tenía dieciocho años y papá veintiséis. Yo nací unos años después; soy el hijo del medio entre siete hermanos.

Nunca supe exactamente el motivo de aquel desfile, qué acontecimiento poco santo estaban celebrando. Mi papá nunca hablaba de su juventud. En realidad, no hablaba mucho, pero no importa. Amo todo aspecto de su historia: el sexo, la religión y el humor. Creo que deja al descubierto el supremo carisma de mi papá y la suprema convicción de mi mamá. Muestra cómo fue su unión y lo que me dieron.

De mi mamá heredé esta pasión y furia por hacer las cosas bien. En todas las fotos que vi de mi mamá de niña, tiene esa mirada intensa y penetrante, casi como si estuviera enojada, o una mezcla de enojada y decidida. A muy temprana edad ya lo cuestionaba todo, incluso cuestionaba la Biblia. "Necesito saber, no puedo aceptar algo así porque sí", solía decir. Claramente, tenía un carácter tan fuerte como el acero.

Mi papá también era fuerte, pero era romántico. Le encantaba tocar música. Recuerdo cómo apoyaba el mentón en el violín, suavemente, como si fuera el hombro de una mujer. Después ubicaba el arco sobre las cuerdas con los ojos cerrados. En ese momento, todas las mujeres le pertenecían. Tocaba desde el centro de su corazón.

Papá vivía para tocar y tocaba para vivir. Se supone que eso es lo que deben hacer los músicos. Por trabajo, tocaba lo que le pedían: polcas, boleros, música mariachi. Pero en casa tocaba puras melodías. Sus canciones favoritas eran las de Agustín Lara, que era como el Cole Porter de México; muchos de sus temas sonaban en las películas de esa época. Escribió la canción "Farolito", que a mi papá le encantaba cantar y por la cual lo apodaron el Farol. Dado que en casa tocaba mayormente las canciones de Lara, esa fue la primera música que escuché. Esa y el "Ave Maria".

Este libro intenta honrar a mi papá y a todos los demás héroes musicales que dejaron sus huellas en mí; mi lista de influencias. Lightnin' Hopkins, Jimmy Reed y John Lee Hooker. B. B. King, Albert King y Otis Rush. Buddy Guy, Jimi Hendrix y Stevie Ray Vaughan. Gábor Szabó, Bola Sete y Wes Montgomery. Miles Davis, John y Alice Coltrane, y muchos, muchos más.

Me enorgullece admitir que conocí a casi todos y pude brillar en su luz y sentir una conexión con ellos a través de la música que compartían con el mundo. Miré directo a sus almas y me vi, y porque los amé, me amé. Muchas personas se pasan la vida tan apuradas que, cuando mueren, sus vidas parecen haber sido un gran borrador. Pero yo puedo congelar los momentos que pasé con Stevie Ray, Otis o Miles Davis ahora mismo, en mi mente, y contarte qué ropa tenían puesta y qué nos dijimos. Recuerdo cada momento muy claramente; son algunos de los recuerdos que encontrarás en este libro.

No fue fácil comenzar a crear este libro. Era como mirarme al espejo a primera hora de la mañana, recién despierto, antes de arreglarme un poco. Me dije a mí mismo que tendría que repetir otro mantra: "No temo danzar en mi propia luz". Y así es.

Solía ser una persona muy intensa, muy compulsiva. Siempre estaba enojado porque mi ego me había convencido de que era un tipo incorregible y despreciable. Jugaba a las escondidas conmigo mismo. Recuerdo que, hace mucho tiempo, en México, alguien me preguntó cuál era mi mayor miedo y yo respondí: "Defraudar a Dios". Ahora, me doy cuenta de que no habría manera de decepcionarlo porque para Él, lo que yo haga, no es un problema. Solo representa un problema para mi propio ego. ¿Qué es el ego sino algo que cree estar más allá de Dios?

Cuando comprendí esto fui como una serpiente que cambia su piel. La piel vieja era culpa, vergüenza, juicio, condena, miedo. La piel nueva es belleza, elegancia, excelencia, gracia, dignidad. Cada día aprendo más y más a bendecir y transformar mis contradicciones y mis miedos. A medida que pasan los días, van aumentando mis ganas de usar mi guitarra y mi música para invitar a las personas a reconocer la divinidad y la luz que hay en su ADN.

Esa es la historia tras la historia, la música dentro de la música. John Coltrane lo llamaba un Amor Supremo. Yo lo llamo el Tono Universal, y con él, el ego desaparece y la energía se apodera de todo. Te das cuenta de que no estás solo; estás conectado con todos. Todos nacemos con una forma determinada capaz de recibir el Tono Universal, pero muy pocos permiten que este se desarrolle. La mayoría lo interrumpe con cosas que considera más importantes, como el dinero, la fama o el poder. El Tono Universal está fuera de mí y me atraviesa. Yo no lo creo, solo me aseguro de no bloquearle el camino.

Una vez, le preguntaron a Marvin Gaye sobre su álbum *What's Going On*: "¿Cómo hizo para crear semejante obra maestra?". A lo que él respondió: "Solo hice lo mejor que pude para apartarme y dejarlo suceder". Mi esposa, Cindy, me cuenta que Art Blakey solía hablarle sobre los tambores y decirle que la música viene "directo del Creador a ti". Lo decía mucho, y así se sentía su música. Los verdaderos músicos saben que la música real llega de esta manera. No viene a ti, sino a través de ti.

Es lo mismo con John Coltrane, Mahalia Jackson, Bob Marley, el Dr. Martin Luther King... todos los portadores de mensajes. Estoy verdaderamente agradecido por haber podido escuchar tantos de sus sonidos en vivo. Algunas personas están en este planeta para ayudar a elevar la conciencia, y a través de ellos llegan los sonidos, las palabras, las vibraciones y la música. No tiene nada que ver con el negocio del espectáculo o del entretenimiento. No es música para ascender, sino música que eleva.

Eso es el Tono Universal en acción. De repente, la música obliga a las personas a ir en contra de lo que consideraban estéticamente sustancial para sí mismos, y lo que solía adaptarse tan bien empieza a sentirse incómodo, como zapatos que se han vuelto demasiado apretados y ya no se pueden usar más. Eleva la conciencia de las personas y detiene la estática para que puedan escuchar la canción olvidada que tienen adentro. Modifica sus moléculas para que puedan salir del reino de sí mismos y fuera del tiempo. Entonces pueden pararse en un eterno ahora.

He tenido la fortuna de ver cómo es realmente el Tono Universal y su alcance. Es algo tan increíble ser conocido mundialmente, ser un punto de conexión entre tantas personas... Acepto ser un conducto. Acepto que la gracia me haya elegido para trabajar a través de mí como desee, y también acepto los regalos, los premios, los honores y las regalías que vienen con ello.

No siempre me sentí así, sin embargo. Al principio no tenía suficiente confianza en mí mismo como para sentirme cómodo llevando el Tono Universal. Tuve que aprenderlo estando cerca de otros chamanes músicos y dadores de espíritu, personas como Herbie Hancock y Tito Puente, B. B. King y Wayne Shorter. Observando cómo se elevan sobre la fama y el estrellato mientras sus pies nunca dejan el suelo. Cómo aceptan los hermosos hoteles, los asientos en primera clase y los premios, junto con las largas noches sin dormir, las comidas rápidas, las madrugadas de trabajo y los problemas de sonido. Cómo sirven a la música y llevan el Tono Universal.

No hace mucho conocí a una hermosa pareja en Saint Louis que había renunciado a mucho dinero para ayudar a personas muy necesitadas. La mujer dijo algo que me dejó anonadado: "Es una bendición ser una bendición". Esas palabras fueron perfectas. Expresaron lo que estaba en mi interior desde hacía tantos años, incluso cuando el ego, la vergüenza y la culpa bloqueaban el camino.

Soy solo un hombre y tengo pies de barro, como todo el mundo. Me gusta el éxtasis, los orgasmos, las libertades y todos los tipos de lujos que puedo darme ahora; pero soy muy, muy cauto conmigo mismo. Mantengo mi oscuridad bajo control. La mayor parte del tiempo trato de sacar lo mejor de mí siendo gentil, coherente y humilde; no odioso, grosero, cruel o vulgar.

Luego, de repente, ¡maldición!, lo arruiné otra vez. Hice un berrinche. Mi ego me venció y dije o hice cosas sin pensar. Fui odioso con alguien que aprecio. Antes, no sabía que el enojo es solo el miedo enmascarado. Ahora lo sé, y sé que tengo seguir adelante: respirar profundo, perdonarme y volver al Tono Universal.

La gente no solo me conoce por mi música, también me conoce por ser un buscador espiritual. "Carlos cósmico", "Carlos el loco"… Sé lo que dice la gente sobre mí y no tengo problema con eso. Soy el tipo que habla de la luz y la luminosidad, y siempre usa camisas y chaquetas con imágenes de ídolos muertos. Muchas personas llevan imágenes de otras personas en su ropa. A mis ojos, John Coltrane, Bob Marley, Billie Holiday, Miles Davis… son personas que inspiran y encienden, descubridores de bendiciones y milagros. Todos ellos son inmortales, aún viven en un eterno ahora. Y me hacen lucir bien; ¡prueba llevarlos en tu ropa!

Ser "cósmico" para mí significa estar conectado. Desde el lugar donde estoy, donde tengo la bendición de estar, he podido ver cómo todos estamos conectados. Cuando la gente me llama cósmico o loco, lo tomo como un halago y digo: "Bueno, aquí me tienes. Mi locura está funcionando. ¿Cómo está tu cordura?".

Si la gente realmente quiere conocerme, no debería detenerse ahí. Deberían saber que siempre voy a seguir mejorando y que me llevó mucho tiempo darme cuenta de que es hora de dejar de buscar y empezar a ser. El objetivo espiritual que buscaba no era algo lejano, algo que estaba en la cima de alguna montaña o incluso unos metros por encima de eso. Está siempre aquí mismo, en el aquí y ahora, en mi espíritu, mi música, mis intenciones y mi energía. Constantemente trato de usar mi energía y mis bendiciones para hacer el bien, para hacer y decir cosas, y tocar música que resuenen todas en la misma frecuencia: el Tono Universal.

Cuando generas cierta música y energía, nunca sabes a quién golpeará y quién brillará con ella. A veces estoy sentado a la mesa, a punto de comer, llevando el tenedor a la boca cuando escucho que alguien dice: "Lamento molestarlo…", y esa persona tiene una historia para contarme. A veces, quieren que les firme algo o que me saque una foto con ellos. En ese momento, la comida ya no es lo que importa.

A veces, estas situaciones ocurren mientras estoy comiendo con amigos y ellos me preguntan cómo hago para manejarlo. Yo los miro y les digo: "Mira, hombre, ¿dónde estamos ahora?".

"Eh... en un restaurante".

"Exacto. ¿Y sabes quién está pagando esta comida? Ellos. ¿Y ves ese hermoso coche que está afuera esperándonos? Ellos me ayudaron a obtenerlo, y pagan la gasolina, y la casa a donde iré después de comer, y no estaría aquí comiendo si no fuera por ellos. Así que si quieren tomarse una foto conmigo, ¡claro que sí!, tomen dos".

Bajo el tenedor, hago contacto visual con la persona que se acerca a hablarme y la escucho. Y le daré un abrazo, si es apropiado.

Se trata de aceptar el rol para el que fui elegido y de aprender cuándo ponerme a disposición y cuándo no. Una vez en Filadelfia, yo estaba en la calle y me paró un hombre que empezó a darme la lata. "¡Oye, 'Tana! ¿Eres tú? No, no eres 'Tana, ¿o sí? Espera, ¡sí, eres tú! ¡Vaya! Qué increíble, viejo... de veras eres tú, ¿no, 'Tana? Tengo todo tu material, 'Tana... los discos, los CD, las cintas de ocho pistas, los casetes, y acabo de comprar algunos DVD". Por supuesto, eso sucedió antes de que existieran los iPods. El hombre siguió, "Sé que ahora vas a ayudar a este hermano a pagar la renta, ¿cierto, 'Tana?".

Le dije que mi nombre es Santana, no Santa Claus, y que quizá debería haber pagado la renta primero. Y me fui, pero ese nombre me siguió. Hasta el día de hoy, hay algunos amigos que todavía me dicen 'Tana. No me molesta. Hablamos sobre cómo algunas cosas son "cosas de 'Tana" y algunas historias son "historias de 'Tana". Mi asistente, Chad, me llama 'Tana, y mi amigo Hal pide hablar con Tanaman cuando llama a casa.

A veces es cuestión de saber cuándo irse, como la vez que un tipo se acercó a mí con su esposa después de un espectáculo en Madison Square Garden pidiéndome que me parase al lado de ella para una foto. "Vamos, querida, acércate a Carlos. ¡Acércate más! Bien, y ahora bésalo". Eso me importunó y me fui.

Eso es demasiado cerca para mi gusto, gracias. Una vez, en París, un portero de hotel me estaba contando cómo cada uno de sus hijos había sido concebido al son de la música de Santana, y empezó a nombrar a todos los niños y todas las canciones. Le agradecí antes de que se extralimitara. Era demasiada conexión para mí; no soy tan universal.

Me dije a mí mismo que este libro debía ser saludable, sanador, enriquecedor, informativo, puro, honesto y elegante. Debía ser absolutamente ameno, de modo que cualquiera, especialmente mis hijos y mi familia, pudieran leerlo y disfrutarlo, reírse con él y comprender. He tenido tantas experiencias graciosas que siento que debo compartirlas; experiencias que prueban que Dios tiene sentido del humor.

Me gusta reírme y me encantan las historias, y quería incluir todo eso en este libro también. Una de mis historias favoritas es sobre un hombre sumamente exitoso en los negocios. Todo lo que sabía hacer era generar dinero, y todo lo que hacía o tocaba seguía generando más dinero. Pero cuanto más dinero tenía, más se deprimía, y no podía entender por qué. Un amigo le dijo que había un gurú especial que tenía el secreto de la felicidad y vivía en una cueva, en la cima de una montaña, del otro lado del océano (donde siempre viven, ¿no es así?). El viaje resultó ser muy, muy largo y caro ya que primero debió tomar un avión, un barco y un taxi; y tuvo que hacer parte del camino a caballo y por último a pie. El tipo pasó semanas y semanas viajando, y finalmente encontró la montaña correcta, subió hasta la cueva y entró. Lentamente, sus ojos se fueron ajustando a la oscuridad y entonces vio a un anciano de barba larga, meditando muy profundamente, casi zumbando de tanta elevación. Tuvo que esperar mucho tiempo a que el gurú saliera de su trance, pero finalmente el anciano abrió los ojos y lo miró. "Oh, sabio, he hecho un largo viaje", dijo el peregrino. "Por favor, dime, ¿cuál es el significado de todo esto, de la existencia?".

El anciano sonrió y señaló con la cabeza un letrero que había a sus pies. El peregrino lo observó; era difícil leer en la cueva. El letrero decía "hokey pokey". El hombre no entendía nada. Miró de vuelta al gurú y le dijo: "¿Hokey pokey?".

"¡Ajá! De eso se trata todo".

La lección es simple: tienes que divertirte con tu existencia. En algún punto, tienes que dejar de tomarte las cosas tan seriamente y personalmente, y dejar de andar tan almidonado ya que esto solo paraliza tu creatividad y tu vitalidad.

Puedo decir, muy claramente, qué es lo que no quería en este libro: no quería que estuviera lleno de lamentaciones, remordimiento o culpa. Para eso puedes leer otros libros. Un amigo me dijo algo que tuve siempre presente al escribir este libro: cuando pases por el infierno (tu propia noche oscura del alma) no tomes fotos para mostrarle a tus amigos. Otra persona me dijo: "No llores cuando veas tu propia película". Las dos sugerencias tienen sentido para mí.

Cuando alguien me preguntaba cómo me gustaría que me recuerden, solía encogerme de hombros y decir: *"Me importa madre"*. Pero ahora, como alguien que consciente e inconscientemente hace cosas para inspirar a la gente a alcanzar sus metas, digo que este libro es sobre aceptar la responsabilidad de elevar la conciencia en otros y expresar mi suprema gratitud a todos, a cada espíritu que guio mi vida y me dio la oportunidad de reconocer estos dones y compartirlos. Es a través de ellos que quisiera ser recordado.

Y he aprendido lo siguiente: ser un instrumento de paz. Ser un caballero a toda costa. Disfrutar, divertirme con mi existencia. Escuchar mi voz interior y no ser engreído. Mantener mi oscuridad bajo control. Dejar que la música sea una fuerza sanadora. Ser un verdadero músico: desde el momento en que empiezas a contar el dinero antes que a revisar tus notas, dejas de ser tú mismo y te conviertes en alguien que no eres. Deja a un lado la guitarra, sal al aire libre y disfruta de un buen rato de sol. Ve a caminar al parque, quítate los zapatos y las medias y siente el césped bajo tus pies y el barro entre los dedos. Detente y mira la sonrisa de un bebé o a un borracho arrastrarse por la calle. Observa la vida. Siente la vida, toda, tanto como te sea posible. Encuentra una melodía humana y luego, escribe una canción sobre ella. Haz que todo pase a través de tu música.

Bienvenido a mi historia, bienvenido al Tono Universal. *Vamos a empezar.*

CAPÍTULO 1

(En sentido de las agujas del reloj, desde arriba a la izquierda) Irma, Laura, Tony, yo, Lety y Jorge en Autlán, 1952.

María, 1959.

Creo que crecí con ángeles. Creo en el reino invisible. Incluso cuando estaba solo, nunca he estado realmente solo. Mi vida ha sido bendecida de esa manera. Siempre había alguien cerca, observándome o hablándome, haciendo algo en el momento justo. Tuve maestros y guías, algunos que me ayudaron a moverme de un lugar a otro. Algunos me salvaron la vida. No dejo de sorprenderme cuando pienso en mi vida, los torbellinos y las vorágines que atravesé, y me doy cuenta de la cantidad de intervenciones angelicales que tuve, siempre a través de diferentes personas. Es impresionante. Este libro existe gracias a ellos y lo escribo como un reconocimiento. Es sobre ángeles que llegaron a mi vida cuando más los necesitaba.

Bill Graham, Clive Davis y mi maestro de arte de la preparatoria, el Sr. Knudsen. Yvonne y Linda, dos amigas de la secundaria que me aceptaron y me ayudaron con el inglés. Stan y Ron, dos amigos que renunciaron a su trabajo fijo para ayudarme a armar una banda. El conductor del autobús en San Francisco que me vio llevando la guitarra y me hizo sentar a su lado para que estuviera seguro al pasar por una zona peligrosa de la ciudad. Los músicos con los que toqué y que fueron mis mentores: Armando, Gábor y muchos, muchos más. Mis hermanas y hermanos, que me ayudaron a crecer. Mis tres hermosos hijos, que son tan sabios y ahora, son mis maestros. Mi mamá y mi papá. Mi hermosa esposa, Cindy.

Creo que el mundo de los ángeles puede llegar a través de cualquiera, en cualquier momento, o simplemente en el momento justo, si te permites mover un poco el dial de tu radio espiritual para mantenerlo en la frecuencia correcta. Para que eso suceda, tengo que evitar producir mi propia estática, evitar la racionalización del ego.

Las personas pueden cambiar su visión de las cosas al cambiar su manera de pensar. Creo que alcanzamos nuestro mejor momento, cuando nos salimos de nuestro propio camino. Las personas se atascan en sus historias. Mi consejo es que pongas fin a tu historia y comiences tu vida.

C uando yo era un niño, había dos Josefinas en casa. Una era mi mamá, y la otra era Josefina Cesena, a quien le decíamos Chepa. Era una mestiza, mayormente india. Chepa era nuestra ama de llaves. Pero era mucho más que eso, ella era parte de la familia. Cocinaba, cosía y ayudaba a mi mamá a criarnos. Estaba allí desde antes que yo naciera. Ella me cambiaba los pañales. Cuando mi mamá intentaba darme una zurra, yo corría en busca de Chepa para esconderme en su pollera.

Cuando las mamás están embarazadas, zurran más duro y más a menudo. Cuando yo era pequeño, parecía que mi mamá siempre estaba embarazada, y Chepa me protegió de muchas palizas. También fue el primer ángel que intervino en mi nombre.

Las cosas ya estaban difíciles para mi familia en aquel entonces. Hacía diez años que mi papá y mamá estaban casados y él viajaba cada vez más para tocar su música y ganar dinero. Autlán no ofrecía suficientes oportunidades para un músico profesional, así que él empezó a viajar por trabajo y cada vez que lo hacía, se ausentaba durante meses. Es posible deducir cómo era su agenda de viajes al mirar las fechas de nacimiento de sus hijos. A partir de 1941, cada dos años nacía otro hijo. Mis tres hermanos mayores nacieron todos a fines de octubre. Los otros cuatro (incluido yo) nacimos en junio, julio y agosto.

Cuando llegó mi turno, papá decidió que otro hijo era demasiado. La familia tenía dificultades económicas. "Ve y prepara el té", le dijo mi papá a Chepa cuando se enteró de que mi mamá estaba embarazada de nuevo. Había salido y regresado con una bolsa de un té que era tóxico y se usaba para inducir el aborto. No estoy seguro de cuántas veces recurrieron a este té antes de que yo llegara, pero sé que, en total, mi mamá estuvo embarazada once veces y perdió cuatro embarazos. Yo llegué en cuarto lugar, después de Antonio (Tony), Laura e Irma.

"Hierve esta cosa y quiero ver que se lo beba todo", le dijo mi papá a Chepa. Pero ella sabía que mi mamá no quería perder al bebé, así que cuando él no estaba viendo cambió el té por otro, como un juego de trile. Ella me salvó la vida, aún antes de nacer.

Fue mi mamá la que me contó esta historia, dos veces, de hecho. La segunda vez se olvidó de que ya me la había contado y se sorprendió mucho cuando le dije que ya la sabía. No debía ser fácil para ella. ¿Te imaginas contándole a tu hijo que estuvo a punto de ser abortado? ¿O que casi lo llaman Gerónimo?

Nací el 20 de julio de 1947 y mi papá quería ponerme Gerónimo. Personalmente, me hubiera encantado. Era por sus ancestros indios, él estaba orgulloso de eso. Creo que fue la primera y única vez que mi mamá se plantó en cuanto a nuestros nombres y dijo: "No, no se va a llamar Gerónimo. Se va a llamar Carlos". Ella eligió el nombre por Carlos Barragán Orozco, quien acababa de morir. Era un primo lejano que había sido fusilado en Autlán. Como yo tenía tez clara y labios carnosos, cuando era niño, Chepa solía decirme: "Que trompa tan bonita". O cariñosamente me llamaba Trompudo.

He visto mi nombre completo mencionado en algunos lugares como Carlos Augusto Alvez Santana. ¿Quién diablos inventó eso? El nombre que me dieron al nacer fue Carlos Umberto Santana, hasta que dejé de usar el segundo nombre, Umberto. ¿O habrán querido decir Huberto? Qué desatino. Mi nombre completo, ahora, es simplemente Carlos Santana.

Muchos años después, mi mamá me dijo que había tenido una premonición sobre qué tipo de persona sería yo. "Sabía que ibas a ser diferente de tus hermanas y hermanos. Todos los bebés se aferran a la manta cuando la madre los cubre. Tiran de ella hasta tener un rollito de hilas en sus manitas. Todos mis otros hijos se rehusaban a abrir los puños para darme la manta. Luchaban tanto que se arañaban a sí mismos. Pero cada vez que yo abría tu mano, soltabas la manta fácilmente. Por eso supe que tenías un espíritu muy generoso".

Y hubo otra premonición. La tía de mi mamá, Nina Matilda, tenía una cabellera totalmente blanca, tan blanca como la nieve. Iba de un pueblo a otro vendiendo alhajas, así como lo hacen algunas personas que venden productos de Avon. Era buena en eso también; una mujer mayor, muy sencilla que se presentaba en la puerta de las casas de familia y desplegaba un montón de pañuelos con todas estas alhajas. Como sea, Nina Matilda le dijo a mi mamá cuando yo nací: "Este está destinado a llegar lejos. Él es cristalino. Hay una estrella en él, y miles de personas lo van a seguir". Mi mamá pensó que yo iba a ser cura, cardenal o algo de eso. No tenía idea.

La gente me pregunta cómo era Autlán, si era una ciudad o campo. Yo respondo: "¿Vieron esa escena en la película *El tesoro de Sierra Madre* cuando Humphrey Bogart está en un tiroteo en las colinas con bandidos que dicen ser federales? Y uno de los bandidos dice: '¿Insignias? ¡No necesitamos ninguna apestosa insignia!'".

Ese lugar es Autlán, un pequeño pueblo en un valle verde rodeado de grandes colinas escarpadas. La verdad, es muy bonito. Cuando yo vivía allí, a principios de los 50, la población era de unos treinta y cinco mil habitantes. Ahora son unos sesenta mil. Recientemente se pavimentaron las calles y se instalaron los semáforos. Pero era más centralizado que Cihuatlán, y eso era lo que mi mamá quería.

Mis recuerdos de Autlán son los de un niño. Viví allí solo hasta los ocho años. Al principio vivíamos en un lugar lindo en medio de esa ajetreada localidad. Para mí, Autlán era el sonido de la gente que pasaba con burros y carros, y sonidos callejeros de ese tipo. Era el olor a tacos, enchiladas, pozole y carne asada. Había chicharrones, pitayas (el fruto de un cactus) y jícamas, que son como nabos pero más grandes y jugosos. Biznagas (dulces hechos de cactus y otras plantas) y alfajores, una especie de pan de jengibre que se hace con coco. ¡Mmm, qué rico!

Recuerdo el sabor de los cacahuates que mi papá traía a casa, recién asados y calentitos; una bolsa grande, llena de cacahuates. Mis hermanos, mis hermanas y yo tomábamos un puñado y los partíamos, y entonces él decía: "Bien, ¿quién quiere escuchar la historia del tigre?".

"¡Nosotros!", gritábamos. Nos reuníamos en la sala de estar y él nos contaba una grandiosa historia sobre El Tigre, que inventaba sobre la marcha. "Ahora se esconde entre los arbustos y gruñe porque está muy, muy hambriento". Y nosotros empezábamos a acurrucarnos unos contra otros. "Sus ojos se van poniendo más y más brillantes hasta que se escucha un... *¡¡grrrr!!*"

Era mejor que la televisión. Mi papá era un excelente narrador de cuentos, tenía una voz que disparaba nuestra imaginación y lograba que nos compenetráramos con la historia. Tuve suerte porque desde muy temprana edad, aprendí el valor de contar una buena historia, de hacerla cobrar vida para otros. Probablemente, el haberme inculcado esto desde pequeño fue lo que me llevó a hacer música y tocar la guitarra. Creo que los mejores músicos saben cómo contar una historia y se aseguran de que su música no sea solo un puñado de notas.

En Autlán vivimos en diferentes casas; nos íbamos mudando según los ingresos de papá. Recuerdo una que estaba bastante deteriorada y se ubicaba en una pequeña parcela de terreno entre otras casas. Seguramente mi papá la consiguió por muy poco dinero porque tenía amigos. La mejor fue una que se parecía más a una casa de verdad, con muchas habitaciones y un gran patio con un aljibe. No tenía electricidad ni cañerías, solo velas y un retrete exterior. Recuerdo que esta casa estaba más cerca de la bodega de hielo que las demás. El hielo se almacenaba entre el aserrín para evitar que se derritiera, y podíamos ir a buscarlo en cualquier momento y traerlo a casa.

Nunca vivimos en lugares muy espaciosos, ni en Autlán, ni en Tijuana, y tampoco en San Francisco. Generalmente, nuestras casas tenían solo dos recámaras, una cocina y una sala de estar. Mamá y papá siempre tenían su propio cuarto y las chicas el suyo, así que los chicos dormíamos en los sofás. Solo teníamos nuestro cuarto propio si papá estaba ganando bien y el espacio nos lo permitía.

Supongo que cuando nos asentamos en Autlán estaba pasando un período bastante próspero. Tony y yo, y luego también Jorge, compartíamos un cuarto. Pero había algunos problemitas. El techo estaba un poco deteriorado, y recuerdo que una noche estaba por dormirme cuando, de repente, sentí un ruido sordo. Mi hermano Tony dijo: "No te muevas, acaba de caer un escorpión y está al lado tuyo". Lo siguiente que escuché fue el sonido de la criatura alejándose por el piso. ¡Vaya! Eso sí que fue escalofriante.

Un sonido que es realmente hermoso es el *plop* de los mangos que caen cuando están maduros. Son grandes, rojos y tienen un aroma muy agradable. Yo solía jugar en el patio, donde había árboles de mango y mezquite. También había chachalacas, unas aves pequeñas que son como una mezcla de paloma y pavo real. Su canto es tan fuerte que, por la mañana, siempre nos despertaban.

Ese patio tenía un pozo seco y por alguna razón, un día, cuando no había nadie alrededor, decidí arrojar allí unos pollitos bebé. Tony me vio y dijo: "¡Oye! ¿Qué estás haciendo?" y empecé a bajar por el pozo para ir a buscarlos, pero mi hermano me agarró antes de que me lastimara. "¡No! No te metas ahí, tonto. Es muy profundo". Más tarde cubrimos el agujero para asegurarnos de que no pasara nada malo.

No creo haber sido un chico problemático, era simplemente normal, curioso. Podía distinguir entre lo que estaba bien y lo que estaba mal. El patio tenía un muro viejo que yo no sabía que estaba empezando a desmoronarse. Tenía un montón de enredaderas encima y un día comencé a tirar de ellas para llegar a las vainas. Quería abrirlas para que las semillas, que tenían unas alitas como pequeños paracaídas, pudieran salir volando. Estaba maravillado con ellas, así que seguí tirando de las enredaderas hasta que, de repente, parte del muro se desmoronó y cayó sobre mis pies, rompió mis huaraches (sandalias) y me lastimó los dedos.

Los pies me sangraban y yo estaba muerto de miedo pensando que mi mamá iba a darme una zurra porque los huaraches eran nuevos y había destruido el muro. Todos me buscaron durante horas. Finalmente, Chepa me encontró escondido bajo la cama. "Mijo, ¿qué haces ahí?". Y al ver mis pies dio un grito ahogado. Le contó a mi mamá, y ella se sintió realmente mal al enterarse de que le tenía tanto miedo, que mi primera reacción fue esconderme de ella. No me castigó, no esa vez.

La vida en casa consistía en vivir bajo las reglas de mamá. Ella era la que imponía la disciplina y la hacía cumplir. Era su casa y ella era la que estaba a cargo. Papá estaba ausente la mayor parte del tiempo, así que éramos solamente nosotros y mamá, y ella podía ser realmente dura. Mamá y papá no eran muy buenos para demostrar su afecto o su amor; ni a nosotros ni entre ellos. Por supuesto que respetábamos a nuestra mamá pero no era el tipo de mamá tierna y mimosa.

Mirando hacia atrás, me doy cuenta de que ella estaba aprendiendo a ser madre mientras hacía todo lo que ese rol implicaba, y papá estaba aprendiendo a ser padre y a ser esposo. Mis padres hicieron lo mejor que pudieron con lo que tenían y lo que eran. No habían recibido ninguna educación formal. Ni siquiera sé cómo aprendieron a leer y a escribir. Nos enseñaron, por ejemplo, que uno hace su propio camino. "Quizá no tengamos mucha educación o dinero, pero no vamos a ser ignorantes ni sucios ni perezosos".

Mamá tenía una belleza modesta. Era alta y su estilo era elegante pero no ostentoso. No le gustaban las cosas extravagantes, pero tampoco nunca usó nada que la hiciera ver chabacana o desesperada. Mis hermanos y yo notábamos su porte, su andar era diferente al de las otras mujeres. Incluso cuando éramos muy pobres, uno podía darse cuenta de que ella había sido criada en una familia acomodada y había gozado de algunos privilegios.

Mi mamá tenía un sistema con nosotros, sus hijos. A todos nos asignaba diversas funciones, desde temprana edad. "Hoy ustedes dos limpian las camas y el piso, y ustedes dos lavan los platos y limpian los trastos. Y mañana se intercambian las tareas. Y cuando barras quiero que te enderezes y tu espalda se vea erguida como esa escoba. Barre a conciencia y no des vueltas con la basura de aquí para allá; deshazte de ella. Cuando limpies la mesa del comedor, no le pases el trapo así nomás; límpiala bien. Usa una toalla bien, bien caliente para que el vapor elimine los gérmenes. No quiero nada de mugre, nada de suciedad. Somos pobres, pero no pobres sucios. Nadie va a avergonzar a la familia o al apellido Santana".

Era fantástica. Ella se daba cuenta si hacíamos las cosas a conciencia, y si no era así, ¡zas!, nos cascaba. Ahora, apreciamos lo que hizo, porque desarrolló en todos mis hermanos y en mí, este sentimiento de orgullo en lo que hacemos y en nuestra familia. Pero en ese entonces era duro. Mamá era muy vehemente, y vivir con ella no era fácil. Los dos éramos iguales en ese sentido. Ella cuestionaba todo, y yo también.

Recuerdo una vez que se enojó conmigo por algún motivo, que no recuerdo ahora, y yo simplemente me fui. Debo haber tenido cinco o seis años. Me fui de casa arrastrando un pequeño cocodrilo de juguete con rueditas que tenía. No iba llorando ni triste, solo iba explorando y alejándome de mamá, pensando en esquivar las piedras con mi cocodrilo y en no golpear ciertos resaltos del camino. Observaba a la gente en el mercado y a los caballos que pasaban. También pensaba: "Esto está muy bueno, puedo distanciarme de mi mamá enojada por un rato".

Cuando mis hermanas me encontraron, corrieron hasta mi.

"¿No tenías miedo solo? ¿No extrañabas? ¿No te asustaste?". La verdad, es que no tuve tiempo para pensar en eso. Creo que desde que nací vivo en el ahora, sin preocuparme por el futuro. Pienso que esa experiencia plantó una semilla en mí: la decisión de que, de allí en adelante, el miedo nunca me limitaría. Me sentiría a gusto caminando por lugares nuevos y extraños, como: "¡Oh, estoy en Japón!", y mis ojos se agrandarían al observar los hermosos templos. O "¡Oh, estoy en Roma! Mira esta calle y aquella...", y me la pasaría explorando.

De niño, todo parece nuevo y maravilloso, incluso las cosas atemorizantes. La primera vez que vi un incendio fue cuando se quemó el supermercado local. Aparentemente, ya en aquellos tiempos alguien quiso cobrar el seguro y para eso quemó su propio negocio. Nunca había visto llamas tan grandes. Todo, incluso el cielo, se veía rojo.

Otra vez vi un hombre que casi se muere cuando un toro lo corneó gravemente. Debo haber tenido cinco o seis años. Recuerdo que un grupo de hombres caminaba por el pueblo con afiches anunciando una corrida de toros. Ese fin de semana mi mamá me vistió con ropa elegante y fuimos a la Plaza de Toros, que estaba al otro lado del pueblo desde nuestra casa. Participé del desfile al comienzo del evento, marchando al ritmo del pasodoble al lado de una niña que también iba vestida muy elegantemente. Años después pude decirle a Miles Davis que él y Gil Evans habían logrado muy bien "Saeta" en su álbum *Sketches of Spain*. Ese es el tempo y el estilo del inicio, cuando todos caminan alrededor del ruedo.

Basta con ver algunas corridas para saber que la mayoría de los toros, al entrar al ruedo, corren al centro y miran alrededor, bufando y enojados. Pero ese día, un toro entró y simplemente miró a los toreadores. Estaba tranquilo, como un luchador evaluando a su oponente; como Mike Tyson cuando todavía no tenía dinero. Entonces, salió corriendo. Pero, ¡saltó sobre la valla y la gente saltaba de sus asientos y corría para salvar sus vidas!

De alguna manera lograron atrapar al toro, abrieron el portón y lo condujeron de nuevo al ruedo. Corrió nuevamente al medio, se detuvo y se quedó ahí, como diciendo: "Bien, ¿quién tiene agallas para enfrentarme?". Un torero se adelantó con su capa roja, pero este toro no era tonto; no apuntó al color, sino al hombre. El torero se acercó demasiado y uno de los cuernos del toro le dio derecho en un costado. Tuvieron que distraer al toro para poder rescatar al hombre. El tipo sobrevivió. No sé qué pasó con el pobre toro.

Recuerdo cuando empecé a ir a la escuela primaria pública de Autlán, la Escuela Central. En las paredes había pinturas de todos los héroes mexicanos: el Padre Miguel Hidalgo, Benito Juárez, Emiliano Zapata... y empezamos a aprender sobre ellos. Las historias sobre Juárez eran las que más me gustaban, porque era el único presidente mexicano que había trabajado en el campo, había sido campesino y era un "mexicano auténtico", es decir, parte indio, como mi papá. Mis maestros favoritos eran los que mejor sabían narrar historias. Leían de un libro y hacían que todo cobrara vida: los romanos y Julio César, Hernán Cortés y Montezuma, los conquistadores y toda la conquista de México.

La historia mexicana es un tema difícil de tratar ahora, ya que al crecer, me di cuenta de que ha sido, en gran medida, como un carrusel donde todos se fueron turnando para usurpar el país: el papa, los españoles, luego los franceses y los norteamericanos. Los españoles no podían vencer a los guerreros aztecas con sus mosquetes, así que esparcieron gérmenes para matarlos. Nunca me tragué esa historia. La historia que me enseñaron era decididamente desde una perspectiva mexicana, así que yo sentía curiosidad por este país del norte, fundado por europeos que le quitaron sus tierras primero a los indios americanos y luego a nosotros, los mexicanos. En primer lugar, para nosotros, Davy Crockett fue asesinado por estar en un lugar donde no debía estar. Lo siguiente que aprendes es que México perdió todo su territorio del norte: desde el oeste de Texas hasta Oregón. Todo eso, originalmente, pertenecía a México. Desde nuestra perspectiva, nunca cruzamos la frontera, sino que la frontera nos cruzó a nosotros.

Nuestra conciencia de Estados Unidos llegó a través de su cultura. Mi mamá quería irse de su pueblo natal porque vio un mundo de elegancia y sofisticación en las películas de Fred Astaire y Cary Grant. Yo aprendí sobre Estados Unidos a través de Hopalong Cassidy, Roy Rogers y Gene Autry. Y de Howdy Doody. Luego aprendí mucho más a través de la música, pero primero fue por las películas. En Autlán no había una sala de cine, así que la gente solía esperar hasta la noche y colgar una gran sábana blanca en medio de una calle, donde se proyectaban las películas; como un autocine, pero sin los coches.

Siempre tuve sentimientos encontrados sobre Estados Unidos. He llegado a amar los Estados Unidos y especialmente a la música estadounidense, pero no me gusta la forma en que este país justifica el haber tomado lo que no le pertenecía. Por un lado, le estoy muy agradecido. Por el otro, me encabrona cuando son engreídos y dicen: "Somos los número uno del mundo, ¡y ustedes no!" He viajado por el mundo y he visto muchos otros lugares. En muchos aspectos, Estados Unidos no se encuentra, ni siquiera, entre los primeros cinco.

No fui un gran estudiante. No me gustaban las clases. Me aburría muy rápido y me costaba quedarme quieto. De niño nunca quería sentarme a aprender cosas que no me interesaban. En el recreo me permitían ir a casa a almorzar. Si bien era un largo trayecto para hacerlo caminando, me gustaba poder volver, aunque una vez recuerdo que mamá había preparado como almuerzo sopa de pollo, a pesar de que hacía calor. Yo dije: "No quiero comer sopa". Por supuesto, como cualquier mamá, me contestó: "Cómela, la vas a necesitar".

Cuando se dio vuelta, tomé un recipiente de chile rojo en polvo que estaba sobre la mesa y lo vacié en la sopa. "¡Mamá, no me di cuenta... quería ponerle un poquito de chile pero cayó todo!" Ella me descubrió inmediatamente. "Cómela toda".

No me dio opción. Así que la comí. ¡Ese día volví más rápido que nunca a la escuela después del almuerzo!

Era joven y a veces hacía tonterías, pero siempre estaba aprendiendo, especialmente afuera, en el mundo. En Autlán, yo tenía edad suficiente como para comprender que mi padre era músico y que se ganaba la vida tocando el violín y cantando. Mi papá tocaba música para distintas ocasiones y con diversas funciones. Hacía música para celebraciones, en donde se necesita música feliz, música para poder brindar. No se puede tener una fiesta sin algunas polcas para bailar. Hacía música para ayudar a alguien a dar una serenata a su chica, ya fuera para declararle su amor o para recuperarla después de haber metido la pata. Hacía música para que las personas sintieran lástima de sí mismas, música para llorar mientras uno ahoga sus penas en cerveza. Nunca soporté este último tipo de música; y en México, abunda. Me encantan la emoción y el sentimiento verdaderos (lo que se llamaría patetismo) en la música. Quiero decir, ¡me encanta el blues! Pero no me gusta cuando la música es para lloriquear o sentir lástima por uno mismo.

Llegué a conocer bien el tipo de música que le gustaba a mi papá: la música popular mexicana de los 30 y 40 era lo suyo. Las canciones de amor que todos escuchaban en las películas y las baladas de Pedro Vargas, un cantante cubano que era muy famoso en México y que cantaba canciones como "Solamente una Vez" y "Piel Canela". Papá tocaba esas melodías con tanta convicción... las hacía más lentas, más sentidas, ya fuera para él mismo o con una banda frente al público. No importaba. Pero conocía un amplio repertorio de música mexicana; era necesario para su trabajo. La música mexicana es, básicamente, música europea: polcas alemanas (umpa, umpa) y valses franceses.

A finales de los 40, por la época en que yo nací, los corridos (canciones que narran historias sobre antihéroes, revolucionarios, machos, pistoleros y demás, incluyendo música mariachi) comenzaron a desplazar a toda la otra música. Mi papá no tenía problema con eso. Tocaba los mariachis típicos que todos conocían. Se vestía con esa ropa típica y los sombreros de ala ancha. Eso era lo que la gente quería escuchar, la música que le pagaban por tocar. Y como pasa con tantos padres e hijos, él tenía su música y yo tenía que tener la mía.

Pero eso vino después. En Autlán yo era demasiado joven para apreciar realmente lo que significó para nosotros que mi papá fuera músico. Más tarde, me enteré de que no solo nos mantenía a nosotros, sino también a su madre y a algunas de mis tías (sus hermanas) con su música. Su padre, Antonino, también era músico, al igual que el padre de este (mi bisabuelo). Los llamaban músicos municipales. Tocaban en los desfiles y en las funciones civiles y tenían un sueldo del gobierno local. Antonino tocaba instrumentos de viento-metal. Pero luego desarrolló un problema con la bebida y ya no pudo trabajar. No se sabe qué pasó con él después. Nunca conocí a mi abuelo paterno, solo lo vi en un cuadro. Allí se veía como un indio mexicano muy, *muy* auténtico: tenía una nariz grande, su cabello estaba todo desordenado, y estaba de pie en medio de una banda, tocando un córneo (un cuerno francés pequeño). Para mí, esa es la imagen de México, del México auténtico.

Mi padre nunca hablaba de estas cosas, ni en aquel entonces ni después. Tenía nueve hermanos y crecieron en El Grullo, un pequeño pueblo a mitad de camino entre Autlán y Cuautla, donde él nació. Solo fuimos algunas veces, de visita, cuando mi mamá quería calmar a mi papá. Recuerdo que mi abuela me asustaba; la sombra de su silueta en la pared, proyectada por el candelabro, me daba mucho miedo. Ella era sumamente dulce con mi papá, pero con nosotros y con mi mamá era un poco comedida.

Allí fue donde conocimos a nuestros primos, los hijos de mi tía. Mis hermanos y yo podíamos ser de un pueblo pequeño, pero parecíamos chicos de ciudad en comparación con ellos. Ellos eran del campo, campo, campo. Esto significa que, después de todo, sí tuvimos una educación verdadera. Ellos decían, por ejemplo: "Ven aquí, ¿ves esa gallina? Mira sus ojos".

"¿Por qué? ¿Qué hay de raro con sus ojos?"

"¡Va a poner un huevo!"

"¿Qué?"

Yo ni siquiera sabía que las gallinas ponían huevos. Y así fue: la gallina abrió sus ojos, empezó a cloquear y, de repente, ¡pop! Salió un huevo calentito. "¡Ah!" Yo no salía de mi asombro. Antes de visitar a mis abuelos, nunca había tenido esa experiencia. No conocía el ruido de la leche recién ordeñada cuando caía en la cubeta, y tampoco su aroma. No hay nada igual.

Una tarde, la naturaleza seguía su curso y me dieron ganas de ir al baño. Yo estaba acostumbrado a usar un inodoro o un retrete exterior, pero no vi ninguno alrededor. Así que les pregunté a mis primos. "¿Ves esos arbustos?", dijeron. "Haz ahí".

"No, ¿afuera? ¿De veras?"

"Sí, ahí mismo detrás de esos arbustos. ¿Dónde más?"

"¿Y cómo te limpias?"

"Con hojas, por supuesto".

"¡Ah!... bien", contesté un tanto extrañado.

Así que ahí estaba yo haciendo mis necesidades, cuando de repente sentí una cosa húmeda y peluda tocándome el trasero. Me di vuelta y me llevé el susto de mi vida: era el hocico de un cerdo, que estaba gruñendo y tratando de comer mi... ¡caca! Salí corriendo y gritando con los pantalones aún en las rodillas, tratando de alejarme de ese cerdo hambriento, mientras todos mis primos, hermanos y hermanas se mataban de risa. No me advirtieron que tuviera cuidado con los cerdos e hiciera mi asunto rápido, porque eso es lo que a los cerdos les encanta comer. Enterarme de eso me bastó para dejar de comer tocino.

Cuando yo tenía siete años, nuestra familia ya era demasiado grande y las cosas comenzaron a ponerse realmente difíciles. Éramos siete niños (Tony, el mayor, tenía trece años y María, la menor, era aún bebé) más Chepa y un pequeño perro que parecía un trapeador blanco y no tenía nombre. Un muchacho le había pedido a mi mamá que se lo cuidara un rato y nunca volvió a buscarlo. Mi papá estaba trabajando más duro que nunca, tratando de ganar suficiente dinero como para alimentarnos a todos, y comenzó a viajar por períodos más largos. Yo lo extrañaba todo el tiempo; todos lo extrañábamos. Cuando volvía a casa, todos queríamos estar con él, especialmente mi madre. Pero luego, ellos discutían, por el dinero y por las mujeres.

A través de los ojos de un niño, yo solo veía la pelea. Se gritaban, y yo odiaba eso porque amaba a mi papá y a mi mamá. No entendía los motivos detrás de esa conducta y desconocía el significado de palabras como *disciplina* y *autocontrol*. Escucharlos pelear era como mirar un libro con palabras e imágenes: cuando uno es niño puede darse una idea de lo que se trata gracias a las imágenes, pero como no puede leer, no logra comprender todo el asunto.

Todo lo que sabía es que tenían sexo y luego mi papá salía y volvía a las cuatro de la mañana con un grupo de músicos y le cantaba una serenata a mi mamá desde la calle. Cuando los escuchábamos venir, nos levantábamos todos. Mi papá se paraba frente a nuestra ventana, tocaba el violín y empezaba a cantar "Vereda Tropical". Era su himno de reconciliación. Como B. B. King, mi papá nunca cantaba y tocaba al mismo tiempo, jamás. Cantaba las líneas: "¿Por qué se fue? Tú la dejaste ir, vereda tropical / Hazla volver a mí", y entonces, para darle fuerza, embellecía la melodía con el violín.

Nosotros observábamos a mamá; si iba a la ventana y abría las cortinas, nos decíamos a nosotros mismos: "Se van a arreglar, gracias a Dios". Era hermoso y como niños nos sentíamos aliviados. "Bien, van a seguir juntos". Eso sucedió varias veces.

Creo que parte de su lealtad mutua venía de la experiencia, de aprender a superar las asperezas. Cuando se casaron, mi mamá no tenía idea de cómo cocinar. Había sido criada en un rancho con sirvientes y cocineros. La primera vez que intentó prepararle la comida a mi papá, él no fue nada amable: "Trabajo muy duro. No gastes más dinero y no me vuelvas a traer esta basura de nuevo. Ve a la casa de al lado y pídele a la vecina que te enseñe a cocinar. Pregúntale a alguien cómo hacerlo".

Eso hizo mi mamá. "Me tragué mi orgullo", me dijo. Los vecinos dijeron: "No te preocupes, Josefina, te enseñaremos. Pones grasa aquí y luego un pedazo de tortilla, y cuando toma cierto color puedes agregarle el pollo". Mi mamá con el tiempo se convirtió en una de las mejores cocineras.

Sin embargo, en algunas ocasiones durante los primeros años de matrimonio, mi mamá agarraba a sus bebés y se volvía a Cihuatlán. Esto sucedió un par de veces, hasta que mi abuelo dijo: "Mira, esta es la última vez. Si quieres que te reciba de vuelta, debes quedarte aquí. Pero si vas a volver con él, no quiero escuchar que te maltrata. Tienes que decidirte".

Mi mamá tomó una decisión: se quedó en Autlán.

Después de unos años, mi papá estaba en mejores relaciones con mi abuelo, y este invitó a toda la familia al rancho. Mi mamá me contó que una vez, su papá le pidió a mi papá que fuera a reunirse con él y sus peones en una habitación grande, y todos se le pusieron alrededor.

Mi abuelo iba a gastarle una broma a mi papá. "José, ¿te apetece un coco?"

"Sí, gracias, Don Refugio". Así es como apodaban a mi abuelo: Don Refugio.

Él le dio a mi papá un machete grande y un coco. "Bien, adelante", dijo. Mi papá no sabía cómo sostener el cuchillo, así que comenzó a tajear el coco. Hizo un desastre y todos empezaron a reírse. Mi mamá inmediatamente vio lo que estaba haciendo su padre. Se adelantó y dijo: "No hagas eso, José. Te vas a cortar los dedos y eres músico". Entonces abrió el estuche del violín de mi papá, tomó el violín y se lo dio a mi abuelo. "Bien, ahora tú toca una canción", le dijo; lo que, por supuesto, él no sabía hacer.

Todos se quedaron pasmados, ¿te imaginas? En esa cultura y en esa época, uno jamás cuestionaba a sus padres. Pero a ella no le gustó lo que estaba haciendo su padre y quiso dejarlo bien en claro. Mi mamá era realmente diferente.

Pasaron años antes de que mis hermanos y yo pudiéramos armar el rompecabezas de la historia de su familia. De vez en cuando, mamá se abría y nos daba alguna información, como el hecho de que tenía siete hermanos y creció con sus abuelos. Era común en México: a algunos niños los enviaban a vivir con sus abuelos durante un tiempo y luego volvían a casa. Ella nunca nos dijo por qué la enviaron a ella, pero ya de chica mi mamá era muy tozuda y decía lo que pensaba. Yo creo que su abuela disfrutaba escuchando sus opiniones, le permitía decir muchas cosas y también la malcriaba un poco, por lo cual, cuando mi mamá volvió a su casa e intentó hacer lo mismo, se vio en problemas. Además, ya no era el centro de atención.

Mi mamá mencionó que su papá era adinerado y que, después de que su mamá murió (esto fue a principios de los 50, cuando yo todavía era muy pequeño, así que no tengo recuerdos de mi abuela), mi abuelo no supo mantener las cosas en orden. Comenzó a prestar dinero a personas que no podían devolvérselo, algo que su esposa nunca hubiera permitido. Ella siempre había manejado las finanzas de la familia. Eso es lo que escuché de mi mamá. Lo que escuché de otras personas es que mi abuela murió de un problema intestinal que desarrolló cuando se enteró de que su esposo tenía un hijo con una de sus empleadas domésticas. De allí en más, todo comenzó a ir cuesta abajo, y mi mamá le declaró la guerra a su papá y a esta mujer.

Más tarde, mamá me contó que tampoco era fácil convivir con papá. Su forma de comportarse como esposo era muy anticuada. Mamá me contó que cuando decidieron casarse, papá le dijo: "Nunca vas a recibir un anillo o una postal o flores o algo especial para tu cumpleaños o para Navidad". Y señalándose a sí mismo agregó: "Yo soy tu regalo. Mientras yo vuelva a casa y a ti, eso será lo que obtendrás". Me quedé pasmado. "¡Diablos, mamá! Eso es muy duro... ¿Volverías a elegirlo si pudieras reescribir tu historia?".

"Sin dudarlo. Siempre quise un hombre de verdad. Él es un hombre de verdad".

No hubo otro hombre en su vida. Si bien solo bailaron juntos unas siete veces, o quizá menos, ella nunca bailó con otro hombre. Y él nunca le regaló un anillo. No comprendo esa actitud, y estoy seguro de que muchas mujeres, hoy tampoco la comprenden. Pero la mayoría de las mujeres que conozco no son de esa generación, ni crecieron en esa cultura, ni vivieron lo mismo que ella.

Mi hermana Laura me contó años después, cuando tenía un salón de belleza en San Francisco, que mi mamá estaba allí arreglándose el cabello y las uñas, y las mujeres hablaban. Una de ellas contaba sobre sus anillos: "Miren, este me lo regaló mi primer esposo, y este otro, mi segundo esposo". Una dijo entonces: "¡Eh! Josefina, ¿cómo es que tú no tienes ningún anillo?". Ella las miró y dijo: "Bueno, yo no tengo un anillo, pero todavía tengo a mi hombre".

En Autlán, parece que mi papá no podía evitar andar con otras;

le encantaban las mujeres, y a ellas les encantaba mi papá. Él era un tipo carismático y sabía cómo tratarlas. Sabía que su música tenía un efecto en ellas; cualquier buen músico es consciente de que la música tiene este resultado. Yo lo noto. Si tocas desde el corazón, como hacía mi papá, las mujeres pueden enamorarse perdidamente de ti. No necesitas verte bien, solo debes abrir tu corazón y las mujeres se verán transportadas a un lugar donde también se sienten hermosas. Él fue parte de una generación muy machista: el más "hombre", era el que más mujeres tenía.

Por supuesto, mi mamá no estaba de acuerdo con eso. No admitía esa excusa, y esto generaba muchos problemas entre ellos. Ella se peleaba en cualquier lugar y no le importaba quién pudiera enterarse.

Una tarde, a eso de las seis o siete, mamá gritó: "¡Carlos, ven acá!" Comenzó a asearme y peinarme. "¿Adónde vamos?", le pregunté.

"Vamos a la iglesia".

"Pero hoy no es domingo".

"No contestes".

Bien, vamos a la iglesia.

Ella también se arregló y luego, salimos apuradísimos, como si la casa se estuviera incendiando. Mis pies apenas tocaban el suelo de lo rápido que caminábamos. Pasamos la iglesia y seguimos de largo. "Mamá, la iglesia está ahí".

"Lo sé".

Bien.

Dos o tres cuadras más adelante nos detuvimos de golpe, fuera de una tienda. Esperamos fuera hasta que salió el último cliente y la vendedora quedó sola. Mamá entró y dijo: "Mi nombre es Josefina Santana y sé que estás teniendo un romance con mi esposo". Esta mujer tenía unas hermosas y largas trenzas. Mi mamá la agarró de las trenzas, la hizo pasar sobre el mostrador y la tiró al piso. Puso un pie sobre el cuello de esta mujer y comenzó a golpearla con furia.

Si alguna vez viste boxeo en vivo, sabrás que los golpes suenan muy diferentes de cómo se escuchan por televisión. Es tan diferente cuando sucede en frente tuyo... nunca lo olvidas. Cuando terminó de golpearla, mamá salió, agarró mi mano y caminamos de regreso tan velozmente como habíamos venido. Mi mamá era fuerte. Por supuesto, cuando mi papá se enteró de lo que había pasado, vino a casa y pelearon. Quiero decir, realmente pelearon: él cerró la puerta de la habitación, y fue terrible. Mis hermanos y yo estábamos asustados. Escuchábamos todo y no podíamos hacer nada.

Años después, mi mamá me contó historias bastante brutales. No necesitaba contármelas; yo recordaba muy bien aquellos sonidos y la sensación de impotencia. "No sé por qué te quedaste con él tanto tiempo", fue mi respuesta. Por lo que supe años después, había principalmente dos cosas que molestaban mucho a mi papá: que mi mamá se pusiera celosa, y que se interpusiera entre él y su familia. Mi papá amaba a su mamá y sus hermanas, y cada vez que podía les enviaba dinero. Pero mamá consideraba que nosotros éramos la única familia que él tenía que atender y, a veces, cuando papá recibía una carta de su familia, mamá la abría y comenzaba a discutir con él. Él se enojaba porque ella abría sus cartas y se metía en sus cosas, y ¡pum! La puerta se cerraba de nuevo y escuchábamos la pelea.

Una vez, después de que nos mudamos a Tijuana, Tony volvió a casa a buscar algo que se había olvidado y presenció todo el asunto. Pero para ese entonces ya tenía suficiente edad como para hacer algo. Entró pateando la puerta y levantó a mi papá del suelo, dejándolo con las piernas colgando en el aire. Se miraron a los ojos. Tony sujetaba a papá en el aire con fuerza, y le dijo: "Nunca vuelvas a tocar a mamá de ese modo otra vez". Lentamente, lo dejó caer y se fue. Luego, el silencio se apoderó de la casa. Ese era mi hermano Tony.

La última vez que sucedió una de esas situaciones fue en San Francisco. Papá se acercó a mamá y ella agarró una sartén negra grande. "No, José. Ahora estamos en Estados Unidos", le dijo. "Si intentas golpearme vas a salir lastimado".

Creo que el ciclo de violencia tiene que parar, y depende de cada uno de nosotros hacer todo lo que podamos para pararlo. Tanta violencia nace del miedo y de la ignorancia, y de esa palabra que realmente detesto: *macho*. Porque macho es sinónimo de miedo; miedo de ser demasiado "femenino" y no ser lo suficiente hombre, miedo de ser visto como débil. Puede ser como el peor virus, una infección que comienza en la familia y se extiende a la calle y se esparce por el mundo. La violencia debe detenerse donde comienza: en el hogar.

Para ser honesto, yo una vez golpeé a una mujer.

Cuando dejé mi casa paterna, me fui a vivir con una mujer que tenía dos hijos, y una noche discutimos. Ella perdió los estribos, yo también. Traté de evitar la pelea, pero cuando me di cuenta estábamos lanzándonos puñetazos uno al otro.

Hasta el día de hoy, todavía me pregunto por qué, simplemente, no salí de la casa. No era complicado. En ese momento tenía cuatro hermanas y a mi mamá. Ahora tengo una exesposa, una nueva esposa y dos hijas, y no quisiera que nadie trate a ninguna de ellas de ese modo. De hecho, no quiero que nadie trate así a nadie, sea hombre o mujer. Como hombres, se nos da poder, pero con ese poder viene la responsabilidad. Creo que eso debería formar parte del programa de estudio en las escuelas: cómo tratarte a ti mismo y a los demás.

En mi caso, eso sucedió una vez y nunca más. Esa vez fue suficiente para darme cuenta de lo que estaba pasando, de cómo estaba dando un paso en falso hacia ese estúpido comportamiento de macho. Saber que eso sucedió frente a los dos hijos de mi novia me revolvió el estómago. Me hizo recordar cuando yo era niño en Autlán y cómo me sentía cuando escuchaba a papá golpeando a mamá.

Todavía me pregunto cuánto me parezco a mi papá. En muchísimos aspectos puedo agradecerle por ser un ejemplo, tanto de lo que quiero ser como de lo que no quiero ser.

Mi mamá nunca se acostumbró y cada vez que se enteraba de que mi padre la engañaba con otra mujer, ella se enfurecía. Recuerdo que una vez hirvió agua para arrojársela a una de estas mujeres. Chepa le arrebató el recipiente y se aseguró de que no cometiera ninguna locura y terminara en prisión. Cuando los celos se apoderaban de mamá, ella se obnubilaba y no podía pensar en nada más, ni siquiera en sus hijos. Solo quería despedazar a cualquier mujer que se interpusiera entre ella y su hombre. Estoy seguro de que, cuando nos fuimos de Autlán, todo el pueblo se sintió aliviado; en especial las mujeres.

Todo esto hizo que mi papá estuviera cada vez menos tiempo en Autlán. Estaba ganando cada vez menos dinero en los pueblos de alrededor de Jalisco, y no le gustaba la Ciudad de México, así que comenzó a viajar más lejos, hacia el norte, hasta instalarse en Tijuana, en la frontera con Estados Unidos. Esto sucedió a mediados de los 50, y Tijuana era una ciudad grande, con muchas fiestas y mucho trabajo para los músicos. Él se iba y luego recibíamos una carta con algo de dinero y, a veces, una foto. En una de las fotos que envió, aparecía junto a Roy Rogers y Gilbert Rolland, un actor mexicano que, en aquel entonces, triunfaba en Hollywood. Yo llevaba esa foto conmigo todo el tiempo. Salía a pasear en bicicleta, sacaba la foto, la miraba y se la mostraba a todo el mundo. "Solo mírala", decía. "No la toques, hombre; la vas a romper".

La carrera de papá no era estable. A veces armaba un grupo grande, de ocho o nueve personas, y viajaban tipo caravana para dar conciertos en hoteles durante algunas semanas. Otras veces viajaba por su cuenta. Tomaba un autobús a algún lugar nuevo. Cuando llegaba, buscaba a los músicos, armaba un trío o un cuarteto y tocaban en la plaza del pueblo. Iban a diversos restaurantes y preguntaban si podían tocar adentro o afuera, o ir de mesa en mesa. A veces buscaban el mejor hotel del pueblo y preguntaban si podían entrar a tocar. En algunas ocasiones no lo lograban: "No, lo sentimos, ya tenemos una banda que toca esta noche". Pero otras sí, "Sí, de acuerdo, no hay nadie más esta noche; pasen".

Así se manejaban en ese entonces. Nada de afiches o publicidad adelantada, venta de entradas o boletería. Todo el negocio se hacía en el momento, pidiendo a los turistas cincuenta centavos o un dólar por persona, pidiendo al restaurante que alimentara a la banda si es que a los comensales les gustaba la música. Luego, uno de los músicos les abría las puertas de su casa, o volvían al autobús. "Este lugar parece un poco lento. ¿Y si probamos en Tecate? ¿O en Nogales?". Y así partían de nuevo.

Así se ganaba la vida mi papá, pidiendo permiso para tocar. Si hay algo que admiro de él, es que fue capaz de construir una carrera de ese modo y así, conseguir el dinero para mantenernos. No era fácil.

A fin de cuentas, nunca estaba en casa. Llegó un punto, cuando vivíamos en Autlán, que cada vez que papá se iba de gira, no volvía en meses. Años después, cuando comencé a salir de gira con Santana y la gente me decía algo sobre el tiempo que pasaba lejos de mi familia, yo decía: "No, no es tan loco". Cuando mis hijos aún eran pequeños, mis giras duraban entre cuatro o cinco semanas. Nunca me iba por más tiempo. Eso lo aprendí de mi experiencia en México. Creo que fui bastante equilibrado en comparación con lo que hacía mi papá.

Una vez mi papá se pasó un año entero afuera. De repente, un día volvió y sentí una inmensa alegría y un gran orgullo. Me llevaba con él cuando salía a pasear por el pueblo en bicicleta; me dejaba ir atrás, sujetándome de su cinturón (usaba un fino cinturón dorado, muy de moda en aquella época). Me encantaba el aroma de mi papá. Usaba un jabón español llamado Maja. Todavía recuerdo ese perfume.

Yo estaba tan orgulloso... Él saludaba a todos y la gente lo saludaba como si fuera un héroe que estaba de regreso. "¡Oh, Don José!"

"¡Hola! ¿Cómo le va?".

Cada cinco minutos alguien nos paraba. "¿Se acuerda de mí? Usted tocó en mi cumpleaños de quince". O alguien le decía: "¡Usted tocó en mi bautismo!"

"¡Oh, sí, claro! Dele mis saludos a la familia".

"¡Oh, Don José, gracias! ¿Podemos sacarnos una foto?".

Desde pequeño, aprendí que tenía que compartir a mi papá con mi familia, con su trabajo y con sus admiradores. Todos sus hijos sabíamos esto. Mi hermana María me contó que cuando alguien paraba a mi papá para saludarlo, ella le preguntaba si conocía a aquella persona. Y su respuesta era: "No, pero responderles amablemente hace que se sientan bien". Siempre recordé eso de mi papá. De hecho, incluí este dato en el panegírico que leí en su funeral en 1997.

Cuando tenía ocho años, papá se había ido de gira. Hacía casi un año que no lo veíamos y nos habíamos tenido que mudar al peor vecindario de la zona, a tan solo unas cuadras de la frontera del pueblo. Era un lugar pequeño con dos cuartos y lleno de piojos. También había chinches y pulgas. Cuando llegó una carta de papá con un gran cheque, mamá ya estaba harta. Era hora de dejar Autlán.

Era como si papá estuviera tratando de deshacerse de nosotros: "Aquí va algo de dinero para la renta y quizá para comprar una cocina o alguna otra cosa". Mamá se fue con la carta al medio del pueblo, donde se juntaban todos los taxistas. Ella conocía a un tipo llamado Barranquilla, que era amigo de mi papá. M Mi mamá le dijo a este hombre que mi padre, José, había enviado una carta con instrucciones y dinero para que él llevara a toda la familia hasta Tijuana. "Me dijo que le pague la mitad y que él le pagará el resto, y más, cuando lleguemos allá. Tome este dinero y recójanos el domingo, ¿de acuerdo?".

Por supuesto, Barranquilla pensó que esto era muy extraño, dado que mi papá nunca le había dicho nada a él. Le pidió a mi mamá leer la carta, pero ella actuó como si ese pedido le pareciera un disparate. "¡No! No puede leer esto, ¿está loco? ¡Aquí hay cosas personales!"

Eso sucedió un jueves o viernes. Mamá empezó a vender todo lo que pudo: muebles y todo lo que teníamos. Reunió algo de comida y algo de dinero para el viaje, el suficiente como para pagar la gasolina. El domingo nos hizo levantar a todos y se aseguró de que estuviésemos limpios, bien vestidos y con buen aspecto. Barranquilla vino con su coche, que era como un gran tanque: uno de esos sedanes estadounidenses grandes que uno podía oler antes de verlo. Mis hermanas, hermanos y yo abrimos los ojos muy grandes, preguntándonos de qué se trataba todo esto. "¿Adónde vamos, mamá?".

"Vamos a ver a su papá", dijo. Creo que solo Tony y Laura sabían antes de esa mañana que nos íbamos a ir.

Mi mamá nos subió a todos al coche, no solo a mí y a mis hermanos, sino también a Chepa y al perro. Cuando terminó de cargar todo, se subió y dijo: "Nos vamos". Eran las cinco y media de la mañana. Íbamos a buscar a un hombre al que no veíamos desde hacía un año. Teníamos suficiente dinero para un viaje de ida y ninguna garantía de encontrarlo. Recuerdo que mientras viajábamos, yo miraba por la ventana trasera y veía cómo el pueblo se volvía cada vez más pequeño. Nos dirigimos hacia el este. La ruta hacia el oeste nos hubiera llevado a la costa, mientras que la ruta hacia el este iba derecho un tramo y luego se bifurcaba: un camino iba a Guadalajara y el otro, a la izquierda, hacia el norte. Esa era la ruta que nos conducía a todo tipo de posibilidades, la promesa de una buena vida: el norte. ¿Tijuana? ¿A quién le importaba que estuviera del lado mexicano de la frontera? Para mi mamá, Tijuana era Estados Unidos. Iríamos a reunirnos con papá e iríamos a Estados Unidos. Esa fue la ruta que tomamos.

CAPÍTULO 2

Yo en la escuela primaria, 1954.

En Tijuana, muy temprano a la mañana, apenas salía el sol, yo iba caminando a la escuela. A las afueras de la ciudad veía una fila de gente (indios y mestizos) que caminaban como si estuvieran en alguna procesión religiosa, subiendo por las colinas, donde juntaban arcilla roja. Se llevaban trozos de arcilla a su casa, donde la mezclaban con agua y le daban forma de estatuillas de unos sesenta centímetros (aproximadamente, un largo como desde el codo hasta la punta de los dedos). Las dejaban secar, luego las pintaban de blanco, les agregaban otros detalles y... ¡ahí estaban! Las famosas estatuillas de la Virgen de Guadalupe, la santa patrona de todos los mexicanos. Una vez terminadas, estas esculturas se veían realmente hermosas.

Luego llevaban estas estatuillas a la ciudad para venderlas a los turistas o a cualquiera que pasara cerca de la catedral de Nuestra Señora de Guadalupe, en el centro de Tijuana. O caminaban entre los coches, en el medio de la ruta, como los que venden naranjas o cosas por el estilo. Las personas compraban las estatuas, las llevaban a sus casas, les ponían flores o velas y comenzaban a rezarle a estas pequeñas esculturas desde lo más profundo de sus corazones. ¿Quién puede saber si sus plegarias eran respondidas? Apenas unos días atrás, esas estatuas no eran más que un puñado de arcilla roja en las colinas.

Cuando llegué a Tijuana yo era un niño mexicano como muchos otros. Era solo materia prima. No tenía muchas esperanzas de llegar ni más lejos ni más alto de lo que estaba. Todo aquello en lo que luego me convertí comenzó a cristalizarse en esa ciudad de frontera: allí empecé a convertirme en músico y a convertirme en hombre. Miles Davis solía halagarme en un sentido que él comprendía. "Tú no eres el pequeño mexicano que anda por ahí con el rabo entre las patas, disculpándose por ser mexicano y pidiendo permiso para obtener una licencia de conducir". Ese tipo de validación y aprobación ha significado más para mí que cualquier otra cosa.

Miles me dijo algo más: "No soy solo un tipo que toca algunos blues, soy más que eso". Yo me siento de la misma manera. Soy todos los animales del zoológico, no solo los pingüinos. Soy todas las razas, no solo mexicano. Cuanto más crezco espiritualmente, menos nacionalista soy sobre México, Estados Unidos o cualquier otro lugar.

Estoy seguro de que esto le molesta a mucha gente. "Te estás olvidando de tus raíces. Ya no eres mexicano". Pero todavía estoy dando forma a mi propia identidad, cristalizando mi existencia, para poder ser más coherente al decir que estoy orgulloso de ser un ser humano en este planeta, no importa qué idioma hable o en qué país pague impuestos. Vine de la luz, y voy a volver a la luz.

Esas estatuas de la Virgen tenían un aspecto muy especial, podías distinguirlas inmediatamente. Después que alcanzar la fama, tuve la

posibilidad de recorrer el mundo con la banda y encontré esas Vírgenes
en Estados Unidos y en Europa, y hasta las vi una vez en Japón. Alguien
que había estado en Tijuana, compró una y la trajo a su casa. Para mí
era como ver de nuevo a un viejo amigo.

El viaje de Autlán a Tijuana fue en agosto de 1955, justo después de mi cumpleaños, y viajamos durante casi cinco días. El viaje fue largo porque no todas las rutas estaban pavimentadas. Recuerdo que los días parecían ser interminables. Viajábamos todos apretados unos contra otros, el calor era agobiante y no cedía ni siquiera cuando parábamos. Barranquilla era rezongón y malhumorado, se quejaba todo el tiempo. Mi mamá le decía: "No tengo tiempo para eso, ¿sabes? Háblalo con José".

No había hoteles o moteles a lo largo del camino. De todos modos no importaba porque no hubiéramos podido pagarlos. Solo teníamos dinero para la gasolina. Dormíamos en el desierto bajo las estrellas, preocupados por los escorpiones y las serpientes. La comida que habíamos llevado se había acabado. Así que cada vez que parábamos en algún lugar, mamá trataba de conseguir algo para que pudiéramos comer. Tuvimos que comer en paradas de camiones, donde la comida era asquerosa. Nunca había olido o probado frijoles asados tan rancios. ¿Cómo puede alguien arruinar los frijoles de ese modo? Todavía no puedo entender cómo es posible, es como arruinar la granola. Una vez comimos unos frijoles tan feos que todos terminamos vomitando a diestra y siniestra. Así que bebimos una gran cantidad de jugos Kern. Aún puedo sentir en mi boca el gusto de esos jugos espesos, y hasta el día de hoy no quiero volver a ver nunca más uno de esos jugos.

También recuerdo la música de la radio que sonaba en ese viaje, especialmente la de Pedro Vargas. En su banda tocaban los mejores trompetistas de aquel momento; podían tocar alto y limpio, como mexicanos. Todas sus canciones eran románticas. En realidad, eran sobre sexo.

Llegamos a un gran río y tuvimos que poner el coche sobre una balsa, que en realidad, eran apenas unas cuantas tablas. Para cruzar hasta el otro lado del río, unas personas jalaban una cuerda desde la otra orilla. Recuerdo que Barranquilla nos dijo que había llovido río arriba la noche anterior y que el río iba a crecer, así que si no cruzábamos enseguida, íbamos a tener que esperar tres días antes de poder hacerlo. Diablos, eso daba miedo. El rio ya había comenzado a subir y el agua ya corría con más fuerza, pero mamá decidió que teníamos que cruzar.

Llegamos a Tijuana a eso de las dos y media de la tarde. Mamá sacó la dirección del remitente de la carta de papá. El coche se detuvo y mi hermano Tony recuerda que bajaron él y mamá solos, y nos dijeron a los demás que esperásemos. Mi recuerdo es que todos salimos del coche atropelladamente; estábamos cansados, hambrientos y malhumorados. De cualquier manera, lo seguro es que a todos nos hacía mucha falta un baño. Mamá golpeó a la puerta y nadie respondió. Volvió a golpear y salió una mujer. Era bastante claro, ahora que lo veo retrospectivamente, que era una prostituta.

Para ser honesto, en aquel entonces no sabía lo que era una prostituta o una ramera, o ese tipo de cosas. Ni siquiera conocía las palabras todavía. Lo supe más tarde. Pero ella se veía totalmente desaliñada, y sí me di cuenta de que no era alguien como mi mamá. Mamá tenía un porte y unos modales muy diferentes.

Esta mujer empezó a gritarle a mi mamá. "¿Qué quiere?". Mamá la enfrentó y le contestó: "Quiero hablar con mi esposo, José. Estos son sus hijos".

"Aquí no hay ningún José".

¡Pum! Cerró la puerta de un portazo. Mamá rompió en llanto. Todavía se me rompe el alma cuando recuerdo ese momento. Mamá estaba llorando y preparándose para irse y rendirse, y todos nos preguntábamos qué sería de nosotros. Las miradas de cada uno de nosotros reflejaban esa angustia e incertidumbre.

Era el momento para que apareciera otro ángel; alguien en el lugar justo, en el momento justo, guiándonos y diciendo: "No se rindan". El ángel apareció, pero en esta ocasión, tomó la forma de un borracho que estaba recostado junto al edificio, durmiendo. Se despertó por el alboroto y preguntó: "¿Qué está pasando?".

"Estoy buscando a mi esposo, José, y esta es la única dirección que tengo", dijo mamá.

"¿Tiene una foto de él?".

Ella le mostró una foto y él dijo: "Oh, sí. Él está adentro".

Entonces mamá tocó nuevamente a la puerta. La mujer salió de nuevo, gritando. Y esta vez, el griterío despertó a mi papá. Él también salió, y al primero que vio fue a mí. Luego vio a todos los demás, y entonces su rostro comenzó a parecerse a un tazón de M&M. Quiero decir, pasó por todos los colores del arco iris: rojo, azul, amarillo, verde. Su cara se fue transformando, pasó por todas las emociones y todos los colores.

Papá agarró a mamá por el brazo y le preguntó: "Mujer, ¿qué estás haciendo aquí?".

"¡No me agarres así!" Y empezaron a discutir.

No dejo de asombrarme cada vez que pienso en la convicción pura y férrea que tenía mi mamá. Nunca se dejó disuadir, incluso cuando sus amigos y familiares le dijeron que era una locura hacer esto porque no sabía qué iba a pasar en Tijuana. "Estás loca, ¿qué vas a hacer si él no vuelve contigo?".

"Oh, él va a volver conmigo. Si no lo hace, tendrá que mirarme a los ojos y decírmelo; y no solo a mí... tendrá que mirar a sus hijos a los ojos".

Papá habló con un conocido y encontró un lugar para que pudiéramos quedarnos. Estaban construyendo una casa que todavía no tenía puertas ni ventanas, y estaba en la peor parte de la ciudad, Colonia Libertad: gueto, gueto, gueto. Ese vecindario aún existe. Habíamos pasado del gueto en Autlán al gueto en Tijuana. Al principio, papá no vino con nosotros. Mamá estaba muy molesta por eso. Él venía a visitarnos y nos traía una bolsa con comida, pero solo se quedaba un rato.

Finalmente, papá dejó a la otra mujer y volvió con nosotros. Más adelante nuestra situación fue mejorando y comenzamos a vivir en lugares mejores, con electricidad e instalación de agua, pero recuerdo que en el verano de 1955 hizo tanto calor que ni siquiera podíamos dormir. Estábamos cansados y malhumorados todo el tiempo. No teníamos dinero y teníamos hambre. Había campos cercanos llenos de grandes tomates y sandías, y por la noche mis hermanos y yo íbamos allí y comíamos hasta atiborrarnos. Creo que los dueños miraban para el otro lado porque sabían que estábamos hambrientos.

Mamá y todas las demás mujeres en esa parte de Colonia Libertad lavaban la ropa usando agua de un pozo en particular. Transportaban estas grandes cubas llenas de ropa sucia y frotaban la ropa contra las tablas de lavar. El pozo era tan profundo que el agua olía a azufre. Una vez, de pronto, me di cuenta de algo: no teníamos instalación de agua, y era algo que debíamos tener. Así mamá no tendría que lavar la ropa afuera, con agua sucia. Le dije: "Mamá, algún día, cuando crezca, te voy a comprar tu propia casa, un refrigerador y un lavarropas". Ella simplemente siguió lavando y me dio una palmadita cariñosa en la cabeza. "Qué bonito, mijo, es realmente muy bonito".

"¡Eh! No me desestimes así", pensé yo. "De veras, lo voy a hacer". Por supuesto, en ese entonces no tenía idea de cómo lo iba a hacer; solo tenía ocho años. Pero se lo prometí a mi mamá y a mí mismo. Y como se dieron las cosas, solo me llevó quince años. Cuando lo pude hacer, en 1970, me sentí extremadamente feliz. Lo hice con mi primer cheque por regalías del primer álbum de Santana. Incluso después de que cada uno sacó una tajada (los contadores, los representantes y los abogados), todavía quedó suficiente dinero como para cumplir mi promesa. Sé que los hizo muy felices a ella y a papá. Creo que en aquel momento se dieron cuenta de que no estaba tan loco después de todo. Ellos creyeron que había perdido la razón después de fumar toda esa marihuana y andar con hippies. Hasta el día de hoy, no puedo pensar en ellos y su antigua casa en San Francisco sin recordar aquel desagradable pozo. Aún me siento bien conmigo mismo por haberlos ayudado a salir de allí.

A pesar de las circunstancias, mudarnos de Autlán a Tijuana fue un buen cambio. Era una algo nuevo, emocionante y diferente. Tengo estupendos recuerdos, como cuando aprendí a jugar a las canicas. Mi hermano Tony jugaba muy bien y me enseñó. Las

canicas me gustaban porque se veían como diamantes, solía poner-
las al sol para ver cómo brillaban.

Los sabores que tengo asociados con Tijuana son distintos a los
de Autlán, ya que a medida que empecé a crecer, mis gustos fueron
cambiando también... de lo dulce a lo salado. Estaba el pozole, un
estofado que mamá siempre comía cuando estaba embarazada; eso
y los tamales. También la salsa de mole (parecida al chocolate, pero
no dulce) y la salsa de pipián, que tiene un sabor más parecido a la
naranja y se hace con semillas de calabaza. Mamá realmente sabía
adobar el pollo con estas salsas. También sabía cocinar muy bien
los camarones y los chiles, que rellenaba con queso, rebozaba y
freía. Muy pocas personas saben cómo hacerlos para que no que-
den muy pastosos y pesados. Mamá era una experta en eso, al igual
que en la machaca, una carne de ternera cortada en tiras con huevos y tanto condimento que, al comerla, uno entraba en calor. Este
plato se acompaña con agua de Jamaica, que se hace con pétalos de
hibisco y sabe a jugo de arándanos, pero mejor.

También recuerdo que empecé a escuchar más música de la
que había escuchado jamás. Justo enfrente de casa había un restaurante con una rocola que sonaba muy fuerte. Sonaba como si estuviera en la habitación de al lado. Ese fue el verano de Pérez Prado y
su canción "Cherry Pink and Apple Blossom White". Él era cubano
pero vivía en México. Muchos cubanos vinieron, grabaron sus discos y se hicieron conocidos en Ciudad de México, y de allí saltaron a
la fama mundial. Esos mambos sonaban tan bien... era como un
océano de trompetas.

A mediados de los 50, Tijuana era una ciudad con dos caras,
según de qué lado ingresaras. Si eras estadounidense y conducías
hacia el sur, era la ciudad de la diversión, otra Las Vegas. Tenía clubes nocturnos e hipódromos, trasnoche y juego. Es donde iban a
divertirse los soldados y los marineros de San Diego, y todos los
actores de Hollywood. Tijuana tenía hoteles bonitos y restaurantes
de cinco estrellas, como el del Hotel Caesar, donde inventaron la
ensalada Caesar.

Para los que ingresábamos a la ciudad desde el sur, Tijuana nos parecía Estados Unidos. No importaba que no hubiéramos cruzado la frontera. Tenía una gran influencia estadounidense, y de hecho, muchos estadounidenses estaban siempre allí, paseándose por las calles con trajes bonitos y zapatos nuevos, lo que nos hacía pensar cómo sería cruzando la frontera.

Las calles de Tijuana no eran como las de Autlán. Autlán era el campo en cuanto al trato y al modo de pensar de la gente. Tijuana era la ciudad, y esa diferencia se sentía inmediatamente. Las personas estaban todo el tiempo borrachas, enojadas o molestas por algo. Pronto, me di cuenta de que había una manera particular de caminar por esas calles; una forma diferente de caminar. Sin molestar a nadie, podías proyectar una actitud de "no te metas conmigo". Ahí no querías que ninguno se metiera contigo. Más adelante, cuando me contaban sobre los vecindarios peligrosos de Filadelfia o el Bronx, a mí me parecían puras pavadas. Eso no era nada comparado con Tijuana. Allí hay un código de supervivencia que aprendes muy rápido.

Te das cuenta de que es verdad lo que dicen: no te metas con los callados. Son los más peligrosos. Los que se llenaban la boca (voy a hacer esto y aquello) no hacían un carajo. También aprendí que no conviene meterse con los indios o los mestizos. Los cholos y los pachucos pueden sacar una navaja. Pero esos indios sacaban un machete y podían cortar tu cuerpo en pedazos como si fueras una banana.

Una vez, justo afuera de la iglesia y al poco tiempo de habernos instalado en Tijuana, presencié un episodio de estos. El machete golpeó el suelo cuando un tipo intentó cortarle la pierna a otro y de la calle saltaron chispas con el golpe de la hoja. No te olvidas de cosas como esas, del sonido o de las chispas. Fue aterrador. Luego vino la policía y comenzó a disparar al aire para poner fin a la pelea, antes de que los hombres se lastimaran. Me di cuenta de que esto no era una película. Era la vida real. Y también aprendí que rara vez la pelea era por dinero; casi siempre era por alguna mujer.

No recuerdo que nadie jamás me fastidiara en Autlán. En Tijuana, en cambio, mis hermanos y yo teníamos que pelear más. Lo bueno es que era más una cuestión de bravucones que de pandillas. Las pandillas vinieron más tarde, después de que me fui. Los bravucones solían agarrársela conmigo y, hoy, puedo darme cuenta de que no era algo personal. Es simplemente que la ignorancia es ignorancia, y ciertos barrios son complicados. Yo tenía que saber distinguir cuándo alejarme y cuándo defender mi territorio para que no siguieran molestándome. Aprendí que si yo me creía más loco que ellos, preferían esquivarme. Unas pocas veces tuve que hacer eso: pelear y actuar como desquiciado. Llegó un punto en que tomaba una piedra del tamaño y forma de un huevo y, si las cosas se ponían difíciles, y me disponía a pegar con la piedra entre mis manos.

En ese entonces me veía muy diferente a como me veo ahora. Tenía el cabello rubio y la piel clara, y mamá me vestía como si fuera un pequeño marinero. Con ese aspecto, por supuesto siempre tenía problemas. Una vez fui a la escuela (la Escuela Miguel F. Martínez) muy enojado porque mi mamá me había pegado por alguna razón que ya no recuerdo. Por supuesto, algún chico dijo algo como: "¡Mira este tipo! Se nota que lo viste la mamá". Yo tenía la piedra en mi mano, ¡y le pegué duro! Todos estaban parados alrededor, esperando a ver cómo reaccionaría él. Yo lo miraba como diciendo: "Espero que trates de hacer algo, porque estoy listo para morir". Hay dos tipos de desesperación: una nace del miedo y otra del enojo. Cuando nace del enojo, no estás dispuesto a tolerar nada. No recuerdo el nombre del chico, y en ese momento no me había dado cuenta de que era uno de los bravucones callejeros. Nunca más volvió a molestarme.

El caso es que él tenía razón: me vestía mi mamá. Yo solía decirle que en la escuela, los niños me golpeaban porque ella me vestía con pantalones azules cortos y ropa ridícula. Era como decirles: "¡Vengan por mí!"

"¡Oh, te ves tan lindo!", decía ella.

"¿Lindo? ¡Me vistes como para el coro de la iglesia! Mamá, tú no entiendes…".

"¡Cállate!"

Una vez, mamá quería que yo usara unos pantalones que no me

gustaban. Se enojó y dijo: "Eres como un cangrejo. Quieres enderezar a todos los demás, pero eres tú el que siempre camina encorvado". Eso me quedó grabado. Me dije a mí mismo: "No soy ningún cangrejo, y de ninguna manera usaré esos pantalones".

Me llevó un tiempo convencer a mamá, y hablé con papá para que me ayudara. Lentamente fueron aceptando mi planteo y cediendo. Ellos tenían otras prioridades, se preocupaban por subsistir, por el dinero, por la comida y por mantener la limpieza. No nos hacíamos el tiempo para sentarnos a la mesa tranquilamente y charlar sobre estas cosas. Mis hermanos y yo debíamos afrontar y atravesar estas situaciones por nuestra cuenta.

El que más los sufrió fue Tony. Era un adolescente y nuevo en la ciudad. En aquel entonces, él tenía piel oscura, pero yo no. Cuando salíamos juntos, realmente lo fastidiaban mucho. "¡Eh, Tony!, ¿cuánto te pagan?". Él aún no había aprendido a ignorarlos y les respondía: "¿Cuánto me pagan por qué?".

"¿No eres la niñera de ese chamaco?".

"No. Él es mi hermano".

"No, no lo es; mírate. ¡No se parece en nada a ti!" Empezaron a reír, y él tenía que responderles de algún modo entonces, los puños empezaron a volar.

Lo peor ocurrió unos años después, cuando Tony recibió un golpe en la cabeza con un martillo durante una pelea callejera. Nos dijo que podría haberlo evitado, pero que su amigo quería volver a casa por el mismo camino que habían tomado para salir de la ciudad, por la misma calle donde habían tenido una discusión con unos muchachos. Sobrevivió, pero así eran las cosas. Bienvenidos a Tijuana.

Estoy contento de no ser el mayor de mi familia. El terreno ya había sido puesto a prueba por Tony, Laura e Irma antes de que yo naciera. Y cada vez que sucedía algo entre mamá y papá, la peor parte se la llevaba Toño, así lo llamábamos. Era el que más magulladuras tenía porque mis padres aún no sabían muy bien cómo criar niños. Era una suerte de amortiguador y segundo padre, y siempre ha estado a mi lado; mi primer defensor y mi primer héroe. Siempre estaré muy orgulloso de él.

Amo a mi familia. Son tan diferentes cada uno de mis hermanos y hermanas. Laura era la que se quedaba a cargo cuando Tony no estaba, porque era la mayor de las mujeres. Era una especie de niña exploradora, la primera en investigar todo cuando nos mudábamos a un lugar nuevo; muy curiosa y traviesa. Además era la instigadora, por ejemplo cuando decía: "¡Faltemos a la escuela y vayamos a buscar jícamas!", o "¡Podemos cosechar zanahorias y después comerlas!" Como si yo necesitara que alguien me convenciera. "Bien, me parece un buen plan".

Recuerdo una vez en que Laura decidió pedir a crédito unos dulces en una tienda y los compartió con nosotros. Cuando mi madre se enteró, hubo un duro castigo para todos. Yo ni siquiera estaba allí cuando esto se desató, pero cuando llegué a casa otra golpiza me esperaba. Así era Laura, buscapleitos y valiente. Irma era más introvertida que Tony y Laura, estaba más en su propio mundo y también fue la primera de los hermanos que se inició en la música. Me contó que solía espiar a papá en la habitación donde practicaba violín hasta que él le decía: *"Venga"*. Él empezó a enseñarle algunas canciones, algo de piano y a leer música. Ella tenía un talento innato.

En Tijuana, mis otros hermanos aún eran pequeños y seguían creciendo: Leticia, Jorge y María. No tuve muchas oportunidades de cuidarlos ya que Tony y Laura lo hacían por mí. Me sentía especialmente mal con Jorge porque yo no actuaba como hermano mayor tanto como Tony lo hacía conmigo. Tuvo que descubrir muchas cosas por sí solo. Después de que dejáramos Autlán, yo estaba siempre en la calle o acompañando a papá.

Desde el instante en que llegamos a Tijuana, comenzamos a aprender a sobrevivir de otra manera; era hora de que todos empezáramos a trabajar para mantener la familia. Todos manos a la obra, ¿sabes? Aplaudo a mi mamá y a mi papá por eso. Nos inculcaron un verdadero sentido de la realidad, así como valores y principios sólidos. Nunca tienes que pedir prestado o mendigar. Si algo no es tuyo, no lo tomas. Si algo te pertenece, lucha hasta el final para conseguirlo.

Un día mi padre nos despertó; llevaba unos paquetes de goma de mascar Wrigley's de menta y una caja para bolear zapatos. Me dio la mitad de las gomas de mascar a mí y a Tony le dio la otra mitad y la caja para lustrar botas. "Vayan a la Avenida Revolución y no vuelvan hasta que no hayan vendido todo", dijo.

La Avenida Revolución era nuestro Broadway, el corazón del centro de Tijuana, donde estaban los bares y los clubes nocturnos, y adonde iban todos los turistas, especialmente estadounidenses y mexicanos. Tony y yo íbamos allí para vender gomas de mascar y bolear zapatos. Esta fue mi verdadera introducción en la cultura estadounidense. Aquella era la primera vez que veía a un afroamericano. Era muy alto y sus pies, enormes. No podía dejar de mirar el tamaño de sus zapatos mientras los boleaba. Aprendí algunas palabras en inglés y también a contar. "¿Un dulce, señor?". "Diez centavos". "Veinticinco centavos". Cincuenta centavos, si andaba con suerte.

Ganábamos el dinero justo para tomar el autobús, por lo que teníamos que juntar lo suficiente para las mercancías, las provisiones y los boletos a fin de regresar a casa y volver al día siguiente. A veces volvíamos caminando porque no nos alcanzaba para el autobús; como aquella vez que Tony recibió una propina de cincuenta centavos por una boleada y decidimos tomarnos el día libre. Nos sentimos ricos por una tarde, viendo una película y comiendo dulces, pero nos olvidamos de apartar algo para volver a casa. Al día siguiente, la rutina era igual: levantarse temprano, ayudar en el hogar, ir a la escuela, tomar el autobús hacia el centro y vender, vender, vender, para ayudar a mamá y a papá con la renta.

Pienso que perdí una parte de mi infancia, como les pasa a muchos niños. En los primeros años de casado con mi primera esposa, Deborah, solía entrar en las jugueterías y comprar estatuillas, personajes de acción. Lo cierto es que unos años después, en 1986, me encontraba con el baterista de Miles, Tony Williams. Empezó su carrera cuando era adolescente; y pude ver que su casa estaba llena de juguetes que había traído de Japón, como los primeros Transformers. Me sorprendió observándolos y le dije: "Está bien; yo hago lo mismo".

"¿Ah, sí?".

"Exacto. ¿Qué hace este?". De repente no era el mismo tipo que tocaba en Slug's con Larry Young y John McLaughlin o que dirigió la banda de Miles en los 60. Parecía un niño, exclamando: "¡Guau, mira esto!"

Confieso que esto fue una revelación para mí. Creo que Michael Jackson también era así. Había una parte de nosotros que extrañaba ser niño, y no quitamos esto de nuestros sistemas hasta mucho tiempo después. Luego de un tiempo crecí y dejé esos juguetes, pero hubo un tiempo en que ese niño necesitó expresarse. Estoy seguro de que Deborah debe haber pensado que yo era un tipo raro.

Lo que yo viví es lo que todos los Santanas vivieron. Todos trabajábamos. Cuando tuvimos la edad suficiente para cuidarnos solos, Chepa se fue (además ya no podíamos pagarle), entonces mamá comenzó a necesitar ayuda para ordenar la casa, limpiar y cocinar. Así es que Laura e Irma ayudaban a mamá en el hogar. Cada uno de nosotros hacía lo que fuera necesario para aportar, poder pagar la renta y traer comida a la mesa. Esa es la parte de mi infancia de la que estoy realmente orgulloso; nunca nadie se quejó o preguntó: "¿Por qué tengo que hacer esto?" ni nada por el estilo. Simplemente se sobrentendía.

Nos mudamos mucho en esos dos primeros años; aproximadamente cada tres meses nos trasladábamos a otro lugar de Colonia Libertad. Luego nos mudamos al otro lado del Río Tijuana, que atraviesa el gueto en dirección a los Estados Unidos, a un pequeño lugar en la Calle Coahuila de Zona Norte, un barrio que era un poco mejor. Dos años después de nuestra llegada a Tijuana, nos mudamos a la Calle H, donde había cabañas y el lugar era muy parecido a un parque de casas rodantes. Yo tenía diez años y noté que algunas personas tenían pequeños televisores en blanco y negro. Solíamos andar a hurtadillas por las casas de los vecinos y pararnos en puntas de pie para espiar por las ventanas hasta que ¡zas!, cerraban las cortinas. Así es como descubrí el boxeo. Era divertido. Recuerdo ver por televisión, en primera plana, las peleas entre Sugar Ray Robinson y Rocky Graziano, ellos peleaban seguido. Y ahí descubrí a mi primer héroe *héroe*: Gaspar "el Indio" Ortega.

Ortega era peso wélter y fue el primer boxeador proveniente de México que logró triunfar. Había nacido en Tijuana, así que te imaginarás que toda la ciudad hablaba de él y lo apoyaba. Seguimos todas y cada una de sus peleas, especialmente la del 61, cuando peleó contra Emile Griffith y perdió. No nos importó: era *nuestro* héroe.

Ortega fue uno de los primeros boxeadores con estilo evasivo en las peleas. Sabía cómo inclinarse y esquivar los golpes. Tiempo después tuve la oportunidad de conocerlo; él vivía en Connecticut en ese entonces y debía tener unos ochenta años. Estaba orgullo de sus peleas, pero se ufanaba más de otra cosa. "¿Sabes qué, Carlos?", me dijo. "Todavía tengo todos los dientes. Nunca pudieron sacarme ni uno".

Aún recuerdo esas peleas, las veía de rodillas rezando por Ortega y Sugar Ray. "No dejes que te gane", gritaba mientras apretaba los ojos. Ahí fue cuando realmente aprendí a rezar desde el corazón; cuando empecé a darme cuenta de que Dios podría estar escuchándonos.

Si esta decisión hubiera dependido de mi madre, habría rezado en otra parte. Como siempre, mamá era diligente e implacable: "Vas a hacer esto y aquello". Una vez se le ocurrió que yo tenía que ir a la iglesia y convertirme en monaguillo. Todo giraba en torno a rituales, formalidades y enseñanzas sobre dónde estar en el momento exacto, tomando el libro en el momento correcto. Un muchacho que ya había sido monaguillo unas cinco o seis veces, me instruía, y la primera vez que participé en una misa, él también estaba. Recuerdo que era muy bromista.

En un momento empezó a reírse. Yo también solté una carcajada y mientras más reíamos, más se enfurecía el sacerdote. Y de repente, todos en la iglesia comenzaron a reír. Yo no sabía qué era tan gracioso; solo trataba de contenerme. Luego el sacerdote tomó el cáliz y al mismo tiempo yo intenté entregarle el libro: "Bien, ahí está; ahora léelo". Mi compañero no me había explicado exactamente qué tenía que hacer, y yo no sabía que no debía dárselo directamente al cura. Se supone que uno debe dejarlo en un lugar, y él lo recogerá de allí.

Después de la misa el sacerdote me dio una bofetada en la cabeza. Por supuesto, esto detonó mis deseos de no ir nunca más a la iglesia. Yo pensaba: "Si estás al lado de Dios, ¿no se supone que debes ser misericordioso y amable?". Ese cura me alejó de la iglesia, por su obra y gracia, en ese preciso instante. No entiendo cuál es el pecado de reír en la iglesia. ¿Acaso no es eso lo que quiere Dios que hagamos; es decir, ser felices? Recuerdo las historias de la Biblia; el diluvio; Dios pidiendo a alguien que sacrificara a su hijo. "Tu Dios es irascible; es celoso", y cosas así. Bueno, pero entonces ese no es 'God' (Dios en inglés), sino 'Godzilla'. Pienso que Dios tiene sentido del humor. Debe tenerlo.

Aprendí un par de cosas en la iglesia; justo el otro día hice el gesto de bendición sobre el escenario, como el que hacen los sacerdotes frente al cáliz sagrado, antes de beberme un trago de vino. Estábamos en Italia, por lo que imagino que todos los presentes comprendieron lo que hacía: la señal de la cruz, las manos juntas como si estuviese rezando y una mirada al cielo antes de levantar el vaso, que actualmente suele contener un cabernet Silver Oak. No creo que haya sido un sacrilegio. Pienso que todo tipo de camino espiritual debería tener algo de humor.

Sin embargo, mi mamá insistía e insistía. Dos años después de la bofetada en la cabeza por reírme en la iglesia, ella seguía intentando que yo volviera. Me llevó, en contra de mi voluntad, a confesarme un día a las cinco de la tarde. "Estamos aquí para que le confieses al cura todos tus pecados". En esa época yo tenía doce años. "¿Qué pecados, mamá?".

"¡Sabes muy bien de qué te estoy hablando!" No me dejaba ir, mientras me agarraba con fuerza. "Soy joven, estoy molesta y me siento culpable porque no deberías estar enojado con tu madre; ¡hay muchos pecados aquí!"

Así es que fuimos a la iglesia, la pequeña puerta se abrió y yo entré. Escuché una voz al otro lado de la pared que me decía:

"Adelante, cuéntame tus pecados.... vamos... ¡*vamos!*" No sabía qué decir, hasta que finalmente pensé: "Al diablo con esto", y salí corriendo. Mi madre se enojó tanto. Le conté la historia de cuando era monaguillo y me pegaron, y le recordé que ella no quería volver a oírla. Le dije que si Dios podía escucharme, pues entonces hablaría directamente con Él, y punto. "Puedes obligarme a hacer muchas cosas, pero no puedes imponerme que haga esto, porque no lo haré".

Nada hacía enojar más a mi mamá que el cuestionamiento de sus hijos. Eso la enfurecía, y por algún motivo yo era el único que solía discutir con ella. Todos los demás se callaban y no la contradecían. Mi cuerpo crecía, sin embargo ella aún intentaba pegarme. Era diestra y yo había llegado a la conclusión de que cuando tomaba el cinturón (o un cable, o lo que tuviera a su alcance) para azotarme, si yo corría hacia la izquierda solo conseguiría dar golpes en el aire. Mis hermanos comenzaban a reírse, lo que la enfurecía aún más. Yo lograba zafarme y salir corriendo por la puerta como una liebre.

Me escapaba. Lo hice en tres oportunidades en Autlán y al menos siete veces en Tijuana. Después mi hermano Tony iba a buscarme y me traía de vuelta a casa. "¿Cuándo dejarás de hacer esto?", me preguntaba.

"Cuando ella deje de pegarme".

"Ni te imaginas todos los problemas que tiene".

"Sí, pero no tiene por qué descargar su furia en mí".

Me acuerdo de una vez que deambulé por Tijuana tras una discusión. Se acercaba la Navidad, y yo miraba a través de los escaparates trencitos, juguetes, muñecos y esas cosas. Aun muchos años después, cada vez que veía adornos navideños esos sentimientos volvían a mí. Toda la ira y la frustración que tenía hacia mi madre seguían en mi interior.

Mamá tenía su propia relación especial con Dios; una manera única de hacerlo ponerse siempre de su lado. Cuando necesitaba algo para la familia o creía que algo debía suceder, se sentaba en una silla, cruzaba las piernas y los brazos, y enfocaba toda su atención en un punto lejano. Se podía sentir su determinación. De niños aprendimos a interpretar esa mirada de convicción suprema.

Decíamos: "Oh, no interrumpamos; mamá está con sus cosas". Si nos acercábamos, podíamos escucharla diciéndose a sí misma: "Dios me lo dará". Era como si estuviera esperando que ocurriera un milagro. "Yo *sé* que esto pasará. Dios hará que pase".

No pedía grandes cosas: dinero para la comida, una casa mejor para la familia, artículos médicos. En una época, María, mi hermana menor, tenía dificultades para concebir un bebé. Había tenido poliomielitis de niña y su esposo acababa de ser operado de cáncer testicular. Simplemente parecía que no iba a ocurrir. Cada vez que la visitábamos, mi mamá estaba acurrucada en la silla con su mirada de absoluta determinación, hablándole a Dios, hasta que le decía a mi hermana: "Tienes que adoptar un bebé; apenas lo hagas, quedarás embarazada".

"Mamá, ¿qué dices?", le respondía mi hermana. "No puedo embarazarme; ya me lo dijeron varios médicos".

"¿Ah, sí? ¿Y qué saben ellos? No son Dios. Haz lo que te digo". María siguió su consejo y adoptó a un varoncito, Erik, de madre mexicana y padre alemán.

Un año más tarde yo me encontraba en un festival en Dallas con Buddy Guy y Miles Davis. Estábamos en el vestíbulo del hotel, cuando recibí una llamada telefónica: "¡llamada para el señor Santana!" Era mi esposa, Deborah. "No vas a creer lo que tengo para decirte, pero tu hermana está embarazada".

"¿Cuál?".

"¡María!" Llamó al niño Adam, y todos le decíamos que era el bebé del milagro.

Mi mamá solía ir a la iglesia a mitad de semana, cuando todos se confesaban, y llevaba un par de botellas grandes de agua. Esperaba pacientemente hasta que la última persona terminara y entonces se dirigía al confesionario. "¿Sí?", le preguntaba el cura. "¿Desea confesarse?".

"No, Padre, en realidad no en este momento; ¿podría bendecir estas botellas de agua?".

"El agua bendita está ahí".

Mi madre solía responderle: "Lo siento, Padre, no quiero esa agua para mis hijos. *Está mugre* (está sucia). Está llena de gérmenes y pecados. No. Bendiga esta para mí. Es para mis niños".

Luego traía las botellas bendecidas a casa y de repente preguntaba: "*Mijo*, ¿cómo estás?", mientras pasaba sus manos por nuestro cuerpo. "Oye, mamá, ¡me estás mojando!" Esa era su manera de adherir a sus creencias y de desenvolverse en la vida. Hacía cosas que para ella tenían sentido, por el bien de la familia, sin sentimientos de duda o de vergüenza. Cuando decidía algo, sabíamos que no debíamos entrometernos en su camino; no esperábamos sus explicaciones y tampoco que fuera demasiado cariñosa.

Creo que mamá vivió su vida ocultando un gran dolor. Tenía que lidiar con mi papá y perdió cuatro bebés. Rara vez hablaba de lo que sentía y si alguna vez lo hizo, no estoy seguro de que lo haya hecho conscientemente. En su soledad, cuando nadie la veía, quizá trataba de curarse las heridas y lloraba por los hijos fallecidos. Pero nunca compartió su sufrimiento con nosotros. Conocía la diferencia entre autocompasión y su antónimo; tratando de recomponerse y mirando hacia adelante, reponiéndose con la mirada en el sufrimiento desde el ángulo correcto.

La última vez que mamá quedó embarazada en Tijuana se enfermó gravemente. Recuerdo que yo tenía unos once años. Vivíamos en un lugar donde usábamos un cajón de madera como escalón para entrar en la casa; mi mamá se resbaló, cayó al suelo y perdió al bebé. Vino la ambulancia y se la llevó.

Más tarde mi madre nos contó que cuando despertó en la clínica, tuvo el presentimiento de que ese no era un lugar donde sanar, sino donde morir. Nadie le prestaba atención a ella ni a los demás pacientes. La gente moría a diestra y siniestra, y ella podía sentir que la vida se le iba. Así es que se quitó los cables, tubos y todo lo que tenía colocado, se levantó y volvió a casa caminando, aún con la bata puesta y peleando incansablemente por su vida. No iba a morir en ese lugar. No iba a morir de ninguna manera.

Mamá atravesó sola muchas de estas vicisitudes. Debido a la cultura y a cómo era mi papá, ella no podía apoyarse en él para recibir su ayuda. En español decimos "ser acomedido" o ser complaciente y servir a los demás. No te duermas en los laureles. Si ves que puedes arrimar el hombro y ayudar, hazlo. Aunque seas hombre, está bien que laves los platos; no eres inválido, puedes ayudar a tu pareja. Pero eso nunca ocurría. Ella estaba sola.

Eso la hizo fuerte e independiente, pero también creo que eso la volvió más dura de lo que necesitaba ser. Recuerdo que al poco tiempo de que perdiera a su bebé, mamá estaba afuera hablando con un vecino y escuché que mencionaba mi nombre. ¿Viste cuando oyes tu nombre en medio de una conversación ajena y agudizas el oído? Escuché que mi madre decía "Carlos es diferente". Me vio observando y me pidió que me acercara.

Me dijo: *"Siéntate"*, entonces me senté sobre su rodilla como me lo pidió. De repente, *¡zas!*, me pegó en un costado de la cabeza. Y lo hizo tan fuerte que el oído comenzó a zumbarme. Pegué un salto y me quedé mirándola con la boca abierta. Solo la miraba a ella y ella me miraba a mí, hasta que dijo: "Si pudieras, lo harías, ¿eh?"; lo que significaba "si pudieras pegarme, lo harías, ¿verdad?". Me limité a mirarla como si le dijera "no vuelvas a hacerlo". Luego miró al vecino. "¿Ves? Los otros no hacen eso".

Eso fue cruel y, *además*, necio. Yo ya no era un niño. ¿Por qué lo hizo? Solo para ejemplificar su punto de vista ante el vecino; ¿acaso yo soy un conejillo de Indias? Creo que parte del motivo de esto puede haber sido su enojo hacia mi papá, que descargaba en mi persona. Él mostraba un evidente favoritismo hacia mí. Quizá estaba celosa; no lo sé.

El zumbido en mi oreja continuó unos minutos después. Algo se había roto entre mi madre y yo, que tardaría años en repararse. Nos convertimos en rivales. Después le compré una casa, pero no la invité a mi boda. Fue recién cuando Salvador nació que permití que mamá comenzara a volver a mi corazón y a mi psiquis.

Sí, era cabeza dura. Igual que ella. Creo que "cabeza dura" es la palabra que mejor lo describe, o podemos llamarlo "convicción". He leído que las células de una persona siguen llevando un patrón de emociones de una generación a la otra, por lo que es posible heredar un patrón de resentimiento o de remordimiento. Puedes intentar dejar de hacer algo, pero terminas preguntándote: "¿Por qué dije eso?, ¿por qué lo hice?, ¿por qué no puedo detenerme?". Ese es uno de los motivos por los cuales leo libros de espiritualidad: para encontrar respuestas que me ayuden a separar la luz, la compasión y la sabiduría de los patrones de comportamiento. Esto puede producir temor; es como dejar ir algo que es feo, pero que es quien tú crees ser.

Cuando me convertí en papá, todo el tiempo les decía a mis hijos que los quería. Aún hoy les digo: "No necesitan audicionar para mí; ya la pasaron cuando nacieron. Estuve allí cuando llegaron los tres, y abrieron los ojos. Pasaron la audición. Lo demás, cómo van a usar lo que han recibido, depende de ustedes". Y no tengo miedo de decir: "Ven, querido, dame un beso y un abrazo bien fuertes. Necesito un segundo abrazo porque el primero es cortesía de la casa y el segundo es largo, y ¡uy!...". Esto puede volverse empalagoso.

Todo cambió con mi mamá cuando nació Salvador. De buenas a primeras, estaba abrazándolo como una madre. Nos sorprendió a todos. Esto también me cambió a mí y empezó a darme una estabilidad que no sabía que había perdido. Podía estar en cualquier lugar del mundo en cualquier momento, tomar el teléfono y llamar a mamá: "Hola, ¿qué estás haciendo? Estuve pensando en ti todo el día".

"Sí, lo sé", solía responderme. "Porque te estaba pidiendo que me llamaras".

Validar a mis padres no era fácil y me demandó un gran esfuerzo. Una parte de esto consiste en corregir constantemente mi psiquis, liberándome de lo que otras personas me han impuesto, incluso mis padres. No hay nada como tener un momento de lucidez para poder soltar todo eso. Pero lo peor que uno puede decir es "bueno, te perdono". Cometí ese error solo una vez. Mi madre me miró con una expresión particular y dijo: "¿Por qué me tienes que perdonar?".

"Ah, por nada", respondí, y cambié de tema. En esa sola mirada pude ver su punto de vista. Yo no tenía nada que perdonarle. Sobre todo, cuando tenía tantas cosas para agradecerle.

*   *   *

Alrededor de 1956, como hizo mi abuelo con él, mi padre decidió que era hora de que aprendiera a tocar un instrumento. En realidad él nunca me dijo qué lo motivó a incentivarme, pero yo lo sabía. En parte era una tradición familiar y en parte era otro medio que podría servir para traer comida a la mesa. Y, además, le encantaba mantenerme ocupado. Sé que había intentado enseñarle a Tony a tocar un instrumento, pero esa no era una de las inclinaciones de mi hermano. Tony tenía una mente mecánica y era muy bueno con los números. Laura tampoco tenía inclinación musical. A Irma le gustaba cantar y papá ya le había enseñado algunas canciones. Ahora era mi turno.

Recuerdo la primera vez que mi padre me apartó de mis hermanos para mostrarme algo en relación con la música. *"Ven aquí"*, me dijo, y me llevó al patio. El sol se estaba poniendo y todo se veía dorado. Abrió cuidadosamente el estuche de su violín, sacó el instrumento y lo colocó debajo de su mentón. *"Hijo, quiero mostrarte algo. ¿Estás viendo?"*. *"Sí, papá"*.

Luego empezó a jalar el arco del violín muy lentamente y a producir unos sonidos suaves, y de pronto vino un pájaro volando y se posó en una rama cerca de nosotros. Lo miró a mi papá, moviendo la cabeza, y empezó a cantar a la par del violín.

Yo pensaba: "¡Diablos!", o vaya uno a saber qué palabra tenía en la cabeza en ese momento, a los nueve años. Él siguió tocando y mirándome, observando mi reacción, sin mirar al pájaro. Intercambiaron algunos *licks* (frases musicales que se repiten a menudo y de manera improvisada) durante un rato, luego papá se detuvo y el ave se fue. Me quedé con la boca abierta. Sentí que repentinamente había descubierto que mi padre era un gran mago, como Merlín, y que ahora iba a enseñarle a su hijo a comunicarse con la naturaleza. Solo que esto no se trataba de magia: era música.

"Si yo puedo hacer esto con un pájaro, tú puedes hacerlo con la gente, ¿verdad?".

"Sí, papá".

Tenía nueve años cuando mi papá me inscribió en una

academia de música a la que iba todos los días después de la escuela. En un principio yo quería tocar el saxofón, pero primero debía aprender a tocar el clarinete durante un año, ¡y yo era joven y quería acción! Mi papá intentó enseñarme a tocar el violín, pero era demasiado difícil. Luego trató de enseñarme a tocar el *córneo*, el mismo instrumento que tocaba mi abuelo. Yo odiaba el sabor del latón en mis labios, pero estaba mi papá en el medio. No podía decirle que no, así que traté de hacerle caso; y realmente lo hice. Después de que me enseñara cómo colocar los labios y los dedos, y cómo limpiar el instrumento con un limpiador de latón, finalmente se dio cuenta de que no me gustaba el cuerno, así que volvimos a un violín pequeño, de tres cuartos de tamaño.

Mi papá fue mi primer maestro. Me hacía escuchar una melodía, y luego yo tenía que repetirla una y otra vez. "¡Más lento!", solía decirme. "¡De nuevo, pero más lento!" Eso me volvía loco, pero no solo me sirvió para recordar la técnica, sino que grabó la música en mí. Aprendí melodías tales como la Obertura de Guillermo Tell, el Minueto en G de Beethoven, la obertura Poeta y campesino de von Suppé, música gitana húngara, Mozart y Brahms; todo en partitura. Era un muchacho listo. Aprendí a memorizar una melodía y simular que la leía. Mi papá, mientras estaba ocupado afeitándose o haciendo otra cosa, veía que yo leía la hoja. Años más tarde yo me encontraba en el estudio, y Joe Zawinul me vio tarareando música: "Do, re, mi, fa, sol, la, si…". Se rio. "¡Ah, eres uno de esos!"

Me decía a mí mismo que le mostraría a mi padre lo bueno que podría ser y practicaba una canción hasta tocarla a la perfección. "Voy a aprender esto". Practicar, practicar, practicar. Y de nuevo: practicar, practicar. "La tienes, ahí viene…". La tocaba para él, y me decía: *"Bueno, campeón"*. Me llamaba "campeón". "Esta ya la sabes bien. Aquí tienes otra para mañana". Uf. Pensaba que tendría un descanso, tal vez un momento para jugar con los otros niños, estar con Tony o jugar a las escondidas con Rosa, una vecina de la que me habían dicho que no tenía problemas a la hora de besar y esas cosas. Pero no podía ganarle. Cuando terminaba la lección, ya todos se habían ido a su casa.

Mi papá sabía cómo ser eficaz con la música, cómo apoderarse de ella; y quizá eso fue lo más valioso que me enseñó: que el violín podía ser un instrumento muy demostrativo, muy conmovedor. Aprendí a colocar el dedo en la cuerda y a regular la presión en el arco para que tuviera personalidad, golpe tras golpe, y luego a agregarle más tensión, como cuando despiertas a alguien de un codazo. "Hum...". Nadie puede enseñarte a desarrollar una expresión personal. La única manera de encontrarla es practicando tú solo en la habitación. Lo máximo que mis padres podían hacer era pedirme que por favor cerrara la puerta.

Papá era un buen maestro, pero no era de lo más amable. Me presionaba, luego seguían los gritos y yo me largaba a llorar. No quiero sonar melodramático, pero la sal de tantas lágrimas empezó a decolorar una parte del violín. Yo solo quería complacer a mi papá, y en mi mente todo se acumulaba: el olor de la madera, el sonido de las cuerdas, el sentimiento de frustración.

No pasó mucho hasta que mamá intervino. "Le estás rompiendo el corazón, José. No debería aprender música de esa manera; es demasiado cruel". Ella ya había visto a Tony abandonar la música por el mismo motivo. "El dinero no nos sobra, pero ¿por qué no te tomas un descanso y contratas a alguien para que le dé clases a Carlos?". Mi papá accedió al pedido de mamá y me buscó un profesor; en realidad, dos. Uno era corpulento, como un defensor de fútbol americano, y el otro era mayor. Empecé a ir a sus casas, que estaban cerca, para que me dieran consejos sobre cómo sostener el arco y otras cosas. Ambos eran estupendos para explicarme, ayudar a desarrollar mi carácter y reafirmar lo que estaba haciendo bien, que era todo lo contrario a lo que mi padre hacía.

Esta es una historia acerca de una de esas clases de violín. Una vez yo me encontraba en la casa del mayor de los muchachos; él y su esposa estaban discutiendo en la cocina y yo estaba aburrido, sentado en el sofá. Empecé a meter las manos entre los cojines y descubrí que había monedas allí. Con seguridad, había encontrado casi dos dólares, lo que era mucho dinero para un niño de nueve años en 1956. Metí rápidamente las monedas en mi bolsillo, tuve la lección y después de haber caminado media cuadra, corrí directamente hasta la tienda y gasté todo el dinero en M&M's. El vendedor me miraba como si estuviera loco. Cuando volví a casa, mamá estaba colgando la ropa en la soga para que se secara, así que tenía la casa para mí solo. Entré, los desparramé sobre la cama y los separé a todos por colores. Luego los comí; primero los verdes, después los rojos, después los amarillos y después los marrones. No podía parar.

Quedé asqueado. Me llevó un tiempo hasta que empezó a gustarme el chocolate de nuevo. Y cuando mamá descubrió lo que había hecho, por supuesto que me reprendió. "No tenemos nada de dinero ¿y tú te lo gastas en M&M's? ¿Y ni siquiera los compartiste con tus hermanos?". Esa vez no me pegó, pero estaba claro que estaba menos enojada porque me había gastado el dinero en dulces que por el hecho de que no los hubiera compartido con mis hermanos. Para ella, lo más importante siempre era compartir lo que uno tuviera con toda la familia. Esa fue la lección que el chocolate y el dinero me enseñaron; creo que me obligaron a dejar de pensar solamente en mí a una edad muy temprana.

Sentir la música era la primera lección, pero para mi papá, el dinero era una parte muy importante de la música. Me convenció de que me uniera a dos hermanos que tocaban la guitarra acústica, saliéramos a la calle y ganáramos algo de dinero. No recuerdo sus nombres y tampoco teníamos un nombre para nuestro grupo, pero eran buenos. Conocían los acordes correctos, los ritmos correctos, y yo realmente tenía que prestar mucha atención para ir a la par de ellos. Recuerdo que teníamos un gran repertorio y atraíamos a los turistas. Recorríamos toda la Avenida Revolución, o tomábamos un autobús hasta Tecate o Ensenada y nos acercábamos a la gente. "¿Una canción, señor? Cincuenta centavos una canción".

Nos miraban, y parecíamos pequeños. "¿En serio pueden tocar esas canciones?".

"Sí, señor".

"Bien, toquen algo".

Tocábamos las canciones favoritas de siempre, como "La cucaracha" y "Bésame mucho".

Éramos buenos, y era una buena experiencia: mi primera banda. Cada experiencia tiene sus lecciones. Para mí, en este caso, la primera lección fue aprender a lidiar con los miembros de la banda. Eran hermanos, pero no podían ser más diferentes y siempre estaban peleando. Pienso que quizá tenían distintos padres. También aprendí a comer nuevos platos, ya que en muchos lugares donde tocábamos nos daban la comida: tacos de pollo, enchiladas. Eso era bueno y además era diferente de la cocina de mi madre.

Pero una de las mejores lecciones que aprendí del trabajo con aquellos dos fue cómo llevar una melodía; lo importante que es eso en un instrumento, algo absolutamente imprescindible. Era como aprender a caminar con un vaso de agua, cuidadosamente, sin derramar ni una gota, de un punto al otro. Con el correr del tiempo descubriría que mucha gente no puede seguir una melodía, y si uno no puede hacerlo, creo que debe buscar otra cosa para hacer. Todos los músicos que me gustan lo hacen, sin problema. Cuando un músico puede hacer esa simple y única actividad, nutre los corazones de las personas en lugar de poner a prueba sus cerebros.

Además, tocar con los hermanos me ayudó a adquirir confianza. Empecé a sentirme bien con respecto a lo que tocaba y a cómo lo hacía en público.

Mi padre notó esto y empezó a inscribirme en pequeños concursos de música en Tijuana, en ferias callejeras y estaciones de radio, y comencé a ganar premios como canastas de alimentos, grandes botellas de Coca-Cola y botones de fantasía que inmediatamente le regalaba a mi mamá. "Fascination" era mi melodía matadora; a todas las mujeres les encantaba. La mayoría de las veces competía con mariachis, pero una vez cuando tenía unos trece o catorce años, mi hermana Irma y yo resultamos los únicos no eliminados al final de un concurso. Ella cantó una canción doo wop (música pop de los años 50), "Angel Baby", y yo toqué mi canción y me llevé los mayores aplausos. "Me parece que tu hermana no lo hizo tan bien", recuerdo que me dijo mi madre.

Fue aproximadamente en esta época en que empecé a sentirme muy incómodo con el favoritismo, avergonzado por toda la atención que mi papá me daba. Podía sentir la distancia que esto generaba entre mis hermanos y yo. Esto era algo que empezaba a molestarme y era otra sensación que me seguiría a través de los años; un sentimiento de incomodidad que me embargaba cuando algunas personas, como Clive Davis, Miles Davis y Sri Chinmoy, mostraban un obvio favoritismo hacia mí. Me ha pasado de visitar a Bill en su oficina y de que ignorara a otra gente. "Dile que lo llamaré después. Carlos, ¿cómo estás?". Hasta mi mamá lo hacía: colgaba grandes imágenes de Deborah, de mis hijos y de mí en su casa, pero colocaba fotos más pequeñas, si es que lo hacía, de mis hermanos y de sus familias. Traté de explicárselo. "Mamá, esto me pone incómodo y no es justo".

"¿Por qué? Es mi casa y hago lo que quiero".

Tenía que explicarle: "Bueno, en realidad es mi casa, mamá; yo la estoy pagando. Por favor, quita todas esas grandes fotografías o pon la misma cantidad del resto de la familia; por favor". Finalmente entendió lo que le decía y las quitó.

Mientras más música tocaba, más podía apreciar el talento de mi padre para hacerlo todo los santos días. Era un líder natural y mantenía las cosas unidas; un hombre con sentido común. Tenía buena reputación en Tijuana. Era conocido y se lo asociaba con "Farolito", de Agustín Lara; y tanto es así que esta se convirtió en una canción emblemática. En sus conciertos, la gente esperaba escucharla, como después el público esperaba que Santana tocara "Oye Como Va".

Años más tarde me encontré trabajando con mi hijo, escribiendo una canción para mi papá, "El farol", que incluimos en *Supernatural*. ¿De qué otra manera podíamos llamarla? Fue ahí cuando recibí una llamada de Deborah en la que me decía que debía llamar a mi familia de inmediato; alguien se había marchado. "¿Quién? ¿A dónde se fue?". Pero el tono de su voz lo decía todo. Mi papá había fallecido justo cuando acabábamos de preparar ese tema. Me sentí tan triste como orgulloso cuando recibí el Grammy al año siguiente.

Mi papá infundía respeto sin pronunciar una palabra. Nunca lo vi reprender ni corregir a los músicos con quienes trabajaba, ni siquiera enojarse con ellos; pero también él quería que se respetaran entre sí. Mi padre miraba a los músicos de arriba abajo para ver cómo estaban vestidos. Si veía que alguno tenía los zapatos sucios o la camisa arrugada, le decía: "Ve a casa y vuelve; tienes que estar presentable, hermano". Quería que se vieran lo mejor posible.

Y lo hacía, en gran medida, porque quería confiar en los otros músicos, y estos le devolvían el cumplido. Podía entrar en una habitación, y la gente lo saludaba. "Hola, don José. ¿Cómo le va?". Una vez entramos justo cuando alguien estaba contando un chiste subido de tono, y se detuvieron al instante.

Mi papá conocía su posición y cómo trabajar arduamente. Fue el primero que me dijo: "Nunca les pagues o les des de comer a los músicos antes de que toquen".

"¿Ah, no? Está bien, papá".

Al principio, solía llevarme al lugar donde estaba tocando y colocaba una moneda de veinticinco centavos en mi mano para que comprara dulces o uvas; las uvas eran mis favoritas. Después me indicaba dónde sentarme. Al poco tiempo, me encontraba tocando con su banda en algunos recitales.

Hay una foto de esta época donde estamos mi papá y yo con un grupo de músicos, todos vestidos muy elegantemente; parecemos los secuaces de Don Corleone. Por el modo en que estamos vestidos podría decirse que estábamos tocando para una persona de mucho dinero, un verdadero estirado, o en un concierto para la alta sociedad de Tijuana. Recuerdo que se trataba de un aniversario de veinticinco años o algo similar, un evento poco común para la banda. Tocamos valses y baladas italianas; nada de polcas ni ningún tipo de música norteña para la multitud.

Fue en ese entonces cuando, alrededor de 1957, fui a escuchar a mi padre a un concierto y conocí a un turista estadounidense que se hizo amigo de mis padres. Creo que la mejor manera de describirlo es como un vaquero de Burlington, Vermont. Estuvo cerca de mí mientras papá tocaba, hablándome y haciéndome compañía. Era todo un personaje. Como yo era pequeño estaba fascinado con él y no sabía mucho más. Tampoco mis padres. No podían descifrarlo. Al principio sospechaban de este gringo, pero lentamente se ganó su confianza. Apareció un par de veces después y empezó a comprarme cosas como pistolas de juguete y fundas. Luego se ofreció a llevarme al otro lado de la frontera y visitar San Diego.

¿A qué niño no le gustaría ir? Era la primera vez que visitaría Estados Unidos. Mis hermanos y yo éramos niños pobres: hablábamos de los Estados Unidos con admiración, preguntándonos cómo sería cruzar la frontera y conocer aquel país. Lo que conocíamos era por la televisión: *Howdy Doody, Los pequeños traviesos* y *El club de Mickey Mouse*. Podíamos ver al país del norte desde nuestro barrio de Tijuana: luces brillantes y hermosos edificios. San Ysidro estaba a solo unos minutos al otro lado de la frontera. Se *olía* diferente; yo lo sabía. Aún no tenía once años, pero ya estaba listo para ir.

Mis recuerdos de lo que ocurrió exactamente son bastante difusos, más parecidos a fotografías viejas que a una película. Todo iba bien, hasta que de repente el hombre empezó a abusar de mí. No estoy seguro de cuántas veces hizo esto. Me acuerdo de que algunas veces sucedió en un coche y otras, en la habitación de un motel. Fue todo tan repentino. Era una mezcla de sorpresa por lo que había ocurrido, junto con una intensa sensación de placer, confusión, vergüenza y culpa por haber permitido que ocurriera.

No hay palabras que puedan describir aquel sentimiento, y era la misma sensación que tuve cuando aquella prostituta nos abrió la puerta al llegar a Tijuana. No sabía cómo llamar a esto que me ocurría; ni siquiera sabía que existiera una palabra para definir lo que este tipo me hacía. Entendía que había una cuestión de intercambio: yo hago algo por ti, como comprarte dulces o caramelos, y tú me permites hacer algo que me dé una gratificación.

Pero no podía evitar sentir que estaba muy mal. Luego todo terminaba... pero solo hasta la próxima vez. Más dulces, más juguetes. Después, cuando aprendí el significado de la palabra *abusar*, pude describirlo con el vocabulario de un adulto. Pero no quería pensar en ello, era demasiado doloroso para recordarlo. Lo negué por muchos, muchos años, hasta que finalmente descubrí de dónde provenía gran parte de mi ira y de mi energía negativa.

El abuso concluyó por dos motivos. Primero, mi mamá se enteró de la mala reputación de este hombre por un amigo y me enfrentó. Lo hizo frente a toda la familia, de una manera que me hizo sentir como si estuviera en un juicio, como si fuera mi culpa. ¡Vaya!, esto nunca había sucedido, no teníamos experiencia y no sabíamos cómo hablar de eso. "Carlos, ¡cuéntanos! ¿Te ocurrió algo? ¿Él te hizo algo?". Yo estaba parado y todos me miraban. No sabía qué decir. ¡No conocía las palabras! Me sentía muy avergonzado y enojado al mismo tiempo.

Mi padre permaneció en silencio y creo que fue lo mejor que pudo haber hecho; no tenía sentido atacar o matar al tipo, ir a prisión y dejar a toda la familia preguntándose: "¿Qué haremos ahora?".

Esa era la peor parte: estar más enojado con mi mamá que con el hombre que había abusado de mí, lo que solo acrecentó el distanciamiento entre ella y yo. Fue un patrón emocional negativo del cual me llevó mucho tiempo despojarme. Una de las cosas que aún hoy lamento es que en aquel momento no tuve quien me aconsejara y ayudara a transformar mi enojo, porque eso me distanció mucho de mi madre. Ese fue el motivo por el cual no la invité a mi boda en 1973. Me excusé ante mis parientes políticos diciéndoles que ella era una persona muy controladora y que el evento saldría mejor si no estaba. Estuvimos distanciados unos diez años más.

Sé que eso también lastimó a mi mamá. A pesar de todos esos sentimientos negativos, se convirtió en mi mejor amiga en materia de música al ayudarme de diversas formas, aunque esto solo lo supe años después.

El segundo motivo por el cual terminaron los abusos fue que el vaquero encontró a alguien más joven que yo y cambió de objetivo. Tuve suerte. Tiempo después él conducía un coche, llevaba a otro niño y estaban haciendo vaya a saber qué; terminaron chocando contra una zanja. Él quedó discapacitado, cobró un seguro y se fue de Tijuana. Bueno, eso es lo que me dijeron.

Todo este asunto me hizo crecer muy rápido porque comencé a pensar que eso no era para mí, que era un error, y empecé a prestarle atención a Linda Wong, una joven china que vivía cerca de casa. Su familia tenía un almacén, el almacén donde solíamos ir a comprar. Yo estaba totalmente obsesionado con ella. Al final todo llegó a su fin, y en mi mente fue como si nunca hubiera pasado.

De nuevo en Tijuana tenía que ir a la escuela; tenía que hacer dinero. Tenía que seguir practicando violín. En 1958 vendí el último paquete de goma de mascar y lustré el último par de zapatos para empezar a ganar dinero exclusivamente con la música. Toqué el violín durante casi seis años, de manera intermitente, entre 1955 y 1961. En esa época entraba en la adolescencia. Tenía doce años cuando vi a Linda, y esa fue la primera vez que me enamoré. Ella tenía trece, pero el cuerpo de una muchacha de veinte años. Hasta olía como una persona adulta. En su presencia, yo me sentía de ocho años.

Estaba empezando a desarrollar mi propio gusto musical. Tenía muchas opciones entre las cuales elegir: la música clásica y para bailar de Europa que mi padre me enseñaba, y la música mexicana y de mariachis que los turistas siempre pedían. Había rancheras de mi país, cumbias de Colombia y melodías en clave afrocaribeña, a las que ellos llamaban *salsa* y nosotros, *música tropical*. Estaba la música de grandes bandas conformadas por muchos músicos e instrumentos, que escuché por primera vez cuando estaba aprendiendo a tocar el córneo (la música en la que pensé cuando escuché la palabra *jazz*) y que yo asociaba con un club gastronómico de Tijuana denominado Shangri La. Llamé al jazz "música de Shangri La" hasta que el baterista de Santana, Michael Shrieve, me presentó a músicos como Miles Davis, John Coltrane y Thelonious Monk, que me dieron vuelta la cabeza. También estaba la música pop estadounidense y las canciones doo wop que sonaban en la radio y la televisión, y cantantes como Paul Anka y Elvis Presley, a quienes mis hermanas adoraban y yo odiaba.

Aún tenía que definir qué me gustaba, pero sí tenía claro lo que no me gustaba; y mucho de esto era lo que escuchaba en casa. A mi madre le gustaban las grandes bandas, como la de Duke Ellington, a ella *realmente* le gustaba Duke, según descubrí después, y tipos como Lawrence Welk. Cuando escuchaba eso en casa, yo le decía: "Voy afuera, mamá". Cuando mi mamá dejaba el tocadiscos, Elvis Presley tomaba el control. Mis hermanas se abalanzaban sobre el plato del tocadiscos con los álbumes de Elvis y después saltaban sobre mí cuando intentaba escapar. Entre las cuatro trataban de derribarme como si fuesen jugadores de fútbol americano y me sujetaban en el suelo. Mientras más me resistía, más me fastidiaban y me rasguñaban. Una parte de mí sufría y la otra se reía; mamá nos oía y entraba. "¿Qué pasó?". Ellas salían corriendo como una tromba. "¿Cómo 'nada'? ¿Qué te pasó en el cuello, Carlos?".

Por supuesto, ninguna de mis hermanas recuerda nada de esto. Pero al día de hoy, en mi casa no hay, ni habrá, ni un disco de Elvis Presley.

No es que no me gustara Elvis. Simplemente estaba empezando a conocer la música que a Elvis le gustaba: Ray Charles, Little Richard. Tiempo después y luego de haber comenzado a tocar la guitarra, descubriría a B. B. King, Jimmy Reed y Muddy Waters, todos "dobladores de cuerdas". Pero volviendo a esa época, yo estaba abriendo la puerta por primera vez, conociendo la música estadounidense y orientándome en dirección a las incipientes etapas del rock and roll y del rhythm and blues (R&B). Aún no sabía lo suficiente para ponerle un nombre, pero mi padre lo hizo.

"¿Quieres tocar esa porquería de pachuco?". Tratarla de "pachuco" era como llamarla "música delincuente", y mi padre no estaba contento al respecto. Yo tenía doce en ese momento. Me había hecho tocar con él en un bar en el peor lugar de Tijuana, similar a un antro de turistas. Las mesas estaban totalmente negras por quemaduras de cigarrillos y quién sabe qué otra cosa; no había ceniceros. Un policía manoseaba a una mujer, y me di cuenta de que ella no podía resistirse porque si no, terminaría en prisión. Todo el lugar olía a orina y a vómito, peor que en la Bourbon Street de Nueva Orleans. Esperaban que tocáramos música norteña; es decir, rancheras mexicanas con ritmo de polca que se tocan en pueblos limítrofes y al otro lado de la frontera.

En ese entonces yo pensaba que este tipo de música era para beber cerveza y tequila y, también, para sentir lástima de uno mismo. Nunca me conecté con ella. Sentía como si estuviera usando los zapatos de otra persona. No entraba en mi interior. Años después miraría hacia atrás y pensaría que odiaba la música mariachi, pero en realidad no se trataba de eso, sino de mis sentimientos. Era porque este tipo de música me recordaba las épocas duras y dolorosas con mamá y papá, y me llevó un tiempo hasta que conseguí verla de otra manera.

Hay mucha música proveniente de México que ahora, mientras más la conozco, más me gusta; como esas grandes orquestas de mariachis con cien cuerdas. Increíble. O el son jarocho, que es similar al flamenco pero más moderno; simplemente espectacular. "La Bamba" de Ritchie Valens es un ritmo de jarocho incorporado en un formato de rock and roll. Y también hay grupos como Los Muñequitos de Matanzas, que son cubanos, pero sus letras podrían ser perfectamente mexicanas: "Estoy en la esquina de esta cantina / Recordando a quien se fue / Y espero impaciente mi tequila". Ese grupo aún es muy exitoso en México.

Yo era demasiado joven para escoger alguno de estos ritmos en ese momento. Estaba más concentrado en practicar mis clases de violín para papá. Pero después aprendí a estar orgulloso de toda la gran música que provenía de México o que se hacía conocida allí. En este país tiene lugar un importante intercambio de música, desde Europa, Cuba y hasta de África; pero especialmente de Cuba: el son, el danzón, el bolero, la rumba. En los 50, la Ciudad de México era como es Miami en la actualidad: una ciudad donde músicos de América Central y de América del Sur iban a grabar sus trabajos y conseguían un éxito arrollador. La conexión con La Habana era estrecha: teníamos a Toña La Negra, al cantante Pedro

Vargas y a Pérez Prado, por supuesto, que era el más popular. La Ciudad de México tenía los estudios y las estaciones de radio, y se necesitaban bandas de sonido para sus películas, y todo esto se encontraba en el umbral de la puerta a los Estados Unidos.

Solo tenía diez años cuando vi por primera vez la influencia del norte de la frontera de México. Recuerdo que, allá por 1957, mi padre me había rentado un traje de mariachi, de talla pequeña pero aún demasiado grande para mí. Luego me llevó con su banda a tocar a Pasadena, que estaba a unas tres horas de viaje desde Tijuana. Eso fue la noche anterior al Desfile del Torneo de las Rosas, por lo que en toda la ciudad había un clima de fiesta. Tocamos para Leo Carillo, el actor estadounidense de origen mexicano que interpretaba a Pancho en la serie de televisión *El Cisco Kid*. Tenía una casa enorme y lujosa; era la primera vez que yo estaba en un lugar así. ¡Nos sentíamos como en una película de Doris Day!

Leo estaba muy orgulloso de su herencia; de hecho, todos los mexicanos sienten un gran orgullo por sus mariachis, sus comidas y su tequila. Me acuerdo de que Leo era una persona muy alegre y amable. Había mucha comida mexicana y tocamos durante toda la noche para sus amigos estadounidenses. Todo salió bien; papá estaba orgulloso de mí.

Pero este equipo al otro lado de Tijuana era otra cosa. No se trataba solo de la música; era toda la escena porque en realidad estábamos tocando en un lugar donde el estilo de música ni siquiera importaba. De hecho, nadie escuchaba. La mayoría de la gente estaba demasiado borracha o demasiado ocupada en sus asuntos.

En ese momento tenía que responderle a mi papá directamente, de hombre a hombre, cuando comenzó a fastidiarme por mi gusto musical. "Mira dónde estamos y lo que estamos tocando. ¿La música que me gusta podría ser peor que esto?". Me observó y no intentó golpearme ni zamarrearme, pero estaba muy enojado. "Márchate. Vete. Tú siempre tienes que tener la última palabra. Eres igual a tu madre".

No estaba equivocado. Tengo la esencia explosiva de mi madre, y eso me mete en problemas. A veces no sé cómo controlar mi lengua o mi temperamento. Pobre mamá; la estoy culpando. Papá era todo lo opuesto. Nunca lo vi perder realmente la paciencia conmigo, enfurecerse ni nada por el estilo. Después me di cuenta de que yo debía trabajar y seguir el ejemplo de mi padre en relación al temperamento: debía aprender a detenerme si sentía que iba a estallar. De él aprendí a ser más considerado, comprensivo y confiado. Y admito que esto es, hasta el día de hoy, una tarea de todos los días. Creo que una de las máximas verdades que he escuchado en mi vida fue la observación del arzobispo Desmond Tutu que decía que somos un trabajo en proceso, una obra maestra de la alegría que aún se está creando.

Mi papá era el que tenía gusto y sentido práctico. Amaba su música europea y de Agustín Lara, pero tocaba música mariachi para mantenernos. Nunca dijo que no le gustara la música mariachi o norteña, dudo que se lo hubiera permitido a sí mismo, pero de todos modos creo que Tijuana tampoco satisfacía nuestras necesidades. Mi madre, como ya lo había hecho en Autlán, lo empujaba para que buscara mejores oportunidades, instándolo a que volviera al norte. Después me enteré de que empezó a ir a San Francisco para tocar. Recuerdo haberlo acompañado cuando iba a tomar el autobús al otro lado de la frontera y despedirlo.

Después se fue y yo dejé de tocar el violín. Pensaba: "Mi papá no está aquí para torturarme o para hacerme tocar música que no me gusta". Tampoco me gustaba del todo el tono que yo lograba porque sonaba trillado, como algunos trabajos de Jack Benny. Muchos años después yo me encontraba caminando por Filadelfia, recorriendo un festival callejero con mi amigo Hal Miller, cuando escuché a una joven violinista. No debía tener más de quince años y tenía el tono más sorprendente que yo haya escuchado. Simplemente fabuloso. No podía moverme. Recuerdo que pensaba que si hubiera podido sacar ese sonido de aquel instrumento, hoy habría un guitarrista eléctrico menos tocando.

Entonces decidí darle un respiro a la música, jugar a las escondidas con Rosa y ser un niño normal como los demás. Pero por supuesto, mi mamá no iba a dejar que eso ocurriera. Ella siempre tenía ideas, planificaba, hacía cosas. Estaba a punto de hacer algo que me cambiaría la vida.

CAPÍTULO 3

The Strangers y yo, el tercero desde la derecha, 1962.

La música es una fuerza que puede dividir generaciones, a padres y a hijos. También puede unirlos. Una vez, mi hijo Salvador y yo estábamos en el coche. Él tenía dieciséis años, esa edad en que para los hijos, los padres son las personas con menos onda, al igual que su música. Yo estaba escuchando el disco de John Coltrane Live in Seattle grabado en 1965 con Pharoah Sanders: una música muy desafiante. Salvador miraba por la ventana, en silencio. Eso es algo que Sal y mi hermano menor, Jorge, tienen en común; puedes darte cuenta de que están analizando algo antes de que abran la boca. Piensan en los sentimientos de los demás y los tienen en cuenta. Aún debería aprender de ellos. Digo lo que me viene a la mente, y alguna vez leeré una entrevista en la que haya dicho algo sobre otro músico y exclame: "¡Oh!, eso fue un poco duro". Después tendré que pedir disculpas.

La música empezó a sonar extraordinariamente, y de repente Sal me miró y me dijo: "¡Eh!, Coltrane está tocando Stravinsky ahora. Sabes, papá, no puedes salir y tocar así. Debes saber qué estás haciendo". Me reí por dentro, pero no lo demostré. Sé que no es fácil escuchar esa música. Pero él estaba escuchando con atención y tenía una opinión acerca de lo que escuchaba. Yo lo respetaba.

Poco tiempo después estábamos en el coche y escuchábamos a… ¿quién más?… Coltrane, y de nuevo Salvador se quedó en silencio. Luego dijo: "Sabes, durante mucho tiempo pensé que tú y tus amigos Hal Miller, Tony Kilbert y Gary Rashid no eran más que un grupo de esnobs de la música".

"¿De veras?".

"Sí. Pensaba que eran demasiado dogmáticos con respecto a la música. Pero estaba en el coche con mis hermanas y empezaron a escuchar su música, y ahí me sentí como ustedes. Yo pensaba: 'Oh, Dios mío, ¿tenemos que escuchar a las Spice Girls una y otra vez?'".

Tuve que sonreír de nuevo; eso me transportó instantáneamente a aquellos momentos cuando mis hermanas escuchaban sus discos de Elvis. Me producía un inmenso placer saber que Sal tenía sed de algo más perpetuo y después eso me hizo pensar sobre cómo, a veces, no conectamos con cierta música cuando somos jóvenes. Luego crecemos y pensamos nuevamente en esa música a la que le dimos la espalda. Como yo con la música mexicana.

Recuerdo que en la época en que yo trataba de desvincularme de mi papá y de la música mariachi, cantantes estadounidenses venían a México en busca de material. Grandes estrellas como Frank Sinatra y Nat King Cole hicieron álbumes enteros sobre la base de música mexicana; incluso Charlie Parker hizo su álbum South of the Border. *Tengo el recuerdo de cuando todo el mundo cantaba "Quizás, Quizás, Quizás", una canción escrita por Osvaldo Farrés, que es cubano pero se hizo famoso en México. Y, claro está, "Bésame mucho", que podría ser la canción más grabada de todos los tiempos junto con "La Bamba". Unos*

años después The Champs hicieron "Tequila", y posteriormente Herb
Alpert hizo "El toro solitario" con la Tijuana Brass.

Es extraño, porque en la época en que todos ellos cruzaban la fron-
tera y venían al sur, yo empezaba a ir en la dirección contraria. Todo
comenzó con las canciones que escuchaba en la radio. No importaba si
yo era mexicano o estadounidense, blanco, negro o morado. Solo podía
escuchar una cosa: blues.

L legado el verano de 1961, mi papá se encontraba en San Francisco desde hacía casi un año y mi mamá se dio cuenta de que
yo había perdido el interés en tocar música. También sabía que
no podía hacer nada para acercarme nuevamente a la música. Pero
ella era inteligente y no iba a permitir que tirara todas esas clases y
prácticas a la basura. Una tarde me tomó del brazo y me dijo: "*Mijo*,
ven aquí, nos vamos al parque".

"¿Qué? ¿A dónde?".

"Ya verás". Ah, bien. Ahí vamos otra vez.

Podía escuchar la música aun antes de que llegáramos. Era un
tipo de ritmo *boogie* y un eco, eco, eco; rebotando entre los edificios y
los árboles. Entramos al parque y vi a una banda tocando con amplificadores modernos, guitarras eléctricas y un sonido grave del bajo
que retumbaba. Estaban tocando un *riff* (una frase musical y distin-
guible que se repite constantemente a lo largo de una canción) de
blues similar a "Last Night". Un guitarrista se adelantó, vestía pantalones caqui, muy ajustados, y tenía el pelo recogido en una mata y los
lados bien cortos, como Little Richard. Era el verdadero estilo
pachuco, igual al que mi padre odiaba. El tipo empezó a ejecutar un
solo y en su guitarra producía un *twang* muy distintivo que era popular en ese entonces, como el de Duane Eddy o el de Lonnie Mack.

Fue como si un ovni hubiera aterrizado en mi jardín. Había
visto guitarristas en televisión, pero no de esta forma; escucharlo
en vivo me estremeció. Esto era tan diferente: verlo frente a mí,
observar a alguien rasgando las cuerdas y sentir que el sonido se

metía en mi interior. Ver cómo se hacía la música. Estoy seguro de que mi mamá pudo percibir ese efecto en mí con tan solo verme los ojos y el cuerpo. Me quedé parado allí, escuchando, sin poder moverme.

Era Javier Bátiz, uno de los precursores del *rock and roll* en México. Tocaba con un cantante afroamericano y un pianista de Nueva Orleans llamado Gene Ross, que vivía en Tijuana. Ahora lideraba su propio grupo, "Los TJs", forma abreviada de los "tijuanenses". Y se pronunciaba "ti yéis" y no "te jotas" porque todos queríamos estar entre la muchedumbre del modo más estadounidense posible. Ese grupo contaba con algunos de los mejores músicos de Tijuana, incluida la hermana de Javier. La llamaban Baby Bátiz porque cantaba "Angel Baby" muy bien.

El propio Javier era uno de los mejores guitarristas de Tijuana, y siempre tocaba en El Convoy, un club de baile y striptease ubicado en la Avenida Revolución. Era una combinación de las cualidades de las tres personas a las que él más amaba: B. B. King, Little Richard y Ray Charles. Lo tenía todo estudiado. Pero no sonaba como un loro. Realmente había invertido gran parte de su propia energía y de su pasión en ello.

Por supuesto, yo no sabía todo esto acerca de Javier y los otros músicos, sus estilos y sellos personales en ese momento. Ni siquiera conocía el nombre de Javier. No todavía. Todo esto lo hacía más misterioso y atractivo para mí. Lo que pude descubrir es que no se trataba solamente del sonido, de la apariencia de la banda o de la manera en que se presentaban; era todo eso junto. Y también supe que ese no era el tipo de música que solía escucharse en el parque. No estoy seguro de si habían obtenido el permiso para tocar con ese volumen en un sitio al aire libre, pero ahí estaban.

Y recuerdo perfectamente lo que pensé en aquel momento, con toda mi convicción de adolescente: "Esto es lo que quiero ser. Esto es lo que quiero hacer durante el resto de mi vida".

Aquel episodio en el parque, tuvo dos consecuencias inmediatas ese día. Primero, comencé a seguir a Javier hasta convertirme en su sombra. Yo tenía trece años en ese entonces; y si bien él solo tenía tres o cuatro años más que yo, para mí parecía tener veinte. No era excesivamente amigable conmigo, pero me permitía ir y pasar el rato en su casa. Vivía con su madre y lo que noté cuando fui por primera vez a su casa era que todo olía a pegamento porque él se dedicaba a fabricar automóviles a escala. ¡Su piano estaba cubierto con ellos! Guau. Coches, guitarras y música... esa era su vida; eso lo convertía en el tipo con más onda del lugar.

Otra característica particular de Javier era que sus gestos diferían mucho de todo lo que había visto antes: definitivamente no era mariachi, pero tampoco era pachuco. No había nada de mexicano en él. Su carisma era del tipo afroamericano. Se vestía de modo llamativo, y demostraba fanfarronería y confianza aun en la manera en que tomaba la guitarra. Todo combinaba a la perfección con la música que tocaba y la forma en que su guitarra sonaba. Causó una enorme impresión en este pequeño mexicano; yo me preguntaba hasta qué tipo de agua tomaría.

Pero había que pagar un precio por estar cerca de Javier. Dos integrantes de los TJs no me querían e intentaron ahuyentarme, me golpearon en el estómago, y me tiraron del pelo y de las orejas; eran solo unos tontos bravucones, pero Javier no hizo nada para detenerlos. El peor era un saxofonista llamado Brachi, aunque no iba a detenerme. Para mi mentalidad de trece años, dejar que este bravucón me pateara el trasero valía la pena para conseguir pruebas. Yo era el más pequeño entre todos esos muchachos. Un día llegué a casa con los ojos rojos de tanto llorar, y mi madre le dijo a Javier que Carlos tenía un hermano mayor que les patearía el trasero si el maltrato no cesaba. Y cesó. Años después me enteré de que habían encontrado el cuerpo de Brachi en alguna parte en las afueras de Tijuana porque, al parecer, se había metido con la gente incorrecta.

El bajista de Javier era agradable (se parecía a Jughead, del cómic *Archie*), tocaba el instrumento realmente muy bien y fue quien me hizo conocer a Jimmy Reed. Recuerdo haber ido a su casa, donde tenía una habitación con una cama, el piso estaba sucio y había un tocadiscos. Estaba fumando un cigarrillo de marihuana, acostado en la cama, y puso un disco de Jimmy Reed; en mi opinión, esa voz y esa armónica tenían toda la elegancia y la emoción de la música de Duke Ellington. Aún hoy lo siento así.

Lo segundo que ocurrió luego de que escuchara a Javier en el parque fue que mi mamá inmediatamente envió una carta a mi papá para decirle que Carlos había descubierto la música que lo apasionaba, que seguía a ese músico como un perrito faldero y que quería aprender a tocar la guitarra eléctrica. Ella le pidió que me comprara una, si podía pagarla. No recuerdo si la trajo él cuando volvió a Tijuana o si la envió con otra persona. Era una Gibson grande y gruesa; de cuerpo ahuecado y destartalado como las que usaban los jazzistas, de color negro con unos toques amarillos por dentro. No tenía idea qué debía hacer con ella. Lo primero que hice fue ir a comprar cuerdas, ¡cuerdas de nailon!

Después de eso aprendí que se necesitan cuerdas de acero y que se debe tocar con un amplificador. Aprendí qué era un transductor electroacústico. Mis oídos ya estaban entrenados por haber tocado el violín y sabía cómo sostener las cuerdas con el cuello, pero esto era completamente distinto. La sensación en los dedos era diferente; la afinación era diferente. Aprendí algunos acordes observando a Javier, pero fue mi papá quien más me enseñó al principio. Además escuchaba discos y la radio tratando de absorber toda la información que podía.

La verdad es que pasaba bastante tiempo con Javier, pero en realidad él no era un maestro. Se ha dicho por ahí que me daba lecciones, pero no era una persona que me dijera: "No, lo estás haciendo mal. Coloca este dedo aquí y este otro allá". Me dejaba estar cerca de él, y me hizo conocer distintas canciones y a personas a las que debía conocer, como B. B. King y Ray Charles. Tenía los álbumes y tenía el conocimiento. Pero a la hora de enseñarme su técnica con la guitarra, lo que me mostraba era, principalmente, su espalda. En serio, así es como tocaba, por lo que no se podía ver qué hacían sus manos.

Por supuesto, con el correr del tiempo, descubrí que lograr que alguien aprenda por sí solo es una parte importante dentro de la tradición del blues. No quieres hacerlo demasiado fácil o demasiado accesible. Hasta quien sería mi futuro suegro, Saunders King, uno de los mejores guitarristas de R&B de su generación, prefería no mostrarme nada. Lo mío es mío, ¡busca lo tuyo!

He sido comprensivo con Javier y le he agradecido como corresponde. Se ha alojado en mi casa. Salimos y tocamos juntos, como aquella vez que hicimos una sesión de música improvisada en Tijuana en 1993. Lo presenté con un amplificador Boogie y le di una de mis guitarras. Él ahora toca con una Paul Reed Smith.

Pero siento que ahora debo ser cuidadoso y no hacer cosas que perpetúen la idea de que aún hay una suerte de deuda impaga. Le debo mi gratitud a Javier por haberme presentado a la guitarra eléctrica, pero no necesariamente por haberme enseñado a tocarla. Lo que aprendí sobre la guitarra y el blues, que fue la música con la que me inicié, provino de toda una escuela de maestros; con algunos de ellos tocaba cuando era adolescente y de otros aprendí al escuchar sus discos una y otra vez.

Una vez que me decidí por la guitarra eléctrica, todo mi mundo empezó a modificarse y a cambiar. Era como si toda la energía y la convicción que había volcado en el boxeo, las muchachas, los juguetes y los dulces de repente se hubieran concentrado en una sola cosa: la guitarra eléctrica. Al principio no importaba si solo se trataba de blues o de R&B; lo que importaba era que hubiera una guitarra.

Empecé a escuchar la música de guitarras en todos lados (a través de la radio, de los discos en la casa de Javier) y a prestar atención a las melodías de las guitarras. Grupos como The Ventures conquistaron mi oído, aunque pensaba que una gran parte de sus canciones sonaban a música trillada de surfistas. Pero eran excelentes músicos. También estaban Los Indios Tabajaras, que en México tenían tanto éxito como Elvis. Era una banda mala de dos guitarristas de Brasil y su estratagema consistía en presentarse como indios brasileños. Sonaban como Santo & Johnny en formato acústico, suaves y precisos. Estoy seguro de que Santo & Johnny se nutrieron de ese estilo; al menos así me suena a mí.

Como dije antes, dependía casi exclusivamente de mí después de que mi papá me mostró algunos acordes. Aprendí a desglosar una canción escuchando el disco tres o cuatro veces con la guitarra en la mano, subiendo y bajando por el cuello del instrumento hasta que lograba el acorde exacto. Después de un tiempo empezó a resultarme fácil; me concentraba en una parte y luego, en otra. Primero la guitarra, luego el cuerno, después el bajo. Una de las primeras canciones que aprendí por completo, todas sus partes, fue "Night Train" de James Brown.

Aprendía, por mi cuenta, a escuchar, a descubrir cómo descomponer una canción y luego volverla a armar, como si fuera un mecánico. Esto es lo que están haciendo el piano, la guitarra, el bajo y el saxo. Cuando era niño, podía pasarme horas diseccionando una canción. Todavía me divierte hacerlo. Unos días atrás, estuve diseccionando las secciones de cuerno de "Iron Lion Zion", de Bob Marley.

La primera melodía que aprendí a tocar completa fue "Apache", una pieza instrumental del grupo inglés The Shadows. Llegué a tocarla muy bien y me encantó, tanto que se convirtió en mi apodo durante un tiempo. "Ahí viene El Apache", decían. Cuando descubrí que existía la película de vaqueros *Apache*, con Burt Lancaster, me sentí aún más orgulloso.

Lo cómico es que unos años después, en la época de *Supernatural*, descubrí una canción de esa película llamada "Love Song from *Apache*", que tocaba Coleman Hawkins. Y entonces, me atrapó otra canción llamada "Apache". Tuve el honor de tocar esa melodía con Wayne Shorter en varias ocasiones y, en una ocasión especial, en el Montreux Jazz Festival, la toqué con el gran saxofonista Joe Henderson. El director del festival, Claude Nobs, había tenido la idea de que tocáramos juntos, pero yo elegí la canción. Todavía se puede decir que "Ahí viene El Apache".

Después de "Apache", aprendí "Rumble", de Link Wray, y canciones de Duane Eddy, incluida "Red River Valley", lo que llamábamos "música rebelde". "Love Is Strange", de Mickey & Sylvia, una de mis primeras canciones con estirado de cuerda. Recuerdo que me dije: "*Tengo* que aprender ese *lick*, hombre". Empecé con Freddie King (que es el rey de las piezas instrumentales) con "San-Ho-Zay", "Tidal Wave" y, por supuesto, "Hide Away".

Había un solo de guitarra de Billy Butler en "Honky Tonk", de Bill Doggett: todo guitarrista debía conocerlo. Sin excepciones. Javier despertó mi interés en Bobby "Blue" Bland y yo escuchaba todo lo que hacía el guitarrista, Wayne Bennett. Más tarde, sabría cuánto de ello había sido creado por T-Bone Walker, casi nota por nota.

Tocr cualquier instrumento es un aprendizaje práctico, implica entrenar la mente y los dedos para que hagan cosas. Frustrarse; pero hacerlo una y otra vez. Estaba ávido de continuar con el aprendizaje; cualquier melodía que cualquiera me presentara (no importaba cuál) podía descifrarla por mi cuenta. Comencé a ir a tocar con quienquiera que me lo permitiera. Mucho antes de tocar en un club, tuve la oportunidad de observar y tocar en los ensayos de Los TJs. Comencé a aprender cosas, de a poco.

Por supuesto que quería tocar en Los TJs, ¿quién no querría hacerlo? En ese momento, la banda de Javier estaba más unida que cualquier otra banda que tocara esa música en Tijuana. Era la banda a la que había que vencer. Ganaban todas las competencias de Tijuana y de otras ciudades, como Juárez, Mexicali. Tenían su concierto habitual en El Convoy, en la arteria principal. Pero ya eran una unidad. Pasaba tiempo con ellos y, en ocasiones, participaba en los ensayos; pero, por lo general, solo pasábamos el tiempo conversando.

Recuerdo una vez que fui con ellos en coche a una guerra de bandas en Mexicali, que queda tan lejos de Tijuana como San Francisco de San José. Los TJs se enfrentaron a una banda llamada Los Kings y perdieron. Pensé que los habían estafado. Pero comencé a darme cuenta de que otras bandas se dedicaban al mismo tipo de sonido de blues y de que había otros que también podían tocar la guitarra muy bien. Fue una experiencia reveladora.

A Tony le molestaba mucho. "¿Cuándo te van a dejar tocar, hombre?".

"Al menos me permiten ir con ellos en el coche a los bailes y a los conciertos donde tocan", le respondía.

"Javier debería invitarte a tocar".

"Bueno, es su banda, y solo tienen un tiempo limitado para tocar". Yo inventaba pretextos por su comportamiento porque quería pasar tiempo con ellos y aprender todo lo que me fuera posible; además, estaba comenzando a entender cómo funcionaba el ámbito. Pasar tiempo con Javier me abrió las puertas a partes de Tijuana que nunca había visto con mi papá.

Tijuana no era como Ciudad de México. Ciudad de México era internacional y todos allí hablaban español. La música venía de México, América Central y América del Sur, y una gran parte, de Cuba. Tijuana tenía más influencias estadounidenses y todos hablaban un poco de inglés o al menos espanglés. A comienzos de la década de los 60, Tijuana era un cuidad rocanrolera.

Se podía encontrar de todo en Avenida Revolución. En el extremo norte, cerca de la frontera, se encontraban los clubes de los estirados, como el Oasis y el Shangri-La. Allí se iba a cenar en una atmósfera sofisticada al estilo del Modern Jazz Quartet, con piano y vibráfono, ese tipo de cosas. En Mike's Bar se podía bailar con música en vivo. Las bandas debían saber tocar los bailes más recientes, incluido el "Peppermint Twist", que era bastante difícil. Recuerdo cuando salió esa canción, en el 61. Lo llamaron un twist, pero era realmente un *shuffle* (que es un ritmo que se basa en notas triples) y, hombre, Joey Dee & the Starliters sí que podían tocar *shuffles*.

Más hacia el sur, en Revolución, las cosas se tornaban un poco más sucias. Allí se encontraban los clubes de striptease, como el Aloha Club y El Convoy, donde tocaban Los TJs y otras bandas, y donde terminé tocando yo. Era un pequeño establecimiento con un bar a la derecha de la entrada, un espacio para mesas y sillas en el medio del salón y bajo un pequeño balcón, y un escenario contra el fondo, donde tocaba la banda. Las chicas bailaban frente al escenario, luego circulaban entre los clientes e intentaban que compraran bebidas y se emborracharan. Era lúgubre, oscuro y un poco oloroso, pero era mejor que ese lugar con la música norteña que no soportaba.

Era una hora de música y una hora de striptease, y así toda la noche, pero la música nunca era lo más importante. Los clientes solo estaban allí para tener sexo y estaban demasiado concentrados en eso como para prestar atención a la banda y hacer solicitudes idiotas. La función de la banda era mantener viva la fiesta y hacer que los clientes no dejaran de beber.

La gente comenzó a enterarse de que yo podía tocar. Toqué un par de veces con Javier y Los TJs en El Convoy y comencé a conocer otros músicos y otras bandas que tocaban allí, como The Strangers.

El líder de The Strangers era Manuel Delgadillo, propietario de todos los instrumentos de la banda; por lo tanto, era él quien decidía quién tocaba qué, y, por supuesto, él tocaba las partes principales. En un momento, necesitaba un bajista y me preguntó si yo quería intentarlo. Yo ya sabía tocar el violín, que también tiene cuatro cuerdas, entonces, estaba listo para hacerlo. Era un bajo barato Kay, pero lo disfrutaba y cada vez tocaba mejor. Luego tuvimos nuestro primer concierto, en el Aloha Club o en Mike's Bar, pero nunca nos pagaron. Mi primer verdadero concierto profesional y nos estafaron.

De todas formas, seguí ensayando con The Strangers pero cada vez que lo hacíamos alguien me hacía notar que tocaba demasiadas notas para un bajista, ¡estaba opacando a Manuel! Decidió dejarme empezar a tocar la guitarra y seguimos ensayando. Mientras tanto, cada vez tocaba más en El Convoy, con su banda y no con Los TJs, y empecé a ser bueno en ello. Las primeras veces que me paré a tocar estaba muy nervioso. Estaba tan preocupado por no equivocarme que realmente no podía mirar a las personas ni a ninguna otra cosa. No podía sacar los ojos de mis dedos; estaba muy ocupado asegurándome de que estuvieran en la posición correcta y en la parte adecuada del cuello. Todavía lo hago mucho, concentrarme más en lo que hago que en el público.

Me gustaría poder decir exactamente cuándo toqué mi primer concierto completo con la guitarra, qué toqué y cómo me sentí. Lo único que recuerdo es que me dejaron tocar la guitarra del club que era algún tipo de guitarra eléctrica sólida, que era mejor que el gran cuerpo hueco que me había conseguido mi papá.

También recuerdo que, no mucho después de ello, me encontré con Javier en la calle. Me dijo que iba a abandonar El Convoy, que se iba a tocar un concierto mejor al Club Latino Americano, y me invitó a ir con él y tocar el bajo. ¿Qué podía decir? Los TJs fueron la primera banda con la que quise tocar; entonces, acepté. Me presenté y volví al bajo y lo hacía bien.

Poco después, me topé con el gerente de El Convoy, a quien llamábamos Manolete, en la calle. (Un toro corneó a muerte al Manolete original, el John Coltrane de los toreros. Tenía una gran nariz aguileña, como el gerente.) Manolete me dijo: "Tienes que dejar ese escenario y volver con The Strangers de inmediato o nunca volverás a trabajar en Avenida Revolución".

Rayos. Él era un hombre inmenso y yo, un flaquito de catorce años de edad. Tampoco le caía muy bien Javier. ¿Quería yo ser parte de eso? Además, la banda de Javier ya tenía su propia fama. Eran Los TJs sin importar a dónde fuesen. Ser parte de la banda de El Convoy significaba tener un lugar donde tocar, lo que también significaba tener un hogar.

Lo pensé un minuto. El concierto de Javier se realizaba una vez por semana y El Convoy era casi todos los días. El trabajo con Javier no pagaba tanto y yo quería tocar la guitarra. Entonces, solté el bajo, dejé a Javier y volví a El Convoy. Ya estaba tomando mis propias decisiones profesionales, aunque no lo sintiera así en ese momento. Para mí, era práctico y razonable. Necesitaba el trabajo y necesitaba comer. Mi lealtad para con los amigos no me alimentaría. Pero, hombre, Javier estaba decepcionado. No gritó ni nada parecido; me echó una mirada, como si yo fuera Benedict Arnold. Y eso concluyó mi relación con Javier durante un tiempo.

La banda de El Convoy era básicamente una banda de *shuffles*, tocaba cambios de blues y canciones de tres acordes, como "Green Onions", "Hide Away" y "Think", de los Royals, no la versión que salió después, de James Brown. Y, por supuesto, "La Bamba". En ese entonces, Ritchie Valens en Tijuana era lo que fue Bob Marley más adelante en Jamaica. Era *el* tipo, un cholo mexicano. Era el único héroe que teníamos en esa época; todos sabían que Valens era el diminutivo de Valenzuela.

En pocos meses, me di cuenta de que estaba mejorando y empecé a ganar confianza. Lo sabía porque veía que otros niños de mi edad también comenzaban a tocar la guitarra y no sabían qué era el derecho y qué el revés. También comencé a darme cuenta de las diferentes cosas que se pueden hacer con el instrumento. Se puede tocar una melodía, que es la principal; los acordes, el ritmo y la línea de bajo. Una vez que aprendes eso, es todo lo que necesitas saber. Luego es cuestión de practicar una y otra vez, hasta que se vuelve parte de ti. Tal vez es porque podía hacer tantas cosas con la guitarra que nunca sentí la necesidad de cantar. Pero incluso cuando tocaba el violín, cantar no era lo mío.

Podía escuchar que mejoraba, pero realmente no recibía palabras de aliento de nadie, no en los lugares de Tijuana en los que tocaba. Todos estaban más preocupados por las mujeres o la bebida, o por lo que sea que les gustara hacer. Tenía que alentarme a mí mismo. A veces me tomaba un descanso de los conciertos y caminaba hacia alguno de los otros establecimientos para escuchar a otros tocar. A veces me dejaban entrar, y otras veces tenía que quedarme parado afuera para escuchar y aprender cosas. Mejoré mucho, porque eso era lo único que hacía. Esa fue mi educación.

Todos estos clubes tenían bandas con guitarristas impresionantes. Había un tipo que era terrible, lo llamábamos Liebre Chica. Tocaba la guitarra con una púa anillo en su pulgar, como un guitarrista de música country y western, y tenía un repertorio increíble, una mezcla entre B. B. King y un sonido más de jazz. No hubiera tenido ningún problema para hablar con Javier y ¡eso que había mucha rivalidad en ese entonces! También había otro tipo, un filipino, que llegaba en su motocicleta con la Stratocaster sujetada a la espalda. Vendía anfetaminas y las guardaba en el faro delantero, que no funcionaba: solamente tenía que desarmarlo y colocar todas las drogas allí cuando cruzaba la frontera. Sabía tocar muy bien, y recuerdo que era un poco más bondadoso que otros guitarristas. Me enseñó los acordes de "Georgia on My Mind", "Summertime" y melodías como esas.

Nunca olvidaré el primer club de striptease al que entré. Solo tenía catorce años de edad y pasaba el tiempo con Jaime, un baterista que tenía unas hermanas hermosas que habían actuado en películas en Ciudad de México. Había hecho un concierto con él y me debía dinero, así que me dijo: "Ven, debo retirar dinero en el Aloha y así podré pagarte". Eran las tres de la tarde y pasé de un sol deslumbrante a una oscuridad total. A medida que mis ojos se ajustaban lentamente, escuchaba la batería *Bah-ba-bah, bah-ba-bah* y el saxo haciendo esa música como de baile con serpientes; en serio, hasta el día de hoy, cada vez que escucho a Thelonious Monk o a cualquier otra persona tocar "Bye-Ya", recuerdo la música que se tocaba en esos clubes de striptease de Tijuana. Estoy seguro de que Monk tenía ese tipo de ritmo en mente cuando la escribió.

Y luego vi a la bailarina de striptease en el escenario. Era la primera vez que veía a una mujer completamente desnuda. Tenía borlas en los pezones y las hacía girar: primero, en una dirección y, luego, en la otra; después, en direcciones opuestas, en el sentido de las agujas del reloj y en el sentido contrario. Eso sí que era talento, ¡en cuatro direcciones distintas! Yo pensaba: "¿Cómo lo hace?" y me quedé ahí parado. Me vio, notó lo joven que era y se echó a reír; luego, todos me vieron y también se echaron a reír. Tomó uno de sus pechos y me apuntó con él. "Ven aquí, pequeño. Parece que necesitas un poco de leche; estás tan flaquito". ¿Te imaginas? Mi primera vez en un antro de striptease y todos se ríen de mí por quedarme mirando.

Aprendí mucho de mirar a las bailarinas y de escuchar cómo los bateristas las acompañaban: hacían un redoble cuando balanceaban las borlas, golpeaban el platillo cuando balanceaban la cadera o daban una patada. Había que ser hábil porque muchas de esas bailarinas venían directamente del campo y necesitaban ayuda; de lo contrario, el baile no se veía muy bien. Si no recibían un ritmo constante al cual bailar, se sacaban un zapato y te lo tiraban; y tenían buena puntería.

Eran mujeres fuertes. No todas eran bailarinas, muchas eran *ficheras*, prostitutas. Pero nunca lo hacían en El Convoy; allí no había habitaciones para eso. Trataban de llevar al tipo a su casa, o a un hotel, y hacer un poco de efectivo de esa manera. Estaban allí para hacer dinero de cualquier forma posible. Mientras la banda tocaba, las bailarinas daban vueltas por el club, se acercaban a algún tipo que acababa de entrar y le preguntaban: "¿Me invitas una copa?".

"Por supuesto", respondía el tipo. Ella pedía una copa y una Coca-Cola; luego, vertía la bebida en la Coca-Cola mientras él estaba miraba para otro lado y pedía una y otra más. Seguía con eso hasta que el cliente tenía que pagar la gran cuenta. Si te tomabas esa Coca-Cola, te desmayabas después del primer sorbo. Cada vez que pedía otra copa, ella obtenía una pequeña ficha, lo cual es un poco gracioso porque *fichera* significa "prostituta". En fin, al finalizar la noche canjeaba las fichas y recibía un dinero extra. Algunas veces era todo lo que ganaban.

La gente piensa que yo tocaba atrás de las bailarinas, pero nunca toqué mientras se sacaban la ropa. Esa era principalmente la tarea de los bateristas: tocar un ritmo que acompañara sus movimientos. Yo tocaba cuando todos se levantaban a bailar.

Pero tocar en ese tipo de entorno… Recuerdo que algunos muchachos traían a sus novias, comenzaban a beber y se distraían con las hermosas bailarinas. Ahí las chicas se ponían celosas. Desde el escenario podíamos descifrar lo que pasaba: la tensión, la emoción. A veces, decidíamos divertirnos un poco, comenzábamos a tocar una melodía con los intervalos precisos y el ritmo pesado (*ba-da-bum, ba-da-bum*); y, en un abrir y cerrar de ojos, la novia se sacaba la blusa y luego el corpiño. Pudimos lograr eso dos o tres veces; que una chica que no fuera una bailarina de striptease se sacara la ropa. En ese momento descubrí que una guitarra podía hablarle a una mujer.

* * *

No puedo decirte exactamente cuándo cambió mi percepción del rock and roll al blues; pero, cuando ocurrió, fue como un láser. Con el tiempo, empiezas a aprender sobre el blues: empiezas a comprender que el blues es un lenguaje muy sagrado. Realmente lo deben tocar músicos que conozcan y sientan su historia y que respeten su poder. Cuando existen personas que honran y respetan a la música de esa manera, guau, son capaces de cautivarte. Si no, todo suena forzado, despotrican e insultan, y es como escuchar a un comediante que no es gracioso. No hay nada peor que escuchar blues mediocre. Si no sabes cómo tocarlo, no tiene sentido hacerlo. Cuando te acercas a un altar en el Vaticano, no te pones a escribir grafiti ni nada por el estilo.

El blues es algo donde no hay lugar para tonterías. Aprender la estructura de las canciones, las letras y los *riffs* es fácil, pero no es como otros estilos de música, no puedes esconderte detrás de nada. Incluso si eres un excelente músico, para realmente tocar blues tienes que estar dispuesto a llegar a un lugar más profundo en tu corazón y explorar bastante. Tienes que abrirte y revelarte. Si no lo puedes convertir en algo personal y mostrar una huella individual, no va a funcionar. Así es como se encuentra el esplendor en el simple blues de tres acordes, en la huella de guitarristas de blues como T-Bone Walker, B. B. King, Albert King, Freddie King, Buddy Guy y todos esos tipos de Chicago (Otis Rush, Hubert Sumlin).

Existen muchos malentendidos sobre el blues. Tal vez sea porque la palabra es polisémica. El blues es una estructura musical (doce compases, tres acordes); pero también es un sentimiento musical expresado en las notas que se tocan y en cómo se toca cada una de ellas. El blues también puede ser una emoción o un color. En ocasiones, la diferencia no es tan clara. Puedes hablar de música, después del sentimiento, luego del significado de la canción. John Lee Hooker cantando: "Mmm, mmm, mmm. Big legs, tight skirt / 'Bout to drive me out of my mind...". Todo eso es el blues.

Para mí, el jazz es como el océano, inconmensurable, con muchos lugares a los que ir a explorar. Pienso en el blues como un lago: puedes ver la otra orilla, rodearlo, conocerlo rápidamente. Pero realmente hay que sumergirse en él, porque puede ser muy, muy profundo.

Muchos músicos menosprecian el blues: es muy simple, muy limitado. Lo critican porque no pueden tocarlo y no tienen la intención de descubrir cómo meter tanto sentimiento y tanta emoción en tan solo tres acordes. ¿O un buen *shuffle* de blues? Solo porque un músico toque jazz no significa que debe desestimar un ritmo como ese. No voy a dar nombres, porque no quiero problemas, pero déjame decirte que he escuchado a algunos bateristas de jazz que no saben cómo tocar un *shuffle*. Excelentes bateristas de jazz. De nuevo, algunas cosas son de oro y deben respetarse de esa manera. Un buen *shuffle* de blues es oro puro.

El blues es profundo y emotivo. El blues puede ser alegría y celebración, y, por supuesto, también puede ser una imploración o un lamento. Pero el verdadero blues no es quejumbroso. Quejumbroso es un bebé que realmente no tiene hambre, pero que de todas formas llora y simplemente quiere que lo alcen. Ese es el problema con muchos guitarristas que intentan tocar el blues: se quejan demasiado.

Implorar significa: "Necesito un abrazo de los brazos celestiales, del ser supremo. Necesito un abrazo puro". Eso le puede pasar a cualquiera. A un rico o a un pobre, a una persona saludable o a un enfermo. Cuando la mujer a la que amas más que a tu próxima respiración te deja o cuando tu propia madre te da la espalda, eso es el blues. Las cosas de la Tierra son cosas terrenales y las cosas del espíritu son espirituales, y el espíritu debe obtener lo que necesita. A eso se refieren cuando hablan sobre el poder sanador del blues.

En Tijuana escuché distintos tipos de música, mexicana y estadounidense, pero, por alguna razón, el blues era lo que me sentaba mejor. Escuchaba blues todo el tiempo, y lo estudiaba como nunca antes había estudiado algo. En San Francisco, en nuestros comienzos, éramos la Santana Blues Band y tocábamos exclusivamente blues. Luego nuestra música cambió. Nos convertimos en Santana, pero el blues siempre fue parte del sentimiento en nuestra música. Si escuchas ahora todos los álbumes de Santana, verás que hay algunas melodías que podrían clasificarse como blues (por supuesto, "Blues for Salvador" y el comienzo de "Practice What You Preach"). La sesión improvisada con Eric Clapton en *Supernatural*. No son blues propiamente dichos, pero ese sentimiento siempre se expresará en mi música.

Hace mucho tiempo que ando dando vueltas por el lago. Como el jazz, el blues conoce su propia historia. Existen rituales y normas que deben respetarse. Todos conocen las reglas, y todos conocen a todos: a los héroes de la guitarra y cómo suenan. ¿A quién escuchaste y de dónde sacaste tu estilo? ¿Quién influenció a quién y quién es tu figura paterna en la música? Es muy fácil darse cuenta. Lo diré de esta forma: B. B. King tiene muchos hijos.

Stevie Ray Vaughan me contó una historia. Antes de lanzarse al estrellato en 1983, tocando con David Bowie en "Let's Dance" y con ese sonido pulsante y despiadado como Albert King, había estado tocando en Texas por varios años. Luego empezó a tocar en festivales de rock y blues, en las grandes ligas. La primera vez que se encontró con Albert después de eso, Stevie estaba muy feliz de verlo. Albert estaba detrás de escena, sentado, armando su pipa. No se levantó, no le dio la mano a Stevie. Simplemente lo miró. "Me debes cincuenta mil dólares".

Ese era el precio de copiar su estilo. ¿Sabes lo que me dijo Stevie? Se los pagó.

Cuando comencé, en Tijuana, tocaba cambios de blues de tres acordes con un poco de funk. Después de un tiempo, empecé a interesarme un poco en canciones como "Georgia on My Mind" y "Misty". A medida que pasó el tiempo, me empezó a gustar cada vez más el blues: el blues *de los afroamericanos*. Y cada vez más, a los tipos con los que andaba les gustaba solo el blues duro: esa música afroamericana. Otros grupos de Tijuana querían tocar Elvis Presley, Fabian o Bobby Rydell, ese tipo de música que llevaba Dick Clark. ¡Puaj! Incluso cuando las canciones de Pat Boone y Paul Anka, como "Volare", eran populares y sonaban en la radio, no queríamos tener nada que ver con ese tipo de cosas. Teníamos una insignia de honor.

Cuando empecé a ir por ese camino, no hubo vuelta atrás. Cuanto más oscuro el sonido, más primitiva la guitarra, más lo quería. Eso significaba que quería escuchar cantantes afroamericanos cada vez que pudiera. Tijuana tenía su propia celebridad del R&B, Gene Ross; que se parecía un poco a Joe Frazier. Don Lauro Saaveda, que administraba El Convoy, lo había traído de Nueva Orleans. Gene tenía una voz de falseto como la de Aaron Neville, con potencia, y era un excelente pianista. Tenía un gran repertorio de canciones; muchas que yo no conocía hasta que las cantó: "Summertime", "Georgia on My Mind", "Let the Good Times Roll", "Something's Got a Hold on Me". Cantaba "I Loves You, Porgy" y, hombre, realmente se te ponía la piel de gallina.

Tocar en la banda de El Convoy significaba que eventualmente toqué como soporte de Gene y también antes de los músicos de fin de semana, afroamericanos que venían desde San Diego a tocar, como un tipo que se hacía llamar Mr. T y parecía hermano de Albert King. Llegaba a Tijuana, conseguía marihuana y anfetaminas, juntaba coraje y cantaba "Stormy Monday Blues". Esa era su única canción y sonaba magnífica. A veces venían otros músicos de lugares lejanos, como San José, por un fin de semana largo, y se gastaban todo el dinero en la primera noche. Después, cantaban en el El Convoy para ganar el suficiente dinero como para regresar a su hogar el domingo.

Gene y estos músicos afroamericanos de fin de semana se convirtieron en mis maestros; llevaron mi entrenamiento de blues a otro nivel. Después de un tiempo, no pude aprender nada más de la radio o de los discos; realmente tenía que vivirlo en carne propia. La única forma sería si estos bluseros estuvieran al lado mío, lo suficientemente cerca como para que yo pudiera sentir la forma en la que el cantante acompañaba con el pie, y la forma en la que tocaba el piano. Aprendía con las miradas desaprobadoras que me echaban si me equivocaba con los cambios o con el tiempo. Era todo muy educativo porque aprendía los ingredientes (los ritmos y la cadencia, la simetría del sonido) de esa música.

Recuerdo que Gene estaría tocando el piano, y el cantinero colocaba filas de entre cinco y siete medidas de tequila, y esa sería la cantidad de canciones de la función. Terminaba una canción y se tomaba una medida. El tipo era del color negro más intenso; tenía los labios de color púrpura, los ojos de un amarillo brillante y la voz más hermosa que jamás hubiera escuchado. También tenía una novia blanca, la más hermosa que jamás hubiera visto, hermosa como Elizabeth Taylor.

Gene era un tipo rudo. Recuerdo una ocasión en la que su hermano estaba de visita y comenzaron a pelearse, eran dos hermanos jugando, pero casi destruyen el establecimiento por completo. Gene había estado en el servicio en Corea y a veces se enojaba bastante. Alrededor de un año después de que me fui de Tijuana por última vez, escuché que se había peleado con un mexicano. Llevó un cuchillo a una pelea de machetes, y ese fue el final de Gene Ross. Es una lástima que nunca haya grabado un disco, porque el tipo tenía una voz maravillosa.

Después me enteré de que Tijuana era una especie de Casablanca para los afroamericanos; un territorio neutral lejos de la guerra racial que estaba ocurriendo en los Estados Unidos. Aceptémoslo: el racismo estaba muy presente en ese entonces y todavía lo está, especialmente en San Diego, en donde había muchos chicos blancos en el ejército que fueron educados de esa manera (enojados, con odio hacia los afroamericanos y los morenos, buscando pelea). En México todo era un poco más equitativo, y la policía mexicana esperaba a que algún racista se pasara de la raya para darle un poco de justicia clandestina.

Me gustaría decir que los turistas estadounidenses borrachos que actúan como ignorantes y se ponen despectivos son solo un cliché; pero fui testigo de ese comportamiento muchas veces: tomaban y gritaban un poco demasiado fuerte sus sentimientos hacia los mexicanos. "Ahora no estás en los Estados Unidos", les decían los policías y los atacaban con cachiporras. Luego los metían en la prisión y "perdían" sus pasaportes por algunos días. Había muchas historias sobre las prisiones de Tijuana: podían llegar a ser brutales.

No querías tener problemas con la policía de ahí. Era una pelea que no ganarías.

La primera vez que fui víctima directa del racismo fue cuando recién había comenzado a ponerme con la guitarra. Todavía tenía los cabellos claros y, en ese entonces, la frontera estaba más abierta. Un amigo me había enseñado a pronunciar "American citizen" (ciudadano estadounidense) como lo haría un estadounidense y me explicó que solo tenía que atravesar la frontera, decir "American citizen" en el punto de control y seguir caminando. ¡Y funcionaba! Luego, me tomaba un autobús a San Diego e iba al lugar que Javier me había indicado, Apex Music. Tenían las mejores guitarras (Gibsons, Gretsches, Epiphones). No me gustaban mucho las Fender, ni siquiera en esa época. Descubrí que había que tocar muy fuerte las Fender para obtener un sonido decente, o terminarías sonando como uno de esos tipos que tocan con Lawrence Welk.

Tenía el dinero justo para tomar el autobús hasta Apex y volver, así que nunca entré. Me sentía muy intimidado. En una ocasión, estaba allí parado, babeando, mirando en la vitrina de la tienda unas guitarras hermosísimas y amplificadores con fundas de tweed. Quería olerlas y saber cómo se sentían al tacto. De repente, escuché una voz detrás de mí. "¡Eh, tú! Maldito frijolero, maldito mexicano, Pancho Villa". Me quedé congelado. "Oye, ¡te hablo a ti!" Lentamente me di vuelta y me di cuenta de que dos marineros me gritaban. "Maldito Pancho Villa, frijolero". ¿Qué? ¿Quién? Se me llenó la mente de preguntas, pero simplemente comencé a alejarme, rápidamente.

Yo pensaba que esto se parecía a una corrida de toros: no entres a la plaza de toros y no te pasará nada. Solo sigue caminando e ignóralos. No sé si estaban borrachos, pero eran aproximadamente las cuatro de la tarde. Me siguieron durante un rato, gritándome como idiotas. Luego se aburrieron y fueron a beber un poco más, creo yo. Esa fue la primera vez en la que realmente escuché el sonido del odio puro dirigido hacia mí, simplemente por mi apariencia. Esa no fue la primera vez que crucé la frontera, pero me hizo reconsiderar la posibilidad de volver.

*   *   *

A principios de 1962, tocaba todo el tiempo y estaba aprendiendo rápido. Tenía el concierto estable en El Convoy y era increíble poder ver cómo la música tomaba forma, tocar canciones de Etta James, Freddie King, Ray Charles, llegar a verdaderamente conocer ese estilo de música. Me encantaba. Cuando comencé solo tocaba los días de semana: llegaba después de la escuela, a las cinco de la tarde y tocaba hasta las once de la noche, tres funciones por noche. Después, además de esos días, tuve la oportunidad de tocar los fines de semana, desde las ocho de la noche hasta las cinco o seis de la mañana.

También había vuelto a tocar mi primer instrumento. Parte del trato con mi mamá cuando recibí la guitarra era que volvería a tocar el violín como parte de la ceremonia en la iglesia todos los domingos. Tocaba "Ave Maria" y algunas piezas clásicas, como el Minueto en Sol Mayor de Bach con un acordeonista. Creo que no tenían suficiente dinero para un órgano o una banda más grande. Hice eso durante casi medio año para apaciguar a mi mamá mientras me adentraba en la guitarra.

Me sentía como si estuviera drogado: con la música, la falta de sueño y tocar toda la noche sin parar. Cuando digo drogado, también me refiero a mareado, porque me olvidaba de comer. Es gracioso, pero me encantaba salir del club por la mañana, ver el amanecer y sentirme mareado por pasar toda la noche tocando sin comer. Los domingos, iba directamente de El Convoy a la iglesia y tocaba "Ave Maria" con el violín y todo eso. Realmente no tenía buenos hábitos alimenticios, pero mis amigos me convencieron de que fuera al establecimiento de la esquina y tomara jugos. Eran jugos de zanahoria y de apio, le agregan huevo crudo, lo licuan y luego te lo tomas. Hombre, eso me intoxicaba tanto que me llevaba a otro nivel. Por ese entonces nunca había fumado marihuana (aunque todos los que me rodeaban sí lo hacían), pero me drogaba de solo estar en ese entorno. Después empecé a tomar, y pronto me di cuenta de que iba por mal camino: un día me desperté desmayado en la acera.

La libertad que tuve durante ese año y medio me hizo sentir

como en el cielo. Yo era como una esponja. Aprendía cómo cuidar de mi mismo en la industria de la música, aprendiendo varias lecciones: como que cuanto más estable fuera el concierto más probable sería que me paguen. Cuando toqué mis primeros conciertos había sido muy ingenuo. No me habían pagado, y me ponían esos pretextos que les ponen a los músicos jóvenes: "No te podemos pagar porque no eres del sindicato"; "Vuelve la semana que viene y te pagaremos después del espectáculo". Sí, seguro. Había cosas que mi padre podía enseñarme sobre ser músico, pero la mayoría tuve que aprenderlas por mi cuenta, para poder forjarme en la industria.

Para cuando me convertí en el guitarrista principal de El Convoy, ganaba nueve dólares por semana. No sabía cuánto ganaban los otros músicos, pero una vez por semana el gerente me llamaba a su oficina. Recibía mi dinero en efectivo, lo guardaba en el bolsillo y lo llevaba a casa, a mamá: ella recibía todo. Nunca cuestioné este arreglo ni traté de negociar. Me hacía feliz tocar y ser parte del ámbito.

La educación que recibía era educación callejera. Ahora me doy cuenta que mi visión sobre las personas y sobre la espiritualidad surgió de esa experiencia. Comencé en el nivel más bajo y aprendí a siempre manejarme con cuidado, porque, si las dejaba, las personas trataban de hacerme sentir inferior, avergonzado o culpable para luego pagarme menos o ni siquiera hacerlo. Comencé a darme cuenta de que las personas colocan a los otros en diferentes niveles: los menosprecian o los admiran, y se aprovechaban de esa situación. Fue el comienzo de la forma en la que veo las cosas en la actualidad. No dejo que nadie me haga sentir inferior a ellos y trato de que nadie se sienta inferior a mí. Una noche estaba hablando con un músico, y le expliqué que yo no quería tener que idolatrar a nadie. "¿Ni siquiera a Dios?", me preguntó. Estaba preparado para esa pregunta. Para ese entonces, había pensado mucho sobre Dios: mi respuesta tenía el tipo de convicción que mi mamá tenía sobre la religión.

"Dios no menosprecia a nadie. ¿Por qué deberíamos hacerlo nosotros?", le contesté. Incluso en esa época, en Tijuana, consideraba que eso era verdad y que era importante darse cuenta de ello en un nivel espiritual e implementarlo a un nivel callejero.

Permanecí en Tijuana tan solo siete años. Para todo el mundo, la edad entre ocho y quince años es cuando crecemos más, cuando nos volvemos conscientes del mundo que nos rodea. Comenzamos a hacer las preguntas que nos haremos una y otra vez durante el resto de nuestras vidas. Fue a la edad que comencé a trabajar y a tocar música por primera vez. Fue también cuando pasé de jugar con muñecos G.I. Joe a "¿Dónde está Rosa?".

Primero fue Linda Wong, de mi vecindario. Era como una Sophia Loren adolescente, y fue mi primer gran amor, pero no pasó nada. Todavía estaba descubriendo cómo hablarle a las chicas, pero eso me hizo empezar a pensar. Una vez, se celebró una fiesta con los músicos y las chicas de El Convoy en Rosarito, entre Tijuana y Ensenada. Había tragos y sonaba la radio: Ray Charles cantaba "One of these days and it won't be long…". Todos formaron parejas, y me di cuenta de que la chica que estaba conmigo estaba desilusionada de tener que pasar tiempo con un niño como yo. De todas formas, me dejó robarle un beso. Después fue Rosa: vivía al lado y me dejaba besarla mientras nos ocultábamos en los arbustos. No me dejó ir mucho más lejos.

Estas experiencias durante mi adolescencia me hicieron pensar sobre las mujeres, especialmente cuando veía que las chicas que se desnudaban por dinero iban a la misma iglesia donde tocaba el violín. El domingo por la mañana, cuatro o cinco de las mujeres a las que acababa de ver desnudas unas horas antes estaban ahí. Llevaban lindos vestidos modestos y estaban con sus hijos pequeños; las niñas vestidas con pequeños soquetes blancos y cintas en el cabello; los niños vestidos con trajecitos. Comencé a darme cuenta de que debían hacer lo que hacían para alimentar a sus hijos, que no tenían muchas opciones y lo difícil que era para ellas vivir en una cultura que menosprecia a las mujeres que hacen ese tipo de trabajo. Hablaba con ellas y me decían que no podían volver a su hogar porque sus padres no las aceptaban nuevamente por tal o cual motivo.

Comencé a mirar a las mujeres desde otra perspectiva. Tuve una charla con uno de los sacabullas de El Convoy, un tipo inmenso que siempre me fastidiaba y me tiraba del pelo. Comíamos en la parte de atrás del establecimiento, en el lugar reservado para empleados, y el tipo estaba enojado por algo. O por todo. Caminaba y hablaba sobre esto y aquello, y finalmente hizo un comentario odioso sobre las mujeres en general: "Son todas unas malditas prostitutas".

No sé por qué, pero tuve que preguntar: "¿Todas ellas?".

"Sí, para mí son todas iguales".

Seguí. "¿Eso significa que tu madre también?". Silencio. "¿Y tu hermana?". Lentamente, se dirigió hacia mí: "Hombre, podría matarte". La única otra persona en la habitación era la mujer que cocinaba, que me miró como si estuviera loco.

Yo ya había escuchado ese tipo de charla entre hombres. Había escuchado hablar a las mujeres sobre los hombres de la misma manera ("Los hombres son todos unos cerdos"), y esto tampoco está bien.

Pero lo que el tipo sacabullas había dicho era tan negativo y lleno de tanta ira que no podía aceptarlo así no más. Tenía que decir algo. Me amenazó y me hice el inocente. "Oye, solo quería saber si te referías a todas ellas". Miró hacia delante y terminó de comer.

Eso me dejó algo repicando en la cabeza: no hay que juzgar a las mujeres; hay que apreciarlas. No hay que juzgar a las personas por lo que hacen para vivir y sobrevivir. A medida que crecí, traté de manejar mis impulsos sexuales con dignidad y gracia. Años después, cuando nos mudamos a San Francisco, caminaba muy temprano hacia mi trabajo en una cafetería y me encontraba con una cola de tipos que trataban de levantarme en el Castro. Yo les decía: "No; yo no hago eso, hombre". Llegué a entender cómo se sentían las mujeres cuando caminaban por las calles y un grupo de tipos les miraban el cuerpo y les gritaban cosas. Te sientes como si fueras una presa.

Desde entonces, mi percepción ha sido que la relación entre hombres y mujeres es siempre una obra en progreso.

Una vez, en El Convoy, me encontré con uno de los maestros suplentes de la escuela. Ahora que lo pienso, se parecía mucho a Barack Obama, y era un excelente narrador de cuentos. Nos contó una historia sobre una pobre mujer que había colocado unas brazas ardientes en la cocina para resguardarse del frío durante la noche y los carbones incandescentes resultaron ser los ojos de un gran gato. No estoy seguro de cuál era la lección que debíamos aprender de eso, pero me gustó la historia y él me caía bien. Cuando lo vi en el club, abrazado a una de las chicas de allí, le grité: "Eh, ¡profe!" Se apartó de la chica de un salto, como si ella fuera una de esos carbones calientes. "Carlos, ¿qué haces aquí?".

"Trabajo aquí, hombre. ¿Qué haces *tú* aquí?".

Para el verano de 1962, había dejado de existir un equilibrio entre esas dos partes de mi vida. No había sido fácil tocar música y asistir a la escuela al mismo tiempo; así que, finalmente, la abandoné. En mi vida familiar tampoco encontraba un equilibrio. Cada vez pasaba más horas en El Convoy: los días de semana, trabajaba desde las cuatro de las tarde hasta la medianoche y, los fines de semana, desde la hora de apertura hasta que se iba el último cliente. Mientras tanto, mi papá había vuelto a San Francisco y se había llevado a Jorge con él. Tony había encontrado un trabajo temporal en Stockton, a una hora de Bay Area, recogiendo alcachofas y melocotones. Mis hermanas harían lo mismo en muy poco tiempo. Como lo había hecho en Autlán, mi mamá quería ir hacia el norte y, como la última vez, decidió partir. No había lugar a discusiones. Pero yo ya era mayor y todavía no estaba listo para irme.

CAPÍTULO 4

Avenida Revolución, Tijuana, mirando hacia la
frontera estadounidense del norte, 1964.

Apenas dejabas Tijuana y cruzabas la frontera, veías carteleras de colo-
res monumentales en la había rostros felices y sonrientes que vendían
casas y coches. Luego podías dirigirte a bellos y limpios supermercados
con refrigeradores donde todo relucía: no había moscas ni olores raros,
como los había en México. Mi madre y yo solíamos hablar de lo bueno
que sería vivir en los Estados Unidos. Para ella y para el resto de la
familia, significaba una mejor forma de vida, como la que se publici-
taba en esos carteles. Pero lo que finalmente me hizo querer ir al norte

era el sonido de los afroamericanos: blues y R&B. Quería estar más cerca de eso, marinar mi espíritu en esa música.

Cuando finalmente nos mudamos allá, mi familia y yo descubrimos que en el medio de toda esa afluencia existían intensos núcleos de conflicto. Entre los ricos y los pobres; entre los negros, los blancos y los morenos. Tenías que tener cuidado cuando caminabas dos cuadras en tal o cual dirección, porque había personas ignorantes enojadas que vivían allí a las que no le gustaba tu clase, la forma en la que hablabas o la forma en la que te vestías. Puede comenzar en la preparatoria, pero realmente ni siquiera debería llegar a ese punto.

Me encanta estar en los Estados Unidos porque me da la oportunidad de decir lo que quiero. Sé que en muchos lugares del mundo eso no es posible. La razón por la que digo lo que pienso es porque veo lo que está mal y lo que se puede mejorar en este país. Creo que la vida ya es bastante difícil, y la mayoría de las personas no reciben lo suficiente a menos que luchen por ello, tengan suerte o hayan nacido con ella. Esa es la realidad de los Estados Unidos, y no la idea de que los extranjeros llegan para quitarles esto o aquello a los estadounidenses. Mi familia se mudó aquí con la idea de tener una vida mejor porque los Estados Unidos son la tierra de las oportunidades, que implica no solo la oportunidad de hacer algo con tu vida, sino la oportunidad de retribuir. Nunca tomaría algo de los Estados Unidos que no quisiera retribuirle cien veces. Creo que la mayor parte de los extranjeros que llegan a este país piensan lo mismo.

Me parece que el problema principal es que las personas temen que otros les roben lo que les corresponde. ¿Conoces esa frase de Billie Holiday "You can help yourself / But don't take too much"? Esa canción, "God Bless the Child", debería tener el mismo status que el himno nacional y cantarse con la misma frecuencia. Esas dos canciones, una al lado de la otra, serían perfectas: el sueño de los Estados Unidos y la verdad sobre los Estados Unidos.

¿Quieres hablar sobre tomar más que lo que corresponde? Mira a los Estados Unidos y al mundo actual. Ningún país ha sido jamás tan rico y poderoso como los Estados Unidos lo es ahora. Eso es un hecho. Ningún país da más de lo que dan los Estados Unidos y, al mismo tiempo, ningún país demanda más del resto del mundo. Lo que era

Roma en la época de Jesús hoy lo son los Estados Unidos. Como dice la Biblia: dad al César lo que es del César y a Dios lo que es de Dios. Los Estados Unidos toman lo que quieren y dicen que hacen lo correcto sin tener en cuenta las consecuencias.

Mi padre fue como la hormiga exploradora de la familia: fue el primero en ir a ver cómo era San Francisco, cerca de 1960. Tocó allí algunos meses y luego regresó. Al año siguiente, consiguió un trabajo estable en el Latin American Club en el distrito The Mission de la ciudad, que no tenía ninguna conexión con el Club Latino Americano de Tijuana. Con la ayuda del propietario del bar, Tony Mares, armó una de las primeras verdaderas bandas de mariachis de San Francisco, reclutando músicos de Bay Area y de Tijuana cuando fue necesario. Al igual que en México, el grupo de mi papá tocaba en bodas y en otras funciones importantes, y tenían mucho trabajo. En ese momento, la comunidad mexicana de San Francisco crecía rápidamente. Se hizo muy amigo de Tony y de su esposa, y finalmente se convirtieron en nuestros patrocinadores para ayudarnos a venir a los Estados Unidos.

La decisión de mi mamá de mudarnos fue gradual, y la preparación implicó muchos pasos. Mi hermana Irma recuerda que mi padre nos contrató clases de inglés con un profesor particular en Tijuana. En un momento, mi mamá viajó a San Francisco para trabajar como niñera de los hijos de los Mares por algunos meses y ayudar a cuidar su casa: básicamente, para ser su "Chepa".

Estoy seguro de que fue en ese momento que mi mamá se decidió. San Francisco se te puede meter en la sangre, porque es hermosa de una manera en la que no lo son San Diego y Los Ángeles. Vio el Golden Gate Park y pudo visitar otros lugares de la ciudad. Para mi mamá, Los Ángeles era como Tijuana, pero con más gente. San Francisco tenía la playa, la bahía y las colinas. Tenía vecindarios unidos unos con otros, con personas y sabores internacionales: Chinatown, Japantown, la sección italiana. De alguna manera era como el mundo entero, y no solo los Estados Unidos.

Tony fue el próximo en comenzar a cruzar la frontera, cerca de 1961. Pasó de ser mecánico en México a trabajar en una granja en California. Me contó que fue el trabajo más duro que había hecho en su vida: se despertaba al amanecer, pasaba todo el día agachado hasta que colapsaba todas las noches del cansancio, y al día siguiente volvía a hacer todo de nuevo. El poco dinero que ganaba se lo enviaba a mamá.

Mi mamá y mi papá tenían un plan para toda la familia y, en 1962, comenzaron a implementarlo; nada los iba a detener. Ahorraban todo el dinero que podían y mi papá comenzó a buscar un lugar para nosotros en San Francisco. Mi mamá nos contaba lo que pasaba y mis hermanas se quejaban; eran adolescentes, pequeñas personas adultas. Algunas ya tenían novios. Para mí, era como si me hubiera unido al circo. Ya me había desentendido de las cuestiones familiares (hacer las tareas del hogar, ir a la escuela y ser un niño normal). Salía todas las noches, tocaba blues y veía a mujeres desvestirse.

La actitud de mi madre fue "puedes venir conmigo a San Francisco o quedarte, pero yo me voy". Salvo yo, nadie iba a elegir quedarse. La influencia de la familia era muy fuerte; más fuerte que cualquier novio.

Mientras tanto, mi mamá comenzó a realizar los papeles de inmigración para que podamos ir a los Estados Unidos. Encontró una mujer ciega en Tijuana que tenía una máquina de escribir y había montado un puesto en la plaza cerca de la catedral Nuestra Señora de Guadalupe. Había hecho lo mismo con muchas otras familias mexicanas, así que ya conocía la rutina: no importaba que fuera ciega. "¿Cuál es el nombre de tu padre?... ¿De tu madre?... ¿Cuántos hijos?... ¿Patrocinador?". Recuerdo que el dinero que yo ganaba en El Convoy iba directamente a esa mujer para que llenara los formularios.

Mi madre firmó los documentos y los entregó a la oficina del gobierno estadounidense. Mi papá y Jorge viajaron primero al norte a mediados del verano de 1962 y se quedaron en un pequeño cuarto arriba del Latin American Club. Jorge me contó que un día el Sr.

Mares fue a buscarlo y le dijo que tenía que bajar a limpiar el lugar. Limpiaba y enceraba los pisos, y a la noche se dormía llorando, escuchando a mi papá tocar el violín, sin saber dónde estaba su familia. En ese entonces solo tenía diez años. Al final de la primavera, Tony se les unió. Luego Laura e Irma llegaron desde Tijuana y, finalmente, mi mamá fue con Leticia y María, dejando la última casa que tuvimos en México, en la calle Quintana. Todos vivían juntos en ese pequeño apartamento arriba del club nocturno en San Francisco.

Yo aguanté hasta el final del verano tocando en El Convoy. Me quedé en un lugar cerca del centro con un primo de mi mamá. Les daba dinero para la comida y para que laven mi ropa, pero realmente no pasaba mucho tiempo allí. Era básicamente un alojamiento y comida, y yo no me quería ir a ningún lado. Me gustaba lo que tenía en Tijuana: la música, el trabajo, tocar blues y R&B, ir perfeccionándome en la guitarra.

Luego mi mamá volvió de San Francisco con Tony para buscarme y eso fue todo, sin peleas ni discusiones. Tenía que ir sí o sí. Al igual que antes, mi cumpleaños marcó un cambio importante en mi vida. Yo acababa de cumplir quince años, y allí estaba, en un coche cruzando la frontera a San Diego, y luego haciendo el largo y directo viaje por la I-5 rumbo a San Francisco. El viaje fue más corto que el viaje desde Autlán: en ese entonces era solo un recorrido de diez horas por carretera, un día largo. Las carreteras en los Estados Unidos eran mucho mejores que en México, lisas y rápidas. Recuerdo que comimos Ketchup y galletas Ritz porque de otra manera no tendríamos la cantidad suficiente de dinero para la gasolina.

En 1962, no había mucho en San Francisco que cambiara el hecho de que no era feliz. Al menos, no al principio. Pasé de trabajar como músico a tiempo completo en la calle a ser un estudiante a tiempo completo en la escuela secundaria local, James Lick Junior High, en Noe Street. Además, me hicieron repetir de grado porque no hablaba inglés lo suficientemente bien, así que estaba en clases con niños de trece y catorce años. Yo había pasado tiempo con veinteañeros y treinteañeros, tocando canciones como "Stormy Monday Blues". De repente, había vuelto a las estupideces infantiles y la música del momento eran Jan and Dean y los Beach Boys, toda música surf, y yo ni siquiera sabía nadar.

Al igual que en Tijuana, empezamos a mudarnos de un lugar a otro casi inmediatamente. Pasamos de vivir arriba del club donde tocaba mi papá a un pequeño apartamento en 3rd Street y Bryant, en lo que era básicamente el gueto de los afroamericanos, junto a la American Can Company; un área a la que llaman "China Basin".

A todos nos resultó difícil desde el principio: derramamos muchas, muchas lágrimas. Cuando comenzó el año escolar del 62, de repente, todos los chicos debíamos aprender cómo llegar a la escuela, cómo hacer nuevos amigos, y lo teníamos que hacer todo en inglés. Mi papá se sentó con cada uno de nosotros, nos dio la cantidad justa de dinero para tomar el autobús y nos explicó el camino de los autobuses. "Solo se los diré una vez: toman el autobús número tal y descienden en la calle tal; toman este otro autobús y cambian a este otro". Estábamos todos asustados y confundidos. Irma y Leticia se perdieron el primer día. Jorge y María solo tenían que caminar una cuadra, porque estaban en la escuela primaria; pero se burlaban de ellos por ser mexicanos. No entendían: la última vez que habían ido a la escuela, todos eran mexicanos. Jorge, que nunca antes había visto el cabello de un chico afroamericano, cometió el error de tocarle la cabeza a un niño. Hombre, pagó por ese error una y otra vez.

No ayudaba que existiera una brecha cultural e idiomática entre nuestros vecinos y nosotros, y que hubiera un nuevo conjunto de normas callejeras para aprender. Si tres o cuatro tipos me rodeaban camino a la escuela y querían el dinero que tenía para el almuerzo, yo vaciaba los bolsillos.

En mi primer día en James Lick, tenía los bolsillos vacíos de todas maneras porque mi mamá y yo no sabíamos que había que llevar dinero para comprar el almuerzo o que había que llevar comida. Cuando llegó la hora del almuerzo, todos fueron a la cafetería. No le iba a pedir comida a nadie, así que salí a ver a los que jugaban al baloncesto o lo que sea que hacían. Así que ahí estaba, una vez más: hambriento, enojado, angustiado.

Un rato después, justo antes de retomar las clases, se acercó un chico, Bruce, con sus dos lacayos. Sabían que era nuevo y comenzaron a molestarme con eso de "¿Qué miras?". No tenía tanto inglés como para saber qué hacer. "¿Quieres que nos encontremos después de clases?". Les respondí: "*Sí, ¿por qué?* Hagámoslo ahora". Su amigo le decía, "Vamos, Bruce, patéale el trasero", como si trataran de juntar la energía o algo así, y yo pensaba: "¿Qué diablos estamos esperando?".

Así que simplemente lo agarré y lo tiré contra los casilleros, *¡bam!* Le grité: "Te voy a patear el trasero, y luego se lo voy a patear a él". Todos dieron un paso atrás, sorprendidos. Después salieron los maestros y nos separaron, y regresamos a clase. Pero, de inmediato, mi reputación pasó a ser "Ese mexicano loco, no te metas con él". Estar hambriento y malhumorado y enojado por estar allí; todo eso ayudó.

Nos habíamos medido, y al día siguiente, Bruce se me acercó y comenzamos a hablar. Llegamos al tema de la música y me preguntó: "¿Tú tocas algún instrumento?". Le dije que tocaba blues en la guitarra y me dijo que le gustaba el doo wop. "¿Eh? ¿Qué es eso?".

"Esa música tipo *shoo-be-doo*, tú sabes, como en 'In the Still of the Night'".

Fui a su casa a escuchar algunos discos y nos volvimos amigos. La música me ayudó en muchas circunstancias distintas.

Pasaron otras cosas bastante buenas durante esos primeros días de secundaria. El día que me enfrenté al bravucón, una chica se me acercó y me dijo: "Hola. Eres nuevo, ¿no? ¿Todavía vas a enfrentarte a Bruce?". Su nombre era Linda Houston. Los niños y las niñas tenían diferentes lugares para el recreo, y ella había escuchado lo que iba a suceder. "Sabes, es el principal bravucón de la escuela". Así que me estaba dando una especie de advertencia. Unos días antes, había a conocido otra niña en la asamblea matutina, Yvonne Christian, y resultó ser que era la mejor amiga de Linda. "Entonces, ¿cómo te llamas?", me preguntó. Le respondí.

"¿Car Antenna?".

"No, Carlos Santana".

"Ah".

Linda e Yvonne tenían cerca de trece años cuando las conocí, y yo, quince. A esa edad es una gran diferencia. Fueron dos de los ángeles que entraron en mi vida justo en el momento adecuado para guiarme cuando necesitaba ayuda. Nos convertiríamos en amigos para toda la vida; no durante la escuela secundaria; pero en la preparatoria nos volvimos muy unidos y me ayudaron a tener más confianza en mi inglés y a sentirme más cómodo en un lugar nuevo y extraño.

Seguimos siendo buenos amigos hasta el día de hoy, es increíble cómo se desenvuelven las cosas. Su amistad y lealtad han significado mucho más de lo que puedo explicar sin ponerme sentimental y baboso. Incluso si no hablamos durante algunos años, cuando nos juntamos es como si acabáramos de hablar por teléfono hace una hora. Linda está casada con mi viejo amigo Michael Carabello, el conguero original de Santana; e Yvonne no lo sabe, pero hace un tiempo escribí una canción pensando en ella, que todavía no he terminado: "Confidential Friend". Creo que ahora voy a tener que terminarla.

Durante esos dos meses del 62, también conocí a dos tipos estadounidense-mexicanos que vivían en The Mission y tocaban muy buena música. Uno era Sergio Rodríguez, que tocaba el bajo: lo llamábamos Gus. Trabajaba en la tienda de comestibles de su padre, donde cortaba carne en la sección de carnicería. El otro, Danny Haro, tocaba la batería. Tony había conseguido un trabajo en la fábrica de tortillas de la familia de Danny y se hizo muy amigo del primo de Danny, Lalo. El padre de Danny también era propietario de un restaurante y de otros negocios. Tony había andado alardeando de cómo yo tocaba la guitarra y me presentó a Danny. Recuerdo ir a la casa de los Haro: su familia tenía dinero, así que él tenía un buen conjunto de percusión y discos de músicos como los Royals, Little Willie John, la mejor música afroamericana. Yo le preguntaba: "Oye, Danny, ¿me prestas los discos?".

"Claro, pero no los rayes". La mayoría de sus amigos también eran afroamericanos. Incluso se alisaba el cabello.

Pero, hombre, tocaban música realmente cursi, como música de Elvis Presley. También tenían un guitarrista principal que era bastante bueno, pero no estaba a mi altura. Nos juntamos unas cuantas veces a improvisar y estaban emocionados porque yo conocía muchas canciones, podía tocar acordes y todo eso. Te seré honesto: me resistía a mostrarles cosas, principalmente porque resentía tener que tocar en su nivel. Creo que hicimos dos conciertos juntos, pero no le llegó ni a los talones a los conciertos en los que solía tocar en Avenida Revolución.

No podía superar el estar lejos de Tijuana. ¿Qué estaba haciendo en esta escuela, con estos adolescentes, cuando podía estar haciendo música, quedándome despierto hasta tarde y lidiando con la vida real? Era una época confusa, pero también había mucha energía dando vueltas. Nunca olvidaré esas semanas en octubre cuando los Yankees de Nueva York vencieron a los Giants de San Francisco en la Liga Mundial, en el Candlestick Park, justo a unas cuadras de donde vivíamos. Fue una de las ligas mundiales más largas de la historia debido a la lluvia. Luego nos mudamos a Juri Street, justo al lado del distrito The Mission. Era más grande que la casa de 3rd Street y tenía un pequeña habitación de depósito donde yo me escondía y practicaba la guitarra.

Cuando estaba en Tijuana había empezado a estudiar diversos estilos de guitarra. Quería copiar el estilo de Otis Rush, el estilo de John Lee Hooker. Luego me daría cuenta lo afortunado que había sido de haber descubierto temprano tres personas: Lightnin' Hopkins, Jimmy Reed y John Lee Hooker. Fueron los cimientos de mi educación sobre el blues. Tenía algunos discos de blues, y mis amigos también, y los escuchábamos una y otra vez. Me empapé bien de ese sonido. ¿Cómo lograba prolongar esas notas? ¿Cómo lograba ese martilleo y ese *sustain*? ¿Y ese vibrato? Mi padre tocaba el violín con vibrato, pero yo saqué mi vibrato de B. B. y Otis Rush, y todavía sigo tratando de perfeccionarlo.

Ese pequeño depósito en la casa de Juri Street era el único lugar tranquilo de la casa. Yo iba y tocaba la guitarra en la oscuridad. Sin distracciones para mis oídos ni ojos. Descifraba un *riff* y trataba de encontrar el tono correcto. Lo intentaba siete veces seguidas; no, no lo podía lograr. Estaba oscuro allí adentro; así que aprendía a confiar en los dedos. Ocho, nueve, diez; no, todavía no. Maldición.

Descifrar distintos estilos de blues era como hacer un inventario de 777 grupos de abejas alrededor del mundo y probar la miel que cada uno de ellos producía. Esta es más cremosa, esta es un poco más oscura. ¿Y esta dorada? Me gustaban los estilos de guitarra atrevidos y originales, como los que escuchaba en los discos de Elmore James y Muddy Waters. Me enteré de que lo llaman "gutbucket" o cortar y arrojar. John Lee Hooker era el rey de ese estilo. ¿Por qué cortar y arrojar? Porque en los lugares donde se tocaba ese tipo de música, si no les gustaba lo que tocabas, era lo que te pasaba. Algunas personas no querían escuchar blues sofisticado: "No toques malditos acordes elaborados allí, hombre. Toca lo más sucio".

Aprendí que existen guitarristas que nunca estiran las cuerdas, como Freddie Green, que tocaba con Count Basie. Su acompañamiento era indescriptiblemente increíble. Luego descubrí a Wes Montgomery y Grant Green, y luego a Kenny Burrell. Esos tres para mí se convertirían en una especie de representación de una inteligencia original y de clase. Las personas que no estiran las cuerdas pueden moverse más rápido. Para mí, los guitarristas que podían estirarlas ocupaban un lugar distinto en mi corazón porque tenían acceso a una emoción inmediata que era inigualable. Le daban forma a las notas como se le da forma al vidrio: con fuego.

Seguí tocando, aprendiendo canciones como "Let the Good Times Roll" (de la forma en la que lo hacía B. B. King), "I'm Blue", de Ike Turner y The Ikettes, y "Something's Got a Hold on Me", de Etta James. A veces me frustraba. Me detenía, iba afuera y caminaba un poco por ahí; miraba a las personas en el parque, regresaba a la pequeña habitación y volvía a intentarlo. Parar, dar otro paseo, volver. Sabía que, por más que quisiera, no podía ser completamente como ellos, porque yo no era ellos. Pero quería saber qué era eso a lo que tenían acceso. Se me ocurrió que no tenía que ver solamente con la técnica de guitarra o con el tipo de guitarra o amplificador que usaban. Empecé a pensar que tenía que ver con quiénes eran y en qué pensaban cuando tocaban. Sea quien fuera, B. B., Buddy, Freddie, algo les había pasado en la vida que no me había pasado a mí. Eso era lo que hacía que su sonido fuera únicamente de ellos.

Charlie Parker decía: "Si no lo vives, no va a salir de tu cuerno". Comencé a vivir mi vida y mi propio sonido comenzó a salir de ese armario y de mi guitarra. Tardó un tiempo: muchos conciertos en Tijuana y en San Francisco. Muchas experiencias de vida: crecer, dejar el hogar y regresar. Después, finalmente, dejar el hogar para siempre.

Cuando te tomas el tiempo y escuchas a los verdaderos maestros del blues, descubres que cada uno tiene su propio sonido y puedes distinguirlos por lo que hacen, y al tiempo que te das cuenta de que no se repiten. Cuando realmente profundizas en el blues, es como montar un caballo sin montura bajo la luna llena. El caballo sale corriendo y tú no te caes. Subes y bajas, y fluyes con el ritmo de la cabalgata; atraviesas muchos cambios y nunca te repites en lo que haces.

Muchos guitarristas nunca superan un repertorio limitado, y puedo asegurarles que el aprendizaje del blues es eterno. Cada vez que toco "Black Magic Woman" pienso en Otis Rush, y, al mismo tiempo, mi propio sonido todavía se va desarrollando. Por lo que escucho yo, justo antes de morir, Stevie Ray amalgamó todas sus influencias (Albert King, Albert Collins, Lightnin' Hopkins) hasta el punto en que finalmente sonó como Stevie Ray. Tardó un poco en lograrlo. Tuvo que llegar a ese lugar; porque tenía una dedicación suprema. Vivió la vida del blues.

Después de dos meses de ese año escolar en los Estados Unidos, tuve una gran pelea con mi mamá. Se resume en lo siguiente: yo le había entregado a mi mamá todo el dinero que había ganado en El Convoy mucho antes de que la familia se separara para ir a San

Francisco. Eso fue un año y medio, a nueve dólares por semana. Era mucho dinero: ella lo había escondido todo en una bolsa de compras. Sabía que una gran parte de la suma se había usado para la familia, la mayor parte, pero también tenía la intención de usar parte del dinero para comprar una nueva guitarra. Se lo recordaba una y otra vez. Le dije: "Mamá, puedes quedarte con todo el dinero, pero guárdame una pequeña parte para que, cuando vea la guitarra que quiera, la pueda comprar".

"Sí, sí. De acuerdo".

Teníamos un trato, o al menos eso era lo que yo creía.

Unos días después de que terminó la liga mundial, vi una Stratocaster que realmente me gustaba y le pedí el dinero. Había una tienda de discos en Market Street que tenía algunas guitarras en la parte de atrás. La vi, y supe que esa era la correcta. Tenía que tenerla.

Hacía ya muchísimo tiempo que tocaba una Gibson Melody Maker negra que había comprado usada por treinta y cinco dólares. No tenía cubierta y me estaba costando mucho mantenerla afinada. Era un buen instrumento, pero era lo que se podría llamar una guitarra de principiante.

Mi madre me dijo que había gastado todo el dinero. Pero no solo me lo informó, me lo dijo de una forma muy brusca; como si me dijera "¡cómo se te ocurre preguntarme eso!" Sin ningún tipo de tacto y, por supuesto, sin disculparse. Solo: "Teníamos que comer y había que pagar la renta; así que gasté el dinero". Digo, al menos explícamelo de una manera civilizada. No tenía la diplomacia y yo no tenía la sabiduría que tengo ahora; entonces, los dos simplemente nos enojamos.

Ahí fue cuando le dije: "Olvídalo. Rompiste tu promesa. Yo me vuelvo a Tijuana". Estaba enojado y dije cosas que dicen los adolescentes y que al día de hoy lamento, como: "No quiero verte. No quiero vivir aquí. No quiero comer tu comida, aun si me obligas a hacerlo. Si me quedo aquí, la vida será miserable".

¿Qué iba a hacer ella? ¿Discutir? Sabía que yo hablaba en serio. Entonces, simplemente subió la apuesta, y me abrió la puerta.

"Está bien, puedes irte. Los amigos de tu padre parten mañana de vacaciones hacia Tijuana por dos semanas. Aquí tienes veinte dólares. Ve con ellos". En aquel momento, mi papá no dijo ni una palabra. Consideraba que era lo suficientemente grande como para tomar mis propias decisiones. Estaba ganando dinero y podía mantenerme.

Así que tomé los veinte dólares, empaqué mis cosas y partí con los amigos de mi papá. Era como que no podía huir de allí lo suficientemente rápido; seguía tan enojado. ¿Tenía un lugar para quedarme? ¿Un concierto programado? ¿Sabían los muchachos de El Convoy que regresaría? No, no y no.

Condujimos hasta Tijuana y llegamos a la ciudad cuando estaba anocheciendo. Estaba oscuro, y todos estaban disfrazados de demonios y de esqueletos. En los Estados Unidos era Halloween; y, en México, estábamos en plena celebración del Día de los Muertos. Me había bajado del coche y estaba parado allí en medio del centro de Tijuana. Era extraño y espeluznante. Fue en ese momento que me di cuenta que, por primera vez en mi vida, estaba solo, sin ninguna red de seguridad. No podía volver a casa con mamá. Estaba solo y lo estaba sintiendo; tenía miedo.

Una parte de mí se dio cuenta de cuán pequeño se veía todo después de haber estado en San Francisco durante dos meses. El edificio más alto de Tijuana tenía solo seis o siete pisos y parecía una choza.

Hice algo que nunca hubiera imaginado que iba a hacer por mi cuenta: fui a la iglesia. Fui derecho a Nuestra Señora de Guadalupe, la gran catedral del centro de la ciudad. Entré a las siete de la tarde, fui directo hacia el altar, me arrodillé y dije: "La última vez que estuve aquí fue hace unos años, con mi hermano Tony. Caminamos de rodillas desde la puerta principal hasta el altar porque a él le dolían mucho las muelas y necesitaba que se le curen. En aquel momento, cumplí parte de mi penitencia, pero no te pedí nada, así que supongo que me debes un favor".

Seguí mirándola. "Lo que voy a pedirte ahora es que ayudes a que mi mamá, mi papá, y mis hermanos y hermanas estén seguros dónde están. Y que me ayudes a conseguir un trabajo esta noche. Eso es todo lo que quiero".

No fui a ver al cura ni a nadie más. Fui directo a la Virgen (hoy en día, todavía creo en esto: uno debe tener una relación directa con su divinidad superior). Hay momentos en los que todos necesitamos un abrazo espiritual, necesitamos sentirnos reconfortados ante el miedo y que se nos recuerde de la unidad que compartimos con todo lo que nos rodea. De mi madre aprendí sobre el poder de la oración, y esa oración no es unidireccional. Lo que estaba buscando era una conversación.

No iba a ser ni la primera ni la última vez que le hablara a la Virgen. En 2003, estaba de gira, y el día que tocamos en Ciudad de México había una conferencia de prensa. Me preguntaron qué había estado haciendo mientras estaba de regreso en casa, en México. Les dije: "Ayer estuve en Autlán, el lugar donde nací, y visité la capilla a la que solía ir con mi mamá cuando era bebé. Me arrodillé ante la gran imagen de la Virgen de Guadalupe y le di gracias, nuevamente. Luego escuché esta voz que decía: 'Estoy muy orgullosa de ti'".

Hubo una pausa larga. "Un momento, ¿te habló la Virgen de Guadalupe?", me preguntaron. Creo que estaban tan sorprendidos de que haya ido a una iglesia como de que haya tenido una respuesta de la Virgen. Respondí esa pregunta con una propia: "¿Qué tipo de relación tienen ustedes con Dios si solo le hablan y Él no les contesta?".

Aquella noche fui directo de la iglesia a El Convoy. Era mitad de semana, y estaba tan lleno como siempre. Todos estaban allí: los sacabullas, las bailarinas de striptease, los músicos. Vaya que estaban sorprendidos. No pensaban que iban a volverme a ver después de que hubiera cruzado la frontera. Adiós, Carlos. Me miraban como si fuera un fantasma. "¿Qué haces aquí?". El gerente bajó para hablarme. "No puedes estar aquí. Tu mamá nos dijo que te ibas a San Francisco con ella. Necesitas el permiso de tus padres porque eres menor de edad".

Esta es la parte de la historia que es realmente complicada. Yo tenía una carta y se la di al gerente del club. Era una carta de mi mamá, que decía que podía regresar a El Convoy y tocar allí. Pero mi mamá juró hasta el día de su muerte que ella nunca la escribió. De hecho, se ponía furiosa cuando yo sacaba el tema, y no puedo recordar cómo la conseguí ni quién me la dio. Pero lo que sí recuerdo es haberla sacado de mi bolsillo y habérsela dado al gerente, y me acuerdo de cuando el gerente la abrió y la leyó. "Bueno", dijo y se encogió de hombros. "Bienvenido". Luego le dijo al otro guitarrista que se volviera a su casa. "Ve, sube al escenario", me dijo.

Mi suerte no terminó allí. Toqué toda esa noche, pero aún necesitaba un lugar para quedarme. El baterista era un tipo al que llamábamos Tarzán. Su tía era dueña de un motel, y él se estaba quedando allí en una habitación extra que tenía solo un colchón en el piso, una ducha y un inodoro.

Me mudé ahí y, después de un tiempo, compramos un pequeño televisor en blanco y negro. Recuerdo estar sentado allí, luego de haber pasado toda la noche tocando en El Convoy, fermentando mi cerebro con cualquier cosa que encontráramos en la televisión. No parábamos de mirar televisión, y en un lapso de tres horas veíamos cantar a Mahalia Jackson, a Liberace tocando el piano, los dibujos animados de Rocky y Bullwinkle, y después *You Bet Your Life*, con Groucho Marx.

Hoy en día me sigo acordando de ese televisor porque me ayudó a mejorar mi nivel de inglés; me gustaba especialmente *Rawhide*, con Clint Eastwood. En poco tiempo, hablaba inglés perfecto (es decir, perfecto para ir al campo a acarrear ganado). No puedo explicar lo extraño que se sintió cuando en 2011 me incluyeron en el Salón de la Fama en California junto con otras personas, entre ellas: los Beach Boys, Amy Tan, Magic Johnson y Buzz Aldrin. Adivina quién apareció para presentarme. ¡El mismísimo Rowdy Yates: Clint Eastwood! Dijo algunas cosas bonitas sobre mí y me dio la mano.

Fui el último al que incluyeron y les agradecí por el honor. Luego, con Clint y el gobernador Jerry Brown parados cerca mío, les dije lo que pensaba de los gobernadores de California cuando era pequeño. Mis palabras exactas fueron: "Crecí aquí en California cuando estaban Brown y Reagan, y no siempre eran amables con los *campesinos*. No siempre estaban de acuerdo con Dolores Huerta y César Chávez. No estoy de acuerdo con la creación de aeropuertos y bibliotecas para Ronald Reagan y personas así, porque no eran amables".

Nadie dijo nada. Podías escuchar cómo se les caía la comida de los tenedores a todas las personas ricas que estaban ahí sentadas. Jerry no estaba contento de que haya hablado sobre su padre Pat de esa manera. Conociendo la posición política de Clint, no creo que haya querido juntarse conmigo esa noche.

Huerta y Chávez fueron los organizadores sindicales que lideraron a los trabajadores migrantes mexicanos, personas como mi hermano Tony. Formaron la Unión de Campesinos (UFW, *United Farm Workers*) y pelearon por sus derechos en la década de 1960, y no recibieron apoyo de Pat Brown ni de Reagan. En la década de 1970, Jerry Brown apoyó a Chávez y a Huerta, de modo que la UFW lo ayudó a ser electo. Jerry Brown volvió a ser gobernador, pero recientemente había vetado un proyecto de ley importante de la UFW, ¡tal como lo había hecho anteriormente Schwarzenegger, cuatro veces!

En 1962, cuando estaba solo tocando en Tijuana, Tony se estaba rompiendo el lomo en Stockton, explotado y mal pagado. Casi cincuenta años después, yo estaba parado en Sacramento, justo una hora al norte de esos campos, recibiendo un premio por ser un buen ciudadano de California. Pero la lucha aún seguía. Es por ello que aquella noche dije "Sí, se puede", que básicamente significa "Venceremos". Esa frase se le ocurrió a Huerta, y Chávez solía decirla todo el tiempo. Yo tenía que decir algo.

El Día de los Muertos de 1962 fue la primera noche de un largo año que pasé solo, tocando blues y R&B en El Convoy. Para ese entonces, el club había comprado su propia Stratocaster, así que podía tocarla, y tenía mi Melody Maker. Todavía seguían llamándome El Apache. Me di cuenta de que, con el pasar de cada noche, tocaba mejor la guitarra.

Aprendí muchas cosas durante el año que pasé solo en Tijuana: canciones, solos, cambios de acorde. Aprendí qué tenía que hacer para no desafinar, porque no quiero tener que preocuparme de eso cuando estoy tocando. Aprendí cómo estirar bien las cuerdas antes de colocarlas en la guitarra: una, dos, tres, cuatro, cinco, seis veces. Luego, afinarlas, después hacerlo otra vez, en tres o cuatro rondas. Hay que doblarlas hasta que ya no quede nada por doblar. Tienes que mostrarles quién es el jefe.

Comencé a aprender sobre fraseo, principalmente de cantantes. Incluso hoy, por mucho que me encante T-Bone, Charlie, Wes o Jimi, prefiero pasar tiempo con cantantes que con otros guitarristas. Si quiero practicar mi instrumento o simplemente volver a familiarizarme con él, creo que es mejor pasar tiempo con un cantante. No canto, pero pongo música de Michael Jackson y acompaño su fraseo, como un misil dirigido; y hago lo mismo con Marvin Gaye o Aretha Franklin. O con los primeros discos de Dionne Warwick, ¡Dios mío! Tantos grandes guitarristas tocan muchos acordes y tienen excelentes cortes rítmicos, y yo también puedo hacer eso. Pero, en vez de preocuparme por los acordes o la armonía, simplemente trato de armonizar con las líneas vocales de Dionne, nota por nota.

Empecé a aprender mucho sobre los solos y a respetar la canción y la melodía. Creo que muchísimos guitarristas se olvidan de eso y se encierran en la guitarra misma, y tocan muchas notas; yo lo llamo "improvisación". Es como que están tocando demasiado rápido como para prestar atención. Algunas personas tienen éxito de esta manera, pero, tarde o temprano, el avión debe aterrizar a pesar de la neblina y debes tocar la melodía. Imagínate si la canción fuera una mujer, ¿qué diría? ¿Me olvidaste? ¿Estás enojado conmigo?

Todavía recuerdo lo que solía decir Miles Davis sobre los músicos que tocan demasiado: "Sabes, cuanto menos toques, más te pagarán por cada nota".

Unos pocos meses después de que yo llegara, a Tarzán y a mí nos echaron de la habitación del motel, y regresé a nuestro antiguo vecindario a vivir con una amiga de mi madre, a quien no le molestaba que volviera a casa por las mañanas. Mi mamá había dejado algunos muebles allí, así que eso me ayudó a pagar mi estadía. Volví a acostumbrarme al ritmo de las noches largas, a dormir la mayor parte del día, a visitar las playas y a leer revistas de coches deportivos y *MAD* cuando no estaba tocando.

Sabía que no era una vida saludable. No fumaba marihuana ni consumía drogas duras. Simplemente estaba divirtiéndome tanto que mi vida se volvió un gran y rápido borrón. Pero estaba tomando mucho, y la situación se me fue de control rápidamente. Una vez, me desperté en la calle por la mañana, todavía borracho, y vi a una mujer que llevaba a su hijo a la iglesia. Me señaló y le dijo a su hijo: "¿Ves? Si no me haces caso, vas a terminar como él". Podía escuchar la voz de mi mamá diciéndome que no estaba en la misma frecuencia que ella, que debía regresar a casa o iba a terminar perdiéndome.

En mi mente, no solo tocaba blues, sino que llevaba una vida de blues. Incluso en aquel momento tenía la misma noción: el blues no es un *hobby* y tampoco una profesión. La mejor manera de explicarlo es la siguiente: el blues implica un compromiso profundo con un estilo de vida. Había algunas otras bandas con ese tipo de compromiso, pero solo unas pocas. En 1967, vi a Butterfield Blues Band, cuando la integraban Michael Bloomfield y Elvin Bishop. Ellos sí que lograron dominar ese estilo de Chicago. En 1969, vi a Peter Green y la banda original de Fleetwood Mac, aquellos muchachos británicos blancos que se centraron en B. B. King y Elmore James, y llegaron a tocar esa música de una manera increíble. Lograron dominar el estilo del álbum *Live at the Regal* de B. B. King casi tan bien como el mismo B. B. King. Vivían el blues. No lo estaban vistiendo como si fuera un traje. Eso es todo lo que querían hacer, es todo lo que hicieron, y lo hicieron muy bien. No podía creer que eran blancos. Lo mismo me sucedió con The Fabulous Thunderbirds. Sí que pudieron dominar ese sonido de Luisiana y esos *shuffles* de Texas.

Creo que la pregunta más estúpida que alguien puede hacer es si la gente blanca puede tocar blues. Si necesitas una respuesta, escucha a Stevie Ray Vaughan en su mejor momento. Para tocar blues, no importa de qué parte de la ciudad o de qué país vienes. El blues no le pertenece a una sola raza. Algunos creen que les pertenece a ellos, pero no es verdad. Puedo escuchar blues en la música de Ravi Shankar y Ali Akbar Khan. Quienes tocan flamenco tienen blues. Los moros que le cantan a Alá tienen blues. Los hebreos tienen blues en sus oraciones. El blues es como la sopa de pollo: no se inventó en los Estados Unidos, y no somos dueños de su receta.

Para el verano de 1963, ya estaba más grande, tenía casi dieciséis. Las cosas estaban cambiando en la Avenida Revolución. Gene Ross desapareció. No lo volví a ver cuando regresé. Ni siquiera tuve noticias suyas hasta que lo mataron. Javier Bátiz se marchó de Tijuana para ir a la gran ciudad y al apogeo, que para él era la Ciudad de México. Durante este tiempo, creo que mi familia había estado intentando contactarse conmigo, ya que querían que regresara a San Francisco. No recuerdo que mi mamá me haya enviado ninguna carta, pero quizás lo hizo y yo no las vi. O capaz elegí no recordarlo.

No quería regresar. Años más tarde, mi mamá me dijo: "Cuando estabas en Tijuana, solía preocuparme tanto. Solía decirle a tu papá 'Tenemos que ir a buscar a Carlos', pero él simplemente se daba vuelta hacia el otro lado de la cama y decía 'No, deja que se haga hombre. No puedes esconderlo bajo tu falda todo el tiempo'". Mi papá era, probablemente, como la mayoría de los hombres en aquel momento.

Mi mamá persistió. Más tarde me enteré de que cuando lo despidieron a Tony de uno de sus trabajos, tuvo la excusa perfecta para venir a Tijuana con él a buscarme, pero alguien me contó que estaban viniendo y me escondí de ellos. Volvieron a San Francisco, pero regresaron unas pocas semanas después, a fines de agosto, cuando estaba tocando en El Convoy. Esta vez tuve que enfrentarlos.

Cada uno recuerda lo que sucedió de una forma diferente. Tony me dijo que él condujo hacia Tijuana con mi mamá y un amigo.

Fueron a El Convoy y le preguntaron al sacabullas si yo estaba adentro. "¿El Apache? Sí, está inconsciente allí. Sáquenlo de aquí. Se va a morir". Lo que quiso decir es que el estilo de vida del club nocturno iba a acabar conmigo, así que me subieron al coche y me llevaron a casa.

Mi papá tenía el recuerdo de que yo estaba más despierto y me resistía. En 1971, le dijo a un periódico que vino con mi madre, Tony y alguien más, me encontraron en El Convoy y usaron todas sus habilidades de persuasión familiar para convencerme de que regrese a casa. "No lo forzamos... lo convencimos llorando".

Lo que yo recuerdo es que mi mamá, Tony y su amigo Lalo de repente estaban allí y que yo luché hasta el final para no tener que regresar. Mi mamá sabía lo que tenía que hacer cuando vino a El Convoy. Le dijo a Tony que se pare al lado de la puerta trasera mientras ella entraba por la principal. Estaba en medio de una función, pero, no bien la vi parada allí, ¡paf! Salí disparado como un petardo por la puerta trasera, donde Tony me estaba esperando. Me atrapó y me alzó de los pies. Básicamente me secuestraron: me atraparon, me subieron al coche y me trajeron de regreso a San Francisco.

En lo que sí coincidimos todos es que pasé todo el viaje en el coche en silencio, fumando. También coincidimos en que lo único que traía conmigo era mi Melody Maker y mi amplificador, nada más.

Pero, realmente, ¿qué más necesitaba?

CAPÍTULO 5

Esta banda tocó en Cow Palace y actuó como telonera en el Fillmore.
Con Danny Haro y Gus Rodriguez, 1964.

Música y sexo. Eso era lo único que tenía sentido para mí en la escuela, cuando estaba creciendo. A eso quería dedicarle mi tiempo y mi alma. La guitarra tiene forma de mujer, con un cuello para tomar y un cuerpo para abrazar contra el tuyo. Con tus dedos puedes tocar las cuerdas de un lado a otro, pero tienes que ser delicado y saber lo que estás haciendo, especialmente si la guitarra es eléctrica.

Si hubiera sido saxofonista, hubiera querido escuchar todo el día la música de Lester Young y Coleman Hawkins, Ben Webster y Dexter Gordon, Pharoah Sanders y Gato Barbieri. Necesitaría escuchar un tono determinado para poder sumergirme en él. El saxo tiene un sonido muy masculino.

Es indiscutible que el tono de la guitarra eléctrica es diferente. Tiene un sonido femenino, a menos que quien la esté tocando sea alguien como Wes Montgomery. Para mí, Wes tenía un sonido paternal, dulce y sabio, como la voz de Nat King Cole. Pero cuando un guitarrista quiere volverse atrevido e indecente, solo tiene que copiar la forma en que hablan y caminan las mujeres, y tocar esas notas en la guitarra eléctrica.

Creo que el sonido de mi guitarra es femenino. Tiene un sonido melódico de mujer, independientemente de la cantidad de bajo que use. Es mi naturaleza, mi huella. Lo acepté. Creo que es poderoso poder expresar la sabiduría de una mujer como una mujer misma lo haría, con matices femeninos.

Todo comenzó cuando mi padre me enseñó cómo meterme dentro de una nota, penetrarla de una forma tan profunda que se torna imposible no dejar tus huellas en ella. Puedes notar que está funcionando si estás llegando a tu público. Si no lo sientes tú, el público tampoco lo hará. Podía hacer eso con el violín cuando tocaba "Ave Maria" en la iglesia. Me daba cuenta de que la gente podía sentir el abrazo que le daba a una nota. Todos necesitamos un abrazo. Aprendí sobre el ligado y las notas largas, y a saber cuándo usar sustain, es decir prolongar el sonido de una nota, y cuándo tocar una adorable nota con abrazo. Pero sentí que con una guitarra podía ir más allá. Quiero decir, una cosa es un abrazo y otra cosa es que te laman la oreja. Esto es lo que quería hacer, y la guitarra me ayudó a lograrlo.

Por un tiempo, fue difícil estar de vuelta en San Francisco. Cumplí con mi promesa del año anterior: me encerré en mi habitación y me rehusé a comer. Cuando finalmente salí, mi mamá había tenido suficiente. Sacó otro billete de veinte dólares y me dijo: "Puedes regresar, pero esta vez no iremos a buscarte". Tomé el dinero y caminé hasta la Mission Street, pero luego me puse a pensar. Después volví a pensarlo. Devolví el dinero y dije: "No, me quedo". Esa fue la única vez que me sentí así. Todas las demás veces, la excitación por la música y por aprender eran más importantes para mí que un compromiso con mi familia. Esa es la pura verdad.

Mi papá intentó hacerme sentir mejor. "Hijo, en este país puedes tener un buen futuro. Hay muchos músicos buenos aquí". Yo lo sabía. Para ese entonces, todos mis héroes eran estadounidenses: B. B. King, John Lee Hooker, Lightnin' Hopkins, Muddy Waters. Me moría por escucharlos y conocerlos. Pero para ello tendría que esperar. Primero debía volver a la secundaria. No estaba listo para eso, no después de haber pasado un año en la Avenida Revolución. Había repetido de grado, así que, para ese entonces, tenía casi dieciséis y me sentía aún más grande que mis compañeros.

Afortunadamente, tenía a mis amigos Linda, Yvonne, Danny y Gus, para pasar tiempo con ellos y hacer música. Me ayudaron a mantener la compostura e hicieron que quisiera quedarme en los Estados Unidos. Aceptaron que estuviera de vuelta como si no fuera nada del otro mundo. "Está bien. Desapareciste el año pasado, pero ahora estás de regreso. No hay problema".

Pero, ¿la escuela? Mi mente estaba siempre en otro lugar. Lo único que recuerdo que me gustaba hacer era dibujar. Linda me cuenta que le gustaba sentarse al lado mío en clase y observarme mientras dibujaba caricaturas grandes y complicadas, cosas de héroes de acción. En aquel momento, me interesaban mucho los cómics. Poco tiempo después de haber regresado, unas semanas más tarde, recuerdo que le dispararon a Kennedy y el mundo quedó conmocionado. Todo se detuvo. En ese entonces, sabía que este país no era lo que parecía en las películas, pero no me había dado cuenta de que podía ser tan repugnante y desagradable. En ese momento, simplemente aceptaba las noticias. Pero qué cosa más brutal para encontrarse al regresar a los Estados Unidos.

Estábamos viviendo en un departamento en 14th Street, en el centro del distrito The Mission. Ese fue el tercer lugar en el que vivimos en San Francisco. Seguía siendo un lugar pequeño, pero el departamento era mejor y más grande que el de Juri Street, y era un mejor vecindario, más diverso. Las cosas se estaban estabilizando allí, pero a veces la situación se podía poner tensa rápidamente, incluso con mi hermano Tony. Por un lado, sé que él estaba sumamente orgulloso y solía hacer alarde de mí: "Tienes que ver a mi hermano. Va a venir de Tijuana y vas a ver. Lo que están tocando estos tipos no es nada". Por el otro lado, fue quien me metió en el coche y no quiso dejar que me quede en Tijuana. A veces, cuando tomaba, se tornaba cruel y me molestaba. Por lo general, yo solo respiraba hondo y miraba el piso, porque el sí que podía pelear.

Una vez, Tony y sus amigos habían salido y tomado, y él regresó a casa y quería dormir. Pero mis hermanas y yo estábamos viendo el final de una película de vampiros. "Apaguen el televisor", dijo y después lo apagó. Laura se puso de pie y volvió a encenderlo. "Ya casi termina. ¿Cuál es el problema?". Tony volvió a acercarse al televisor, pero, como estaba borracho, la hizo a caer a mi hermana. No pude soportarlo. Le di un puñetazo en el ojo y tomé una silla para defenderme, porque supe que iba a tener que hacerlo. Todos en la casa se detuvieron. Mi madre solo observaba lo que sucedía. Tony seguía mirándome, sin hacer nada, y yo estaba pensando que era un idiota, porque en aquel momento compartíamos una cama. ¿Qué iba a hacer? ¿Dormir bien al borde de la cama?

Para cuando se puso un trozo de carne sobre el ojo, ya nos habíamos calmado todos. Pero Tony no estaba contento. "Entiendo lo que hiciste. Estabas protegiendo a tu hermana. Pero no te atrevas a volver a pegarme".

Ni siquiera pensé en volver a hacerlo, pero, unas semanas más tarde, Tony entró en nuestra habitación con sus amigos. Nuevamente, habían estado tomando. Uno de ellos (para ser exacto, fue Lalo) se sentó en la cama, justo sobre mi guitarra: ¡crac! La rompió en dos. Era la *Melody Maker*, pero aun así estaba furioso y listo para volver a pelear. De alguna manera, lograron calmarme.

Eso sucedió un viernes. El lunes siguiente, cuando regresé a casa de la escuela, Tony me había comprado una guitarra a estrenar y un amplificador. Era una hermosa Gibson SG blanca con una barra de trémolo. Gibson había comenzado a fabricarlas en 1961. Tomé la guitarra y comencé a olerla, a tocarla. No podía creerlo. Era el mismo tipo de Gibson que toqué en Woodstock, una SG, pero un modelo más nuevo y de otro color.

Tony volvió a ser mi héroe. Se me llenaron los ojos de lágrimas.

Luego, dijo: "Oye, Carlos, solo pagué el anticipo. Vas a tener que pagar el resto. Te llevaré a donde estoy trabajando para que puedas aprender a lavar los platos y ganar dinero para terminar de pagarla".

Así fue cómo comenzó mi carrera como lavaplatos en Tic Tock Drive In. Trabajaba en el que estaba en la esquina de las calles 3 y King, justo a una cuadra del primer lugar en el que vivimos en San Francisco. Había cinco de esas cafeterías en la ciudad. Eran populares y estaban abiertas hasta tarde, y, con el tiempo, varios de nosotros terminamos trabajando en alguna de ellas (Tony, Irma, Jorge y yo). Algunos de nosotros también hacíamos turnos en La Cumbre, la taquería de Valencia Street que era propiedad de la familia de Danny Haro. Mi mamá estaba trabajando menos (estaba ocupada siendo mamá), y mi papá tenía conciertos habituales en el Latin American Club. El resto de nosotros que todavía seguíamos en la escuela y éramos lo suficientemente grandes teníamos nuestras rutinas: nos despertábamos temprano, hacíamos tortillas en La Cumbre, íbamos a la escuela, regresábamos a casa, comíamos y luego íbamos a trabajar a Tic Tock.

Los propietarios de Tic Tock eran unos muchachos blancos, y lo gracioso es que, generalmente, nos trataban mejor que los dueños de los restaurantes mexicanos en los que podríamos haber trabajado, como la Palma. Además, era más rentable que hacer tortillas. Ese fue el motivo por el cual Tony comenzó a trabajar allí.

No era un trabajo perfecto. Recuerdo un día en el que Julio, uno de los gerentes, entró a la cocina. Era miércoles, el día de los barcos de bananas, por lo que había muchísimas personas en los muelles, cerca de la cafetería, bajando bananas de los barcos para toda la ciudad, y el lugar estaba lleno. Pero, por alguna razón, el conductor que tenía que distribuir las donas aquella mañana no apareció. De nuevo.

Julio se me acercó. "¡Carlos! Dile a tu hermano que nuevamente no trajeron las donas y las necesitamos para la hora pico. ¿Puede ir y buscar algunas inmediatamente?". Todo en inglés. Tony no habla muy bien inglés, pero, indudablemente, entendió. No se le movió un pelo. Siguió lavando los platos, respondió en español y me dijo que le diga a Julio que había ido a buscar las donas hacía dos semanas como un favor, que a su sindicato no le correspondía realizar esas tareas, y que nunca le habían reembolsado la gasolina que había usado la última vez.

"¿Qué dijo?". Así que tuve que traducir, y todos los otros trabajadores ya habían parado de hacer lo que estaban haciendo y nos estaban observando. "¿En serio? ¿Está seguro?". Luego, mi hermano me dijo "Dile que se vaya a la chingada" y me pidió que lo tradujera palabra por palabra.

Y eso hice. Se lo tuve que decir tal cual.

Esperaba que sucediera algo, pero no pasó nada. Ese día, Tony me enseñó que no solo es importante ser un buen trabajador sino también saber valorarse. Conocer tu capacidad y, de ser necesario, contar con una honestidad brutal. En aquel momento, tres de nosotros trabajábamos allí: Tony, Irma y yo. Si Julio hubiera despedido a alguno de nosotros, nos hubiéramos ido los tres. Con o sin donas, los Santana hacíamos un buen trabajo para ellos.

También aprendí otras lecciones en Tic Tock. Había un proxeneta de aspecto llamativo que solía aparecer tarde por la noche, vestido con un traje de raya diplomática y un sombrero panamá. Siempre estaba acompañado de las mujeres más bellas, conducía un Cadillac, todo eso. Cuando ingresaba, todos los trabajadores se detenían y lo miraban. Tenía una rutina: primero, hacía que las damas se sentaran, se aseguraba de que tuvieran menús y luego introducía algo de dinero en la rocola.

Una noche, ingresó e hizo lo suyo, y un camionero pueblerino entró con una radio con el juego de los Gigantes a todo volumen: "Aquí está preparándose el lanzador...". Muy, muy fuerte. El proxeneta se le acercó y le dijo amablemente: "Disculpa, acabo de poner unas canciones. ¿Podrías bajar un poco el volumen de la radio?". El hombre lo miró y subió aún más el volumen.

Todos ya nos habíamos detenido. La cafetería entera estaba mirando, creyendo que iba a haber una pelea. El proxeneta, con una verdadera suavidad y rapidez, tomó la radio, la tiró contra el piso con fuerza y luego la pisoteó con el tacón de su zapato. La radio quedó hecha añicos. Después metió la mano en el bolsillo (esperábamos que sacara un arma o un cuchillo) y extrajo un gran fajo de dinero en efectivo. Contó uno, dos, tres billetes y los puso delante del camionero. "Esto lo cubre. Sé que ahora me dejarás escuchar mi música". El hombre tenía la cara roja. Sabía que no debía decir nada más.

Tic Tock fue donde conocí la comida estadounidense: hamburguesas, papas fritas, pastel de carne, sándwiches de pavo frío. Mis favoritos eran las chuletas empanadas y el puré de papas. Comía eso todo el tiempo y todavía me encanta. Hoy en día, cuando estamos de gira y tenemos una noche libre en Austria o en Alemania, todos saben que pediré *Wiener schnitzel*, incluso si no está en el menú.

Lo más lindo de Tic Tock era la rocola. Gasté muchísimo dinero en esa cosa solo para hacer que los días fueran un poco más llevaderos, mientras lavaba esas grandes ollas y sartenes llenas de salsa, y blanqueaba los pisos con agua hirviendo y Clorox. Esa rocola me ayudó a mantenerme cuerdo durante los primeros años que trabajé allí. Tenía a Jackie Wilson, Chuck Jackson, Lou Rawls, Solomon Burke, The Drifters. También a las primeras estrellas de Motown: Mary Wells, Martha and the Vandellas, Marvin Gaye. Era distinto a Tijuana: más sofisticado y conmovedor. Algunos tenían un estilo góspel, como el de Solomon Burke. The Impressions cantando "Say it's all right… It's all right… It's all right, have a good time, 'cause it's all right".

En esa rocola estaba la música de Stan Getz y Cal Tjader, mi primer contacto real con el jazz. También tenía música latina con ritmos afrocubanos: Tito Puente, Mongo Santamaría. "¡Watermelon Man!"

San Francisco era como esa rocola. En realidad, San Francisco era una rocola. The Mission estaba lleno de clubes nocturnos, y tenía amigos allí que tenían aparatos estereofónicos. Además, San Francisco, en general, tenía muchos clubes y estaciones de radio que pasaban una variedad de estilos. KSOL ("Kay-Soul") era una de las estaciones de música afroamericana de la ciudad. Allí fue donde

Sly Stone comenzó como *disc jockey*. "Hola, gente *cool*…". Ya tenía su propio estilo desde temprano. Escuché a un increíble organista de jazz en KSOL tarde de noche, alguien llamado Chris Colombo que tocaba "Summertime" y lo hacía estupendamente. KSOL me hizo conocer a Wes Montgomery, Bola Sete, Kenny Burrell y Jimmy Smith. Pasaban muchísima música de Vince Guaraldi.

Fue en Tijuana donde escuché canciones como "Stand by Me", melodías simples de R&B. En San Francisco, de repente, estaba escuchando a Johnny Mathis cantar "Misty" y a Lee Morgan tocar "The Sidewinder", música de última moda. Básicamente, la ciudad era una cornucopia de la música, más que lo que jamás me había imaginado. Comencé a oír hablar de clubs en los cuales más tarde intentaría entrar a escondidas, como el Jazz Workshop, ubicado en la avenida Van Ness y la calle Broadway, cerca de North Beach. A pocos metros, se encontraba El Matador, donde escuché a Cal Tjader y a Vince Guaraldi por primera vez, y más tarde a Gábor Szabó. El Matador fue donde escuché por primera y única vez al increíble guitarrista brasileño Bola Sete. Era un fenómeno; lamento no haber tenido la oportunidad de pasar tiempo con él y llegar a conocerlo. Empecé a oír hablar del Cow Palace, en la avenida Geneva, en Daly City, donde se realizaban todos los grandes espectáculos.

Recuerdo que durante ese primer año en San Francisco oí hablar de un espectáculo en San José donde se presentaban B. B. King, Bobby Bland y Ray Charles. Mis amigos y yo no lo podíamos creer. Nunca fregué platos, ollas y sartenes tan rápido como esa noche. No bien terminé de trabajar, salimos disparados de Tic Tock a toda velocidad y llegamos al lugar justo a tiempo para escuchar la última nota y los aplausos. "Uh… *mierda*".

Que no quepa la menor duda que el blues seguía siendo lo mío. En el departamento de Juri Street, me escondía en una pequeña despensa, solo con mi guitarra, a oscuras, e intentaba descifrar cómo hacía B. B. para lograr ese tono u Otis para alcanzar esa nota. Seguía haciendo ese tipo de cosas en nuestro nuevo hogar. Jorge todavía me cuenta que recuerda que me la pasaba practicando y practicando, trabajando en mi sonido.

Además, pronto aprendí sobre las tiendas de guitarras de la ciudad. Ver todas las guitarras y equipos nuevos fue fundamental para mí. Por supuesto que seguía tocando y pasando el rato con Danny y Gus. Teníamos nuestra pequeña banda sin nombre y nuestros pequeños conciertos; tocábamos en fiestas y bailes. Escuchábamos las canciones nuevas que salían, y decidíamos cuáles nos gustaban y cuáles queríamos aprender. Antes de volver a Tijuana, en 1962, había logrado evitar enseñarles cosas. No quería ser profesor. Pero cuando regresé, supe que si quería tocar tenía que tragarme el orgullo y enseñarles algo de mi repertorio. Lo bueno era que podía elegir las canciones, así que logré alejarlos de la música surfer y de The Beatles. Aprendimos juntos las melodías de James Brown y Etta James, y les enseñé canciones que sabía de El Convoy, incluida "You Can Make It If You Try".

Fue muy divertido. Este fue el momento en que realmente comencé a ser adolescente y a hacer cosas de adolescente. Recuerdo que Danny tenía un Corvette verde. Conducíamos por la península hacia uno de los restaurantes A&W que estaba sobre la costa, pedíamos una cerveza de raíz con helado y unas hamburguesas, escuchábamos música de la mejor en el estéreo del coche, luego regresábamos a su casa y tocábamos en el sótano. También recuerdo que, por mucho tiempo, su padre no me quiso. Me miraba como si fuera una mala influencia para su hijo. No creo que lo fuera.

Comencé a notar la diferencia entre lo que nosotros escuchábamos y tocábamos, y lo que la mayoría de las otras bandas escuchaban y tocaban. Dimos un concierto en el YMCA de Stonestown, en el mismo programa que un grupo de muchachos blancos que solamente tocaban melodías de The Beach Boys. Nosotros fuimos y tocamos melodías de Bo Diddley y Freddie King, y nadie los conocía. En el camino hacia el lugar, recuerdo una canción que pasaron por la radio: fue la primera vez que escuché a Stevie Wonder: "Fingertips, Part 1" y "Fingertips, Part 2". ¡Vaya que era bueno!

En 1963 y a principios de 1964, estaba llegando a conocer todo lo que sucedía en San Francisco. Recorría las calles, miraba los edificios, el puente y la hermosa bahía. En casa, recuerdo que Jorge recién comenzaba a tocar la guitarra, y mis hermanas seguían poniendo sus discos, bailando al ritmo de la música de Motown y de melodías latinas que eran populares en aquel momento: Celia Cruz, un muchacho llamado Tito Puente. Para mí, San Francisco era este increíble vórtice de cosas nuevas.

Si parece que estoy evitando hablar de la escuela, es porque estaba haciendo justamente eso: la evitaba. Era duro porque tenía que volver al inglés otra vez, y era muy frustrante no entender cada tres o cuatro palabras. No era el mejor alumno, y la mayoría de mis asignaturas no me gustaba, excepto por una clase de inglés en la que la profesora era hermosa, usaba una pollera corta y cruzaba las piernas. De repente, estaba más interesado en ella que lo que había estado en cualquiera de las bailarinas en Tijuana. Me la pasaba soñando despierto, y mi cuerpo reaccionaba como se suponía. La naturaleza hacía lo suyo, y una vez me descubrió.

"Carlos, quiero que pases al pizarrón y escribas esto". Le contesté: "Eh… no". Ella insistió, y toda la clase me estaba mirando. Así que me paré y traté de acomodarme sutilmente. Pero no estaba funcionado, y todos estaban muertos de risa. ¿Qué puedo decir? Era la secundaria.

Mi nivel de inglés estaba mejorando solo, con el tiempo. En todos los lugares a los que iba (la escuela, Tic Tock, los ensayos de la banda, las casas de mis amigos), siempre hablaba en inglés. Cuando hablaba con Linda e Yvonne, no tenían problema en corregirme. Hablábamos por teléfono todo el tiempo, y cada vez nos hicimos más cercanos. Podía hablarles de lo que fuera: de la escuela, de música, de chicas. Ellas me contaban de sus novios. Solían llamarme: "Hola, Santana. ¿Cómo estás?". Después de un tiempo, incluso les conté que había sido abusado (durante muchos años, muy pocas personas fuera de mi familia supieron de esto).

Diría que me tomó casi tres años desde el momento en que volví de Tijuana consolidar mi inglés y dejar de pensar en español. Tener las palabras apropiadas. Lograr pronunciar correctamente las palabras. ¿El acento? Pude mejorarlo con el tiempo, pero todavía sigue ahí, como parte de mi identidad, tal como el sonido de una guitarra. Nunca se borrará completamente.

Me resultó difícil poder adaptarme. Durante aquellos primeros años en San Francisco, no sabía con quién se suponía que debía juntarme. No encajaba ni con los mexicanos ni con los blancos, y desde el principio descubrí que, cuando estaba con mis amigos afroamericanos y les preguntaba sobre B. B. o Freddie King, ellos estaban escuchando otra cosa, algún estilo nuevo de música dance, y no blues. Aprendí a deshacerme de la idea que tenía cuando llegué a los Estados Unidos: que todos los afroamericanos se conocían.

Por una vez, el blues estuvo de mi lado. Estaba en un autobús urbano en plena noche y, a pesar de que nos habíamos mudado a The Mission, todavía tenía que pasar por la zona peligrosa de la ciudad para ir al lugar donde ensayábamos. Llevaba mi *Melody Maker* negra conmigo en una bolsa. Nunca tuvo una funda. Solía llevarla conmigo a todos lados antes de que Lalo se sentara sobre ella. Me subí al autobús, y el conductor me miró y miró la guitarra. "¿Puedes tocarla?".

"Sí, puedo tocarla", le dije. No estaba siendo arrogante ni nada.

"¿Qué tipo de música?".

"Jimmy Reed, Screamin' Jay Hawkins, John Lee Hooker". Estábamos hablando, y el autobús no se movía.

"¿Así que tocas la música de John Lee Hoker? Vas a tener que sentarte cerca mío así puedo verte. No quiero que nadie se meta contigo".

Era la primera vez que alguien hacía algo así simplemente porque era músico y por la música que tocaba sin siquiera haberme escuchado tocar. Ese conductor fue uno de los ángeles que estuvo en el momento y en el lugar adecuados, no solo para cuidar de mí, sino también para hacerme saber que iba por buen camino. Todavía siento mucha confianza cuando recuerdo ese corto trayecto en autobús.

Era músico, y así me identificaba. No era mexicano ni estadounidense. Sigo identificándome de esta manera. Es por ello que paso la mayor parte del tiempo con otros músicos.

En James Lick, como en cualquier escuela, uno se sentía presionado a pertenecer a un grupo. Había dos. Por un lado, los Shoes, que usaban pantalones blancos ajustados o de pana y eran surfistas. Por el otro, los Barts, que eran como los pachucos. Eran casi todos mexicanos, y había algunos negros. La gente quería saber qué grupo iba a elegir yo. Esperaban que fuera un Bart. Yo creía que ambos grupos se veían tontos. Un muchacho latino me dijo: "No te vistes como nosotros", como si los hubiera traicionado o algo. "¿Sabes por qué no me visto como tú? Tengo un trabajo. Gano mi propio dinero y me compro mi propia ropa. No dejo que mi mami ni cualquier pandilla me digan cómo vestirme". De todos modos, en aquel momento estaba trabajando en mi propio estilo. Usaba los zapatos negros brillosos y los pantalones brillosos y ajustados que usaban los muchachos de Motown. Los Levi's llegaron más tarde.

Era como los Jets y los Sharks (los blancos y los latinos) en *West Side Story*. Tony me llevó a ver la película casi un año después de que salió, pero las pandillas no eran lo importante. Esta era nuestra historia: querer venir a Estados Unidos y triunfar. Cantaban sobre lavadoras, como le había prometido a mi mamá en México. No podía creerlo. Así fue como escuché por primera vez de Leonard Bernstein. La película no era nada sin la música. No sé si el Sr. Bernstein supo a cuánta gente conmovió con esa película. Sintetizaba la situación en los Estados Unidos en aquel momento, y también por muchos años más.

En 1999, cuando estaba haciendo las audiciones de las canciones para el álbum *Supernatural*, escuché por primera vez la letra de la canción "Maria Maria" de Wyclef Jean: "She reminds me of a West Side Story / growing up in Spanish Harlem / She's livin' her life just like a movie star". Había pedido una canción sobre la esperanza y la curación, pero me gustó la parte de *West Side Story*, eso era obra de Wyclef. Además, a Rob Thomas por su cuenta se le ocurrió la línea "my Spanish Harlem Mona Lisa" para la canción "Smooth", y yo pensaba: "Hermanos, definitivamente estamos todos en la misma frecuencia". ¿Quién no conoce esa película?

Tras lo difícil que se me hizo dejar Tijuana, lo que me mantuvo interesando en San Francisco e hizo que no quiera regresar fue mi relación con las chicas y la música. Cuando algunas de las chicas en James Lick me dijeron que les hacía acordar a George Chakiris, que hacía de Bernardo en "West Side Story", no podía creerlo. Ese era un muchacho atractivo. Está bien, me había enganchado.

Sin embargo, lo que tuve con Linda o Yvonne nunca fue algo físico. Íbamos a fiestas, y solía verlas bailar al ritmo de "Harlem Shuffle", o solíamos ir al autocine. Me sentía más cómodo con chicas que con chicos, pero seguía siendo muy tímido. No me sentía seguro cuando estaba solo con una chica porque nunca fui un mentiroso ni un seductor. Algo que sé que no heredé de mi padre es la habilidad de conquistar y cautivar a las mujeres. Eso de decir "Hola, hermosa" nunca fue lo mío. Me parece que suena cursi, como tomar una guitarra que está desafinada. Esa no es mi personalidad, incluso cuando estaba con mi primera esposa, Deborah, o Cindy o cualquiera de las otras damas. Puede que algunas mujeres que amé no quieran admitirlo, pero fueron ellas quienes me buscaron.

Prefiero tener una conversación verdadera; así soy yo.

Antes de terminar la secundaria, logré armarme de valor para verme con una chica que se llamaba Dorian. Vivía sola con su mamá, quien trabajaba durante el día. Durante la primera parte del 64, me la pasaba en su casa.

Quiero decir que el sexo era excelente, pero mis recuerdos de aquel momento son confusos, porque había un profesor de gimnasia que estaba loco por Dorian y sabía que yo estaba con ella. Cada vez que estaba en su clase, me decía: "Santana, sé de dónde vienes. Debes dar tres vueltas corriendo alrededor de la manzana de la escuela y luego hacer cincuenta flexiones". Era muy extraño, ¿cómo sabía?

Pienso en esas primeras veces de intensidad y éxtasis, y la mayor parte pasó mientras me escabullía y me aseguraba de que no me pillaran. Sé que hay gente que cree que esto puede volverlo más emocionante, como todas esas canciones de soul que dicen que es más dulce si es robado. Pero creo que una gran parte del sexo está envuelta de culpa y vergüenza. Me parece que tendría que ser celebrado siempre como algo saludable, de lo que se debe hablar y estudiar en la escuela, especialmente en la secundaria, cuando la gente tiene la mayor cantidad de preguntas.

El sexo debería ser enseñado como una expresión creativa y espiritual. Todo el planeta se trata de la expresión, una variedad de formas de expresión. Tenemos que saber sobre esto y tomar nuestras propias decisiones. ¿Recuerdas a la Dra. Joycelyn Elders, la Directora general de Salud Pública que fue despedida por declarar que estaba a favor de la masturbación como una forma de prevenir el sida? ¿No es eso claramente algo saludable y positivo? Lamentablemente, todavía no hemos evolucionado lo suficiente como para enseñar ese punto de vista en las escuelas. Tantas cosas serían mejores en este mundo si nos enseñaran que es importante encontrar una pareja con quien podamos hablar de sexo y que esto debe ser una parte importante de nuestra vida. En lugar de eso, debemos darnos cuenta de estas cosas por nuestra cuenta, y esperar haberlo hecho correctamente.

Dorian fue mi novia por un tiempo. Solíamos ir a los bailes juntos, pero ella se ponía furiosa porque, no bien llegábamos, le soltaba la mano y me paraba frente a la banda, miraba al guitarrista y al resto de los muchachos. Ella me pedía que bailemos e intentaba hacer que le preste atención, y yo le decía "No, está bien. Ve y baila con tus amigas. Tengo que ver lo que está pasando". También pasaba mucho tiempo en los ensayos. Se puso molesta conmigo. Comenzó a sentir que solo estaba con ella por conveniencia y que solo quería estar con ella cuando su mamá no estaba en su casa para poder hacer solo una cosa.

Dorian me dejó por un mariscal de campo. Él jugaba en equipo, por así decirlo. Ella no podía confiar en mí. Unos años más tarde, vi cómo le pasó lo mismo a un bajista que ingresó a la banda después que Gus: Steve De La Rosa. Estaba muy comprometido con una hermosa dama que quería que pasara más tiempo con ella que con su música.

También volví a ver muchas situaciones iguales después de esa. Es horrible cuando alguien te dice: "Elige, soy yo o la música". No me pidas que viva según tus inseguridades. Es como pedirme que deje de respirar. Para mí, había una sola respuesta posible: "Adiós".

En septiembre, pasé a la preparatoria a la que iban todos los alumnos de James Lick: Mission High. Linda, Yvonne, Danny y Gus también estaban allí. Fue un gran cambio pasar de James Lick a Mission. En esta última, había muchos grupos distintos: negros, mexicanos, chicos de todas partes de América Central y de América del Sur, y filipinos. En otras preparatorias, había más chinos e italianos, pero Mission era la institución más central de San Francisco, por lo que venían chicos de The Mission, Bayview y Hunter's Point, y probablemente era una de las escuelas más variadas de la ciudad. Había mucha tensión, sobre todo entre negros y blancos. En aquel momento, recién estaban surgiendo los hippies, y no era divertido porque las personas heterosexuales solían llamarlos maricas por tener pelo largo. Los blancos, los negros y los latinos solían decir eso. Si alguien estaba con un grupo al que pertenecía (blancos, negros, morenos o simplemente heterosexuales) y se encontraban con alguien que estaba solo y se veía diferente, sabías que el grupo iba a meterse con esa persona. Así es la preparatoria.

Mi grupo de amigos se hizo más grande. Era una escuela más grande, y los bailes también eran más grandes. Recuerdo que ese año Freddie Stone (el hermano de Sly) vino de Jefferson High y tocó para nosotros con su banda, Freddie and the Stone Souls. Dieron un espectáculo con mucha energía, saltaban unos encima de los otros mientras tocaban los instrumentos. Fue la primera vez que escuché a Greg Errico tocar la batería.

En el verano de 1964, todo giraba en torno a Beatles, The Rolling Stones y otros grupos de Inglaterra. Me di cuenta de que a las chicas les gustaban mucho. Estaban en todas las radios. Noté que algunos de ellos venían del mismo lugar que yo: habían escuchado blues. Había grupos como The Animals y The Yardbirds que también estaban intentando aprender ese idioma. Tiempo después, leí sobre cómo habían comenzado: arreglándoselas solos, emprendiendo viaje, durmiendo en furgonetas, haciendo lo que tenían que hacer. En mi opinión, eran compañeros de lucha, por todo lo que tuvieron que soportar por su música. Estoy hablando de Jimmy Page, Jeff Beck, Eric Clapton, Mick Taylor, John Mayall, Peter Green, todos ellos.

El álbum que me dejó atónito en particular fue uno de The Kinks. Mi mamá todavía guardaba el dinero que yo ganaba, pero de vez en cuando me daba algo. Cuando lo hacía, me compraba el último comic del Hombre Araña y uno o dos álbumes. Recuerdo cuando compré los grandes éxitos de Little Walter y el primer álbum de The Kinks, y pensé: "Esto es diferente, qué sonido pesado". Esos muchachos sí que tocaban acordes, no notas sueltas. Fueron una gran influencia para mí. A Danny y a los otros de nuestra banda les gustaba The Yardbirds, y a mí no me molestaba.

Para aquel momento, mi banda era una de las mejores de Mission. Como en una audición de sección rítmica, nos solíamos juntar los tres con otros grupos, y luego distintos cantantes, guitarristas o trompetistas tocaban en frente nuestro. Éramos los muchachos a los que había que convencer. Una vez, tocamos en The Dynamics. Usamos trajes y tocamos con dos saxofonistas: Andy Vargas y Richard Bean. Más tarde, Richard se juntó con mi hermano Jorge y formaron The Malibus, que después se convirtió en Malo.

Todavía seguía trabajando en Tic Tock mientras Danny preparaba tacos y Gus cortaba carne. Estábamos dando conciertos y nos manteníamos ocupados: tocábamos en pizzerías y en fiestas de cumpleaños. Nunca tocábamos en eventos mexicanos porque la mayoría de los mexicanos no quería escuchar nuestro estilo de música R&B estadounidense. Solían decirnos: "Su música es demasiado ruidosa". Querían escuchar música del lugar donde venían: mariachi, norteña. Esa era la especialidad de mi papá.

Recuerdo que una vez los padres de Danny o de Gus nos pidieron que tocáramos en una fiesta en la que nos pedirían canciones de ese tipo, y dije que no. Creo que a Danny y a Gus no les hubiera molestado tocar esas canciones. No tenían el mismo lazo emocional negativo que yo porque cuando crecieron no vieron las cosas que yo tuve que ver. Simplemente les dije que no quería tocar en bautismos y en bar mitzvás. Les dije que no conocía ninguna de esas canciones, a pesar de que sí las sabía, y eso fue todo.

En la escuela solían realizar audiciones abiertas para los bailes nocturnos de los viernes, y siempre ganábamos. Una vez, un estudiante que venía de Samoa vio nuestra audición y nos invitó a que tocáramos en su fiesta de cumpleaños. Todo estaba yendo genial hasta que terminamos nuestra segunda actuación y pedimos el dinero para poder irnos. Nos miró y nos dijo: "Comieron demasiada comida. No voy a pagarles". Fue él quien nos dijo que nos sirviéramos. ¡No sabíamos que había un límite de cuánto podíamos comer! Los otros muchachos comenzaron a discutir con él, pero yo simplemente me aparté. Volví a la cocina, donde estaban nuestros equipos, vi que el pastel de cumpleaños estaba allí, lo corté con cuidado y lo metí en la funda de mi guitarra. Luego fui a donde estaban los otros muchachos y les dije: "Vamos, marchémonos". Más tarde, les mostré lo que había hecho. Comimos el pastel y nos reímos. Creí que era mejor vengarse que enojarse.

Nunca tuvimos un cantante definido. Tocábamos muchas piezas instrumentales, y Gus a veces cantaba. Solía ayudarlo en canciones como "Little Latin Lupe Lu", de The Righteous Brothers, "I Need Your Lovin'", de Don Gardner y Dee Dee Ford, y "Do You Love Me", de The Contours. Eran *shuffles* y *boogies*, más que nada. Era más importante el ritmo que la parte del vocalista principal.

Conocí a Joyce Dunn en una sesión improvisada de música, a fines de 1964. Ella sí que era una verdadera cantante. Su voz tenía una energía de blues. Era de Oceanview, que queda a solo diez minutos de The Mission, así que podíamos juntarnos y practicar algunas canciones, melodías de *soul* como "Steal Away" y "Heat Wave". Indudablemente, era algo nuevo en ese momento: una cantante negra acompañada de estadounidenses de origen mexicano y de un guitarrista mexicano. Michael Carabello solía decirme que la primera vez que me vio tocar fue durante las pocas semanas que tocamos con Joyce. Era muy divertida. Más tarde, trabajó con músicos como Boz Scaggs y grabó algunas canciones bajo su propio nombre.

La primera mitad de 1965 se pasó rápido. De repente, había

terminado mi primer año de preparatoria, y era verano. Muchas biografías que vi dicen que me gradué de Mission ese año, pero mi graduación fue en el 67. Con Danny, Gus y los cuernos, seguíamos tocando blues, o nuestra versión del blues. Pero parecía que en el mundo solo había lugar para grupos británicos: The Beatles y The Rolling Stones, particularmente "Satisfaction", estaban en todos lados.

En algún momento de ese verano, escuchamos que KDIA, que era la estación de soul de San Francisco en ese entonces, estaba patrocinando un concurso de bandas en el Cow Palace. El premio era la oportunidad de tocar tu canción en la radio y abrir un espectáculo de The Turtles y de Sam the Sham and the Pharaohs, que eran bandas con grandes éxitos en la radio. Cientos de bandas se presentaron, pero resultó que la mayoría solo tocaban versiones de canciones de The Rolling Stones y The Who, y la estación estaba buscando originalidad. La mayoría quedó eliminada en la primera ronda, y cada vez nos entusiasmábamos más a medida que pasaba el día. También estábamos nerviosos. Como teníamos que esperar mucho tiempo, Danny, Gus y yo comenzamos a tomar, y terminamos arruinando todo. Llegamos hasta la tercera ronda. Nos sentíamos muy bien... hasta que perdimos.

"Wooly Bully" era el éxito de Sam the Sham, y ese verano se escuchaba por todos lados. Aprendimos esa melodía y la habremos tocado cientos de veces. Todos querían oírla. Recuerdo que mi hermana Laura nos pidió que tocáramos en su casamiento ese junio en Pacifica, en un lugar llamado La Paloma. Hicimos que todos bailen al ritmo de "Wooly Bully". Me acuerdo de eso porque la nueva esposa de Tony tenía un embarazo muy avanzando en ese momento, y decir "Wooly Bully" como si estuvieras hablando en español suena a "bola", redonda como el vientre de las embarazadas. Más tarde, me enteré de que el nombre verdadero de Sam es Domingo Zamudio y que es un estadounidense de origen mexicano de Texas.

Durante ese verano, también escuché *Live at the Regal* de B. B. King. Era muy valioso para guitarristas como yo, que no habían tenido todavía la oportunidad de verlo en concierto. En este álbum, podías escucharlo mientras tocaba frente a su gente, un público negro. Todavía me hace sonreír cuando canta "I got a sweet black angel / I love the way she spreads her wings" y las mujeres comienzan a gritar. ¿Hay algo más *sexy* que eso?

Mi segundo año en Mission comenzó en septiembre, y, poco tiempo después, salió el primer álbum de The Butterfield Blues Band. Para mis oídos, era el mejor ejemplo de un músico que era fiel al verdadero blues eléctrico, el blues de Chicago, y lo hacía funcionar con un ritmo con estilo a rock. La influencia del *rock* no era demasiado, era la cantidad justa. Una gran razón por la que tuvieron éxito fue Michael Bloomfield, que era el guitarrista principal del grupo. En poco tiempo, él era mi segundo héroe, debajo de B. B. Fue el primero de la nueva generación de guitarristas que vinieron después de Buddy, Albert y Freddie.

En algún momento de ese otoño, otro cantante se incorporó a la banda: Al Burdett. Venía del Fillmore, al otro lado de la ciudad. Cantaba blues y solo se quedó con nosotros unos pocos meses, pero me hizo conocer el álbum de blues más importante de ese año: *Hoodoo Man Blues*, de Junior Wells, junto con un gran guitarrista llamado Friendly Chap. Solo que ese no era su nombre verdadero. Era Buddy Guy. Pero, como en ese momento estaba bajo contrato con otra compañía discográfica, le pusieron ese nombre. Todo el mundo escuchó ese álbum: Grateful Dead, Jimi Hendrix. La manera en que Buddy tocaba la guitarra en "Good Morning Little Schoolgirl" se convirtió en la única manera de tocar esa canción.

Ese otoño conocí a Michael Carabello. Era amigo de Yvonne, y hubiera ido a Mission High si no hubiera sido por su talento para el béisbol, gracias al cual logró ingresar a la escuela Polytechnic de San Francisco. Mantenía una relación cercana con sus amigos de The Mission, donde vivía. Carabello se había enganchado con la música cuando tocaba congas en unas sesiones improvisadas de música informales en Aquatic Park, muy cerca de North Beach, e incluso había tocado una vez con Vince Guaraldi. Carabello solía pasarse por el sótano de Yvonne, que era uno de los lugares en los que nuestra banda solía tocar. Más tarde, me dijo que lo que escuchaba lo deslumbraba. Me caía bien. Al principio, pasaba tiempo con nosotros más de lo que tocaba, pero teníamos la misma intensidad y entusiasmo por la música. Solo tenía una conga cuando nos conocimos, pero daba una sensación agradable cuando tocaba y había comenzado a escuchar muchos sonidos nuevos además del blues.

Lo más importante es que Carabello me llevó a Aquatic Park. No sé si lo siguen haciendo, pero en aquel entonces, en 1965 y en 1966, dejaban que toque un círculo de músicos de conga. Quizás eran diez o doce de ellos, se sentaban en círculo, tocaban con uno o dos flautistas, tomaban vino de petacas de cuero que colgaban de sus cinturones y fumaban marihuana. El sonido era intenso cuando comenzaban a tocar.

Carabello y yo teníamos otro amigo en común, Jimmy Martínez, que hacía algo que me volvía completamente loco. Jimmy también sabía lo que hacía, porque un día vino riéndose y me dijo: "Tengo un álbum que te va a hacer enloquecer".

"¿Sí? A ver, dámelo". ¿Qué más iba a decir?

Estaba en lo cierto. Era *El Chico* de Chico Hamilton, ese en el que toca junto con los percusionistas latinos Willie Bobo y Victor Pantoja, y un guitarrista llamado Gábor Szabó. Me gustó la apariencia desde la primera vez que lo vi: Chico estaba vestido con una capa de toreador, y algunos de los títulos de las canciones estaban en español, como "Conquistadores" y "El Moors". Sabía que Chico era un baterista de jazz, pero el álbum no sonaba igual que ningún otro álbum de jazz que hubiera escuchado antes. Su música tenía mucha influencia latina, además de otras cosas, como soul y muchísimos ritmos excelentes.

Pero fue la guitarra de Gábor lo que más me impresionó. La escuchaba y podía sentir cómo mis neuronas se expandían. Su sonido tenía una dimensión espiritual y me abría puertas a otras dimensiones. Se notaba que había escuchado mucha música india, ya que incluyó partes con notas pedales. Era música trance. Podía tocar la melodía más simple pero seguía siendo un sonido profundo. Fue el primer guitarrista que hizo que me abriera a la idea de tocar más allá del tema, de contar una historia que no es simplemente una repetición mecánica del mismo tema principal o de los *licks* de otras personas. Gábor me alejó de B. B. King, John Lee Hooker y Jimmy Reed. Además, fue el primer músico de *jazz* que comenzó a tocar canciones de The Beatles y de The Mamas and the Papas, y otras melodías de *rock* y de pop de la década de 1960, incluso antes de que Wes Montgomery comenzara con "Goin' Out of My Head".

El Chico era como un mapa que me decía a dónde tenía que ir. Salí inmediatamente y me compré el álbum *Spanish Grease*, de Willie Bobo, y, al año siguiente, *Spellbinder*, de Gábor Szabó, en el que estaba "Gypsy Queen", y *Uno-Dos-Tres*, de Bobo, que tenía "Fried Neckbones and Some Home Fries". Ambas canciones me ayudaron a darle forma al sonido Santana. Al mismo tiempo, otro amigo me hizo escuchar a Thelonious Monk. Su versión en vivo de "Blue Monk", grabada en San Francisco, me impulsó aún más, me hizo reconsiderar el blues y lo que se podía hacer con él: "Sé que hay un blues aquí en algún lado. Debe haberlo. Dice blues".

Para fines del 65, la influencia de todas estas nuevas ideas musicales había comenzado a notarse en el repertorio de la banda, y Carabello formaba parte de la banda. Seguíamos tocando *blues*, pero estábamos expandiendo los horizontes de lo que tocábamos, de la misma manera que lo hacíamos con lo que escuchábamos. Tocábamos "Jingo", del percusionista nigeriano Babatunde Olatunji. Ese era un clásico de esas sesiones improvisadas en Aquatic Park. Estaba contento de tocar y hacer música. Lo hacía siempre que podía, en donde sea que pudiéramos practicar y en cualquier momento que pudiéramos conseguir conciertos. Cuando no estaba tocando, estaba practicando o improvisando. Cuando no lo estaba haciendo, estaba pensando en eso o soñando con eso. Era realmente lo único que quería hacer. No había nada más. ¿La escuela? Era un lugar al que iba los días de semana, y, a veces, ni siquiera eso.

En la secundaria sentía que no encajaba porque estaba intentando descubrir quién era. En Mission no encajaba porque sabía quién era y la escuela no tenía nada para darme. Podría haber tomado clases de música, pero en ese momento era toda música clásica o de banda de música, nada relacionado con guitarras eléctricas o blues. Muchas de las clases que tomaba tampoco tenían mucho sentido. En mi segundo año en Mission High, recuerdo que me tomaron un examen que incluía datos históricos, y eran todos de la historia de EE. UU., que todavía no había tenido la oportunidad de estudiar. Pero se suponía que era un examen de aptitud, no un examen de historia.

Me enojé y le dije a la profesora que no iba a hacer el examen. "¿Por qué no? ¿Cuál es el problema?", me preguntó.

"Observa estas preguntas. Acabo de llegar de México. Ya sé que no conozco estas respuestas. Este es un examen para gente blanca. ¿Dónde están las preguntas sobre Pancho Villa y Emiliano Zapata?". No iba a cooperar porque parecía que ese examen había sido diseñado para que yo fracasara. ¿Por qué no podía responder preguntas que fueran relevantes para mi mundo y para lo que había experimentado?

No estoy seguro de cómo terminó todo eso, pero recuerdo que también tuve que explicárselo al director. Simplemente sentía que la preparatoria no era para mí. Sin embargo, no todo era malo. Tenía un profesor que me incentivó a reflexionar de verdad.

El Sr. Paul Knudsen era mi profesor de arte y tenía una forma rara de hacer las cosas. Hacía que toda la clase se pusiera unos overoles apestosos. Luego, nos hacía formar una fila frente un papel que cubría las paredes desde el techo hasta el piso, y nos decía que mojemos unos alambres largos (eran como cuerdas de guitarra gruesas) en la pintura y los golpeemos contra el papel. O nos daba cañas de bambú largas con pinceles atados a una punta, y teníamos que pintar desde el otro lado del salón. Tenía talento. Podía mirarte y hacerte un retrato sin mirar el papel, y el resultado sería excelente.

Un día, el Sr. Knudsen le pidió a otro alumno que se quedara a cargo de la clase y me llevó a otro salón para hablar. "Me tomé la libertad de mirar tus calificaciones desde que estás aquí en los Estados Unidos, y son bastante malas", me dijo. "Pero noté que tenías buenas calificaciones en arte en James Lick, y te va bastante bien en mi clase. También oí que eres un músico bastante bueno. Mañana iremos a la Academia de Arte. Quiero que veas a qué te enfrentas si estás considerando dedicarte a la pintura, al dibujo o a la escultura".

Me miró a los ojos fijamente. "Te digo esto porque en el mundo hay cada vez más gente. No hay lugar para quienes dan el cincuenta por ciento. Tienes que darle el ciento cincuenta por ciento a lo que te dediques, ya sea el arte, la música o lo que sea. ¿Entiendes?". Tenía un poco de miedo; estaba hablándome muy de cerca. Cuando un profesor te separa del grupo y te acorrala de esa manera, o bien te pones a la defensiva, o te sinceras.

Nadie, ni siquiera mis padres ni mis amigos, me había hablado de esa manera antes. La excursión del día siguiente fue interesante. Pero no me importó estar en una clase de dibujo con una modelo desnuda. Estaba pensando en lo que él me había dicho. El Sr. Knudsen había logrado que me sincerara.

Me gustaría poder decir que los dos años siguientes en Mission fueron mejores. Pero llegaba por la mañana y me registraba, y luego pasaba más tiempo con mis amigos y la música que en el aula. Esa era básicamente mi rutina. Quería vivir la vida, no estudiarla. Pero lo que me dijo el Sr. Knudsen fue la enseñanza más importante que me llevé de mi primer año de preparatoria.

Ese fue el momento en el que comencé a pensar que, independientemente de lo que hiciera, tenía que hacerlo lo mejor que pudiera. No podía ser otro Lightnin' Hopkins, Gábor Szabó o Michael Bloomfield. Ellos ya existían. Tenían sus propios sonidos y su propia integridad. Tenía que lograr formar los míos. Tenía que ser Carlos Santana y hacerlo tan bien que nadie pudiera confundirme con otra persona.

En 2010, regresé a Mission High con mi esposa Cindy para ayudar en la celebración de los logros académicos de la escuela. Creo que pasé más tiempo en la escuela ese día que en mis últimos dos años de preparatoria. Visité varias aulas y otras partes de la escuela, e hicieron una gran reunión para todos los alumnos. Cuando les hablé, les dije: "Apaguen MTV. Involúcrense en la vida real. Participen". Intenté impactarlos con un mensaje como el que me había transmitido el Sr. Knudsen.

"Si pueden acordarse de una sola cosa que sucedió hoy, recuerden esto: son importantes, y sus vidas son significativas y valiosas. Lo mejor no está por venir, sino que es el ahora. Disfrútenlo, no lastimen a nadie y vivan con suprema dignidad".

Después, con algunos de los alumnos, tocamos "Oye Como Va" y "Europa". Estábamos allí tocando la guitarra en el auditorio de Mission High, algo que no había vuelto a hacer durante casi cincuenta años.

CAPÍTULO 6

The Santana Blues Band, debut en el Fillmore, 1967. (De izq. a der.)
Danny Haro, yo, Gus Rodriguez y Michael Carabello.

*¿Te ha pasado alguna vez estar en el cine viendo una película tan aluci-
nante que no querías que terminara, y por momentos tener que apartar
la vista de la pantalla y enfocarte en las butacas delante de ti o en las
palomitas de maíz en el suelo para recordarte a ti mismo que era una
película?*

*Así fue la década de los 60 en San Francisco. Durante esos días era
un fastidio tener que dormir. Había tantas cosas sucediendo que quería
mantenerme despierto todo el tiempo. No quería perderme nada. Todos
se sentían así. Para mí, los 60 crearon un gran impulso de compasión y
gracia que todos sentían al mismo tiempo. Esa década nos propulsó*

fuera de la órbita en la que habíamos estado durante generaciones y generaciones. Si crees en la gravedad y dejas caer algo cien veces, cien veces se va a caer. Pero si crees en la gracia con la misma certeza con la que crees en la gravedad, entonces el cien por ciento de las veces vas a obtener un milagro. A mí me encantaron esos años porque me hicieron creer en la ley de la gracia.

Cuando hablo de esa década me refiero en realidad a la segunda mitad, a partir del año 66. Fue entonces cuando San Francisco se convirtió en el epicentro de la consciencia multidimensional; era el lugar donde podías sumergirte en toda esta multiplicidad. No era solo la música o la ropa o la política o la droga o el sexo o los colores; era todo junto. Y cambió todo: el modo de caminar y de hablar de la gente, y los temas de los que querían hablar. En vez de ese mundo que arrastraba los pies tratando de ponerse al día con el pensar y el sentir de la gente, teníamos toda una nueva generación en sincronía. Era como esa canción de The Chambers Brothers, "Time Has Come Today" (El momento ha llegado hoy).

Ese álbum de The Chambers Brothers, The Time Has Come, se lanzó después, en el 67, pero para mí fue una imagen perfecta de lo que estaba pasando en el 66. En la portada se veía a la banda con pantalones pata de elefante rayados y camisas de colores brillantes. Tenían peinados afro y eran una banda multirracial. La canción del título duraba más de once minutos; se estaba volviendo cada vez más común que las canciones en ese entonces se extendieran más de los tres o cuatro minutos usuales. Las canciones comenzaban a parecerse a sesiones improvisadas o sets continuos de canciones, como el tipo de música en el que yo estaba incursionando. "Time Has Come Today" era conmovedora y estaba llena de sabores del rock: acople, mucho eco, una guitarra pesada y una letra con onda. Definía la época: "¡Mi alma ha sido psicodelizada!"

No se trataba del cabello, las drogas o los collares de cuentas. Eso no era lo que convertía a alguien en hippie. Un hippie era un guerrero del arco iris, un indio americano reencarnado. ¿Sabes quién fue el primer hippie? Jesús: el hippie supremo, multidimensional, multicolor, puro amor. Él nunca dijo "mi camino es el único camino". Un hippie no es alguien cegado en una sola percepción.

Yo era el único en mi familia al que realmente podías llamar hippie. Me dejé crecer el pelo y fumaba marihuana. Más tarde dejé mi casa paterna para irme a vivir en forma comunitaria a una casa en una colina. Quería tocar mi propia música, no las canciones de otras personas, por muy populares que fueran. Muchas veces mis padres me miraban como si estuviera loco.

¿Sabes qué es lo que más extraño de los 60? La idea de enfatizar la individualidad. Esa década fue importante porque fue un tiempo en el que podías mostrarte tal cual eras. Cuanto más diferente eras, más te respetaban.

Extraño eso. Ahora mis amigos me llevan a un costado antes de que diga algo (o, a veces, después) para advertirme: "La gente va a pensar que eres un hippie".

Y yo les digo: "Gracias".

Estaba empezando a conocer a las bandas de San Francisco del mismo modo en el que había llegado a conocer el ámbito en Tijuana: conociendo a los músicos y averiguando dónde se daban los conciertos. Había bandas que venían del blues eléctrico (estilos de Chicago y Texas). Había bandas eléctricas que venían de estilos acústicos: bluegrass y folk. Había bandas que seguían el estilo de Paul Revere and the Raiders y usaban un vestuario teatral o uniformes militares. Estaban las bandas de R&B influenciadas por Motown y James Brown, que usaban trajes elegantes y pantalones estrechos.

A principios de 1966, mi camino y el de estos grupos no se cruzaban mucho. Muchos venían de diferentes partes de Bay Area. Empecé a escuchar sobre Grateful Dead, que venía de Palo Alto. También estaba Jefferson Airplane, una banda que ayudó a iniciar un nuevo club llamado Matrix, en el área del Fillmore. Más tarde ese año, algunos miembros se fueron y formaron Moby Grape, haciéndose famosos rápidamente. Había grupos como Quicksilver Messenger Service y Big Brother and the Holding Company. Carabello despertó mi interés en un grupo llamado Sly & the Stoners, que tenía miembros de todas partes: San Francisco, Daly City y Oakland. Después se convirtieron en Sly & the Family Stone, por supuesto.

Quiero decir que éramos todos como una gran familia, pero había veces en que otros músicos, especialmente los del otro lado de la ciudad, nos miraban como si fuéramos perros callejeros que querían robarles los huesos. Aun cuando éramos la banda principal, esa es la verdad. Estábamos aliados con Sly y algunas bandas de Oakland, y nosotros… bueno, nosotros éramos de *The Mission*. Había un elemento racista en todo esto, pero éramos tan jóvenes que creo que era solo un problema de competencia y de inseguridades. Nos llevó un tiempo a todos crecer y bajar la guardia. Debo decir que algunas bandas sobresalían porque eran realmente muy buenas. Jerry Garcia era muy gentil y cordial. Los muchachos de Quicksilver y Janis Joplin siempre daban su apoyo.

El común denominador de todas estas bandas era un tipo de la Ciudad de Nueva York que había estado en San Francisco aproximadamente tanto como yo: Bill Graham. En el 66, Bill comenzó a producir espectáculos que nos ponían a todos a trabajar. Empezamos a reunirnos en lo de Bill, y no importó que nos pusiera a todos en igualdad de condiciones: nos llevó a la estratósfera.

Si alguien alguna vez hace una película sobre Bill Graham (y alguien debería hacerla), tendría que llamarse *Más Grande que la vida*, porque así es exactamente como era él. Lo conocí en San Francisco, cuando estaba apenas empezando, y lo vi convertirse en una leyenda en todo el mundo. Podía hacer cualquier cosa y lo hacía todo. Era promotor y productor de eventos. Administraba bandas y dirigía compañías discográficas. Organizaba giras internacionales y hacía cosas en el Fillmore con el mismo enfoque e intensidad que ponía si se trataba de enormes estadios de todo el mundo. Al momento de su muerte, era el Cecil B. DeMille del rock, dirigiendo un reparto de miles de personas. Pero a veces también se ocupaba de la iluminación, u operaba las cámaras. "¿Qué carajo es esto?", le gritaba a su equipo si notaba algo fuera de lugar. Si no había nadie alrededor, iba él mismo a mover o juntar la basura que le molestaba. Luego tomaba la tablilla con sujetapapeles que siempre llevaba con él, anotaba algo y pasaba a la siguiente cosa que debía arreglarse.

Tengo mucho para decir sobre Bill porque fue tan importante en mi vida y tuvo un efecto tan grande en mi carrera. Si tuviera que resumirlo en una sola cosa, diría esto: respetaba la música y a las personas que la hacían. Fue el primer promotor que conocí que daba de comer a las bandas, y no les daba solo unos sándwiches. Podía ser antes o después del espectáculo, pero siempre tenía un servicio de comida listo para todas las bandas. Créeme, en ese entonces, algunos de nosotros realmente necesitábamos que nos alimentaran. Él creó un estándar que ponía a los músicos en primer lugar. Se aseguraba de que los baños estuvieran limpios, y el detrás de escena también.

Recuerdo verlo en el Fillmore al final de un espectáculo. Todos se habían ido del lugar, salvo unos pocos rezagados. Estaba haciendo una última pasada, cerrando las puertas y apagando las luces. Era el primero en llegar y el último en irse.

Bill era un apasionado de la música, y podía ser bastante irreverente. Nunca escuché a alguien decir tantas veces la palabra *schmuck* (idiota) como a Bill. Yo ni siquiera sabía que existía esa palabra en inglés hasta que lo conocí a él. Nada lo intimidaba. Para él, la confrontación era estimulante. Se paraba en la calle en la Ciudad de Nueva York y les gritaba a los taxis por pasarlo de largo, con la misma energía y el mismo vocabulario que usaba para negociar contratos multimillonarios para los mejores espectáculos y los lugares más grandes del mundo.

Bill no buscaba problemas; buscaba lo que estaba mal o podía mejorarse. Lo suyo era procurar que todo fuera justo y correcto. Lo vi discutir a viva voz con guardias armados en Moscú que no entendían una palabra de lo que estaba diciendo. En 1977, en Verona, Italia, fui sorprendido en el vestíbulo de un hotel por un entrevistador de televisión que quería saber cómo podía ser que yo fuera tan espiritual cuando las entradas para el concierto eran tan caras. Bill se paró frente a mí y me dijo que no contestara esa pregunta, entonces giró hacia el entrevistador y le dijo: "Pregúntale al promotor italiano" (el cual estaba a apenas un metro de distancia). Y continuó: "Teníamos un contrato donde decía cuál debía ser el precio de las entradas, pero él agregó un montón de gastos y subió el precio". El promotor huyó para ocultarse como una rata cuando se encienden las luces.

Esa misma noche, Bill saltó del escenario en medio de nuestra función para detener un disturbio. No estoy exagerando. Podías sentir la emoción alrededor, esta enorme energía. Empezamos nuestra función con "Jingo" y la multitud comenzó a empujar hacia el escenario. Por seguridad, había una línea de policías armados justo frente al escenario, que creaba una especie de zona demilitarizada que mantenía al público a varios metros de distancia de la banda (aún lo hacen en muchos conciertos de rock).

La multitud estaba emocionada y quería venir más cerca. Querían sentir la música y bailar. Bill vio lo que estaba a punto de suceder; pasó rápidamente entre nosotros y bajó frente a los guardias, gritándoles para que hicieran lugar, que se corrieran al costado y dejaran acercarse a la gente. Fue como Moisés partiendo el Mar Rojo. Él solo distendió la situación y se quedó allí durante casi todo el espectáculo, vigilando a la policía.

Su nombre real era Wolfgang Grajonca. Fue una buena decisión cambiar su nombre a Bill Graham. Era un judío de Europa Oriental que había escapado de la Segunda Guerra Mundial y crecido en la Ciudad de Nueva York. Pasaba mucho tiempo en Spanish Harlem, yendo a escuchar a Tito Puente y otros grupos latinos y bailando salsa. Era un excelente bailarín de salón. Le encantaba el jazz y, mirando los espectáculos que solía organizar en los 60, se puede ver que reunió todas esas pasiones en un lugar y encendió a toda una generación con su buen gusto: Charles Lloyd, John Handy, Bola Sete, Gábor Szabó y, por supuesto, Miles Davis.

Bill empezó como mozo en las montañas Catskill y, alrededor del año 63, se mudó a San Francisco para tener un trabajo formal antes de empezar a trabajar con la compañía teatral de mimos San Francisco Mime Troupe. Dirigía sus espectáculos y creaba funciones de beneficencia con bandas locales para juntar dinero. Así es como comenzó, y aprendió muy rápido sobre la cultura hippie de la mano de Chet Helms y otras personas: los espectáculos de luces, los afiches, el tipo de música que los hippies querían escuchar.

Bill se seguía vistiendo como un tipo convencional; nunca fue uno de nosotros en ese sentido. Nunca se dejó crecer el pelo; nunca usó collares de cuentas o todo el atuendo hippie. Lo que hizo fue traer el sentido de un hombre de negocios a la cultura de la revolución de consciencia cuando apenas estaba comenzando, y lo hizo de un modo que preservó el espíritu y la intención de esa cultura.

En febrero de ese año, Bill comenzó a organizar funciones frecuentemente en el Auditorio Fillmore (como se lo llamaba entonces) en Geary Street, no muy lejos de The Mission. No eran solo conciertos (no eran como los que yo conocía) y tampoco eran actuaciones de club. Cada uno era un evento muy especial que exhibía dos o tres espectáculos en la misma noche. Muy pronto comenzó a reunir diferentes estilos de música en el mismo programa: rock, blues, jazz e incluso música brasilera. Luego comenzó a traer grupos nacionales como la Butterfield Blues Band, y grupos locales que abrían para ellos. Luego trajo grupos británicos como The Who y Cream y Fleetwood Mac.

Todas las bandas tocaban durante cinco noches, de miércoles a domingo; dos funciones por noche. Y, por lo general, una matiné los domingos. El sistema de sonido era excelente, y detrás de las bandas había juegos de luces especiales. Los afiches se veían como cuadros llamativos: colores brillantes y letras extrañas. Los pegaban en los postes de luz por toda la ciudad. Tenías que detenerte y mirarlos de cerca para descifrar qué decían. Era misterioso y divertido.

Antes de que empezara a tocar para Bill, sus conciertos se convirtieron en mis estudios secundarios y universitarios, todo en uno. Estudié todo lo que presentó en el Auditorio Fillmore y luego en el salón Carousel Ballroom (al que él llamaba el Fillmore West). ¿Quieres hablar de un diploma? El Fillmore es donde obtuve realmente mi educación secundaria. Puedes tomar eso como quieras.

El Fillmore era como un santuario. En ese momento, todo se sentía un tanto desesperado y muy dividido: estaba empezando la guerra de Vietnam. Sabía que a algunos los reclutaban y *¡pum!*, desaparecían. La tensión racial estaba latente y estaban ocurriendo disturbios en los vecindarios negros. En el Fillmore podía escaparme de todo eso. En los espectáculos había hippies y afroamericanos y mexicanos. La gente hacía lo que quería: fumar, tomar drogas alucinógenas. Era como una gran fiesta segura.

No me quedó otra que prestar atención. ¿Cómo ignorar algo así? Estaba en medio de todo eso. Comenzó con los hippies en el vecindario de Haight-Ashbury, alrededor de 1965 o 1966. El Haight estaba como a doce cuadras de donde yo vivía en The Mission, justo después del parque Buena Vista. Los hippies usaban el cabello largo y su estilo de ropa tenía una onda diferente. Usaban cosas y colores que, de repente, hicieron que los cuellos altos, los pantalones ajustados y cualquier cosa italiana pareciera anticuada. Yo había conocido la marihuana en Tijuana, pero en San Francisco la gente la fumaba abiertamente. Y también tomaban una droga nueva llamada LSD. En ese entonces era legal. Quiero decir, no era ilegal; todavía no.

En los 60, lo más ofensivo que podías decirle a una persona no era la palabra con *n*, o algún otro calificativo étnico. Lo peor que podías decirle a alguien es que era convencional. ¡Uh! Eso era algo horrible para decirle a alguien, y me hacía acordar a ese tipo de la canción de Dylan, que entra a una habitación y hace un gran esfuerzo para entender: "Ballad of a Thin Man". Lo opuesto de ser convencional era fumar marihuana y tomar LSD.

Otro gran cambio: de repente apareció una cosa llamada *love-in* y la película *Guess Who's Coming to Dinner* pasó de moda. Estaban estas jóvenes blancas que andaban con quien se les daba la gana: afroamericanos, morenos, tipos mayores y también chicos más jóvenes, como yo. Eso fue lo que viví una vez que me fui de casa; con chicas hippies, groupies o como quieras llamarles. Fue hermoso descubrir ese fluir, ese tipo de conexión que ocurre cuando una chica quiere compartirse contigo porque le encanta la manera en que tocas. ¡Ah! Eso había empezado en la secundaria, pero fue tanto un autoengaño como un autodescubrimiento. ¿Cuántas veces debes tener sexo en la parte trasera de una furgoneta VW antes de decir: "Vamos, salgamos a dar una vuelta y charlar"? Bueno, honestamente, tampoco las contaba.

Podías ver a tipos de oficina que decían: "Quiero un poco de eso", se aflojaban la corbata, salían por ahí y fumaban marihuana. Y de repente ya no eran más convencionales y no volverían a la oficina.

Creo que la gente tiende a idealizar ciertos lugares y épocas. Mi actitud en ese entonces era que realmente no me importaba ser aceptado. No quería encajar con un grupo en particular (ser hippie o raro o esto o lo otro). Nunca me ha gustado cerrarme en un solo grupo. Para mí, la música era lo más importante. El Fillmore era un lugar donde la música lo era todo, y podías ser hippie o no, y podías escuchar música nueva. Los 60 fueron años para experimentar con la música. No me gustaba la música folk ni el bluegrass, pero después de un tiempo empecé a darme cuenta de que, incluso en las sesiones improvisadas más alucinantes, había algo genial que salía de tocar bluegrass.

Me juntaba con mis amigos e iba a tantos de esos espectáculos en el Fillmore como podía pagar (o a los que lograba colarme). Además de Carabello, que tenía mi edad, salía con personas que eran un poco mayores que yo. A veces andaba algo corto de dinero y le pedía un dólar o dos a personas que estaban en la cola, para poder entrar. Una vez, con Carabello tratamos de colarnos pero nos pescaron; él salió corriendo en una dirección y yo en la otra.

¡Así fue como conocí a Bill! Él me miró y movió la cabeza en señal de 'no', porque todos estaban tratando de entrar gratis. Nos dimos cuenta de que este era el tipo al que teníamos que convencer. De vez en cuando, si lo encontraba solo, le decía: "Bill, no me dejaste entrar el miércoles o ayer, pero tengo que ver a esta banda al menos una vez. No tengo dinero, pero si lo tuviera sabes que te lo daría". Él me miraba con una mano apoyada en la cadera, sin decir nada. Entonces señalaba con la cabeza hacia la puerta, y yo sabía que podía pasar.

No sé si Bill se acordaba de mí de esos días antes de que empezara a dar conciertos para él. Solo después pude ver que todo lo que él hizo me ayudó a comprender el valor de la música: que los conciertos cuestan dinero y que los músicos y toda la gente que ayuda a hacerlos posible debe recibir un pago. Él tenía una costumbre que empezó en el Fillmore. Iba hasta el micrófono y presentaba a la banda, siempre de la misma manera: "Damas y caballeros, desde mi corazón... ¡Santana!"

Eso siempre me hacía emocionar. Luego Bill venía a vernos después del espectáculo y nos decía: "Me deben dinero".

"¿Qué? ¿Por qué?".

"Cada vez que los presento, me deben cinco dólares".

Y soltábamos una carcajada. "Está bien, aquí tienes". Pero él hablaba en serio. Se quedaba parado ahí y contaba el dinero. Fue una gran lección. Cualquiera que haga algo de valor debe obtener un pago.

Bill no era el único en la ciudad que organizaba eventos como los del Fillmore. Chet Helms era un promotor que producía el mismo tipo de conciertos. A veces Bill y Chet trabajaban juntos; otras veces Chet hacía sus propios conciertos en el salón Avalon Ballroom, en Sutter. En esos espectáculos era más fácil meterse, los controles eran más descuidados. Luego me enteré de que el modo en el que Chet les pagaba a las bandas también era un tanto descuidado. Unas pocas veces que tocamos en el Avalon nos dieron un gran ladrillo de marihuana. ¡Después teníamos que venderlo nosotros para conseguir dinero para comida y la renta! Para mí, Bill Graham era mitad Dick Clark, mitad hippie. Chet Helms, en cambio, era hippie, hippie y más hippie.

Me pasé la mayor parte del año 66 yendo a todos los espectáculos que podía, seguía trabajando en el Tic Tock, seguía dando conciertos con Michael, Danny y Gus, y seguía yendo a la escuela —y cuando digo "yendo" me refiero a que iba para que me marcaran como 'presente', luego salía y hacía lo mío.

Todavía no teníamos un nombre para la banda, y yo seguía escuchando los nuevos discos y álbumes de blues que exploraban el blues aún más. John Mayall sacó el álbum *The Blues Breakers with Eric Clapton*. Fue el primer álbum que me mostró que los músicos británicos se estaban fijando en muchas de las mismas personas que yo: Otis Rush, Little Walter y Freddie King, así que yo también empecé a prestarles más atención.

The Butterfield Blues Band sacó su segundo álbum: *East-West*. Tenía blues del Delta, como Robert Johnson, y también blues eléctricos de Chicago, como el primer álbum. Se notaba que la banda también había estado escuchando jazz; hacían melodías como "Work Song", de Cannonball Adderley, donde la armónica tocaba la misma línea que tocaban la trompeta y el saxo en el original. La pista del título era una canción que se mantenía mayormente en un solo acorde y tenía un estilo indio con un patrón de bajo de cuatro tiempos. Podía escuchar las conexiones que iban sucediendo en la música. La canción tenía una onda como el material de Chico Hamilton y Gábor Szabó en el que yo me estaba adentrando, pero estaba más del lado del blues eléctrico y era puramente instrumental: la guitarra eléctrica sonaba en primer plano y era la estrella. También podía escuchar cómo otros guitarristas estaban trabajando con eso incorporando el blues eléctrico (me conocía los solos de Bloomfield en ese álbum nota por nota).

Yo no era el único que escuchaba ese álbum; era evidente que muchos cerebros se estaban expandiendo con la misma música. La gente se iba abriendo e iban ahondando más en la música. *East-West* fue un modelo para muchas bandas de Bay Area. Podían escuchar que el vocabulario de Ravi Shankar y Ali Akbar Khan no era tan diferente del vocabulario de Robert Johnson y Muddy Waters. A la mente le gusta etiquetar, encapsular y ubicar todas las cosas en categorías. Pero esta era música que le rogaba al alma que hiciera callar a la mente, subiera el volumen y no se preocupara por los nombres de nada.

En nuestros comienzos, habíamos sido exclusivamente una banda de blues, pero en el 66 empezamos a tocar "Work Song" y

"East-West" en nuestros espectáculos, agregándolas a los viejos números de R&B que hacíamos, como "Mary Ann", de Ray Charles. Todavía hacíamos más sesiones improvisadas para nosotros mismos, y para algunos amigos, que conciertos. Nos reuníamos en el sótano de la casa de algún amigo o tocábamos afuera en el Presidio o en el Panhandle, cerca del Golden Gate Park; en cualquier lugar donde pudiéramos hacer música sin que nos persiguiera la policía o nos insultaran a gritos por el ruido.

Luego conocimos a Chet Helms, que nos dijo que nos había escuchado tocar en el Presidio. "Sí, solía escucharlos en el parque... son buenos. ¿Por qué no van a que los escuche el tipo que hace audiciones a bandas por la tarde en el Avalon?". Fuimos allí, pero el tipo que hacía las audiciones era un músico folk de poco nivel que tocaba en uno de los grupos musicales de instrumentos improvisados de Bay Area. Nos detuvo en medio de nuestra primera canción; creo que era "Jingo".

"No, no, eso no nos sirve. Están en el lugar equivocado, muchachos. Aquí no queremos ese tipo de música".

El tipo ni siquiera estaba escuchando nuestra música, solo nos estaba juzgando según la idea que tenía de lo que debía tocarse en el Avalon. Le hice saber lo que pensaba. "Oye, tú tocas el kazoo o la tabla de lavar o lo que sea... ¿y le llamas a eso un instrumento? ¿Y te crees que eres músico? ¿Qué diablos sabes de música?". Estaba listo para pelearme con él. Mis compañeros tuvieron que frenarme. Ese fue el final de la audición.

No tuvo importancia. Hacia el verano del 66, la banda sonaba cada vez mejor y yo estaba ganando fama. En una de nuestras sesiones improvisadas al aire libre en el Panhandle, estaba tocando un solo. Abrí los ojos y reconocí a Jerry Garcia y Michael Bloomfield en el público: estaban prestándome atención, codeándose ligeramente uno al otro y sonriendo por algo. En otra ocasión me encontré con unos muchachos que me dijeron que vivían en Daly City. Estaban buscando un guitarrista y habían escuchado sobre mí. Me preguntaron si quería ir a tocar con ellos. ¡Claro!

Pero cuando fui a su casa les dije: "¿Qué tipo de música tocan, muchachos?". (Debería haber preguntado antes de irme con ellos.) "The Who".

"¿En serio? Llévenme de vuelta. Creí que les gustaba el blues".

Otra banda quería que me uniera a ellos, pero hacían música como la de 13th Floor Elevators, música psicodélica. "No, lo lamento pero no puedo. No me gusta ese tipo de música, muchachos".

Todavía era un adolescente, haciendo cosas de adolescente. Estaba muy seguro de mi gusto musical y podía ser un poco presumido acerca de mi forma de tocar. La primera vez que hablé con Michael Bloomfield, actué como un insolente. Fue en el Fillmore, después de uno de los espectáculos de Butterfield. Él estaba parado cerca de mí, rodeado de algunos admiradores. Yo atravesando el círculo de gente y le dije: "¡Uno de estos días vas a saber quién soy, y te voy a superar!"

Se hizo silencio; todos retrocedieron. Michael me miró, sonrió, y sin hacer una pausa, me dijo: "Me encantaría que me superes: es más, te aliento a que lo hagas. Así es como continúa la música". Más tarde me enteré de que Michael era un tipo muy dulce, y me pregunté qué monstruo me salió de adentro en ese momento para hacerme decir eso. Definitivamente, una parte fue la misma inseguridad que sentían otros músicos jóvenes en ese tiempo, pero sentí que tenía que pedirle disculpas a Michael una y otra vez, especialmente cuando me eligió para tocar en su álbum en vivo con Al Kooper. Le decía todo el tiempo: "¡Todavía estoy tan avergonzado! Debo haber estado fuera de mis cabales". Él siempre me respondía con algo positivo, muy típico de su actitud: "Hombre, te respeto por tu honestidad. No hay problema. ¡Aún quiero que me superes!"

Probablemente haya estado de verdad fuera de mis cabales, ya que por esa época estaba empezando a salir de juerga. En uno de esos conciertos al aire libre tocando en el Presidio, conocí a dos muchachos: Stan Marcum y Ron Estrada. Eran dos *beatniks*, un poco mayores que nosotros, que siempre andaban por North Beach. Les gustaba mucho nuestra música. Stan era peluquero y Ron trabajaba como agente de fianzas, y todos nos hicimos amigos. Tenían una casa juntos cerca de 18th y Castro, donde yo los iba a visitar, y ponían música todo el tiempo. Ellos me hicieron conocer las canciones de Bob Dylan, me mostraron cómo escuchar a The Beatles y qué era el LSD. Y más adelante se convirtieron en los primeros representantes de Santana.

Stan y Ron eran admiradores, pero también trataban de ayudarme con mi música. ¿Qué sabían de administración o de reunir a los músicos adecuados? Pero estábamos en la misma sintonía, y eso era lo que importaba. Estábamos hablando, por ejemplo, y uno de ellos tenía una idea y me la contaba (como, por ejemplo, que creían que yo debía unirme a otra banda que se escuchaba por esos días). El nombre de la banda era Mocker Manor, y necesitaban un guitarrista. Les dije que no sabía; ¿qué tipo de música hacían? ¿Tocaban blues? ¿Qué significaba el nombre de la banda? No supieron decirme.

El nombre provenía de algo que dijo Ringo Starr en la película de The Beatles *A Hard Day's Night*. Así que fuimos a escucharlos. Usaban una ropa estilo *mod* y su música tenía alguna semejanza con la de Grateful Dead. Tenían un bajista que era realmente bueno, pero tocaban un blues que sonaba como The Rolling Stones en sus comienzos. Probé tocar con ellos y quería que funcionara. Pero cada vez que practicábamos una melodía y tratábamos de perfeccionarla, ellos se iban a fumar marihuana y se olvidaban de todo lo que acabábamos de hacer. Me miraban con una expresión de "¿por qué no te relajas un poco?". "¿Relajarme? Estamos perdiendo el tiempo. ¿Por qué no aprendemos la canción de una vez y la hacemos bien?".

Stan y Ron me miraban como diciendo: "¡Relájate!" Y decidieron tratar de arreglarme. Salieron todos a almorzar y me dejaron solo con un churro bien grande (como la mitad de largo de una baqueta). Mi tarea era sentarme allí, escuchar algo de música y encenderlo. Recuerdo que puse el álbum de The Yardbirds que tiene la canción "For Your Love". Empecé a fumar y olía bien; no como la hierba que consigues hoy, que te deja con dolor de cabeza. Después de unos minutos, pude sentir cómo todo se volvía... más suave. Los colores parecían más brillantes y todas las partes de la música eran más claras. Sé que algunas personas no necesariamente sienten los efectos la primera vez que fuman. Yo definitivamente los sentí.

Inmediatamente vi lo que estaba haciendo: comportándome como un dictador con la banda, yendo contra la esencia de la música. Me di cuenta de que necesitaba aceptar y tomar un enfoque diferente del que yo creía que funcionaba. Estaba en la postura mental incorrecta. No todo tenía que ser pensado y súper ensayado.

No seguí mucho tiempo con Mocker Manor, y Stan y Ron coincidieron conmigo: "Tienes razón. Esta banda no va a ningún lado". Pero sí empecé a fumar. Fumar marihuana no es como tomar ácido o tomar peyote o consumir cocaína, ni como inyectarse heroína, cosa que hice dos veces y nunca más.

Los que fuman marihuana no necesariamente quieren consumir cocaína, heroína y crack. La marihuana todavía lleva este estigma negativo que se remonta a los años 30, y los padres todavía la llaman 'la hierba del demonio' para asustar a sus hijos y que no pierdan el camino.

Pero los hippies teníamos un dicho: "No puedes encontrarte a ti mismo hasta que te pierdas". Tienes que soltar todo lo que te han enseñado y encontrar una manera de ser feliz con tu propia existencia y bendecir todas tus imperfecciones. Es una forma de ver tu propio ego, manejar las palancas y controlar tu propio comportamiento, como una especie de Mago de Oz detrás de una pantalla. Pero puedes ver los pies que sobresalen por debajo de la cortina y decir: "Esto se acabó. Ya no te daré mis emociones para que tengas poder sobre mí".

Cuando empecé a fumar marihuana noté que algunas personas la usan para escaparse y otras para encontrarse a sí mismas. También noté que las drogas de cualquier tipo tampoco hacían necesariamente que alguien se volviera más moderno o más profundo. La cocaína puede amplificar tu personalidad, pero, como dijo Bill Cosby, "¿Qué pasa si ya eres un idiota?". La marihuana y el peyote son medicinas de la Madre Tierra. El crack, la heroína y la metadona son drogas de laboratorio, fabricadas por el hombre: pueden atraparte y crearte una adicción nefasta.

No estoy promoviendo nada más que la libertad de ser quien eres y tener una percepción de uno mismo. La marihuana me brindó una vista aérea: abrió mis sentidos a la multiplicidad multidimensional. En el 66 empecé a fumar mucho. Era fácil de conseguir y no era tan cara. Podía fumar y funcionar en la calle y tocar música. Pero era ilegal, así que encontré formas de llevarla encima escondida y de esconderla en mi casa.

Mis hermanas todavía se ríen cuando se acuerdan de esa noche que volví a casa y, al rascarme la cabeza, ¡dos churros cayeron de mi cabello largo al piso! No sé si mamá no los vio o no quiso verlos. María los recogió y se los dio a una amiga, que se los fumó. En otra ocasión dejé un poco de marihuana en el dobladillo de las cortinas blancas de casa. Mamá, fanática de la limpieza, las lavó, y quedaron con una mancha verde a lo largo de todo el borde inferior. Ella no tenía la menor idea de qué había pasado.

Para mí, esto fue una señal de que necesitaba irme ya mismo a vivir a otro lado. No podía escuchar mi música y fumar marihuana, y llegar a casa temprano en la mañana con la familia alrededor. Otra señal fue que, para ese entonces, Tony ya se había ido de casa para formar su propia familia, al igual que Laura. Yo tenía diecinueve al final de ese verano, pero me quedé en casa de mamá durante otro año. Seguía yendo a la escuela por la mañana y luego me iba a hacer lo que quería. Y visitaba a Stan y Ron en su casa hasta las seis de la mañana. Ellos iban despertando mi interés en más música nueva. Escuchábamos a The Beatles y muchísimo a Bob Dylan.

La mayor parte del tiempo yo estaba enfocado en tocar con Danny y Gus, probando cosas nuevas, conociendo otros músicos y haciendo sesiones de improvisación. No sabía qué estaba buscando. Es como cuando sales de compras por un regalo y no sabes qué buscar, pero te das cuenta cuando lo encuentras. Yo sabía qué era lo que no me gustaba y lo que no quería tocar. Sabía que no íbamos a ser parte del sonido de San Francisco. A eso lo llamábamos *Hippieland* (tierra de hippies) y realmente tratábamos de evitarlo. Escuchábamos una música realmente excelente en ese entonces

(Hendrix, The Doors, The Beatles), pero no había mucho en San Francisco de esa calidad. La mayor parte de la música que sonaba allí se sentía un tanto artificial apenas se volvía popular. Todo el país repetía "sí, nena, ¡paz y amor!" Sammy Davis Jr. usaba una chaqueta Nehru y collares de cuentas. Demasiada gente se estaba subiendo a ese vagón solo por el paseo. Nosotros teníamos nuestra propia dirección en la música.

Stan, Ron y yo fuimos a tantos espectáculos como pudimos en el Auditorio Fillmore ese año. Yo todavía no estaba cien por ciento seguro de mi inglés y hablaba con mucho acento. Pero Stan era alguien que podía hablar por mí cuando llegaba a la puerta sin dinero. Él no tenía experiencia como representante, pero sabía cómo hablarle a la gente. Nada lo detenía; era osado, y ese era un aspecto de él que me encantaba. Una vez, Charles Lloyd estaba tocando en el Fillmore y nosotros estábamos allí, simplemente observándolos con admiración a él y toda su banda: Keith Jarrett, Jack DeJohnette y Ron McClure. Stan sintió que tenía que decirle algo, así que antes de que continuaran, se acercó a Charles y le dijo algo así como: "Charles Lloyd, ¡toca una vez para el mundo, amigo!" Él se rio e hizo exactamente eso: tocó a morir. En ese entonces, yo jamás hubiera podido hacer eso. ¡Esa gente me intimidaba!

Un domingo a la tarde, en octubre, Stan hizo lo que sabía hacer y habló por mí, y después de eso todo comenzó a cambiar.

Había una función con la Butterfield Blues Band, Jefferson Airplane y Big Mama Thornton. Esta última es la cantante de blues que cantó por primera vez "Hound Dog" antes de que Elvis lo convirtiera en un hit, y "Ball and Chain" antes de que Janis hiciera lo mismo. Teníamos que ir sí o sí. Ese domingo hacían una matiné, y Stan y yo fuimos temprano y vimos que Paul Butterfield no iba a tocar esa noche. Estaba totalmente perdido, alucinando con ácido, dando vueltas descalzo y mirando la pared como si fuera la televisión. No había dormido en toda la noche.

En el escenario estaban organizando una sesión improvisada.

Michael dirigía las cosas y tocaba el órgano porque el tecladista, Mark Naftalin, no se había presentado. Iban a tocar Jerry Garcia y algunos de los muchachos de Jefferson Airplane, incluido Jorma Kaukonen. Stan y yo podíamos ver la guitarra de Michael en el escenario y observamos que nadie la estaba tocando. Stan decidió hacerse cargo y ver si podía aprovechar la situación. Fue a hablar con Bill. "Oye, viejo, ¿dejarías que mi amigo mexicano que está ahí toque un poco la guitarra con estos muchachos?". Bill se encogió de hombros. "Yo no estoy a cargo de eso. Pregúntale a Bloomfield".

Bloomfield lo miró a Stan y le dijo: "¿Dónde está tu amigo?". Stan me señaló. Hasta el día de hoy no tengo idea si Michael me reconoció de aquella vez que lo había desafiado. No importaba. Su respuesta tuvo esa misma vibra que sentí aquella primera vez. "Ven, hombre. Toma mi guitarra y enchúfala".

Subí al escenario. Comenzaron con un blues; ¿qué más? "Good morning, little schoolgirl. / Can I come home with you?". Garcia hizo un solo, luego me tocaba a mí. Cerré los ojos y me lancé de lleno... ¡bam!

Terminamos la melodía y yo estaba sonriendo. Se sentía bien estar en ese escenario y tocar con músicos que sabían lo que hacían y llevaban un buen ritmo. Al terminar, la gente se me acercaba a preguntarme: "¿Cómo te llamas? ¿Tienes una banda?". Les dije quién era, que formaba parte de un grupo y que no teníamos un nombre. Entonces Bill vino hasta mí: "Aquí tienes mi número de teléfono, llámame. Tengo un par de fechas libres".

Esto era lo que tanto queríamos. Íbamos a tocar en el Fillmore, ¡e íbamos a estar en esos afiches! Ahora sí que necesitábamos un nombre para la banda.

No sabía cuán importante podía ser un solo de blues; y no lo digo solo porque Bill Graham me invitó a tocar para él. Alrededor de una semana después, estaba lavando platos en el Tic Tock cuando uno de los mozos vino a la cocina y me dijo: "Oye, Carlos, alguien quiere hablar contigo".

Un chico joven que no había visto nunca antes pasó la cabeza por la abertura de la cocina. "¿Tú eres Santana?", me preguntó mirándome, yo estaba enjabonado hasta los codos. "Hombre, te escuché tocar el otro día con Bloomfield. Estuvo extraordinario. Escucha, yo vivo en Palo Alto. Canto y toco la guitarra con algunos muchachos, y necesitamos un guitarrista. Esta noche vamos a hacer una sesión improvisada. Tengo mi coche afuera. Creo que realmente te va a gustar la banda".

Tom Fraser era un cantante y guitarrista que había estado tratando de armar una banda y esa tarde había estado en el Auditorio Fillmore. Yo estaba abierto a hacer cualquier cosa. "¡De acuerdo! Déjame terminar aquí y voy". Poco después estábamos en Mountain View (al otro lado de Palo Alto), que es como el gueto. Era una vieja casa de campo a las afueras, cerca de la costa. Tenían instrumentos preparados, incluyendo un órgano Hammond. Eso me impresionó inmediatamente. Yo ya estaba obsesionado con los jazzistas que tocaban órganos Hammond: Jimmy Smith, Jack McDuff, Jimmy McGriff. Allí fue cuando escuché por primera vez a George Benson, tocando en la banda de McGriff. Luego se convirtió en el primer guitarrista de Miles.

Danny, Gus y yo habíamos encontrado nuestro primer tecladista un poco antes ese mismo año y habíamos estado trabajando con él durante unos dos meses. Lucía como el tipo de *¿Dónde está Wally?*; lo llamábamos Weirdo (bicho raro). Tocaba un Farfisa, y me gustaba porque podía sacar un sonido como el de "96 Tears", de Question Mark and the Mysterians, y también podía hacer canciones de Sam the Sham y Sir Douglas Quintet.

En la casa de campo empecé a enchufar los instrumentos, y el organista se acercó y comenzamos a charlar. Se llamaba Gregg Rolie. Recuerdo que pensé: "A este tipo lo conozco". Había visto a Gregg antes, antes de que abriera el Fillmore, en el Longshoreman's Hall en Fisherman's Wharf. Era más grande que un club pero no tan grande como el Fillmore, que aún no se había inaugurado. Gregg tocó allí con una banda llamada William Penn and His Pals. Se vestían como Paul Revere and the Raiders y grupos similares: con uniformes de manga ancha y tricornios, como los que se pueden ver en el programa de televisión *Shindig!*. Recuerdo que Danny, Gus y yo nos reíamos de eso; nunca se sintió como algo más que una novedad, como la sensación del primer beso. Todo eso surgió y desapareció realmente rápido.

Yo tenía un churro y Gregg estaba bebiendo cerveza, y empezamos a hablar. Entramos en sintonía incluso antes de empezar a tocar. Resultó ser que él también era un gran admirador del órgano en el jazz, y ambos escuchábamos el mismo tipo de música afroamericana.

Improvisamos sobre "Comin' Home Baby", una melodía con la que Herbie Mann tuvo gran éxito, y que yo había escuchado en la radio. Era una de esas melodías con onda, no complicadas, que salió por la época en la que "The Sidewinder" y otras melodías de jazz estaban empezando a infiltrarse en la radio comercial; lo que ahora conocemos como mezcla de estilos. Gregg también escuchaba esa música y podía jugar con una melodía. Después tocamos "As the Years Go Passing By", de Albert King; un blues que era básicamente una pieza para guitarra. Pero Gregg conocía la letra de esa canción y le dieron ganas de cantarla. Me di cuenta de que era un buen cantante, y necesitábamos uno en la banda.

El ruido que hacíamos debe haber despertado a algunos vecinos. Luego vino la policía con las sirenas sonando, como si hubiéramos estado robando un banco. Nos encontraron con nuestros instrumentos y el aire olía a droga. Uno de ellos estaba listo para esposarnos y llevarnos. El otro empezó a hacer preguntas, diciéndole a su compañero que se relajara.

"¿De quién es esta casa?".

Señalamos a Tom.

"¿Cómo se llama la banda?".

"En realidad no somos una banda".

"Bueno, suenan bastante bien".

"¡Gracias!"

"Escuchen, muchachos, están tocando un poco fuerte. Sé que no es tan tarde, pero ¿pueden bajar un poco el volumen y guardar aquello?".

"Está bien".

Encontrar a un policía así de amable fue como una bendición al comienzo de la sociedad que se convirtió en Santana. Aquí estaba otro ángel intercediendo cuando lo necesitábamos. Nos subió el pulgar y miró para otro lado cuando podría habernos llevado a todos, que es lo que el otro policía se moría por hacer.

Y tenía razón: sonábamos bien.

Tocar con un buen tecladista es como tener una cama suave y blanda donde echarse, con una gran almohada. Ese era Gregg. Gregg y yo empezamos a charlar y a conocernos, y descubrimos que teníamos más cosas en común que Jimmy Smith. Más tarde les conté a Danny y a Gus sobre los muchachos con los que acababa de tocar, pero cuando se conocieron, a Danny y a Gus inmediatamente les cayeron mal. Ellos también se acordaban de William Peen and His Pals. "No queremos juntarnos con ellos; son convencionales". No pude discutirles, era verdad que se veían como chicos aburguesados de Palo Alto. Carabello dijo: "Vamos a tener que vestirlos mejor a estos chicos".

Gregg y Tom me caían bien, pero Danny y Gus estaban enojados porque sentían que les había dado la espalda. Me han acusado de muchas cosas muchas veces, pero esta era la primera vez que me hacían sentir que le estaba dando la espalda a los mexicanos. No importaba; todo lo que yo podía ver era lo que la banda necesitaba, y estos chicos de Palo Alto lo tenían.

A Gregg le caíamos bien. Creo que parte de ese aprecio se debía a que éramos realmente raros; Carabello y yo estábamos siempre discutiendo y comportándonos como locos, pero teníamos una camaradería particular. Gregg sentía que era bueno para él estar inmerso en la música que sonaba alrededor del distrito The Mission. Para nosotros, él era rico, pero en realidad era solo alguien de clase media en Palo Alto. Se rio a carcajadas cuando se enteró de que nosotros creíamos que era rico, pero lo cierto es que el lugar donde él creció era muy distinto de The Mission.

Durante unos meses a partir de allí, fuimos una banda. Gregg era nuestro nuevo cantante principal y empezamos a agregar canciones que a él le gustaba cantar. Es mérito suyo haber llevado a la banda de nuevo a la música de los barrios pobres, como las canciones de Les McCann, Eddie Harris y Ramsey Lewis. Tom era un guitarrista con buen ritmo y le gustaba el blues, y si bien él fue quien me había llevado aquella noche, después algo dejó de funcionar entre nosotros. Había un lado de él que quería hacer canciones de Buffalo Springfield and the Grass Roots, rock con un toque country. Tuvimos que decirle que no nos interesaba esa música, y unos meses después se fue de la banda. Pero Tom se lleva el crédito por ser el catalizador que nos juntó a Gregg y a mí por primera vez.

Los grupos de rock empezaban a mostrar las mismas influencias que yo venía escuchando en los álbumes de Gábor Szabó y Charles Lloyd: sabores orientales, ritmos con onda y escalas extrañas que sonaban a la India. Todo se volvió parte de ese sonido psicodélico en el rock. El año anterior, The Byrds habían sacado esa canción "Eight Miles High", que tenía una parte media llena de esas ideas en guitarra, y The Beatles y The Stones habían usado el sitar en canciones: todo estaba en el aire.

Luego, de repente, ese enero, salió el primer álbum de The Doors, que tenía un sonido más pesado y mucho de jazz, y el guitarrista Robby Krieger combinaba el blues con ese mismo tipo de bordón que tenía Gábor. Estaban tomando el blues básico (como "Back Door Man" y otras canciones de Willie Dixon) y convirtiéndolo en una película completa: no una simple historia, sino una gran novela oscura. Era evidente que tomaban ácido y que escuchaban jazz (John Coltrane y Miles Davis), y que escuchaban a Ravi Shankar. Podías notarlo en melodías como "Light My Fire" y "The End". Te dabas cuenta porque las melodías y los ritmos ya no eran burdos, como elefantes o búfalos tratando de bailar. Algunas partes de la música eran muy delicadas, como que el grupo estaba trabajando con satén y seda, y se movía suavemente, como una bailarina.

The Doors empezaron lo que yo llamo música chamánica, o música con LSD. Música que hechiza y transporta al oyente a un lugar más allá del tiempo y la gravedad, más allá de los problemas. Las palabras son reales, no cajas vacías. Invita a las masas a ascender a un nivel multidimensional. Como decía Jimi Hendrix, "I didn't mean to take up all your sweet time / I'll give it right back one of these days" (No tenía intención de robarte todo tu tiempo / Te lo devolveré uno de estos días). Lo que estaba diciendo era: "Tomaré prestada tu mente por un rato, y te la devolveré cuando termine".

Un chamán sabe cómo salirse del medio y dejar que los espíritus lo utilicen; sabe ser un canal. ¿La mejor música de John Coltrane? Él no la tocaba; era la música que se abría paso a través de él.

Alrededor de esa misma época salió el nuevo disco de John Mayall: *A Hard Road*. Peter Green había reemplazado a Clapton y sus notas eran como las de B.B., pero él ya tenía su propio fraseo: ligado. Él dejaba que las notas colgaran. Su sonido me atrapó como una llave de cabeza y no me soltaba. ¡Y su tono! En una pista llamada "The Supernatural" (que no debe confundirse con mi álbum *Supernatural*), el sonido de la guitarra de Green estaba al borde del acople. Esa pista dejó una marca en mí. Creo que fue el primer blues instrumental que me mostró que la guitarra realmente podía ser la voz principal, que a veces no es necesario un cantante. Y me encantó ese tono.

En ese entonces todavía estaba aprendiendo sobre toda esta música: John Mayall, Jimi Hendrix, The Doors. No sabía cuán especial se volvería. Todavía no tenía los superlativos o el lenguaje para hablar sobre estos orgasmos musicales. Lo que conocía en ese entonces era el orgasmo físico. No puedes estar en control cuando tienes un orgasmo. De eso se trata: de soltar el control. Cuando tienes un orgasmo musicalmente, te rindes a la música. Normalmente, solo unos pocos músicos en el planeta pueden hacer que eso suceda, pero en los 60 parecía que había muchos. Estábamos muy ocupados buscando esa rendición, tratando de conseguir conciertos en otros lugares, como el Rock Garden, en The Mission, cerca de Geneva. Ese fue uno de los primeros clubes de rock verdaderos en The Mission. No había tantos lugares que pudiéramos elegir para tocar, a menos que pudiéramos decir que éramos una banda profesional. Nunca consideré a Santana como profesional hasta que salió nuestro primer álbum. Cal Tjader, Mongo Santamaría, Wes Montgomery y Miles Davis: ellos eran profesionales.

La mala noticia ocurrió a fines de febrero. Una mañana fui a la escuela y a todos les estaban haciendo pruebas de tuberculosis. ¿Qué cosa? Tuberculosis. Ah, bien. ¿Y eso qué es? Todos recibían un pequeño pinchazo en el brazo, y si tu cuerpo reaccionaba de cierta manera, tenías tuberculosis, y eso era grave. "No hay problema", pensé. No me sentía mal y no tenía tos, a menos que fumara marihuana. Pero el examen dio positivo. Y cuando me di cuenta me estaban tratando como un alfiletero, llenándome de inyecciones de penicilina y estreptomicina. Luego me llevaron al hospital San Francisco General y me pusieron en cuarentena por quién sabe cuánto, en una cama rodeado de personas enfermas, cuando yo no me sentía ni siquiera cansado. Hasta el día de hoy creo que sucedió por el agua de Tijuana y el año que había pasado allí por mi cuenta.

Mis padres no protestaron ni nada. Cuando escucharon lo que sucedía, confiaron en que las autoridades harían lo que fuera mejor, lo que implicó que, después de unos días, yo estaba sumamente aburrido. ¡Y estuve allí por más de tres meses! Me hacían un examen tras otro, me ponían inyecciones con medicina, me sacaban radiografías de los pulmones y me señalaban las manchas. Luego me decían que iba bien pero todavía tenía que quedarme. Lo que me mantuvo ahí no fue la idea de que tenía que mejorarme; me quedé porque los médicos me convencieron de que si salía, podía infectar a otras personas, y no quería hacer eso.

Sabía que tenía que salir adelante: tomar los medicamentos y dejar que mis pulmones descansaran. Esos días miré mucha televisión. Recuerdo que, después de estar allí un mes, estaba viendo el programa de la entrega de los Premios Grammy de 1967, con Liberace y Sammy Davis Jr.; toda esa cursilería. De repente, Wes Montgomery estaba tocando. Esa fue la primera vez que lo vi tocar, y me impresionó. Empecé a escuchar su música ("Goin' Out of My Head", "Windy", "Sunny"); otro jazzista haciendo las canciones populares de los 60. El sonido de su guitarra era muy particular, y tenía esa voz profunda que me hacía sentir como si alguien me tocara la cabeza diciendo: "¡Ah! todo va a estar bien", y yo lo creía.

Algunas personas vinieron a verme, incluyendo a Stan y Ron,

mi papá y mi hermana Irma. Carabello me trajo algunos libros para leer, incluido un libro de ciencia de Time-Life llamado *The Mind* (*La mente*) que recuerdo que me gustó. También me trajo una casetera con auriculares para que pudiera escuchar mis álbumes favoritos, como los de Gábor Szabó. Unas semanas después ya los había escuchado a todos. Me quejé de que me estaba volviendo loco, así que Carabello me dijo: "Bueno, tengo un par de churros y algo de LSD". Como un idiota, tomé el ácido más tarde esa noche, ahí mismo en el hospital.

Miraba a mi alrededor y podía ver a todas esas personas mayores que habían sido fumadoras toda la vida y tenían problemas pulmonares, la piel toda amarilla y los dedos color naranja por todos los cigarrillos que habían fumado. Parecía que todos a mi alrededor estaban muriendo, y allí estaba yo, 'viajando' en medio de todo eso. En la televisión empezó una película: *The Four Horsemen of the Apocalypse*, con Glenn Ford, sobre los nazis en la Segunda Guerra Mundial. Me metí tan de lleno en esa película que pensaba: "¡Uh! Tengo que volver a meterme bajo las sábanas y cerrar las cortinas".

Al día siguiente, Ron vino a verme y yo seguía allí ocultándome. "¡Ey, amigo! ¿Cómo estás?". Le dije: "Necesito irme de aquí y ustedes me van a ayudar. Vuelve esta tarde y tráeme algo de ropa así me puedo sacar esta maldita bata de hospital. Nos vamos a meter en el ascensor, paramos entre pisos, me cambio y nos vamos". Y eso fue lo que hicimos. Me cambié a lo Clark Kent y salimos. Escuché que me buscaron durante un par de semanas porque, según la ley, no me permitían irme. No me encontraron porque no volví a mi casa. Al salir del hospital me mudé a lo de Stan y Ron, y ese fue el comienzo de otro largo descanso de mi familia, que agrandó aún más la distancia entre mi mamá y yo.

Esa estadía en el hospital tuvo dos consecuencias positivas… bueno, tres. La primera es que me curé y nunca volví a tener ni rastros de tuberculosis.

La segunda fue que, mientras estaba en el hospital, la gente de Mission High sabía dónde encontrarme (no iba a irme a ningún lado). Me dijeron que podía trabajar con un tutor mientras estuviera en el hospital. Si hacía lo que tenía que hacer y obtenía notas de aprobado, me dejarían graduarme. Así que enviaban a un maestro por las mañanas, hablábamos y él me dejaba algunos libros para leer para el día siguiente, mayormente sobre historia estadounidense. Al día siguiente volvía y me tomaba algunas pruebas. Muchas de esas pruebas consistían en preguntas que me hacía él, y mi explicación de lo que había entendido de la lectura.

El tutor me caía bien. Él conocía mi situación: que había repetido de grado por mi inglés y que tenía diecinueve años y todavía estaba en la preparatoria. Un día me miró en mi bata de hospital y me dijo: "De una mala situación salió algo bueno, porque no estás vestido de uniforme y portando un arma. Esa gente te hubiera hecho la vida difícil; y ahora probablemente estarías en Vietnam". Yo ni siquiera había pensado en eso, pero él tenía razón. Legalmente, yo tenía edad suficiente como para ser reclutado. Pero como aún estaba matriculado en la preparatoria Mission High, no me podían reclutar; todavía no.

No ir a la guerra fue la tercera cosa buena que surgió a raíz de esa enfermedad. Aproximadamente un año después, recibí aviso de que debía presentarme en el centro de reclutamiento en Oakland. Recuerdo ese lugar: todos esos chicos jóvenes en fila, sentándose, llenando formularios, haciendo pruebas y sudando. Se podía oler el miedo allí. Vi que un hermano afroamericano tenía los brazos cruzados. Tenía los ojos amarillos por una meningitis o algo así. Se rehusaba a levantar siquiera la lapicera. Miró al hombre y le dijo: "Mira, hombre, yo no voy a hacer nada de esto. Yo no tengo ningún problema con el Vietcong. Tú, blanquito, eres el que se la agarra conmigo en las calles. Si me das un arma, te voy a volar el trasero". Yo pensé: "¡Vaya! Este sí que no va a ir al ejército; quizá a algún otro lugar, pero no al ejército".

Entonces un tipo en uniforme vino hasta mí y me dijo: "¿Cuál es tu historia? ¿Por qué no estás haciendo el examen?". Le di una carta del médico. Para entonces yo había vuelto al hospital y me habían hecho algunas pruebas más. Después de eso, los médicos decidieron que podía simplemente tomar algunos medicamentos en casa. Pero este tipo era un ignorante: abrió la carta, la leyó y dijo: "Tuberculosis, ¿eh? ¿Adónde te la pescaste, en Thirteenth y Market?". Pensaba que era algún tipo de enfermedad sexual y estaba insultando mi vecindario. Yo pensaba: "¿Y se supone que yo tengo que seguirte a ti?". Mierda. Allí fue cuando supe que tenía que mantenerme tan lejos como pudiera del servicio militar si el ejército ponía gente como esta a cargo. Tenía amigos en Mission High que sí fueron a Vietnam y nunca regresaron. Yo tuve suerte; salí de ahí y eso fue todo.

Hasta este día agradezco que la gente de Mission me diera esa última oportunidad de graduarme. Leí los libros y respondí las preguntas del tutor lo suficientemente bien como para graduarme en junio. Me permitieron ir a la ceremonia en el Centro Cívico por cortesía, pero para mí realmente no tenía importancia. Vi a todas las demás familias con sus hijos y las chicas llevaban flores y esas cosas. Yo no tenía toga y birrete, y mi familia no había ido. Nadie dijo nada al respecto, y por mí estaba bien. Lo que más recuerdo de ese último día de escuela era un grupo de nosotros, alumnos, sentados en el parque cerca de Mission, fumando un churro y hablando sobre nuestros planes. Uno de los chicos decía: "Yo voy a ayudar a mi papá en el almacén". Otro dijo: "Yo me voy a unir a los marines. ¿Qué vas a hacer tú, Santana?".

Yo dije: "Yo voy a estar en el escenario, tocando con B. B. King y Buddy Guy y otros por el estilo". Los chicos se empezaron a reír como ardillas. "Oye, amigo, has estado fumando mucho de esto".

¿Qué? No dije que quería ser B. B. o siquiera una estrella como él. Solo quería estar al lado de él y poder tocar con él. No sabía cuán lejos podría llegar, pero ese era mi objetivo. Tenía la sensación de que la mano del destino me estaba tocando otra vez, como lo hizo la primera vez que escuché una guitarra eléctrica tocando blues. Mis expectativas de lo que estaba destinado a hacer trascendían todo lo que había experimentado hasta entonces en Mission High.

Solamente los miré: "Bueno, ustedes me preguntaron".

No era un sueño tan grande. Ya teníamos un concierto en el Auditorio Fillmore, el mismo lugar donde todas las leyendas del blues estaban empezando a tocar en Bay Area. Mi banda tuvo que esperar dos meses para dar una función para Bill Graham mientras yo me recuperaba de la tuberculosis, y luego Bill nos anotó para abrir para The Who y The Loading Zone: un viernes y sábado por la noche, a mediados de junio. No teníamos idea de lo famosa que iba a ser The Who, y The Loading Zone era un grupo local. Lo que más nos importaba a nosotros era que al fin íbamos a poder tocar en el lugar de actuación más importante de San Francisco. Nuestro nombre ni siquiera estaba en el afiche, pero al menos teníamos un nombre.

La idea se le ocurrió a Carabello. Tocar blues era lo que más nos enorgullecía, y la palabra *blues* estaba en los nombres de algunos de nuestros grupos favoritos: The Butterfield Blues Band, The Bluesbreakers. Probó con todos nuestros apellidos: Haro Blues Band, Rodriguez Blues Band, Carabello Blues Band, y le pareció que con mi apellido era como mejor sonaba. Santana Blues Band se convirtió en nuestro nombre por el siguiente año y medio. No era que de repente yo era el líder. Éramos una banda sin líder, no porque un día nos sentamos y lo decidimos, sino porque así es como era.

Ya estábamos mezclando otra música con el blues. Ensayamos y preparamos nuestra lista de canciones: "Chim Chim Cheree", "Jingo", "As the Years Go Passing By", "Work Song". Nuestra función era corta en comparación con lo que haríamos unos años después; apenas treinta o cuarenta minutos.

La primera noche fue estupenda. Pasó muy rápido, y no solo porque en ese entonces había empezado a tomar drogas estimulantes. Estaba tan nervioso y agitado que esa noche rompí tres cuerdas. No tenía más cuerdas encima y estábamos en medio de la función, así que miré alrededor y agarré la única guitarra que pude ver: una Strat destartalada por el uso, ¡que era de Pete Townshend! Vi que Keith Moon me miraba, y cuando vio mi situación sonrió. "A Pete no le importará; adelante". Era un tipo muy alentador. Bill Graham también. Le gustó lo que escuchó, y nos dijo que deberíamos abrir para más espectáculos que iba a haber próximamente.

El sábado a la noche fue terrible. Llegamos al Fillmore tarde, *muy* tarde. Los padres de Danny y de Gus los habían retenido hasta tarde en el trabajo, y ellos eran los que me pasaban a buscar en coche. ¡Estaba tan enojado! Pero ni cerca tan cabreado como estaba Bill Graham cuando llegamos al Fillmore. Estaba parado en el último escalón de arriba (el viejo Fillmore tenía una escalera por la cual había que subir los equipos hasta el auditorio). Tenía los brazos cruzados y se veía tan grande y malo como Mr. Clean, el Alegre Gigante Verde, y Yul Brynner en *The King and I*. Nos vio tratando de subir nuestro equipo por las escaleras lo más rápido posible, y comenzó a gritar. "Ni se gasten. Nunca más en la perra vida van a volver a trabajar para mí". Empezó a maldecirnos a nosotros, a nuestros ancestros y a los hijos que aún no teníamos, y a usar palabras que yo nunca había escuchado antes pero llegaría a conocer gracias a él.

Yo pensaba: "¡Mierda! Realmente lo arruinamos". Así era, lo habíamos arruinado. Y así como así, tuvimos prohibida la entrada a los conciertos de Bill Graham durante mucho tiempo. Ni siquiera quería que entrásemos a ver otras bandas, pero eso no logró que me alejara. Recuerdo que, después de ver a Jimi Hendrix tocando en el Fillmore ese verano, volví a casa sacudiendo la cabeza y diciéndome a mí mismo que lo que acababa de escuchar y ver había sido real. Todavía nunca me he vuelto a sentir como la primera vez que lo escuché.

Cuando Eric Clapton y Cream vinieron a la ciudad en agosto y tocaron en el Fillmore, también tuve que entrar a hurtadillas para verlos. Tenía que hacerlo; no me quedaba otra opción. Todavía sabía cómo entrar por la salida de incendios. Quería ver si su espectáculo en vivo tenía el mismo sonido que sus discos, que era un sonido tan diferente del de las bandas de blues de Chicago de donde ellos provenían; un sonido más potente y más bombástico.

Y así era. Los muchachos de Cream se veían grandes en sus zapatos de plataforma, y su sonido era más imponente. Clapton tenía detrás esa doble fila de amplificadores Marshall, Jack Bruce sonaba como un tren de carga, y Ginger Baker se veía como una especie de criatura salvaje con su pelo rojo, tocando esa batería con dos bombos. En melodías como "Spoonful" y "Hey Lawdy Mama", ya no era más blues eléctrico o blues-rock. Tocaban con la energía de Buddy Rich, lo cual tuvo sentido cuando me enteré de que Ginger y Jack tenían experiencia tocando jazz. Ver esos primeros espectáculos de Cream fue como ver una película en CinemaScope por primera vez para alguien que solo conocía la televisión en blanco y negro.

De todos modos, la Santana Blues Band estaba en la lista negra de Bill. Yo no podía creer que esto hubiera sucedido. Nunca me perdía un concierto. Llegar tarde no estaba en mis genes. Mi mamá y mi papá me enseñaron que, cuando haces una cita, ser puntual significa estar allí media hora antes. Sigo siendo así ahora, y mi banda lo sabe. Si quieres que me descomponga del estómago, preséntate tarde a un ensayo o a una prueba de sonido o a un espectáculo. Todavía no puedo tolerarlo.

Sé cómo pueden ser los padres, pero llega un punto en el que, cuando sabes adónde tienes que ir, no dejas que se interpongan en tu camino. Les dices: "Tengo un compromiso. Necesito estar allí". Para mí, eso fue el final de la historia. Pensaba: "Sus prioridades no son las mías; su prioridad es complacer a su mamá y su papá, y seguirán poniendo eso en primer lugar por el resto de su vida". ¿Cómo podía ser más importante hacer tortillas o cortar carne? Un concierto en el Fillmore en 1967 era algo importante para cualquier músico y, para mí, era lo más importante del mundo.

CAPÍTULO 7

Santana a fines de 1968. (De izq. a der.) Gregg Rolie, David Brown, yo, Doc Livingston y Marcus Malone.

Antes de cumplir veinte años, ya podía escuchar la diferencia entre un músico de fin de semana y un músico de tiempo completo. Podía darme cuenta, por la forma de tocar de una persona, si tenía suficiente convicción como para elevar la música, como para hacer que todo encajara. Cuando empecé a tocar con gente que conocía de la preparatoria, podía notar cómo cambiaba la música según con quién estaba tocando. En nuestro grupo podíamos probar diversas melodías o mantener las viejas, pero lo más importante no eran las canciones que hacíamos, sino los nuevos músicos que venían a la banda. Creo que tuve suerte de haber empezado tan temprano en Tijuana; incluso aquel pequeño grupo con los dos hermanos que se peleaban en guitarra y yo en violín, me ayudó a escuchar qué funciona y qué no en una situación de grupo.

Creo que si observas a los grupos de rock en sus primeros años, ves que todos encontraron su sonido en una de dos formas básicas. Grupos como The Beatles, The Rolling Stones y The Grateful Dead, en su mayoría crecieron juntos desde el principio. Su integración original cambió muy poco, o nada, y fueron mejorando siempre juntos. Creo que Santana se desarrolló más como lo hace una banda de jazz, con diferentes músicos que van y vienen hasta que se reúnen las partes correctas y la música toma cuerpo. También veníamos del R&B y de la música latina: nuestros instrumentos eran guitarra, órgano y percusión; no cuernos. Cuando empezamos, no teníamos un plan de cómo sería nuestro sonido, pero apenas lo encontramos, lo supimos. Creo que Santana todavía sigue desarrollando un sonido que depende de las personas que vienen a la banda.

Una cosa que teníamos en común con grupos como The Dead y The Stones es que todos en la banda empezamos como iguales. Al principio, todos estos grupos eran cooperativas. Luego cada banda fue pasando por pruebas y ganando éxito, hasta que alguien tuvo que ofrecerse como líder.

Creo que fue positivo que Santana comenzara de ese modo. Si hubiera comenzado conmigo como líder, seguramente hubiera querido hacer solo las canciones que ya conocía y no hubiera estado abierto a escuchar la música que estábamos desarrollando. Hubiera intentado controlar demasiado lo que estaba sucediendo. Incluso con la Santana Blues Band, la idea desde el primer momento fue dejar que la música guiara el camino.

El verano de 1967 fue el Verano del Amor en la mente de la mayoría de las personas. El *flower power*, el rock psicodélico y las muchachas hippies. El Festival Pop de Monterey. Todos hablaban sobre cómo Jimi Hendrix había quemado su Strat y la había roto en el escenario y *¡cómo pudo hacer eso!* Luego salió su álbum *Are You Experienced*, y de repente el sonido de la guitarra eléctrica era bombardeos en picada, jets supersónicos, motocicletas rugiendo y estruendos de terremotos. Jimi usaba el acople para crear esculturas sónicas. Su primer álbum llevó la música de la época de la pólvora a la época de los misiles guiados por láser. Recuerdo que alguien despertó mi interés por "Red House" y supe inmediatamente que el blues eléctrico iba por ese camino: todos iban a seguir a Jimi.

Para mí y muchos músicos, este fue también el momento en el que empezamos a sentir que la resonancia de nuestras convicciones podía cambiar el mundo. Algunas personas, como John Coltrane y John Lennon, sintieron que su música podía usarse para promover la compasión y la sabiduría. Podía convertir a las personas en mejores seres humanos. Luego, Aretha Franklin, Marvin Gaye y Bob Marley hicieron lo mismo, con canciones como "Amazing Grace", "What's Going On" y "One Love". Su música infundía en la gente un mensaje diferente, que iba más allá del entretenimiento: "¡Somos uno!" No era solo un cliché. Tenía un verdadero poder para unir a la gente, tal como lo hicieron Woodstock y *Supernatural*. La unidad es posible, y la música puede ser el pegamento. Ese es el gran mensaje, el que vengo escuchando y creyendo desde mi adolescencia.

Para mí, el verano de 1967 también fue un verano de decisiones.

Un día vi a The Grateful Dead llegar al Tic Tock en una limusina. Todos en la ciudad sabían que habían firmado un importante contrato discográfico el año anterior y que había salido su primer álbum. Los vi desde donde estaba lavando los platos y me dije a mí mismo: "No debería seguir haciendo esto". No era por la limusina. Era por la idea de comprometerme por completo con la música. Tenía que dar un paso decisivo: debía dedicarme al 100 por ciento a la música, debía ser mi ocupación total y absoluta. Mi oficina y mi hogar. Mis ocho días a la semana, como decían The Beatles. Quién vas a ser determina qué vas a hacer y qué vas a hacer determina quién vas a ser. Me decía a mí mismo: "Tengo que hacer que esto perdure toda la eternidad".

La decisión de renunciar me daba vueltas en la cabeza desde hacía tiempo. Realmente me había motivado ver a esos músicos tocando blues de Chicago en el Auditorio Fillmore aquel primer año. ¡Vaya!, había quedado tan deslumbrado que no sé cuántos platos habré roto en el trabajo durante las semanas posteriores al concierto. Parecía como si me estuvieran llamando, diciéndome que abandone, como mi buen amigo, el saxofonista Wayne Shorter, solía decir. Abandonar la necesidad de pedir permiso para hacer esto o aquello, vivir mi vida. Podía oír el nivel de compromiso que tenían con su música; podía oír su compromiso con la manera en que vivían su vida. Hasta podía olerlo. La otra decisión que debía tomar era la de dejar, finalmente, mi casa. No podía ser como esos músicos de blues y seguir viviendo según las reglas de mi madre; era incompatible.

Entonces todo pareció suceder al mismo tiempo. Nos habíamos presentado tarde en el Fillmore y habíamos perdido la oportunidad de tocar allí otra vez. Unos días después, el cuñado de Danny Haro conducía el Corvette verde de Danny y chocó. Era la primera persona de mi edad que fallecía repentinamente de esa forma. Luego consumí LSD y tuve un mal viaje. No era mi primer viaje, pero sí mi primer mal viaje. *Realmente* malo.

El problema fue que no estaba en el mejor lugar cuando lo tomé. Primero consumí con un tipo que empezó a alucinar, lo que también me hizo alucinar un poco a mí. Después lo dejé y fui a la casa donde Danny y Gus vivían en la Ciudad de Daly. Estaban comiendo pizzas y riendo en la cocina: "Jojojo, jejeje, jajaja". A mis oídos sonaban igual que "I Am the Walrus" de The Beatles. Encendí la televisión y estaban dando la película *The Pride and the Passion*. Cary Grant, Frank Sinatra y Sophia Loren transportaban un cañón por Europa y mataban a miles de personas. No era una buena película para ver bajo los efectos del LSD. Estaba empezando a perderme en un mar de oscuridad y duda. Era como si una caja de petardos me estallara en el cerebro; muchas explosiones negativas: miedo a lo que me iba a pasar y miedo a un mundo enfermo, negativo y oscuro. Tenía todos estos pensamientos y no podía encontrar las palabras para describir lo que estaba viendo. No recuerdo cómo lo hice, pero de algún modo, a las cinco de la mañana logré coordinar mi cuerpo y cerebro para llamar a Stan Marcum y pedirle que viniera a buscarme.

Stan era el tipo de amigo que decía "allí estaré", y lo estaba. Me fue a buscar y me llevó fue a los bosques de Fairfax, en North Bay. Si bien estaba frente a un hermoso atardecer dorado, yo solo veía que el mundo se incendiaba. De repente me sentí como Nerón, perdiendo el tiempo mientras todo a mi alrededor se prendía fuego. Sentí que el mundo se destruía a sí mismo y que necesitaba ayuda.

Mi cabeza estaba en una dimensión más elevada que el trasero de un astronauta, así que Stan me llevó a su casa y junto con Ron, me llevaron a una habitación y me acostaron para que intentara dormir. Pero yo estaba totalmente despierto. Después pusieron *Sgt. Pepper's Lonely Hearts Club Band*. El álbum era prácticamente nuevo y escuché "Within You Without You", en la que George Harrison tocaba el sitar y cantaba sobre principios espirituales.

Yo necesitaba eso. Todo confluyó y finalmente comencé a bajar. Stan me preguntó: "¿Qué ocurrió esta mañana? ¿Qué viste?". Le dije que había visto el mundo en llamas, pidiendo ayuda a gritos. Me preguntó: "¿Qué vas a hacer al respecto?". Le dije que lo había estado pensando durante un largo tiempo. Esto le respondí: "Quiero ayudar a curarlo".

Ese día sentí como si volviera a nacer. Pasé de creer que el mundo llegaba a su fin a reflexionar sobre qué debía hacer yo para detener eso. Había sido una larga, larga noche y un largo día; sentí que toda esta experiencia me había dado poder y me había llevado hasta el objetivo de mi vida.

Stan y Ron escucharon mis palabras. Entendieron mi convicción. "Seremos tus representantes", dijeron. "Dejaremos nuestros empleos; no más agente de fianzas, no más peluquero. Nos uniremos a ti, amigo. Te ayudaremos. Dedicaremos toda nuestra energía y todo nuestro dinero a ti y a la banda". Yo no lo podía creer: esos dos hippies estaban dispuestos a invertir en mi carrera. Se convirtieron en dos ángeles más que aparecían en el momento preciso. Ahora, cuando lo pienso; creo que ellos habían estado esperando oírme decir lo que dije tanto como yo había deseado decirlo.

Stan dijo algo más. "Tienes que alejarte de Danny y Gus; las cosas son así, viejo. No son malas personas, pero no están comprometidos.

Son músicos de fin de semana, y tú no lo eres. Eso se nota. Nosotros dejaremos todo por ti, pero tú debes dejarlos a ellos".

Yo pensaba "¡oh, maldición!" Me di cuenta de que Stan y Ron habían estado pensando en esto desde hacía rato. Sabía que tenían razón, pero Danny y Gus eran mis amigos más antiguos de San Francisco. Haber llegado tarde al Fillmore fue como si hubiera cerrado la relación, pero si alguien tenía que decírselo, esa persona era yo.

Danny y Gus se enfadaron, y mucho; sobre todo con Stan. Les dije que no era por su forma de tocar, sino simplemente porque no estaban listos para dar el paso decisivo. Esa alucinación con LSD me hizo dar cuenta de que lo nuestro había terminado; eran mis amigos, crecí con ellos, pero no necesitaba estar con ellos. Era como usar zapatos que ya no te quedan más.

Nos mantuvimos en contacto a través de los años, pero ellos nunca se enfocaron en la música, al menos no como profesión. Los dos están en el cielo ahora; ambos partieron demasiado temprano. El cáncer se llevó a Gus y la diabetes, a Danny. Perdió una pierna y la última vez que lo vi tuve la sensación de que tenía el alma rota porque había perdido a sus padres y a sus dos hermanas, y era el último que quedaba.

Les dije adiós a Danny y a Gus, y finalmente dije adiós a vivir con mamá y papá, y me mudé con Stan y Ron a Precita Avenue. Ese fue el nido que cobijó el nacimiento de la banda. Este lugar se encontraba a solo diez cuadras de la casa de mi familia, pero mis padres no supieron dónde vivía yo durante casi dos años. Solían buscarme por toda la ciudad aun cuando yo estaba tan cerca de ellos. Pero no quería que hicieran lo mismo que hacían en Tijuana. Me fui sin siquiera llevarme la ropa.

Ese fue el verdadero comienzo de Santana.

En esa época era habitual que los integrantes de las bandas vivieran todos juntos en San Francisco; esto ayudaba a concentrar la energía y a ahorrar dinero. The Grateful Dead y Big Brother tenían sus casas. Sly también. Algunos vivían en barrios pobres y hediondos, pero estaba bien si eso te permitía pagarlo. Algo así es lo que hacen aún hoy los músicos africanos en París; rentan un solo apartamento donde cocinan y tocan música todos juntos. Lo mismo. Aprendes a confiar en el otro.

Cuando me mudé con Stan y Ron, ocupé una habitación pequeña. Pedía ropa prestada cuando lo necesitaba y compré algunas cosas en Goodwill. Cocinábamos juntos, corríamos las cortinas y las chicas entraban y salían. Solía venir mucha gente porque Stan era un tipo muy sociable y agradable, no un fanfarrón. Fumábamos marihuana, tomábamos ácido y bebíamos vino mientras discutíamos sobre Miles, Jimi Hendrix y Frank Zappa. O sobre lo que estuviéramos escuchando en ese momento. Escuchábamos mucho a Bob Dylan. Stan y Ron también tenían mucho material de *jazz* en la casa; y comencé a escuchar más música de Grant Green y Kenny Burrell, así como de Wes Montgomery.

Los tres, Gregg, Carabello y yo, seguíamos yendo al Fillmore, infiltrándonos bajo la mirada de Bill Graham. Nos parábamos frente al escenario, mirábamos las bandas y decíamos: "Veamos si puedes con esto, viejo. Veamos qué tienes". Escuchamos a Young Rascals y a Vanilla Fudge de Nueva York, a The Crazy World of Arthur Brown y a Procol Harum de Inglaterra. Algunas bandas no nos desilusionaron. Steppenwolf era genial; ellos sí que tenían carisma. Fuimos teloneros en varios de sus conciertos en Fresno, Bakersfield y el Lago Tahoe.

Otras bandas parecían copias de copias. Un par de ellas tenía alguna canción exitosa y cursi. Decíamos: "Uf, esto suena como un mal ensayo. Vámonos".

No pasaba lo mismo con B. B. King. Me había emocionado muchísimo la primera vez que lo vi, en febrero de 1967. Finalmente el maestro con quien había dado mis primeros pasos, aquel que siempre escuchaba, vendría al Fillmore. La primera vez que escuché su música fue en la casa de Javier en Tijuana, todos esos elepés de las compañías discográficas Kent y Crown.

B. B. era la estrella, después de Otis Rush y de Steve Miller. Esa sí que fue una gran función triple. Estuve allí en la noche de apertura. Steve estuvo fantástico, Otis estuvo increíble y luego subió al escenario la banda de B. B. improvisando un magnífico acompañamiento. (Después me enteré de cómo lo llamaban sus amigos cercanos, simplemente B; pero para mí siempre será el señor King). Finalmente B. subió al escenario y Bill Graham fue quien tomó el micrófono para presentarlo: "Damas y caballeros, con ustedes el presidente de la junta, ¡el señor B. B. King!"

Era como si todo hubiera sido planeado para que concluyera en esto. Todo se detuvo, mientras todos se pararon y comenzaron a aplaudir. Durante un largo rato B. no había tocado aún una sola nota y ya estaba recibiendo una ovación de pie. Luego empezó a llorar.

No lo podía contener. La luz lo enfocaba de tal manera que lo único que yo podía ver eran grandes lágrimas que brotaban de sus ojos y hacían relucir su piel oscura. Levantó la mano para secarse los ojos y vi que usaba un enorme anillo en el dedo que tenía su nombre deletreado en diamantes. Eso es lo que más recuerdo: diamantes y lágrimas brillando juntos. Me dije: "Eso es lo que quiero. Eso es sentirse querido por hacer las cosas bien".

Gregg, Carabello y yo vimos a B. en un concierto cuando volvió en diciembre del 67, y yo pude estudiarlo casi en cámara lenta mientras esperaba que tocara esas largas notas tan características de él. Pensaba: "Bueno, ahí viene, ya lo va a hacer. Ahí está. Esa nota enloqueció a todos los presentes". La gente estaba como en un retiro espiritual. Observé que justo antes de tocar una nota larga, B. fruncía la cara y el cuerpo hacia arriba, y supe que se iba a un lugar en su interior, en su corazón, donde algo lo movilizaba tan profundamente que ya no se trataba de la guitarra ni de las cuerdas. Tenía la nota adentro de él. Y pensé: "¿Cómo puedo llegar a ese lugar?".

Años más tarde fui invitado al teatro Apollo para tocar en un evento con Natalie Cole, Hank Jones (el gran pianista de jazz), Bill Cosby y B. B. King, entre otros. B. vino un rato antes y me preguntó: "Santana, ¿esta noche va a tocarlo?". Él rara vez me llama Carlos.

Le respondí: "Estoy esperando que me lo diga usted".

"Vamos, queremos escuchar el blues".

Así es que lo hice. Después de que toqué, salimos y B. me tomó del brazo. "Santana, quiero decirle que no tiene un buen sonido, tiene un *magnífico* sonido".

¡Bingo! Me gradué ahí mismo. ¿Ser elogiado por el propio B. B. King? "Gracias, señor". Es lo único que se me ocurrió decir. No recuerdo haber vuelto al hotel esa noche.

Los músicos de blues no siempre son tan gentiles. Buddy Guy puede ser fulminante. Si estás tocando con él y haces algo mal, se asegurará de mirarte mientras te analiza detenidamente. Su actitud es "si no puedes seguir adelante, lárgate del escenario".

Albert King ni siquiera esperaba a que comenzaras. Cierta vez, en un festival de blues en Michigan, Albert Collins fue a encontrarse con Albert King y le dijo: "Solo quería conocerlo, darle la mano y decirle cuánto disfruto de su música".

King contestó: "Sí, sé quién eres. Y voy a patear tu pequeño trasero cuando subas al escenario".

Me encantan estas historias de blues. Para mí encierran la esencia del estilo de vida del blues: la actitud, la arrogancia y el humor. Esta es otra: en el 2001 se llevó a cabo un festival de blues en el Concord Pavilion en Concord, California, con una lista de artistas increíbles. Yo tenía que estar ahí. Ingresé justo cuando Buddy Guy estaba llegando. "Eh, viejo, ¡qué bueno verte por aquí!", me dijo.

"¿Qué pasa, Buddy?".

Me miró de arriba abajo. "Espero que no hayas cometido el mismo error que Eric Clapton".

"¿Ah, sí? ¿Cuál error?".

"¡Venir a verme sin una guitarra! Pero ya sabes que yo siempre llevo dos". Comenzó a reír y le brillaban los dientes de oro.

Luego extrajo una petaca. "Santana, sé que meditas y esas cosas, pero necesito preparar mi mascota. Tengo que afinar mi guitarra, ¿por qué no sirves un poco para mí y otro poco para ti, también?". Así lo hice y de inmediato exclamó: "¡Eh, basta! ¿Estás tratando de emborracharme? Pusiste más en el mío que en el tuyo".

"No hay problema, Buddy. Entonces tomo el más grande". Él me está probando constantemente. Ya me he acostumbrado.

Esa noche hizo una función increíble, conectándose con el público como siempre lo hace y caminando hacia el público cuando tocaba un solo porque él quiere que las personas puedan sentir su olor y también quiere sentir el de ellas. Él hace su gran introducción, tocando un solo y aumentando la energía hasta el punto en que uno sabe que una gran nota sostenida está por llegar. Hace un ruido con la boca que se puede escuchar: un rechinamiento de los dientes y una agitación que parecieran salir directamente de sus entrañas, antes de domar la guitarra, y la nota sale y queda suspendida para siempre: fuerte y larga y profunda y llena de sentimiento, y él tiene todo el público a sus pies y lo sabe. Sonríe con todos esos hermosos dientes dorados, como si dijera: "¡Mierda!, *logré* que este maldito amplificador y esta guitarra se sostuvieran así. Puedo hacerlo tanto como lo desee".

Después tocó una canción cuya letra decía: "Una pierna al Este / una pierna al Oeste / estoy justo en el medio / ¡intentando hacer lo mejor!" Y las mujeres empezaban a gritar. Cada vez que veo a Buddy, está provocando un alboroto.

Me presentó e hicimos una pequeña sesión improvisada de música. Él terminó su función y luego, detrás de escena, traspirados, nos abrazamos y yo sentía que flotaba en las nubes, viejo. A un costado vimos algunas personas que venían como si fuera mediodía en el O.K. Corral: cuatro grandes guardaespaldas, muy bien vestidos, dos a la izquierda y dos a la derecha. Detrás de ellos iba… ¿quién otro? El propio B. B. King, camino al escenario; su banda ya estaba tocando.

Buddy me empujó hacia una esquina. "Carlos, quédate aquí para que B. no te vea. Cuando te llame, sal de ahí, ¿sí?". Tenía un brillo en los ojos.

"Seguro, como tú digas".

Buddy se paró frente a toda la comitiva, mientras bloqueaba el camino. Estaban muy cerca y B. dijo: "Eh, Buddy, ¿qué sucede?".

Buddy lo miró sin sonreír. "B., ¿desde cuándo me conoces?".

Él respondió: "Desde hace mucho tiempo. ¿A dónde vas con esto, hombre?".

Buddy se tomó su tiempo. "Bueno, hay algunas cosas de mí que no sabes; por ejemplo, que tengo un hijo…". Luego me llamó: "Ven aquí, amigo", y me puso justo enfrente de B., agarrándome por los hombros. B. seguía enfocado en Buddy, preguntándose qué le ocurría hasta que de repente me vio y comenzó a reír. "Buddy, no eres más que una mala persona, ¡ven aquí, Santana!" Me dio un fuerte abrazo.

Buddy tenía razón. Soy su hijo, así como Buddy y yo somos hijos de B.

B. nos tomó de las manos. "Ambos van a salir conmigo, ¡vamos!" Fuimos al escenario juntos y B. nos levantó las manos por encima de nuestras cabezas como si fuéramos boxeadores profesionales y la multitud gritó "¡guau!" Luego B. se dirigió hacia nosotros con una mirada seria. "Bueno, muchachos, pueden irse".

Nuestro "padre" debía trabajar.

Cuando vivía en San Francisco con Stan y Ron, cada un par de semanas poníamos música clásica y limpiábamos la casa con agua caliente y amoníaco de arriba abajo. Fue fácil para mí acostumbrarme a ese tipo de convivencia grupal debido a la forma en que crecí con mi familia, especialmente con mi mamá. Ella me lo codificó en mi ADN. Y cuando eres *hippie*, bueno, todos quieren compartir ese churro. Compartíamos la comida y la marihuana y el dinero y las tareas del hogar.

En nuestra casa, la mayoría de los días nos levantábamos, desayunábamos e íbamos a trabajar dando conciertos y buscando a nuevos músicos. El propósito estaba enfocado en la banda: tiempo, energía, dinero. A veces Stan traía a algunos músicos y tocábamos con ellos hasta las seis de la mañana. Probábamos nuevos músicos, pero también hacíamos sesiones improvisadas de música y sociabilizábamos.

Dimos algunos conciertos en ferias callejeras y clubes pequeños como el Ark de Sausalito con el bajista Steve De La Rosa, que era realmente muy bueno y estaba siempre atento a lo que hacía el baterista. Los bateristas iban y venían durante algún tiempo. Estaba Rod

Harper, que era bueno para algunos tipos de canciones, pero no para otros. Después encontramos a Doc Livingston, que venía de algún lugar de South Bay. Tenía cierta técnica, podía tocar el doble bombo, pero lo que más me gustaba de él era que cuando tocaba con las baquetas podía crear una especie de vórtice para la introducción. Los bateristas de verdad no necesitan que se les diga cuándo deben sacar algunas baquetas. Pero no sabía tocar de forma desacartonada; diferente e innovadora. Esto era muy malo. Yo tenía la sensación de que no iba a durar porque era un verdadero lobo solitario. Cada vez que nos reuníamos, Doc parecía estar en otra parte, mirando el suelo.

Una noche tocamos en un bar de jazz. Se llamaba Grant & Green porque allí se encontraba. Un bajista improvisó "Jingo" con nosotros. Era alto, tenía ojos verdes y piel oscura, era el hombre afroamericano más guapo que había visto en mi vida.

David Brown era básicamente una persona tranquila, nunca se enojaba, nunca tenía un conflicto. Le encantaba la forma en que Chuck Rainey tocaba el bajo. Mientras Jimmy Garrison estaba con Coltrane, David siempre se encontraba fuera de tiempo, nunca en el medio. Yo sabía que estaba porque lo escuchaba; no me gustan los bajistas que tocan con demasiada precisión. Pero no podía mirar los pies de David cuando tocábamos una canción porque me distraía; así de lejos se encontraba. Después, cuando Santana juntó sus sonidos, todo tuvo sentido, David tocando fuera de tiempo y Chepito Areas bastante adelantado: un equilibrio entre precisión y convicción, ¿te imaginas?

Puede que haya estado fuera de tiempo, pero nunca vi a nadie conquistar chicas más rápido que David Brown. Era un susurrador de mujeres. Se rascaba el mentón, se acercaba lo más posible a una mujer y le decía algo al oído. La tomaba de la mano, y se iban.

Le pedimos a David que se uniera a la banda esa misma noche.

También empezamos a buscar otro percusionista. No estaba seguro de por qué debíamos hacerlo, pero Carabello a veces se comportaba como un tonto y llegaba tarde o directamente no venía. Es la única persona que conozco que giró en "U" en el Golden Gate porque había olvidado su peine afro. Una vez estábamos tocando

Yo a los dieciocho meses de edad, 1949. (© Santana Archives)

(De izq. a der.) Jorge, María y Lety, 1959. (© Santana Archives)

Nina Matilde, la tía de mi mamá, que me llamaba "El cristalino". (© Santana Archives)

Josefina Barragán de Santana.
(© Santana Archives)

José Santana (atrás, en el centro, con el violín), mi tío Juan Santana (con el violonchelo) y la banda de José, 1945. Este era el tipo de orquesta mexicana en la que papá se inició; no tocó música mariachi hasta que nos mudamos a Tijuana. (© Santana Archives)

Nota manuscrita
de mi padre en el
reverso de la foto.

Mi papá, yo y Tony, nuestro perro, en Tijuana, 1958. (© Santana Archives)

"Señor, 50 centavos una canción"

Yo a los doce años tocando el violín en Tijuana, México, 30 de agosto de 1959. (© Santana Archives)

Este fue uno de los primeros conciertos con mi padre en una fiesta de cincuenta años en Tijuana, Baja California, en 1958, donde nos veíamos como miembros de la Cosa Nostra. (© Santana Archives)

The Strangers, Tijuana, México, 1961. Yo estoy con el bajo, junto al baterista.
(© Santana Archives)

Mi foto de la escuela a los catorce
años, Tijuana, 20 de junio de 1961.
(© Santana Archives)

Salon MX, calle Mission entre las calles 22 y 23, San Francisco, 1962.

Con Danny Haro y Albert Rodriguez. (© Santana Archives)

Santana: (de izq. a der.) Gregg Rolie, yo y Marcus Malone, 1968. (© Jim Marshall Photography LLC)

Yo en 1968. (© Coni Beeson)

Otra foto de la misma
sesión fotográfica.
(© Coni Beeson)

¡La banda que empezó todo! (De izq. a der.) Yo, Marcus Malone, Gregg Rolie, David Brown y Doc Livingston. (© Michael Ochs Archives/Getty Images)

La banda de Woodstock, *Santana, Abraxas* y *Santana III*: (de izq. a der.) yo, Michael Shrieve, Michael Carabello, Gregg Rolie, David Brown y José "Chepito" Areas, 1969. (© Michael Ochs Archives/Getty Images)

Tocando en Woodstock,
16 de agosto de 1969.
(© Ken Regan)

Bill Graham toma un descanso mientras tocamos en Woodstock. (© Baron Wolman)

Gregg Rolie y yo tocamos frente a la multitud mientras las cámaras capturan la experiencia en Woodstock. (© Jim Marshall Photography LLC)

Unos momentos después. (© Jim Marshall Photography LLC)

Mis dedos en la "serpiente eléctrica" (© Photofest)

La serpiente respondiendo descaradamente (© Brandt Cotherman)

Banda Santana, 2014: (de izq. a der.) Pepe Jiménez, Tony Lindsay, Benny Rietveld, Karl Perazzo, Tommy Anthony, yo, Jeff Cressman, Paoli Mejias Ramos, Bill Ortiz, David K. Mathews y Andy Vargas. (© Libby Fabro)

(De izq. a der.) Hal Miller, yo y Ashley Kahn en Woodstock, Nueva York, 15 de junio de 2014. (© Benny Rietveld)

Dolores Huerta, yo, Angelica, Cindy y Juana Chavez, diciembre de 2012. (© Santana Archives)

El presidente Barack Obama y la primera dama Michelle Obama saludan a Carlos Santana, homenajeado por el Centro Kennedy, y a su familia en el Salón Azul durante la recepción de honores del Centro Kennedy, 8 de diciembre de 2013. (© Foto oficial de la Casa Blanca de Lawrence Jackson)

Martín Sandoval y yo en Santuario de Luz, 2012. (© Santana Archives)

Yo, Cindy y Claude
Nobs, 2011. (©
Michael Vrionis)

Santana en Altamont, 6 de diciembre de 1969. (© Jim Marshall Photography LLC)

Santana y Clive Davis con el premio al doble álbum de platino, 1969. (Cortesía de Sony Music Entertainment/Clive Davis)

Dear Bill:

Historically, Miles Davis would not be of much interest to you for the
Fillmore. However, I believe Miles is well on his way to really break-
ing out of his jazz bag. All the fantastic reviews in ROLLING STONE
and Ralph Gleason's latest articles calling Miles' most recent albums
the best he's heard anywhere in a decade have given him tremendous
impetus. The "underground" is ready for Miles. His sales have measur-
ably increased and I have finally softened him to play the Fillmore type
emporium. I would appreciate it if you could express interest to him.
In playing a role as "guest impresario" for Columbia, a bill with The
Flock, Taj Mahal and Miles might be a real sleeper for you. No one of
them would get that much bread as to make it hard to pay all; further,
each appeals to that kind of music buff as to make it possible for all
to be enjoyed. Creatively it would be a gigantic coup as each artist
is felt to be a potential big artist and each has a growing fanatic
following. Well, the rest is in your hands.

Santana, as you know, is unstoppable. Total sales with tape are now
over 400,000 and going strong.

Warmest regards,

Clive

P.S. I saw Johnny Winter and Chicago Friday night at Fillmore. The
evening was electrically exciting. Chicago was very good and Winter
just keeps getting better all the time. The combination of him and
his brother Edgar had the capacity house on their feet all night.

Mr. Bill Graham
Fillmore West
1545 Market Street
San Francisco, California

November 17, 1969/ob

bc: Teo Macero

Carta de Clive Davis a Bill Graham sobre Miles Davis y Santana, 1970. (Cortesía de Sony Music Entertainment/ Clive Davis)

Michael Bloomfield, Coke Escovedo y yo en The Fillmore, 4 de julio de 1971. (© Jim Marshall Photography LLC)

Yo en Japón, 1973. (© Santana Archives)

Armando Peraza y yo detrás de escena en Japón, 1973. (© Santana Archives)

Encuentro por primera vez entre B. B. King y yo, detrás de escena en Winterland, 1973. (© Steve Caraway Images)

John McLaughlin y yo en los estudios de CBS, 1973. (© Hugh Lelihan Browne)

John McLaughlin y yo, 1973. (© Santana Archives)

Eric Clapton y yo, 1975.
(© Santana Archives)

Jerry Garcia y yo en la casa
de Bill Graham en 1978.
(© Michael Zagaris)

Bob Dylan y yo en el Warfield, 13 de noviembre de 1980.
(© Alvan Meyerowitz)

Bill Graham y yo, Europa, 1984. (© Ken Regan)

en el Ark y Carabello estaba tocando un tipo de conga que tiene la cubierta claveteada, por lo que la única forma de llegar al tono correcto era calentando la cubierta. Colocó la conga cerca de un horno en la cocina para calentarla y la dejó allí mientras miraba a una chica. Cuando volvió, el instrumento parecía chicharrón: tenía un gran agujero y un olor espantoso.

Dije: "¿Sabes qué, viejo? No te pagaremos".

"Oh, qué insensible, hombre".

"No, no es insensibilidad. No tocas, no recibes tu paga. Deberías haberte quedado aquí con la conga".

De todas maneras, teníamos que dejar a Carabello por un tiempo. En otra oportunidad Stan estaba escuchando a los *congueros* en el parque acuático cuando conoció a un tipo llamado Marcus Malone. Era realmente bueno: un músico autodidacta y autosuficiente. No tenía ningún conocimiento de las claves musicales y no tenía nada cubano o portorriqueño. Pero eso no iba a detenerlo. Captaba la idea de "Soul Sacrifice" y podía hacer una versión pop de "Jingo". Comencé a pasar cada vez más tiempo con él.

Era muy, muy listo. Marcus "El Magnífico" Malone. Todo lo que usaba era de color burdeos. Tenía un flamante Eldorado: el tapizado y todo el interior eran de un hermoso color granate. Puede verse en las primeras fotos, Marcus tocaba con un estilo diferente. Nosotros éramos de la calle, él era sofisticado. Era un músico y un buscavidas. Solía irse de los ensayos mientras decía: "Tengo que llamar a mis perras", y nosotros lo esperábamos.

Yo estaba con Marcus la noche en que le dispararon a Martin Luther King Jr. Esa noche teníamos un concierto en la Foothill College en Palo Alto y él conducía. Yo comencé a llorar y dijo: "Hombre, ¿qué te pasa? ¿Por qué estás llorando?". Creo que él era demasiado duro como para permitir que sus emociones quedaran tan al descubierto.

"Hombre, ¿qué te pasa?". Contesté. "¿No has oído que acaban de dispararle a Martin Luther King?".

Puso cara de sorpresa, una triste sorpresa y siguió mirando hacia adelante.

Marcus era un hombre recio. Tenía un estilo de vida muy diferente del nuestro. Nunca pudimos lograr que pensara como nosotros: dejar ir a sus chicas y confiar en que la música lo haría por él. Solía decir: "No, viejo. Ustedes son unos malditos hippies que se la pasan tomando LSD, y fumando marihuana y otras porquerías. Yo tengo que atender a mis perras, ellas me cuidan".

Nuestra relación con la mamá de Marcus fue muy estrecha durante un tiempo. Ella tenía un garaje grande y no tenía problemas en que ensayáramos y dejáramos nuestros instrumentos allí. Años después me di cuenta de que ese lugar era muy similar a lo que es ahora la Iglesia de Saint John Coltrane. Ella solo nos pidió que la ayudáramos a pintar la cocina; así que un día fuimos y lo hicimos. Si bien no tenía experiencia en eso, creo que lo hicimos bastante bien.

Solo nos llevó unas semanas, pero en julio de 1967 ya teníamos los cimientos de Santana. Todavía estoy sorprendido de lo rápido que ocurrió todo. Tenía que ver con la gran cantidad de personas talentosas que se encontraban en San Francisco en aquel entonces. Además, no es que nos pusimos de acuerdo y dijimos "armemos este grupo con personas de distintos orígenes: afroamericano, blanco, mexicano". Simplemente nos unimos y no dejamos pasar esa oportunidad. Entre todas las bandas de San Francisco, a lo que más nos aproximábamos en este sentido era a lo que Sly hizo con la Family Stone. La ciudad tenía todas estas culturas que convivían estrechamente y cuando Stan, Ron y yo comenzamos a buscar músicos, abrimos una puerta y no importaba quién entraba, siempre y cuando tuvieran la música y la personalidad adecuadas.

Nos llevó mucho más tiempo desarrollar nuestra propia música. Algunos años después, Bill Graham diría que éramos como un perro callejero: teníamos tantas cosas juntas mezcladas que no podíamos saber quiénes éramos. Él lo dijo como un halago. Continuamos como la Santana Blues Band, aunque a veces la llamaban simplemente Santana Blues, pero como nuestra música comenzó a cambiar no sabíamos en qué estilo ubicarla. Yo ya podía ver que el elevador del *blues* estaba demasiado lleno y que teníamos que

dejarlo pasar y esperar el siguiente. Todos estaban tocando algún estilo de *blues*; Paul Butterfield y John Mayall lo estaban estableciendo. Cream y Jimi Hendrix estaban tocando blues, solo que más estridente. Un año después, la banda de Led Zeppelin y Jeff Beck aparecía con su sonido más pesado.

En el 67 teníamos muchas ideas e influencias nuevas en la banda. A todo el mundo le gustaban Jimi, The Doors y Sly & the Family Stone. David estaba con los sonidos Stax y Motown. Gregg trajo su pasión por The Beatles y le gustaba mucho el trabajo de Jimmy Smith y Jack McDuff. A Doc Livingston también le gustaban las bandas de *rock*. Carabello aún estaba con nosotros y me hacía escuchar a Willie Bobo y Chico Hamilton. A Marcus le encantaban la música latina, el *blues* y el *jazz*. Fue el primero que me presentó a John Coltrane.

Algo para lo cual no me sentía preparado aún. Estaba en la casa de Marcus en Potrero Hill, cerca de los complejos de viviendas subvencionadas donde O. J. Simpson había crecido. Me dejaba en la habitación trasera mientras él iba a ver que hacía su mujer. Era como una tarea: me dejaba con un churro y ponía *A Love Supreme*. "Aquí tienes, sírvete, amigo".

Lo primero que escuché fue el volumen y la intensidad de Coltrane. Se ajustaba a la época. Los 60 tenían una oscuridad muy violenta y estridente, producto de la guerra, los disturbios y los asesinatos. La sonoridad y la emoción de Coltrane me recordaban a Hendrix, pero sonaban como si el cuerno que tocaba perforara la oscuridad; cada vez que soplaba, entraba más luz. El resto era algo misterioso; yo no podía descifrar la estructura o las escalas. Es decir, podía tocar escalas de *blues*, pero me parecían muy extrañas. Recuerdo estar observando la portada del álbum y ver su rostro tan calmo e intenso que parecía como si sus pensamientos estuviesen gritando. Fue una de las primeras veces en que entendí la paradoja de la música: puede ser violenta y pacífica al mismo tiempo. Tenía que dejarlo a un lado: llevaría algún tiempo hasta que yo pudiera comprender la música de Coltrane y su mensaje de cristalizar sus intenciones por el bien del planeta.

*   *   *

En general, California era un lugar conservador, pero parecía que todos los que hablaban de política en esa época eran de izquierda. La gente apoyaba cosas como los espectáculos públicos y los bancos de alimentos, y a César Chávez, y a los del Partido Panteras Negras.

O estabas en contra de la guerra de Vietnam, la explotación de trabajadores o cualquier cosa que se considerara racista o eras viejo y parte del problema. Podías tomar LSD, encender el noticiario y ver gente que moría en Vietnam. Todo el tiempo mostraban a monjes budistas rociándose gasolina y prendiéndose fuego a sí mismos para protestar por la guerra. ¿Cómo podía tu mente no expandirse? Después vimos el balcón del motel donde le dispararon a Martin Luther King Jr. A Robert Kennedy acostado en el piso de una cocina, muriendo.

Los 60 transcurrían frente a ti y no había ningún control remoto para apagarla. Eso vino después. Cuando Santana realizó su primera gira nacional en el 69, podía verse que todo el país iba en esa dirección, pensando y vistiendo de un modo diferente, experimentando. Hablando de la liberación. Lo cierto es que todo esto ocurrió en solo dos años. Cuando Jimi Hendrix, Otis Redding y Ravi Shankar tocaron en el Festival Pop de Monterrey en el 67, yo recién estaba empezando, feliz de ser telonero de The Who en el Auditorio Fillmore. En el 69 estaba tocando en Woodstock.

Yo tenía casi dieciocho años cuando el mundo comenzó a hacer preguntas que no se habían hecho antes. ¿Hay una manera mejor de hacer lo que venimos haciendo desde hace tantos años? ¿Por qué estamos peleando aquí, en casa, y allá en Vietnam? ¿Podemos hacer que este mundo sea un lugar mejor?, ¿podemos infundir principios espirituales en la vida cotidiana? Yo tenía mis propias preguntas. ¿Qué significa empaparse de las noticias y luego quedarse de brazos cruzados? ¿Qué voy a hacer? ¿Cuál es mi lugar en todo esto?

San Francisco era el lugar y el tiempo perfectos para experimentar y vivir los 60. La combinación llegó justo en el momento exacto, un regalo. Yo era un guitarrista que tenía la convicción de

hacer de la música su vida. Trabajaba con canciones y vibraciones cuando la gente comenzó a inclinarse hacia el sonido de la guitarra eléctrica. Ese instrumento se convirtió en otra manera de llevar a las personas a nuevos lugares, de pintar hermosos cuadros. La guitarra eléctrica era la nueva narradora. De pronto, con músicos como Hendrix, Clapton y Jeff Beck, era posible adentrarse más en la guitarra y trascender su estructura real. ¿Algo similar a la Fender Strat? Como Jimi dijo: "Nunca más volverás a escucharás música surf". La guitarra eléctrica estaba en condiciones de ir más allá de lo que se suponía que podía hacer y de comunicar un estado de gracia en un nivel molecular.

No se trataba únicamente de la forma en que sonaba el instrumento: además, los solos de guitarra eran cada vez más largos. La música a nuestro alrededor empezaba a prolongarse. Incluso en la radio, las canciones ya no duraban tres minutos. Algunas estaciones de FM solían reproducir una melodía de veinte minutos si una banda la había producido de esa forma. Creedence Clearwater Revival estaba comenzando. Ya tenían gran éxito en San Francisco y presentaron una versión larga de "Suzie Q.". Era la influencia "Este-Oeste" y también del mundo del jazz: Chico Hamilton y Gábor Szabó. Hendrix tenía "Third Stone from the Sun", donde improvisaba con todos los recursos psicodélicos de estudio que aparecían, hablaba sobre "majestuosas escenas de seda" y aterrizaba su "máquina un tanto pervertida". Si tocabas la guitarra, simplemente no podías inventar algo que acompañara una parte corta de una canción, y repetirla una y otra vez. Tenías que abrir tu mente, tener una idea, mantenerla y tener tu propia discusión. No era tan difícil, eso decía. Solo tenías que aprender a escuchar. Escuchar la música y saber cuándo subir, cuándo saltar, cuándo reavivarla.

Incluso cuando tocaba el violín solía embellecerla un poco, aunque a mi padre eso no le gustaba. Quería que me mantuviera fiel a la melodía, que pusiera mis sentimientos en ella. Esto era diferente. Yo estaba abriendo mi mente para pensar en la energía y el sonido, no solo en las notas y las escalas.

Después de dejar mi hogar y el Tic Tock, tuve más tiempo para

escuchar discos y desglosarlos bien, escuchándolos reiteradas veces, quizá hasta veinte. Los escuchaba solo, con mi guitarra o con mis compañeros de convivencia. Pasábamos el rato fumando marihuana hasta perdernos y desvariar. Alguna música sonaba como si hubiera sido hecha para eso. John Lee Hooker, The Doors, Jimi Hendrix: toda música marihuanera. Definitivamente, Lee Morgan. Me encantaba fumar al son de *First Light* de Freddie Hubbard. Si se trataba de Bob Dylan o de Miles Davis, el efecto se duplicaba. Cuando empecé a escuchar realmente a Coltrane solía drogarme, pero después de un rato su música te enderezaba, como si tuviera una especie de tono regulador que no nos permitía perdernos y desvariar.

Me acuerdo de aquella vez en que hablé con una mujer que vivía en Mill Valley. Me dijo: "Te escuché tocar y te traje algunos discos". Uno de ellos era del guitarrista gitano Django Reinhardt. Me comentó que aprendió a tocar a pesar de que tenía dos dedos pegados. Apenas se fue empecé a escuchar... "¡Minor Swing con guitarra y violín!" Escuchar a Django lanzarse en un solo me dio una idea nueva de qué podía hacer.

Una noche la Santana Blues Band actuaba como banda telonera de James Cotton. Algún día de 1967, habíamos comenzado a tocar con más frecuencia en un viejo cine en el Haight que unos hippies habían restaurado y bautizado Straight Theater. El lugar se encontraba algo deteriorado, pero estaba bien para nosotros. Tocamos "As the Years Go Passing By" de Albert King, "No hay nada que pueda hacer / si me dejas aquí llorando...". Llegó mi momento de hacer el solo y de repente fue como si alguien abriera una canilla. El agua comenzó a fluir. Fue la sensación más natural. Yo no estaba repitiendo los *riffs*. No estaba repitiendo nada. Sentí como si hubiera dado un giro.

Una vez un escritor me preguntó en qué pensaba cuando hacía un solo. Esto fue a principios de los 90, cuando mis tres hijos aún eran pequeños. Le respondí que pensaba en el momento en que cepillaba el cabello de mis hijas antes de que fueran a la cama, en lo suave que debía ser para no hacerlas llorar. Tocar un buen solo se trata de ser sensible, de no apresurarse y dejar que la música te diga

qué, cuándo y con qué velocidad. Consiste en aprender a respetarse a sí mismo, respetando a la música y honrando la canción. En otra oportunidad mi mamá se me acercó y me dijo: *"Mijo, ¿puedo preguntarte algo? ¿A dónde vas cuando estás tocando la guitarra y miras hacia arriba? Todos ustedes miran hacia arriba. ¿Qué hay ahí?"*. Amo a mi mamá por esa curiosidad tan infantil y esa pregunta sorpresiva. Sé que no es la única que se lo pregunta. La gente quiere saber. *"¿Cómo es ese lugar? ¿Qué se siente?"*.

Es difícil de explicar. Wayne Shorter lo llama "el reino invisible". Yo lo denomino un estado de gracia, un momento de atemporalidad. Tocar la guitarra, meterse en el ritmo y encontrar las notas es como el poder de los amantes: pueden torcer el tiempo, suspenderlo. Un momento parece infinito, y de repente el tiempo te espera a la vuelta de la esquina. Empecé a sentir eso cuando tocaba en México, no muchas veces, pero sí algunas.

No sé si mi solo en "As the Years" fue grabado. Con la banda comenzamos a pedirle a los sonidistas que grabaran nuestros conciertos para luego escuchar nuestras presentaciones y estudiarlas. Al principio fue bastante penoso, ya que siempre se escuchaba distinto a como yo recordaba haberlo hecho y *todo* sonaba acelerado. Volvía a casa y lo escuchaba solo, nunca en presencia de otros. De hecho, aún lo hago. No escucho grabaciones de Santana en conciertos si hay gente cerca, a menos que estemos trabajando en un álbum en vivo o quiera mostrarle algo a alguien para arreglarlo.

También aprendimos a tocar drogados. Gregg generalmente se quedaba con su cerveza, mientras que el resto fumábamos marihuana mientras tocábamos, completamente locos. Sin duda, los alucinógenos tenían mucho que ver con el sonido de Santana. Eso era lo que ocurría con muchos grupos en aquel entonces, sin ellos no hubiera existido The Jimi Hendrix Experience ni *Sgt. Pepper* de The Beatles. Solo hubiéramos tenido *blues* eléctricos e "In the Midnight Hour" en nuestros repertorios. Hasta The Beach Boys dejaron la música surf debido al LSD.

El LSD fue legal hasta fines del 68. Yo también tomaba mezcalina y peyote (botones de ayahuasca molida), con los que alucinaba y

viajaba a lugares maravillosos, salvo cuando tenía que ir al baño. No eran tan eléctricos como el LSD, que podía ser un poquito intenso porque lo mezclábamos con un energizante.

Después tocábamos.

"Alucinar" es otra palabra para describir el acto de ver más allá de lo que tu cerebro está programado para ver. Eso es lo que las drogas me producían respecto de la música; me volvían más receptivo a las ideas y aumentaban mi sensibilidad. Generalmente nuestro cerebro está sujetado por una correa, con filtros incorporados. Cuando me drogaba y tocaba, esos filtros desaparecían y la cuerda se desataba. Podía escuchar las cosas de un modo nuevo. Todo se volvía más acuoso, tanto los pensamientos como la música brotaban con mayor fluidez. Podía detenerme y la música no se escuchaba tan fragmentada. Sonaba como las cuentas de un collar que no paraban de tintinear.

Ese era el trato: contar con coraje para rendirse y confiar que con esas alucinaciones uno perdía el control total, y si tenías miedo e intentabas recuperar ese control, tu viaje no iba a ser bueno. Yo siempre me entregué. Sabía que todo se volvería intenso por un rato, pero que en un lapso de doce horas o el tiempo que llevara descargarlo, todo iba a estar bien otra vez. Aprendes que puedes tener miedo o confianza, pero nunca ambos.

Comenzamos a escuchar realmente al otro, a conocer los estilos musicales de cada uno. Éramos un grupo y todos habían descubierto su función; cualquiera tenía la posibilidad de ser líder algunas veces. En los ensayos Gregg era el más equilibrado, traía sus seis latas de cerveza, pero no tomaba nada más. Él era la roca de la banda cuando los demás estábamos divagando, yendo a los extremos. El resto podíamos salirnos de la música o volvernos un poco locos y depender de Gregg como estabilizador, mientras él mantenía el ritmo con su mano izquierda. Alguien tenía que ser la cuerda del barrilete.

Desde fines del 67 hasta el verano del 68, el Straight Theater nos permitía tocar de viernes a domingo y nos anunciaba en la cartelera con Charlie Musselwhite y distintas bandas locales, entre

ellas una llamada Mad River. Una vez tocamos después de una película de Fellini. Empezamos a notar que las personas volvían para escucharnos nuevamente, especialmente las mujeres, algunas que conocíamos de la preparatoria y otras que no habíamos visto nunca. Empezaron a traer a sus amigos y así nació nuestro propio grupo de seguidores.

Hicimos algunos recitales en el Avalon Ballroom y otros a beneficio en universidades. Nos desenvolvíamos cada vez mejor frente al público y la gente empezó a oír sobre la Santana Blues Band. Luego tuvimos nuestra primera reseña. Era domingo en Sausalito y estábamos tocando afuera para ganar un dinero extra. Alguien se nos acercó y dijo: "Ustedes son Santana, ¿verdad?".

"Sí, así es".

"Pues ¿saben que aparecen en la Pink Section del domingo?". Esa era la sección de entretenimiento del *San Francisco Chronicle*. Ralph J. Gleason, el principal redactor de música del periódico que también había colaborado en los inicios de la revista *Rolling Stone*, había nombrado a las mejores bandas nuevas que habían surgido en la ciudad. Eran alrededor de doce, incluida The Sons of Champlin. Nosotros éramos la primera que él mencionaba y señalaba que teníamos el "X factor" de emoción. Yo no tenía idea de qué quería decir. Le pregunté a Carabello: "Eh, viejo, aún estoy aprendiendo inglés. *¿Qué significa* 'X factor'?". Se rio. "¡Vaya! Yo tampoco sé. ¿Pero a quién le importa? Lo *tenemos*".

Me gusta el hecho de que incluso uno de los mejores redactores de música del país no sabía cómo llamar lo que nosotros teníamos, pero había encontrado una forma de escribir sobre ello. Era como preguntarse a dónde estaba yendo Miles con su música en 1969: no podías llamarlo jazz. Miles no era solo jazz, y nosotros no éramos solo *rock*. Escuchábamos discos de jazz, así como de música africana y latina (todas las cuales, en realidad, provienen de la misma raíz africana) aprendiendo cosas, inspirándonos.

En los conciertos el Fillmore, empecé a notar qué tan libre podía ser un compás cuando escuchaba a bateristas como Jack DeJohnette con Charles Lloyd o Terry Clarke con John Handy. No podía

creer la elasticidad que tenían. Comencé a escuchar ideas sobre cómo hacer que el compás suene más a líquido y no tan a madera. Entendí cómo la batería podía tocarse de manera muy rápida y ligera, la forma en que algunos bateristas podían redoblar y... *¡guau!*, todo percutía tan bien. No era como hacían algunas bandas: *clang, clang*, con un ruido similar al de un teleférico. Tenía que escuchar esa percusión de jazz en los discos: John Handy tenía un fantástico álbum en vivo del Festival de Jazz de Monterrey, que incluía "Spanish Lady". Yo escuchaba un solo de percusión en el disco *Bola Sete at the Monterey Jazz Festival* que me mostraba cómo se pueden agregar colores con platillos y texturas con percusión.

Creo que lo más efectivo que estábamos haciendo era mezclar *blues* con ritmos africanos, y a las mujeres eso realmente les encanta porque les brinda otra forma de adentrarse en la música. A la mayoría de los hombres le gusta el blues y si solo tocas blues, al igual que con el *shuffle*, las mujeres de cierta manera se alejarán. Llegarás a los tipos y a unas pocas mujeres. Pero cuando empiezas a agregar algo más sincopado, y también algunas congas, es un estilo diferente y la gente comienza a abrirse de otro modo. Ahora las mujeres pueden bailarlo. Empiezan a contonearse como si fueran flores al viento y bajo el sol después de todo un mes nublado. Algo ocurre con esa mezcla.

Existe otro nombre para esa mezcla: música latina. Toda esa música africana que vino a través de los ritmos de clave se convirtió en parte del ADN de Santana. Eso es lo que verdaderamente uno oye cuando escucha a Mongo Santamaría, Tito Puente y Santana. Eso es África.

Si decías "latino" en esa época, yo pensaba en lo que veía en televisión: Desi Arnaz, "Babalu" y tipos con mangas abultadas sacudiendo las maracas, y yo sabía que no quería ir ahí. Para mí, la música latina era muy, muy cursi y trillada. La música que sí me gustaba y que realmente conocía era la llamada *música tropical* o *música del Caribe,* mucho antes de que fuera conocida con el nombre de salsa o *boogaloo*. Descubrí a Tito Puente y a Eddie Palmieri de la misma forma en que descubrí a Babatunde Olatunji y a Gábor Szabó: simplemente escuchándolos.

La música latina sonaba por todas partes en San Francisco; en la radio y en las rocolas, y más adelante, cuando tocábamos con Stan y Ron, yo la llevaba a los clubes nocturnos. Sabía que Ray Barretto había logrado un éxito descomunal con "El Watusi", pero desconocía que tenía su propia banda hasta que empecé a ir al Matador. Ahí es cuando escuché a Mongo Santamaría y su banda. Nunca antes había pensado en estos percusionistas que tenían sus propios grupos, como era el caso de Chico Hamilton. Yo estaba aprendiendo. Luego escuché al percusionista Big Black, Daniel Ray, que tenía su propia banda en San Francisco, que hacía música con ritmo más de jazz. Yo solía ir a verlo al Both/And, donde Miles Davis también tocaba.

Todos estaban escuchando música latina, incluida mi familia. Irma y María me contaban que solían hacer fiestas en nuestra casa de la calle 14 porque mi mamá no les permitía a las chicas salir a bailar. Invitaban a sus amigos y gastaban la alfombra bailando al ritmo de los álbumes de Barretto y, después, de El Gran Combo. María decía que los dueños del almacén de abajo se enojaban porque se caían las botellas de los estantes debido a todo lo que bailaban. Y al pobre Jorge… le hacían algo parecido a lo que me hacían con sus discos de Elvis Presley diez años antes. Cuenta que se volvía loco al escuchar tantas veces el tema "Bang Bang" de Joe Cuba.

Si bien Santana no tenía ningún integrante caribeño en el grupo al principio, llegamos a la música latina naturalmente. Fueron las congas, desde el momento en que escuché esas improvisaciones en el parque acuático, me enamoré de ellas y supe que tendríamos algunas en la banda y que serían parte del menú. Después pensamos: "¿Qué música va bien con las congas?". Bueno, el "jingo". Después empezamos a escuchar música que podría combinar con lo que teníamos, el blues y las congas, al estilo "Afro Blue". Entonces decíamos: "Vamos a escribir canciones en función de las congas".

De repente me encontré escuchando más música con congas y empecé a comprar discos latinos con la misma pasión que tenía por el blues. En aquel entonces Gregg, Carabello y yo vivíamos juntos en

una casa en Mullen Avenue en Bernal Heights, cerca de The Mission, y parecía como si todos estuviéramos en un grupo de estudio: "¡Escucha las congas en este disco de Jack McDuff! ¿Has escuchado a Ray Barretto en "Tequila" de Wes Montgomery o en "Midnight Blue" de Kenny Burrell? Tenemos que ir a escucharlo cuando venga a la ciudad". Luego Carabello escuchó a Chepito tocando los timbales. Chepito sabía más sobre la clave que cualquiera de nosotros y nos ayudó a consolidar el sonido completo de Santana.

Veníamos de las calles del Mission District y al principio éramos susceptibles a lo que dijera la "policía de la clave". No queríamos que la gente pensara que estábamos intentando hacer algo que no sabíamos hacer, y así, sentirnos intimidados. Me hubiera gustado saber lo que sé ahora; que el estilo de la clave ya se encontraba en el blues y en el rock. Los muchachos del blues eléctrico como Otis Rush, el "Lobo Aullador", Little Walter y Magic Sam, tenían canciones con ese estilo cubano. B. B. King lo tenía, pensemos en "Woke Up This Morning". Bo Diddley le agregó trémolo a su guitarra y maracas a su música; así creó su propia clave eléctrica primitiva y ¿saben qué? Esa mierda se volvió viral.

Este es otro dato que la mayoría desconoce sobre el *rock* y la clave: Chano Pozo, el percusionista cubano de congas que tocaba con la banda de Dizzy Gillespie, fue uno de los compositores de "Manteca". Se puede escuchar la influencia de esa canción en "Watch Your Step" de Bobby Parker a partir del 61. Parker era un tipo del *blues* de Washington, D. C., que falleció en 2013. Quién sabe cómo pudo llegar a "Manteca", pero es el mismo patrón. En mis comienzos, todo guitarrista tenía que saber "Watch Your Step"; incluso George Harrison, que tocaba algo similar en la introducción de "I Feel Fine" de The Beatles. Más tarde Duane Allman implementó ese estilo en "One Way Out". La gente necesita saber eso. Todo empezó con una canción cubana.

En 1968 Marcus nos ayudó enormemente a mostrar este lado de Santana, desde "Jingo" hasta "Fried Neckbones and Some Home Fries" de Willie Bobo. Los acordes de este tema conformaron una gran parte de nuestro sonido. Marcus tenía *riffs* que eran solo de él

y una vez tuvo una idea: "Amigo, escribí una canción; quiero que ustedes me ayuden", y empezó a tararear y a golpearse las rodillas como si fuesen un acompañamiento de tambor. Luego cada uno de nosotros aportó algo. Yo compuse un solo de guitarra que tomó prestado un *lick* que Gábor Szabó tocó en una pista de Chico Hamilton. Después lo llamamos "Soul Sacrifice".

Éramos jóvenes y yo en ese momento no valoré lo bueno que Gregg fue con nosotros. Es un excelente solista. Recuerdo que observaba su postura y cómo se metía en la música tan profundamente, las venas se le marcaban en la garganta, una conjunción de tensión y convicción. Además es un arreglista fantástico, esto se ve plasmado en el estilo de sus solos.

Hablando de arreglistas, en 1970 Santana se presentó en *The Bell Telephone Hour*. Nunca lo olvidaré: Ray Charles se presentó ese mismo día, así que lo vimos interpretar "Georgia". Me acuerdo de que estaban tocándola cuando de repente Ray gritó: "¡Alto! ¡Paren la banda! Eh, tú, la viola de la tercera fila. ¡Afínala!" No estaba seguro de si debíamos quedarnos en silencio o aplaudir.

De todas maneras querían que hiciéramos "Soul Sacrifice" con la parte de cuerdas y todo el arreglo estaba basado en el solo de Gregg. Así de lírico es un músico. Asimismo él tiene un conocimiento muy, muy fuerte sobre cómo empezar una historia; solo basta con escuchar la apertura de "Hope You're Feeling Better" o "Black Magic Woman" para comprobarlo. A Santana le gustan las introducciones dramáticas, ya sean grandiosas o misteriosas.

En esa época empezamos a tocar "Black Magic Woman", justo después de que saliera a la luz. Era una canción de Peter Green de Fleetwood Mac, un blues-rumba de la clase que a veces tocaban los músicos de blues de Chicago. En realidad era "All Your Love (I Miss Loving)" de Otis Rush pero con otra letra. Incorporamos el estilo latino a la versión de Peter Green y cuando la tocamos en vivo se convirtió en una maravillosa continuación de "Gypsy Queen" de Gábor Szabó.

Una de las características que nos hacía destacar con respecto a las demás bandas de San Francisco era que no hacíamos temas

realmente psicodélicos ni puramente del *blues*. Tampoco tocábamos los cuernos, como sí lo hacía Sly & the Family Stone, ni teníamos ritmo de funk. Ese verano, Sly se convirtió en un héroe local. Su "Dance to the Music" sonaba en todas partes y esas voces diferentes realmente le aportaron una onda familiar. De repente se podía escuchar la "huella digital del sonido" de Sly en todas las radios. Sly cambió el Motown. El productor Norman Whitfield comenzó a desarrollar esa característica de Sly con The Temptations. Sly incluso cambió a Miles Davis. Miles me lo confesaría después de haber visto a Sly & the Family Stone descollar en el Festival de Jazz de Newport. Esto debe impresionado a Miles fuertemente, al punto de hacerlo cambiar su música.

Seamos realistas: Sly Stone en el pico de su carrera cambió todo. Al único que no cambió, fue a James Brown, porque James ya estaba allí. Sly tuvo que obtener su funk de alguien, mientras que su soul lo tomó directamente de la iglesia. El padre de Sly era ministro y predicador, y Sly también lo era, solo que de una manera más multidimensional. Era el primero que tenía en su banda músicos hombres y mujeres, afroamericanos y blancos. Estábamos muy orgullosos de que un tipo de Daly City pudiera ir y cambiar el mundo de ese modo. Todavía lo estamos: en San Francisco él es aún nuestro Sly.

Fue alrededor de esa época en que conocí a Sly. Carabello solía reunirse con la Family Stone en Daly City. Me llevó a uno de sus encuentros. "Eh, hombre, nos invitaron a la casa de Sly Stone. Quiere que seamos sus teloneros en un par de conciertos y quiere producirnos".

"¿De veras? Bien. Vamos". Cuando llegamos, Sly usó una frase indebida desde el comienzo, con actitud: "¿Así que ustedes tocan esas cosas de blues de Willie Bobo, verdad?". Yo pensaba: "¿Qué cosas de blues de Willie Bobo? No voy a permitir que este tipo me encapsule y defina nuestra música de esa forma". Es un genio, no hay dudas, y ya sonaba en la radio y en todas partes. Además, tenía a uno de los mejores bajistas del mundo, Larry Graham. Pero no me gustaba que alguien me despreciara de ese modo.

"Me voy a la mierda de aquí, hombre".

Sly no estaba errado; el problema era la forma en que lo expresó. Santana *estaba* empezando a encontrarse con una reputación de *rock* latino. Era una manera en que la gente podía etiquetar nuestro sonido. Simplemente no nos llames "esas cosas de *blues* de Willie Bobo".

Sin embargo, ese no fue el fin de la historia. Creo que el peor nombre que escuché para describir a Santana apareció en una reseña de la *Rolling Stone* de nuestro primer álbum: "mariachi psicodélico". ¿Por qué? ¿Solo porque soy mexicano? Qué comentario más ignorante y prejuicioso.

Me acuerdo que hasta a mis amigos blancos les pareció un comentario estúpido. No quiero que me reduzcan a otra cosa que no sea una persona que tiene un enorme corazón y grandes ojos, con una visión realista de la vida. No es que esté en contra de los redactores de música, pero a veces no piensan antes de escribir algo. ¿Y cuándo *sí* lo hicieron bien? También lo recuerdo. Fue aquella vez que un escritor de *jazz* describió la música de Albert Ayler como la de una banda del Ejército de Salvación bajo los efectos del ácido. Leí eso y entendí lo que quiso decir, y a mí me encanta Albert Ayler. Pensé: "Esa sí que es una verdadera insignia de honor".

Esto es lo que pienso: si estás describiendo música que es original y no es estereotipada, entonces no uses clichés para describirla. Sé original y preciso. Estábamos abiertos a las influencias latinas y considero que cuando lo hicimos, lo hicimos bien. Lo suficientemente bien como para volver a tocar en el Fillmore.

No sabía que Bill Graham solía viajar a la ciudad de Nueva York para escuchar a grandes bandas latinas. Solo fue tiempo después que él me comentó que solía frecuentar las discotecas de Manhattan y que podía bailar mambo y chachachá. Lo llevaba en la sangre. Sabía de congas y de ritmos latinos, y le gustaban.

En la primavera del 68, Bill organizaba audiciones abiertas en el Auditorio Fillmore los martes por la noche. A pesar de que

estábamos, extraoficialmente, en la lista negra, nos invitó a tocar esos ritmos, y lo hicimos. No iba siempre, pero nos escuchó en algunas ocasiones y notó cómo nuestra música estaba cambiando. Sus oídos estaban trabajando. Hablando de Willie Bobo, Bill fue el primero que dijo que debíamos hacer "Evil Ways" para nuestro primer álbum.

En ese entonces no lo sabíamos, pero en esa época el Auditorio Fillmore había quedado demasiado pequeño para tanta cantidad de público. Bill tomó un avión a Suecia para encontrarse personalmente con el propietario de Carousel Ballroom, que se encontraba en la avenida Van Ness, no muy lejos de The Mission. ¡Pero el tipo vivía en Gotemburgo! Bill viajó hasta allá y se encontró con él. Comieron y bebieron y hablaron sobre un contrato, y después Bill tomó otro avión de vuelta. Y así fueron los comienzos del Fillmore West. Dudo que, en aquel entonces, existiera alguien más responsable que pudiera haberlo hecho. Si Bill creía en algo o en alguien, iba en su búsqueda. Yo admiro eso.

Bill iba a necesitar más bandas para tocar en este nuevo lugar, de mayores dimensiones, y sabía que nuestra banda estaba adquiriendo una muy buena reputación con nuestros recitales. En junio tocamos a beneficio del Matrix en el Auditorio Fillmore; la primera vez que tocábamos ahí en un año. Stan y Bill conversaron, y Stan le dijo que teníamos una nueva formación y nuevas canciones. Queríamos tocar en el Fillmore West, y nunca llegaríamos tarde.

También le comentó que la banda tenía otro nombre, de una sola palabra, y que ya no incluía el término blues.

CAPÍTULO 8

Formación clásica de Santana, 1969. (De izq. a der.) Michael Shrieve, yo, Gregg Rolie, José "Chepito" Areas, David Brown y Michael Carabello.

Santana se encontraba en la ciudad de Nueva York en 1970 y fue ahí cuando verdaderamente entendimos lo que era la clave e incorporamos esa palabra a nuestro vocabulario. Algunos fuimos a escuchar a Ray Barretto en el Corso, una discoteca en la calle East 86th donde tocaban todas las estrellas latinas, incluidos Larry Harlow y Tito Puente. Hubo momentos en que Ray de repente detuvo la banda, pero el público seguía batiendo palmas al compás del ritmo, marcando el tempo de la clave: ba-ba-ba, ba-ba, ba-ba-ba, ba-ba.

Era como ver algo en un muro que nunca antes habías visto, pero que siempre estuvo allí y que te dijeran: "Bueno, eso es lo que mantiene el muro en pie".

"Ahora lo veo: son los cimientos de toda la música latina".

En un momento Ray tomó el micrófono y dijo: "Damas y caballeros, en el público tenemos a...".

Yo pensaba: "Oh oh. Ahí viene", porque allí estábamos nosotros, justo en su territorio. La clave puede ser como un sacramento de la Iglesia para algunas personas; según ellos, "latina" solo puede ser la música de artistas como Machito, Mario Bauzá y Tito Puente. Pero lo que dijo Ray fue:

"... una banda que ha llevado nuestra música más allá, a los cuatro rincones del mundo, y su música nos representa muy bien: ¡Santana!"

Puedes ganar todos los premios y honores en lugares como la Rolling Stone *y el* New York Times *que estábamos comenzando a obtener; puedes quedarte con todo eso. Pero no había nada mejor que un halago como el que acababa de decir Ray Barretto. Habíamos recibido elogios de uno de los maestros.*

Esto es lo que pienso: la clave debe ser honrada, comprendida y respetada por lo que es, pero su definición tradicional no termina allí. Cuando escucho a Buddy Rich o a Tony Williams tocar música afrocubana o latina, no creo que la estén homenajeando menos que Tito Puente o Mongo Santamaría, aunque Buddy y Tony no toquen la clave en sentido estricto; y esa es su elección. No obstante, si se considera la clave como algo que nunca cambia, entonces se transforma en grilletes y cadenas. Pueden ser de oro y tener incrustaciones de diamantes, pero con esa actitud uno se encasilla en una sola forma de hacerlo.

Santana nunca fue un perro de pedigrí en materia de música: siempre fuimos más de tipo callejero. Usábamos una parte de la clave, pero no la concepción completa, y también otras ideas de la música latina. Durante casi diez años persistió la idea de que Santana no tocaba la clave correcta. Cuando la alcanzamos, no fue porque algo hubiera cambiado nuestra música. Lo que cambió fue la forma en que la gente la escuchaba. Aún tenemos congas y timbales, y Santana no toca la clave en sentido riguroso. Tocamos Santana.

En 1967, el mundo escuchó hablar de San Francisco. Nosotros ya lo sabíamos, pero el Pop de Monterrey había sido formidable. Ayudó a Hendrix a hacerse conocido en todo el mundo, gracias a él Janis Joplin y Big Brother firmaron contratos discográficos y puso a San Francisco en el candelero. Un año más tarde parecía que el mundo entero estaba visitando la ciudad, es más, muchos hasta se mudaban allí. Bill Graham trasladó sus conciertos al Fillmore West para que pudiera asistir más público. Nuevos clubes se abrían por toda la ciudad. Las compañías discográficas enviaban a representantes que recorrían la ciudad en busca de bandas con las cuales firmar contratos. No los veíamos, pero sabíamos que andaban por allí.

El verano del 68 marcó un antes y un después en nuestras carreras. A partir de aquel año nuestro nombre ya consistía de una sola palabra: Santana. Ya aparecíamos de ese modo en los afiches de ese verano. Bill era quien asumía la tarea y encendía la mecha por nosotros. Todo lo que ocurrió después fue, en cierta forma, gracias a él: nuestro contrato discográfico, nuestro debut en un estudio y nuestra primera gira a la costa este. Tocar en Woodstock. Todo sucedió muy, muy rápido. Comenzó cuando Bill nos llevó a tocar nuevamente para él en el primer mes en que se inauguró el Fillmore West.

Bill nos anunció en la cartelera con la Butterfield Blues Band, Michael Bloomfield ya no estaba en la banda. La semana fue sensacional: la música estuvo bien; pero lo primordial fue el alivio de estar bajo el ala de Bill Graham otra vez. Era una persona realmente importante de San Francisco y era fundamental tenerlo de nuestro lado. Yo me mantenía cauto por nuestra última experiencia con él, pero sé que él sabía que yo estaba con una nueva banda y que nuestra música era más consciente, que habíamos desarrollado nuestro propio sonido. Se enteró de dónde veníamos. Más tarde diría que éramos los hijos perfectos de dos padres: B. B. King y Tito Puente.

Bill se olvidó de mencionar a algunos de nuestros ancestros musicales, pero estaba bien. De la noche a la mañana Santana pasó de ser la banda que se presentaba a altas horas de la noche a

204 · CARLOS SANTANA

convertirse en la banda que todos querían tener. Nos llamaban constantemente: "Muchachos, necesito que toquen mañana por la noche. ¡Procol Harum se metió en problemas!" O "este maldito grupo canceló su presentación". Aún no encabezábamos la cartelera, pero nuestro nombre figuraba en el afiche junto a músicos de talla nacional como Steppenwolf, The Staple Singers y Chicago; aunque en la parte inferior. Habíamos conseguido una reputación al actuar como teloneros de las bandas que tocaban allí, reputación que estas también obtuvieron gracias a nosotros. Pienso que estas bandas podían percibir lo buenos que éramos y que debían buscarnos. Estábamos llamando la atención de los fanáticos de las estrellas; se estaban subiendo a nuestro tren. Creo que fue alguien de The Grateful Dead el que dijo: "Es un suicidio permitir que Santana toque como tu telonero. Te robará el espectáculo".

Para Bill era fabuloso, también, porque éramos "baratos", nuestra paga ni se acercaba a la de otras bandas y además, éramos locales. Sin gastos de hotel ni de traslados. Lo que nosotros ganábamos era, especialmente, una gran exposición. De hecho, Bill se encargó de dejarlo bien en claro en algunas ocasiones.

Al principio Bill nos hacía la campaña, pero en realidad no era nuestro representante. Su rol era más parecido al de un entrenador. Él era así con muchas bandas y hacía cosas que ningún otro promotor siquiera pensaría en hacer. Tenía la costumbre de llevar una libreta y tomar notas. Como ese tipo de la película *The Red Shoes* (*Las zapatillas rojas*): el empresario que obligaba a la bailarina a bailar más allá de los límites que ella podía traspasar. Bill era así. Durante los conciertos caminaba detrás de escena, sobre el escenario y por todo el lugar, anotando cosas en su libreta. Podías ser el empleado de la taquilla o la estrella del espectáculo; no importaba, Bill tomaba notas de todo y de todos. Si una canción era demasiado larga, si algo estaba en el lugar incorrecto, si él sentía que algo estaba mal, aun si estaba bien pero podía estar mejor; sacaba a relucir su libreta y allí iba otra anotación.

Al final de la noche te apartaba a un costado y te informaba sobre lo que había escrito: "Escucha, Carlos, esa canción no es

buena: nadie va a entenderla". O bien: "Podrías haber empezado con esta y aquella otra es genial, pero se hizo demasiado larga" o "debería haber sido más larga". Comentarios así. Ese era Bill. Hizo eso con Jimi Hendrix, y sé que tomó notas sobre Barbra Streisand e intentó hacer lo mismo con Bob Dylan. No creo que lo haya hecho con Miles.

Recuerdo que en 1985 viajé con Bill a Los Ángeles, a un espectáculo que él producía con Sting. Sting tenía una banda realmente especial: Omar Hakim de Weather Report, David Sancious en teclados, Darryl Jones, del grupo de Miles, en bajo y Branford Marsalis en saxofón. Tenía que escucharlos con mis propios oídos.

Yo estaba con Sting en su camerino después del concierto cuando entró Bill. Venía barajando sus notas. "¿Qué sucede, Bill?". Sting vio la cantidad de hojas que tenía en las manos y volteó los ojos. "¿Podemos hacer esto en otro momento?". Además teníamos un vuelo reservado. Bill y yo teníamos que volver a San Francisco esa misma noche, y el tiempo pasaba. Pero Bill se quedó inmóvil como una estatua. "Tenemos que hacer esto ahora".

Recuerdo que Sting miró a su representante, Miles Copeland, en señal de ayuda. Pero Miles siguió fumando su cigarrillo y se alejó como si no hubiese oído nada. No quería interferir entre ellos. Me di cuenta de que yo también tenía que retirarme para que Sting y Bill pudieran hablar.

"Está bien, Bill", replicó Sting. "Hagámoslo; pero una sola cosa".

"¿Una sola cosa?" Bill observó la libreta. "Estupendo, una sola cosa, pero incluye las partes A, B, C, D y E...". Cerré la puerta y me fui.

Bill nos adoptó. Nos cedió un espacio para practicar en un depósito donde guardaba todos los afiches viejos, cerca del Fillmore original. Nos aconsejaba que contratáramos a un contador y a un abogado, y que pensáramos en la banda como un negocio. Esto fue incluso antes de que viéramos un contrato discográfico. Siempre que podía, Bill se aseguraba de centrar la atención sobre nosotros.

Seguíamos tocando por todo Bay Area y en salas como Avalon Hall y Sound Factory en Sacramento. Tocábamos en las universidades y en algunas escuelas secundarias. Hacíamos muchos conciertos a beneficio para una estación de radio y una compañía artística, y en protestas contra la guerra. Se estaba gestando un trasfondo político serio. En un año, San Francisco pasó del movimiento *flower power* de la paz y del amor, a una fuerte toma de consciencia, a la revolución y a "¿quién puede juzgarnos por usar el cabello largo?". Nosotros estábamos justo en el medio de todo esto, mientras que en toda la Bahía de San Francisco los integrantes del Partido Pantera Negra levantaban sus puños como "saludo de poder negro" y marchaban con sus boinas negras.

Vivíamos en el medio de la revolución hippie, pero nosotros éramos diferentes. Nuestra actitud era diferente. Si bien nos encantaban los principios de los hippies, no usábamos flores en el cabello ni colocábamos flores psicodélicas en nuestras tinas de baño. Nosotros éramos más duros, más callejeros. No se trataba de una postura fingida ni de una estrategia de *marketing*. Esto tuvo lugar cuando tomamos las primeras fotos de la banda. Marcus usaba una chaqueta y una camiseta de cuello alto y a veces un sombrero, como un mariachi. No fue mi idea. Yo vestía una chaqueta de cuero, y todos teníamos el cabello bien largo o con estilo afro. Nos veíamos bastante desaliñados, excepto Marcus, y muy distintos entre nosotros. Así éramos nosotros y así era la gente que frecuentábamos.

Era la banda de las 24 horas, los 7 días de la semana, viejo. Yo había estado realmente alejado de mi familia por un tiempo, otra vez. Había pasado casi un año entero y prácticamente no habíamos tenido contacto. Mi hermana María se acuerda de cuando nuestra madre le pedía a Tony que me buscara. Él me encontraba y después le decía: "Está bien; está perfectamente bien". María me contó que en una oportunidad mi mamá llamó a la policía para denunciar mi desaparición. Cuando les dijo que yo tenía dieciocho años, le cortaron el teléfono. "¿A qué te refieres con que no pueden hacer nada? ¡Es mi hijo!" Mi mamá estaba confundida. No estaba muy al tanto de las reglas, pero eso no la detendría.

Había visto a mi mamá solo una vez después de dejar nuestra casa de Market. Cuando fui a despedirme ella me abrazó y pude sentir que metía la mano en mi bolsillo. Me estaba dando un billete de veinte dólares. "Mamá, no puedo aceptar este dinero".

"*¿Por qué no?* ¿Por qué? Necesitas alimentarte, vaya a saber qué estás comiendo ahí donde vives".

Le respondí: "Porque cuando me das algo, siempre esperas algo a cambio. Estoy bien. Me gusta la vida que estoy viviendo. Me encanta vivir donde vivo".

En realidad, me estaba mudando. Había conocido a Linda Smith. Era una de las muchachas que solían venir a escucharnos en el Matrix. Ella y sus amigas asistían a nuestros conciertos y buscaban compañía. Empezamos a salir, y el siguiente paso fue irme a vivir con ella y sus dos hijos. Ella era de tez blanca y venía de Oceanview. Yo tenía casi veintiún años en ese momento y ella, casi treinta, un cuerpo escultural y unas bellísimas piernas. Me enseñó muchas cosas. Ella me cuidaba. Me ofreció no solo su cuerpo y su corazón, sino también, su apoyo. Me daba de comer a mí y a veces, incluso, a toda la banda porque éramos muy pobres. Algunas semanas vivíamos de los cupones de alimentos.

Linda y yo estuvimos juntos de manera intermitente durante casi cuatro años. Logré conocerla muy bien. No solo a ella, también a sus hijos y a toda su familia. Escribí "Europa" para su hermana una vez que tuvo un mal viaje con LSD. Empecé a cantar: "Ahí viene la señora con cara de hongo que viene al pueblo / Y se pregunta si estarás". Así es como sucedió; la melodía de "Europa" surgió de una letra que inventé sobre la marcha para calmar a la hermana de Linda.

Fue en esa época que mi hermana Irma estaba yendo al trabajo en un autobús, cuando leyó "Santana" en la marquesina del Fillmore West. Le dijo a mi mamá y acto seguido, ella estaba invitando a la familia a dar un paseo. "Vamos a ver tocar a Carlos".

El resto de la historia es ahora una leyenda familiar: mis padres se vistieron como si fuese la década de 1950. Mamá se había puesto un vestido, medias de nailon, zapatos de tacón y un lindo abrigo;

papá lucía una corbata, y un abrigo y un sombrero informales. Llegaron al Fillmore y, claro está, ya no había lugares. El único lugar disponible era el suelo, así que todos se sentaron allí. Mi mamá veía hippies que compartían algo que parecía ser un cigarrillo y le dijo a mi papá: "Viejo, por Dios, son tan pobres, no tienen nada de dinero. Démosles unos cigarrillos". Entonces abrió su paquete de Marlboros y los repartió, mientras todos reían a carcajadas.

Solo después del concierto supe que estaban allí. Salí a encontrarme con ellos y estaban emocionados. María ahora cuenta que la música le gustó pero que pensó que yo era tímido porque nunca miré al público; decía que tocaba para los amplificadores. Sus amigos que conocían la banda le solían preguntar por qué lo hacía. Creo que era porque estaba concentrado en la música, miraba a Gregg, a Doc y a David, pero jamás al pie de David, por supuesto. Pero también era verdad que era tímido; todavía no me sentía completamente cómodo en frente del público.

Cuando salí a saludar después del espectáculo, lo primero que dijo mi mamá fue: "Ay, *mijo,* las canciones son demasiado largas. Tienes que acortarlas". Le dije: "Bueno, estas son nuestras canciones; y son así de largas". Le expliqué que pensaba que podíamos escribir nuestras canciones y recibir dinero por tocarlas y no por tocar canciones de otros todo el tiempo. Mi mamá pensaba que había fumado demasiada marihuana y lo dijo. Mi papá no dijo mucho. Estaba feliz de verme; pero, estoy seguro de que pensaba lo mismo que mi mamá sobre la música. Unos años después, un periodista local lo entrevistó; le explicó que estaba confundido porque no sabía cuándo terminaban o comenzaban las canciones. Sus canciones eran a la antigua: treinta y dos compases, o lo que sea.

Mi mamá tenía razón; nuestras sesiones de música improvisada eran largas. Al día de hoy, existen algunas grabaciones de Santana que se lanzaron en un CD en 1997, *Live at the Fillmore 1968.* La pista más corta es de casi seis minutos y la más larga dura casi media hora. Realmente nos adentrábamos en esa música y no nos gustaba que nos interrumpieran. No queríamos que se convirtieran en fragmentos de audio como los que se escuchan en las

entrevistas en televisión. No creíamos que un fragmento de audio fuera memorable, no del modo que nosotros pretendíamos.

Estos conciertos no eran solo sesiones de música improvisada; tocábamos jazz, incluso una melodía de Chico Hamilton y "Fried Neckbones" de Willie Bobo. Nunca la grabamos; pero, en ocasiones, incluso hoy en día alguien la pide. También tocábamos ritmos modernos, originales: todos escuchábamos a James Brown en ese momento; todas las bandas de San Francisco lo hacían. Tenía esa mezcla de funk y latino a la que llamaban *boogaloo*. Nuestra marca era un boogaloo psicodélico. Sin duda, teníamos energía suficiente como para transmitir algo, incluso en ese entonces.

Me gusta cómo sonaba mi guitarra en esas grabaciones porque puedo escuchar que realmente lograba sacar el sonido correcto de la guitarra. Hacía ya mucho tiempo que era mi propio maestro. El proceso era como el trabajo de los cortadores de diamantes de esa área pequeña de la ciudad de Nueva York; donde unos pocos se dedican a aprender a cortar la piedra de forma tal que no se rompa. Lo mismo pasa con la guitarra: tienes que aprender a estirar la nota, obtener lo que necesitas de ella pero no hasta el punto que suene *twang, twang, twang* y pierda el encanto. Las notas tienen un aura, que surge de los armónicos; de *allí*, surge la personalidad de la guitarra. Ningún guitarrista toca los mismos armónicos.

A fines del 68, se podía *oír* mi personalidad. Algunos años después, Miles me diría que le gustaba más cómo sonaban nuestras canciones en vivo que cómo sonaban en nuestros álbumes: le gustaba que nos estirábamos y que yo me tomara mi tiempo, tocando las notas en cámara lenta "atrayentes y con claridad". Esas fueron sus palabras.

Bill Graham estaba de acuerdo con mis padres en cuanto a la duración de las canciones. Podía ver que estábamos listos para dar el próximo paso en nuestra música y que las compañías discográficas estaban cada vez más interesadas en nosotros. Bill sabía que necesitarían canciones. En ese momento, Santana no sabía nada sobre canciones; pero era experto en sesiones de música improvisada.

Bill nos citó en su oficina. Fue tan directo como siempre.

"Tienen que dejar de jugar con esas malditas y largas sesiones de música improvisada y esas cosas. Tienen que incluir una canción. Voy a tocar esta canción…". Puso un disco de Verve; recuerdo el sello mientras giraba. "Escuchen esto; es una introducción. ¿Escuchan eso? Eso es un verso".

No le importó que la mayor parte de nosotros ya lo supiera. ¿Y cuál era la canción que Bill nos hacía escuchar? "Evil Ways", escrita por Sonny Henry y tocada por Willie Bobo y su grupo. ¡Qué regalo!, ¿no? Bill sabía lo que hacía. Luego me dijo: "Le comenté a Willie que vas a deslumbrar a todos con su canción".

Al hacernos pensar en que necesitábamos una canción para llegar a la radio, Bill nos estaba preparando para Clive Davis, quien dirigía CBS, la compañía discográfica con la que firmaríamos un contrato. ¿Cómo lo sabía Bill? Eso era lo que él hacía: veía las cosas antes de que pasaran.

A finales del 68, el nombre Santana estaba en la cabecera de los afiches. Stan hacía negocios fuera de la oficina de Bill, nos buscaba contratos, y todos tomábamos las decisiones juntos, en qué concierto tocar y qué hacer con el dinero. Formábamos un todo colectivo y estábamos listos para firmar un contrato de grabación. Hacía ya un tiempo que Stan y Bill trataban con Elektra, Atlantic, Warner Bros., CBS y todas las otras compañías discográficas. En cierto momento de ese año, Bill nos dijo: "Quiero que vayan a una audición". Dijimos: "¿Qué? Pensamos que ya se habían terminado las audiciones".

"No es una audición para mí; es para Atlantic Records. Vienen esta tarde. Simplemente prepárense y toquen para ellos".

Había escuchado historias de que Atlantic había estafado a algunos de los tipos más experimentados del R&B que solían tener contratos con la discográfica. Era solo un presentimiento, pero no quería trabajar con ellos. En la audición, toqué peor que nunca a propósito y el hombre de Atlantic simplemente se fue. Mis compañeros me decían: "Hombre, ¿qué haces?". Dije: "A la mierda con ellos. No quiero estar con Atlantic, viejo". Estaban molestos.

No importaba. Seguimos tocando, éramos la banda telonera de todos: The Grateful Dead, The Youngbloods, Taj Mahal y Ry Cooder.

Seguíamos escuchando rumores de que los cazatalentos nos querían. Un día, un tipo de CBS se acercó a nosotros después del espectáculo, realmente emocionado. Nos dijo: "Los rumores sobre ustedes están al rojo vivo". Recuerdo que explicó que nos había visto cuatro veces. Luego señaló: "La lista de temas realmente no tiene importancia". Trató de halagarnos; pero, nuestra reacción fue: "¿Qué?".

"Sí. Podrían desarmar su lista de temas, tirarla al piso, comenzar con cualquier canción y terminar con cualquier otra. Veo lo que causan en las personas. Se llevan al público con ustedes".

Estaba realmente obsesionado con Columbia, que era parte de CBS. No quería escuchar nada de Atlantic; no quería saber nada de Capitol. Quería estar donde estaban Bob Dylan y Miles Davis. Ese invierno, en una tienda de música, vi un afiche que CBS había diseñado para las fiestas, algo sobre los villancicos navideños. El afiche tenía caricaturas de algunas de sus estrellas: Simon and Garfunkel, Dylan y Miles. Johnny Cash; Blood, Sweat & Tears; Johnny Mathis; Barbra Streisand. Ese afiche fue más convincente que el tipo que se acercó detrás de escena. Yo quería que Santana estuviera en el afiche.

En ese entonces, había escuchado hablar de Clive Davis de Columbia. Había sido uno de los pocos presidentes de importantes compañías discográficas en viajar a San Francisco. Había asistido al Festival Pop de Monterey, había escuchado a Big Brother, los contrató y convenció a sus superiores de que invirtieran en el sonido de San Francisco. Empezó a contratar muchas bandas después de eso, lo que, según escuché, molestó a otros músicos que trabajaban para Columbia porque pensaban que estos grupos de rock perjudicaban al sello. Pero ese no era nuestro caso. Solo conocí a Clive Davis después de que Santana comenzó a tener éxito. En ese momento, lo conocí y vi lo que podía hacer.

Mi propia relación con Columbia comenzó efectivamente antes de que Santana hiciera negocios con la compañía. Ese septiembre, Michael Bloomfield y Al Kooper estaban contratados para grabar un álbum en vivo en el Fillmore West. Bill fue quien me invitó a tocar. "Michael no puede tocar esta noche. Permaneció despierto

toda la noche. ¿Puedes hacerme el favor de sustituirlo?". Le contesté: "¿Estás bromeando? Por supuesto".

Michael comenzó a demostrar las contradicciones que suelen tener los consumidores de heroína. Creo que le costaba imponerse una disciplina, seguir un cronograma y dormir lo suficiente. Es por ello que solo toca en una mitad de *The Live Adventures of Mike Bloomfield and Al Kooper* y la razón por la que pude tocar en "Sonny Boy Williamson", una canción de Jack Bruce, el bajista de Cream. Fue la primera vez que mi nombre apareció en un álbum, en la contraportada. Eso me hizo sentir genial; pero era raro porque no pude tocar con Michael.

Hay una foto que me gusta donde aparecemos Michael y yo juntos en el escenario en el Fillmore West en 1971, un ensayo para la noche de cierre. Los dos estamos realmente concentrados en ello, nos vemos realmente bien. Sí que se ve fuerte. ¿Sabes lo que *volví* a hacer esa noche? Le pedí disculpas por haberlo desafiado aquella vez y por haber actuado como un idiota. Me miró, y con su mirada parecía decirme que debía superarlo de una vez por todas. "Tienes que dejar de pedir disculpas por ello. Te quiero y ya te dije *que está todo bien*".

Michael nunca dejó de ser gentil conmigo. Traté de permanecer en contacto después de que Santana se convirtiera en algo verdaderamente grande, pero creo que necesitaba tener su propio espacio. Vivía en San Francisco y allí murió en 1981. La última vez que fui a su casa, pensé que estaba descuidado y un poco loco. Me fui con una sensación de preocupación y bastante desanimado. Sea cual fuere el acuerdo que había hecho con sí mismo, no era el adecuado. Lo encontraron muerto de una sobredosis dentro de un coche. Eso muestra justamente la vida que llevaba, o la que no llevaba.

Michael fue el primer guitarrista de mi generación al que todos escuchamos. Todos los demás lo siguieron, incluidos los dioses, como Clapton y Hendrix. Y a Michael no le preocupaban los otros guitarristas que aparecieron. Él aceptaba a todos, como hizo conmigo. Pero, aunque fuera tan estupendo, no creo que tuviera la

fuerza interna como para entender su valor e importancia en ese panorama. Creo que le huía a la publicidad y que pensaba que debía pagar sus deudas, aunque ya lo hubiera hecho.

A fines de 1968, habían aparecido excelentes guitarristas en el ambiente de la música, y como resultado de esta "competencia", muchos se desalentaban y abandonaban la guitarra. Pero esa reacción es culpa del ego. Ya sea que la reacción sea tomar valor o correr a esconderse (superioridad o inferioridad instantánea), cualquiera de las dos es completamente ridícula.

Se supone que uno debe ser uno mismo. Cuando vi tocar a Jimi Hendrix y a Eric Clapton, no me dieron ganas de rendirme; me hicieron querer escuchar con más detalle a algo que ellos no escuchaban. Estaba convencido de que debía visualizarme en el panorama general del momento y de que no tenía que compararme con uno o dos más. Sabía que muchos de nosotros escuchábamos a los mismos bluseros. Entonces, me dije: "Tal vez Hendrix no conoce a Gábor Szabó o a Bola Sete". La competencia no era sobre cómo tocabas la guitarra, era: "¿Sí? ¿A quién tienes en *tu* colección de discos?".

Los llamo los encendedores: son los músicos que te hacen pensar que, si pasas más tiempo analizando tu interior, te darás cuenta de que recibiste lo mismo que ellos, pero que tienes que desarrollarlo tú mismo. Mira, si Jimi Hendrix y Bob Marley estuvieran vivos y vinieran a ver a la banda en una buena noche, pensarían: "¡Increíble!"

Tal vez esto que pensaba era mi subconsciente tratando de compensar en exceso o siendo un idiota, pero pensaba que, en vez de tratar de ser tan ruidoso como este o tan rápido como aquel, podía ganarle de alguna otra manera; tal vez tocando bajo cuando el tocaba alto o lento si el tocaba rápido. Para entonces, en 1968, las personas que me escucharon tocar se dieron cuenta de que yo aportaba algo distinto y de que hacía más que copiar a Buddy Guy y a B. B. King

Santana firmó su contrato discográfico con Columbia en octubre de 1968 y entró en vigencia en diciembre. La primera persona que

conocimos fue David Rubinson; en aquel momento, era el productor general de Columbia en la costa oeste. Produjo Mongo Santamaría, Moby Grape y Taj Mahal para CBS; entonces, tenía experiencia con las congas. Luego comenzó dos compañías discográficas con Bill Graham. Iba a ser nuestro productor y los estudios más cercanos de CBS se encontraban en Los Ángeles. Nos preparábamos para ir hacia allá en febrero de 1969.

Unos días antes de partir, Stan me dijo que me tenía que dar una noticia. Marcus estaba en prisión, por asesinato. Así de simple. Se había metido con una mujer mexicana que se había separado del marido pero que todavía no se había divorciado. El hombre volvió a su casa cuando Marcus se encontraba allí y comenzaron a pelear. Dicen que terminó por acuchillar al mexicano, quien luego falleció. Podría haber sido defensa personal, pero Marcus estaba en grandes problemas y al único lugar al que iría sería la prisión. Estábamos heridos y desilusionados, pero no sorprendidos. Había una parte de Marcus que era dura y callejera; entonces, su orgullo lo podía llevar al lugar equivocado en el momento equivocado.

Creo que ser callejero no lo ayudó; al final, terminó en San Quentin. Más tarde, cuando salió, creo que comenzó a trabajar en diseño de indumentaria en algún lugar de North Beach.

Teníamos que pensar rápido. Carabello había dejado de tocar con la banda, pero todavía pasaba tiempo con nosotros. El conocía todas las canciones y las partes; entonces, la decisión fue simple. A principios de febrero viajamos a L.A. y nos mudamos a una gran casa en Hollywood que la compañía discográfica nos alquiló por una semana y media. Estaba a unas pocas cuadras del estudio. Recuerdo que todos pensamos que todo allí era falso y plástico en comparación con San Francisco. Se notaba que la casa era propiedad de la compañía disquera, al igual que el estudio; no podían sonar bien con nosotros. Los instrumentos sonaban muy débiles y diferentes en comparación con los instrumentos a los que estábamos acostumbrados. No pudimos encontrar la energía que estaba presente en todos nuestros espectáculos. No parecía nuestra música. Santana era diferente a los otros grupos con los que

trabajaba CBS; éramos perros de la calle. Necesitábamos otro tipo de intención y de independencia.

Mucho tiene que ver con la forma en la que uno entra a una habitación. Si el productor comienza una sesión de grabación alardeando sobre su trayectoria y con la actitud de que la banda graba el álbum para él, no va a funcionar. Simplemente Rubinson no nos parecía auténtico en ese momento. Santana grabó con él, más tarde, en el 76, cuando hizo el álbum *Festival*, y eso salió mucho mejor. Creo que muchos de nosotros teníamos más experiencia en ese momento.

No fue completamente la culpa de Rubinson; creo que nosotros no sabíamos qué esperar. No teníamos que disculparnos por lo que no sabíamos y dejamos que nos dirigieran en el estudio en lugar de tomar las riendas. Tendríamos que haber dicho: "No; no queremos que la guitarra o la batería suene de esa manera". O bien: "Ese no es el tempo o el ritmo adecuado". Creo que no sabíamos qué debíamos hacer hasta que hicimos esa primera sesión. El álbum se llamaría *Freeway Jam*, por la melodía que usábamos para finalizar nuestros espectáculos; pero el resultado no era algo que queríamos que se lanzara y CBS sentía lo mismo. Ahora parece imposible, pero, de alguna manera, persuadimos a la compañía discográfica para que nos deje regresar al estudio sin imponernos un productor.

Finalmente, en 2004, dejamos que divulgaran la música por cuestiones históricas. Además, creo que ya no teníamos más reservas sobre ella. Pero, en ese momento, creímos que era como ser el hombre de la selva que se ve en el espejo por primera vez y no le gusta lo que ve.

Volvimos a San Francisco, a la casa en Mullen Avenue. Gregg tenía su habitación y yo, la mía, cuando no estaba en la casa de Linda; Carabello tenía su *loft* en el ático, donde el piso era prácticamente madera contrachapada sobre listones de madera de dos por cuatro pulgadas y tocaba su música *fuerte*. Solía tener la esperanza de que a todos nuestros vecinos les gustara Jimi Hendrix, porque podías escuchar como los parlantes movían el aire. A las cuatro de la mañana.

Esa casa era realmente vieja; una noche, nos quedamos encerrados afuera; entonces, Carabello trepó hasta el ático. En plena oscuridad, corría cuando el piso se rompió y lo atravesó. Gregg y yo pudimos entrar de todas maneras y escuchamos la caída. Lo encontramos en el medio de una nube de polvo y yeso, y todo lo demás. Estaba bien; pero, hombre, no podíamos dejar de reírnos.

Ese tipo de locuras siempre le pasaban a Carabello. Era ese tipo de hombre; como dije, era el tonto de la banda, pero tenía un carisma irresistible. Nos mantenía relajados, en especial, durante los momentos difíciles. Hablaba con cualquiera y conocía a *todos*. Estaba al tanto de todo. Pasaba tiempo con Sly, era amigo de Jimi y llegó a conocer a Miles antes que yo. Incluso se hizo muy amigo de las mujeres a las que llamábamos las chicas cósmicas (Betty Mabry, Devon Wilson y Colette Mimram), todas las chicas que pasaban tiempo con Jimi y Miles. En los 70, Carabello solía quedarse en la casa de Miles en la ciudad de Nueva York. Para él, era fácil conocer personas y hacer amigos, y mantenerlos durante mucho tiempo; seguimos siendo amigos hasta el día de hoy. Carabello es mi amigo más antiguo de todos los miembros de Santana; somos amigos, incluso, desde antes de tener un nombre. Nunca voy a olvidar que estuvo a mi lado, me visitaba y traía regalos cuando estaba en el hospital con tuberculosis.

Carabello solía ir a la playa y tocar con cualquiera que estuviera allí. Mientras esperábamos saber qué pasaba con Marcus, Carabello conoció a un tipo que tocaba instrumentos de percusión y era parte de un grupo llamado los Aliens. Fue a un club que se llamaba Nite Life, justo saliendo de San Bruno, donde tocaban, y nos llamó. Al principio, no queríamos que nos molestaran. "¡Ah!, Carabello, ¿de qué hablas?". No queríamos superarlo. "Hoy conocí a un tipo en la playa que les va a fascinar, no lo van a poder creer. Creo que tenemos que incorporarlo a la banda". Gregg y yo fuimos (nuestra casa estaba en la misma calle) y, así fue, no podíamos creerlo.

El tipo, José Areas, tocaba congas con una sola melodía, después los timbales en otra y, además, hacía un solo de trompeta. Era alucinante; sonaba tan bien como cualquiera de los músicos que

habíamos estado escuchando en los discos. Su ritmo era tan fuerte y firme, como las vigas de acero de un enorme edificio antes de comenzar a colocar los pisos, parecía que lo que tocaba podía soportar *cualquier cosa*. Era de Nicaragua y de contextura pequeña; lo llamaban Chepito. Parecía como si acabara de llegar a la ciudad, su ropa y cabello estaban impecables, y no hablaba ni una palabra de inglés. Hablé con él en español y lo invité a improvisar con nosotros al día siguiente.

Chepito sería perfecto. Gregg y yo lo supimos de inmediato. Creo que David tardó un poco más en aceptarlo, pero todos nos dimos cuenta de cuanto enriquecía la música. Aportaba precisión y estabilidad sin ser agobiante. En tan solo algunos ensayos, Chepito aprendió toda nuestra música y parecía que, sin importar lo bueno que fuéramos todos nosotros, sin él nos descarrilaríamos. Su mano derecha en el cencerro era como el *hi-hat* de Tony Williams, puro y estable. También era serio, pero para nada amable. Si de repente tenías un momento "ser o no ser" con la música, te echaría una mirada del tipo: "Supéralo".

Carabello estaba realmente feliz, por supuesto, de que Chepito ayudara con el ritmo; desde hacía un tiempo se quejaba de Doc Livingston, de que no podía armar una cadena con él ni lograr un buen ritmo. Doc había sido parte del problema en Los Ángeles; se aisló de la banda y no quiso hablar de canciones, cuestiones de la banda ni nada. Se estaba comportando como un lobo solitario y un poco rebelde, y nosotros necesitábamos que se involucrara más que nunca. Teníamos que grabar un álbum, necesitábamos a alguien que se comprometiera plenamente y contribuyera.

Para cuando Santana volvió por segunda vez al estudio en mayo, Chepito ya era parte de la banda. CBS explicó que no era necesario que trabajáramos con su productor pero que había que tener un productor; entonces, hicimos averiguaciones y escuchamos mucho sobre Brent Dangerfield. Habíamos trabajado con él en el Straight Theater, donde había sido el sonidista. Nunca antes había trabajado en un estudio, pero tenía una buena reputación en Haight-Ashbury, aparentemente era capaz de solucionar problemas. Necesitábamos

alguien con quien nos sintiéramos cómodos y que viniera de nuestro mismo entorno.

También necesitábamos alguien que nos ayudara en el estudio, que nos ayudara a convertir nuestras sesiones de improvisación en canciones y esa persona fue Alberto Gianquinto, un amigo de David que vivía con él y tocaba los teclados con James Cotton cuando llegó a la ciudad. Era un pianista mayor, muy robusto, del tipo glotón con sentido común que había crecido en The Mission, y podía tocar blues, jazz y música clásica. Aunque su nombre no lo suponía, era un chico blanco, pero con una actitud de afroamericano militante. Recuerdo que, en su hogar, tenía un gran póster de Huey P. Newton y su mujer era afroamericana, del Caribe. Era un tipo muy duro; tenía que serlo para ir hasta Chicago y tocar con esas bandas blueseras sin que le pateen el trasero. Eso era lo que necesitábamos en el estudio.

Había llegado a conocer a Alberto porque también tocaba por ahí, en la ciudad, y creo que Stan tuvo la idea de llamarlo. Su contribución al sonido de Santana fue inmensa; se convirtió en nuestro productor detrás de escena en los tres primeros álbumes. Después, perdimos el contacto y terminó como otra víctima de las drogas después de combatir la adicción durante años. Escuché que murió en un accidente en 1986.

Decidimos usar Pacific Recording Studio, un nuevo establecimiento en San Mateo que también tenía espacio para ensayar. Grateful Dead había grabado allí y también otros grupos de jazz. Definitivamente, habíamos aprendido mucho de nuestra experiencia en L.A., como empezar de inmediato y no perder tiempo, lo que era bueno porque una vez que estuviéramos en el estudio solo tendríamos una semana para grabar el álbum. Entramos y comenzamos a ensayar algunas melodías nuevas, pero, al principio, nada sonaba bien. En ese momento, decidimos dejar ir a Doc Livingston; de alguna manera, él se despidió a sí mismo. Gregg le pidió que se fuera; luego contratamos a un baterista de jazz, Johnny Rae, para algunos conciertos, que tocaba con frecuencia con Cal Tjader y Gábor Szabó.

No éramos la única banda que estaba ensayando en ese edificio en aquel momento; Vince Guaraldi también lo hacía allí. En un momento, se acercó a la sala y nos dijo: "Debo confesarlo, viejo, estaba escuchando su música y puedo predecir la dirección en la que se dirigen. Van a ser grandes, viejo. Muy grandes". Esa fue una confirmación maravillosa de lo que sentíamos. Solía ver con mucha frecuencia a Guaraldi porque solíamos tocar en muchas de las mismas funciones de caridad. También lo vi tocar en un espectáculo al aire libre en Stern Grove con su trío; Bola Sete y John Handy también estaban en aquella función. Fue mi primer *love-in* (fiesta de amor libre); todos fumaban marihuana, pero la música era extraordinaria. Parecía que la aprobación de Guaraldi nos había ayudado a acomodar las cosas.

Después, todo pareció encastrar. Desciframos cómo obtener el sonido que queríamos de cada instrumento. A medida que pasaban los días, el sonido de las canciones mejoraba. Gianquinto nos ayudó a eliminar horas perdidas y a comprender cómo acortar las sesiones de música improvisada; nos mostró cómo una sección de la canción lleva a la próxima y cómo no perder el flujo.

Un día, vi a Michael Shrieve entrar a Pacific, buscaba horarios disponibles en el estudio para su banda. Yo lo conocía. Era un baterista que solía pasar tiempo con algunos de los tipos de Jefferson Airplane; entonces, lo invité a tocar con nosotros. Tocamos "Fried Neckbones" y luego tocó una melodía que estábamos armando llamada "Waiting" que se convirtió en la introducción de nuestro primer álbum. Shrieve era muy abierto y flexible en relación a lo que nosotros hacíamos, no usaba el mismo patrón todo el tiempo, y le podíamos decir lo que buscábamos. Seguimos tocando hasta que se hizo de noche. Emanaba una emoción más suelta y más jazzera que la mayor parte de los bateristas de rock, una especie de energía de colibrí, como burbujas borboteando. Era algo así como Mitch Mitchell tocando con Jimi Hendrix, pero un poco más enfocado en el ritmo.

Sentimos la química de inmediato. Casi sin pensarlo, le pedimos a Michael que se uniera a la banda y aceptó. Quería tocar,

unirse a la banda y pasar tiempo con nosotros. Era de Palo Alto pero no temía ir a The Mission. Se repetía lo que había pasado con Gregg. Carabello y yo queríamos saber qué tipo de casa tenía su familia, qué tipo de coche conducían y yo estaba seguro de que él quería saber qué lugares frecuentábamos y qué comíamos. Empezó a venir a nuestra casa y a mirar los discos y dijo: "Hombre, tengo que presentarles a Miles y a Coltrane". Lo hizo muy poco después y mi vida cambiaría, nuevamente.

Por primera vez, Santana había conformado una banda con integrantes estables; a quienes el mundo conocería en nuestros tres primeros álbumes: Gregg, David, Carabello, Michael, Chepito, yo y algunas otras personas que se sumarían más adelante. Sucedió como si estuviera destinado y la música también se sentía así. Puedes darte cuenta de que todos contribuían ya que cada uno de los integrantes de la banda comparte los créditos en casi todas las melodías. Excepto por los dos *covers* que hicimos ("Evil Ways" y "Jingo"); hay una sola canción "Shades of Time" que fue escrita por solo dos de nosotros. Marcus tuvo su crédito en "Soul Sacrifice".

Si tuviera que elegir una melodía de ese primer álbum que todavía me representa, sería "Treat", que es la versión de Santana en que B. B. King conoce a Eddie Harris. Para entender eso, tienes que conocer la popularidad de la melodía de Harris "Listen Here" en San Francisco, en especial a lo largo de Potrero Hill: todos tenían ese álbum y lo escuchaban todo el tiempo. No podías escaparte de ese ritmo; eso fue lo que inspiró "Treat" en gran parte. Estoy muy orgulloso del tema.

Durante esas sesiones del primer álbum surgieron las ideas para "Incident at Neshabur", que fue parte de nuestro segundo álbum, *Abraxas*. Lo escribimos de a poco, con un poco de aquí y otro poco de allá, armándolo con todos sus cambios de tempo. Una parte de la primera sección surgió de una canción horrible de un spot publicitario para Ajax que mostraba a un caballero blanco que limpiaba a la gente de un golpe, "¡Más fuerte que la mugre!" A Alberto se le ocurrió un acompañamiento improvisado para la segunda parte, que era básicamente "Señor Blues" de Horace

Silver. Tocó el piano en el acompañamiento, cambiando entre acordes, lo que me inspiró para tocar un solo que, para mí, sonó como la divinidad que viene después del sexo; cuando estas allí, acostado, después de haber dado todo de ti; los dos tienen el orgasmo al mismo tiempo; ella está feliz y tú también. "Incident" tuvo que esperar para salir; era demasiado larga para el primer álbum; entonces, la reservamos para el segundo.

Grabamos el primer álbum en cinco días. Tardamos un poquito más en mezclarlo. Pero no salió todo a la perfección y sentíamos que no capturaba nuestro sonido todavía; pero estaba cerca y era mucho mejor que la sesión de L.A. Algún genio de Columbia decidió que "Jingo" debía ser el primer *single*; y como no teníamos nada de poder en ese momento, lo aceptamos. Cuando no avanzó hacia ningún lado, creo que fue Clive Davis quien intervino y eligió "Evil Ways", probablemente influenciado por Bill, fue su elección durante todo el proceso. En ese momento despegamos: teníamos un *single* que era un éxito en la radio y un álbum que se encontraba entre los más vendidos.

Elegí la portada del álbum. Quería usar el afiche del concierto que tocamos en Fillmore West, con The Grateful Dead y The Staple Singers; entonces, el artista Lee Conklin lo volvió a diseñar y realmente funcionó. Cuando se lanzó nuestro primer álbum, lo que más me gustaba de la portada era el renglón que decía "Produced by Brent Dangerfield *and Santana*" (Producido por Brent Dangerfield *y Santana*). Hemos trabajado con diversos productores a lo largo del tiempo; pero, si analizas los álbumes que hemos hecho después de ese primer esfuerzo, notarás que siempre hemos sido nuestros propios productores.

CAPÍTULO 9

Santana en el Festival de Música y Arte de Woodstock, Bethel,
Nueva York, 16 de agosto de 1969.

En 2013, cuando fui homenajeado en el Centro Kennedy junto con Herbie Hancock, Billy Joel, Shirley MacLaine y Martina Arroyo, ¿qué fue lo primero que me dijo el presidente Obama cuando me recibió? Algo sobre cuando yo tenía veintidós años de edad y el estado mental con que toqué en Woodstock, no el tipo de tema habitual que uno discute en la Casa Blanca. Todos se rieron y yo también. Obama no es el único; para algunas personas, ese fue el momento de Santana. Todavía se puede observar en la película sobre Woodstock, cuando Santana toca "Soul Sacrifice", y los escritores todavía hacen preguntas acerca de ello. Sí, estaba drogado, y sí, la guitarra parecía una serpiente entre mis manos. No, todavía no tengo muchos recuerdos sobre ello; pero te diré todo lo que sí recuerdo y qué opinión tengo al respecto hoy en día.

También diré lo siguiente: el hecho de que el Presidente hable sobre uno es una verdadera oportunidad de aceptar con nobleza y humildad la grandeza de nuestra propia vida. Al mismo tiempo, es un momento

raro cuando te das cuenta de que con humildad tienes que aceptar que no controlas tu vida; que no estás separado si no que conectado a un todo más grande. Creo que el espectáculo de Santana en Woodstock fue excelente; pero no creo que Santana fuera responsable de todo lo que pasó después. Es como un corcho que flota sobre una ola en el medio del mar, boyando y diciéndose que controla al océano entero; es un ego fuera de control.

Hubo muchas cosas que nadie planeó en Woodstock pero que a nosotros nos resultaron útiles. Si no nos hubiéramos albergado en el pueblo de Woodstock durante la semana anterior al festival; probablemente, habríamos quedado atascados en el embotellamiento y habríamos llegado tarde o ni siquiera habríamos llegado. Y, si algunos grupos no hubieran llegado tarde, no habríamos salido temprano al escenario ese día y tal vez habría llovido mientras tocábamos, entonces, nuestro espectáculo se habría arruinado, nos habríamos electrocutado o habríamos tenido que interrumpirlo. Por lo tanto, si algo de todo eso hubiera pasado, es probable que "Soul Sacrifice" no se hubiera incluido en la película de Woodstock y nadie nos habría visto.

Muchos ángeles intervinieron y nos abrieron el camino; cuanto más pasa el tiempo, puedo decirlo con claridad y confianza. Lo diré de nuevo: el ángel que merece la mayor parte del crédito es Bill Graham. Nos consiguió el concierto cuando nadie nos conocía. Acabábamos de terminar el primer álbum, pero todavía no había sido lanzado. Cuando Michael Lang, que producía el festival, le pidió ayuda a Bill, Bill le respondió: "De acuerdo, este es un gran emprendimiento. Te ayudaré con mis conexiones y mi equipo. Saben cómo hacerlo. Pero tienes que hacer algo por mí; tienes que dejar que Santana toque".

"Bien, pero, ¿qué es Santana?".

"Ya verás".

Muchas personas no pueden dejar de asociar a Santana con Woodstock. No me importa que me relacionen con el festival; de hecho, estoy muy, muy agradecido. Pero las personas tienen que saber que Woodstock llevaba todas las de perder y, a pesar de ello, tres días de paz, amor y música prevalecieron.

Bill convocó a todos los miembros de la banda a una reunión. Esto ocurrió en algún momento de julio de 1969. Vivía en Mill Valley en ese entonces, el área blanca del barrio Bay Area, donde vivía la gente adinerada y presumida. Todos fuimos, recuerdo que mirábamos las casas. Bill había armado un lindo banquete al aire libre para nosotros. Estábamos impresionados. Luego se sentó y nos informó por qué estábamos allí. En general, siempre estaba apurado; pero, se tomó su tiempo: tenía mucho que decir.

"Algunos grupos no están pasando por un buen momento en sus carreras. Hendrix no vende; Jim Morrison está en problemas por exhibicionismo. He escuchado que Sly consume demasiada cocaína". Nos brindó el panorama completo de la situación del rock en ese momento.

"Los voy a enviar a la costa este y cuando vuelvan todo va a haber cambiado. Primero, irán a Atlantic City y después a Nueva York, después a Boston y a Filadelfia, y finalmente a un gran festival en Texas. Allí tocarán con Sam & Dave, Led Zeppelin y B. B. King. Pasarán de tocar en pequeños salones con capacidad para unas mil quinientas o dos mil personas a festivales en los que habrá entre quince mil y treinta mil personas; luego, irán a un enorme festival en el norte de Nueva York donde habrá, probablemente, ochenta o noventa mil personas. Les irá de maravilla.

"El festival de Woodstock va a ser un cambio radical para Santana. Después de eso, las personas los van a reconocer donde quiera que vayan y se les va a volar la cabeza por completo. Van a pensar que siempre fueron famosos. Las personas los tratarán como si fueran dioses. Lo próximo que van a saber es que van a necesitar ayuda para entrar a una habitación porque su ego va a ser demasiado grande". Bill era directo. "Mantengan los pies sobre la tierra; no dejen que todo eso los arrastre".

Nuestra reacción fue: "Ay, hombre, no nos deprimas con toda esa mierda hippie. Somos del gueto, somos reales. No pensamos como ellos".

Bill se puso serio. "Créanme: lo que es verdad es verdad, sucederá".

Nuestro primer álbum estaba por salir y, antes de salir de California, Columbia Records celebró una de sus convenciones anuales en Los Ángeles. Todos fuimos hasta allí y tocamos en un espectáculo especial para el equipo de ventas y comercialización, publicistas y peces gordos como Clive Davis. No tuve la oportunidad de conocer a Clive en aquella oportunidad, o, al menos, no recuerdo si lo hice.

El objetivo del espectáculo era que los ejecutivos de la compañía discográfica se entusiasmaran con las bandas del sello y sus nuevos discos, lograr que nos dieran una ayuda adicional. Fue en ese momento que decidimos un nombre obvio para el álbum: *Santana*. Siempre me sentí como sapo de otro pozo en esos supuestos eventos del sector por la forma en la que determinadas personas se visten, con sus trajes, se acercan y te tratan como si fueras cualquiera. Personas que te arrebatarían todo el crédito y el dinero de tu música, y te dirían que si no fuera por ellos no serías lo que eres. Clive era una excepción a la regla, lo descubrí después.

La noche después de tocar en la convención nos encontrábamos en Nueva York, tocando en el Fillmore East, el salón que Bill había inaugurado el año anterior para poder llevar la magia de San Francisco a la costa este. Habíamos vuelto al final del programa; de hecho, ni siquiera estábamos en la marquesina porque solo entraba una cierta cantidad de nombres y nosotros éramos la banda telonera de Three Dog Night, Canned Heat y Sha Na Na. Son demasiadas letras. Recuerdo que Bill me explicó que una vez contrató a Rahsaan Roland Kirk para que tocara allí y Rahsaan exigió que su nombre apareciera en la marquesina. Entonces, Bill construyó un letrero de madera adicional para que colgara de la parte inferior y así poder incluirlo; Rahsaan era ciego.

Pudimos sentir de inmediato que el público era diferente al de California, otra clase de energía, un poco intimidante. Los neoyorquinos no se acercan a ti; tú tienes que ir hacia ellos. Son muy astutos, como los tiburones. Pueden darse cuenta si te sientes fuera lugar; pueden oler el miedo. Esa primera vez solo fuimos amables: "Nos complace estar aquí y esperamos que les guste nuestra música". Luego simplemente tocamos.

Las otras bandas nos miraban como preguntándose: "¿Qué tipo de música es esta?" y nosotros los mirábamos de la misma manera. Three Dog Night tenía un sonido de rock melódico de Los Ángeles con canciones muy aptas para la radio. Sha Na Na era una especie de parodia del doo wop de los 50; tranquilamente podrían haber sido un espectáculo de Broadway. Canned Heat era un poco más cercano a lo que hacíamos y podías escuchar ese ritmo *boogie* al estilo John Lee Hooker en su música, y para mí estaba bien.

Fue útil participar en ese tipo de espectáculos para aprender a no tener miedo de la competencia o de nuevos públicos. En ese entonces, nos medíamos constantemente para saber cómo encajábamos en la música de la época, ¿qué nos gustaba? Del mismo modo, buscábamos responder: ¿De qué nos queremos alejar? Todos los miembros de la banda tenían realmente mucho cuidado de que nadie nos convenciera de ser algo que no queríamos. Era divertido tocar con ese tipo de frescura: el público que todavía no sabía quiénes éramos, ser la banda telonera de todos, después atrapar al público y llevarlo por nuestro camino. Realmente me gustaba la reacción que tenían las personas cuando escuchaban nuestra música en ese momento.

Aunque Bill lo había previsto, no creíamos *realmente* que nuestro viaje al este sería nuestra última oportunidad de ser tan anónimos, que después de las semanas que seguirían nunca más volveríamos a ser la nueva y desconocida banda que llegara a una ciudad. Eso iba a cambiar para siempre, gracias a Bill, quien de veras, nos había nutrido meticulosamente. Con esa primera gira nos preparó psicológica y físicamente para todo lo que iba a suceder.

Santana permaneció en la ciudad de Nueva York durante un tiempo, tocamos en algunos espectáculos después de los conciertos del Fillmore East: un festival en Atlantic City, la Exposición Universal en Queens y un concierto en el Central Park. Tuvimos la oportunidad de conocer la ciudad en esa primera visita; nos quedamos en un hotel sobre la Quinta Avenida y paseamos mucho. Bill nos llevó a Ratner's, un restaurante kosher al lado del Fillmore East. Nos tomamos un taxi hasta Harlem y conocimos el teatro Apollo.

Era agosto; si conoces Nueva York, sabrás que emana sus propios olores con ese calor y los sientes mucho más si provienes de California. Es diferente: las pizzerías y loncherías, los residuos y las alcantarillas, todo. Está todo mezclado.

La velocidad en Nueva York era sorprendente, todo se movía rápido. Recuerdo caminar por la calle y ver un taxi dado vuelta, había sufrido un accidente. Podías sentir la energía palpitando con una especie de audacia y locura. Me decía a mí mismo: "No me asustas. He recorrido tus calles y ahora soy uno de ustedes y huelo como tal". Una vez que conquistas Nueva York, absorbes su energía; no te drena ni te asusta. Santana iba a volver a Nueva York en noviembre y ya nos empezábamos a sentir como en casa.

Luego tocamos en una universidad en Catskills y terminamos en el pueblo de Woodstock. Bill nos había alquilado una casa y allí nos quedamos por casi una semana antes del festival. No había mucho para hacer; entonces, todos buscamos gente con quien pasar el tiempo. Recuerdo que Chepito se quejaba, compartía una habitación con David, quien conocía mujeres y las llevaba a la casa. "Soy como un ratón que huele el queso", decía Chepito. "Pero no comparte".

Muchas otras personas se estaban quedando allí. Bob Dylan vivía cerca y Jimi Hendrix también había alquilado una casa por la zona, pero nunca los vi. Me daba mucha vergüenza andar por ahí porque esos tipos no me conocían todavía. Me hacía sentir como una mosca en la sopa y no quería ser el *groupie* de nadie; no quiero aparecer salvo que me inviten personalmente. Entonces, dije: "No, no quiero ir y simplemente permanecer allí".

Veíamos a Bill casi una vez por día; pero la mayor parte del tiempo estaba al teléfono y nos dábamos cuenta de que había algún tipo de escándalo sobre el festival. Iba a ser grande, *muy* grande. Muchas personas habían comenzado a asustarse, en especial las personas que vivían cerca de allí, porque muchos de los hippies que asistirían llegaron antes y comenzaron a acampar. Recuerdo el rumor de que el gobernador Rockefeller tenía la intención de traer a la Guardia Nacional para que garantice la seguridad o de simplemente, cancelar

el festival. Los periódicos comenzaron a describirlo como si fuera una bomba de tiempo. Para nosotros, no lo era. Hubiera estallado si Rockefeller hubiera tomado el mando y lo hubiera convertido en un simulacro de incendios con la policía al mando.

Luego llegó el viernes y escuchamos que era un auténtico desastre: el tráfico en las autopistas era impresionante y como era imposible avanzar, las personas abandonaban sus coches y caminaban; y además, había problemas técnicos con el sonido. No había forma de que pudiéramos ir a ver lo que pasaba. Debíamos tocar al día siguiente y nos informaron que debíamos estar preparados temprano para asegurarnos de llegar a tiempo. Entonces, nos despertamos a las cinco de la mañana del sábado, esperamos; finalmente, nos amontonamos en unas furgonetas y nos dirigimos hacia un lugar donde había helicópteros verdes que se parecían a los helicópteros que el Ejército usó en Vietnam; llevaban y traían gente. Luego, nos subimos a uno y despegamos. Minutos después descendíamos sobre un campo; la luz de la mañana mostraba abajo una alfombra de seres humanos (carne, cabello y dientes) extendida sobre las colinas. En ese instante, me di cuenta de que el evento era realmente grande. Incluso con el ruido del helicóptero, podíamos sentir a las personas cuando comenzaban a alentar cada vez que alguien terminaba una canción o decía algo que les gustaba; un gran rugido provenía de abajo.

Recuerdo que lo miré a Gregg y le dije en broma: "¡Linda multitud!" También recuerdo que pensé en algo que me enseñó mi papá: si eres un verdadero músico, en realidad no importa dónde estés o la cantidad de personas que estén mirándote. Puedes tocar en Woodstock, en el Caesars Palace, en un callejón de Tijuana o en casa. Cuando toques, toca desde el corazón, y lleva a todos contigo.

La relación de mi padre con la música se encontraba en un nivel más puro que el mío. Sí, estaba la cuestión del dinero, lo hacía para mantener a la familia, pero no lo distraía el volumen. Volumen es cuando cobras un cheque por regalías por tanto dinero que piensas que alguien cometió un error. Mi padre ganaba determinada cantidad y eso era lo único que conocía. Nunca escuchó hablar de

Carnegie Hall, entonces no incluía eso en la ecuación. A él le alcanzaba con tocan en un lugar donde las personas fueran receptivas.

Woodstock se trataba del volumen. Primero, estábamos sobre todas esas personas, luego aterrizamos y estábamos allí. Inmediatamente podías oler el aroma del Estado de Nueva York en el verano, muy húmedo y misterioso, además de quinientos mil cuerpos transpirados y cantidades inmensas de marihuana. Nos dejaron detrás de un gran escenario de madera, parecía que lo habían terminado de construir aquel día y que aún había trabajos por terminar. Nos indicaron donde colocar nuestro equipo y donde esperar, y empecé a buscar alguna cara conocida. Vi a Jerry Garcia divirtiéndose y riendo. Se acercó y me dijo: "Y, ¿qué piensas de todo esto? Ya hace bastante tiempo que esperamos, ¿a qué hora se supone que tienen que tocar?". Me habían informado que tocaríamos tres bandas después de Dead, así que eso le dije a Jerry. Dijo: "Hombre, nosotros vamos a tocar entrada la noche". Eso significaba que íbamos a estar ahí todo el día y gran parte de la noche. Entonces pensé: "Más me vale que me ponga cómodo". Era justo después del mediodía y la primera banda había comenzado a tocar.

Luego Jerry extendió su mano. "¿Lo quieres?".

"¿Querer qué?, ¿qué tienes?". Era mezcalina. Así de normal era en esos días. La tomé de inmediato. Pensaba: "Tendré tiempo para disfrutarla, volver, tomar una gran cantidad de agua, superar el estado de ameba y estar listo para tocar esta noche. No hay problema". Seguro.

Definitivamente las cosas eran más desordenadas en Woodstock de lo que pensábamos. Debido al tránsito, muchas bandas tuvieron problemas para llegar al festival; entonces, los organizadores debieron solicitarles a las bandas que ya había llegado al predio, que tocaran para que no se produjeran grandes brechas en el flujo de la música. Por supuesto que en ese momento no lo sabía. Recuerdo escuchar a Country Joe and the Fish en el escenario cuando las cosas comenzaron a ponerse elásticas y a estirarse. Luego, de repente, alguien se acercó a nosotros para decirnos que, si queríamos tocar, debíamos subir al escenario *en ese momento*. No

era Bill, ni siquiera lo vi por allí. No discutimos; simplemente tomamos nuestros instrumentos y nos dirigimos al escenario.

Definitivamente, no era el mejor momento para mí. Recién comenzaba a sentir la primera etapa de ese viaje psicodélico, en el momento en que las cosas comienzan a derretirse cuando las miras. Ya había tocado drogado y alucinando antes, entonces, confiaba en que podría hacerlo, colocarme la guitarra y conectarla; pero recuerdo que pensé que eso no iba a representar lo que yo podía hacer. Cuando un viaje comienza, de repente, te encuentras volando a velocidades increíbles y las cosas más pequeñas se vuelven cósmicamente enormes. También ocurre lo contrario, entonces, de repente, todo tiene el mismo tamaño. Es como esa escena de la película 2001 de Kubrick cuando el astronauta viaja más allá de Júpiter y todas las luces pasan zumbando; me sentía como si volviera a nacer y acabábamos de comenzar con la función.

Cuando subimos al escenario, notamos que nos habían ubicado muy cerca uno del otro, lo que era genial porque normalmente eso hacían en casa y los utileros lo habían logrado. Creo que eso fue lo mejor que nos pasó ese día: realmente podíamos sentirnos y vernos y así, no perdernos. Luego, alguien nos anunció y pudimos ver la enorme multitud enfrente de nosotros. El álbum iba a salir la semana entrante y "Jingo" todavía no había aparecido en la radio. Entonces, salvo que las personas del público fueran de Bay Area o trabajaran para Columbia Records, no existía ninguna posibilidad de que nos conocieran. Una cosa es tocar ante una multitud de ese tamaño y otra cosa es ser completamente desconocido cuando lo haces. Pero tenía otras cosas de qué preocuparme.

El resto del espectáculo es un borrón, un *auténtico* borrón. Comenzamos con "Waiting", la primera melodía del álbum; eso fue como la prueba de sonido. Estaba muy loco y recuerdo que, por dentro, pensaba para mí mismo, "Dios, lo único que pido es que me mantengas en tiempo y en sintonía". Me encerré en las cosas que siempre me ayudan a seguir el ritmo de la banda: el bajo, el *hi-hat*, la caja de la batería y el bombo de la batería. Me decía: "No pienses en la guitarra. Solo mírala". Se convirtió en una serpiente eléctrica,

retorciéndose y girando, lo que significaba que las cuerdas se iban a soltar si no la mantenía recta. Me la pasé deseando que la serpiente no se moviera y rezando que permaneciera afinada.

Luego me vi en fotografías y en la película de Woodstock. Todas las expresiones que hacía mientras tocaba me recordaron que estaba tratando de lograr que la serpiente se quede quieta. Luego vi la guitarra que estaba tocando: una Gibson SG con transductores P-80, y todo tuvo sentido. Siempre tuve problemas para mantener esa guitarra afinada e, incluso cuando necesitaba una nueva, la banda había votado no gastar el dinero. Así funcionaba Santana incluso en ese momento, como uno todo colectivo. Fue así hasta, al menos, mediados de 1971. Poco después del festival, me frustré tanto con la guitarra en un ensayo que terminé por tirarla contra una pared y romperla, lo que obligó a la banda a comprar una nueva.

Solo tocamos cuarenta y cinco minutos en Woodstock, pero pareció el doble. Cada nota que tocaba se sentía como si comenzara como un glóbulo rojo moviéndose adentro de una vena y bombeándose por mi cuerpo. Tenía la sensación de que todo se movía lentamente. Podía sentir la música que surgía de mí y fluía a través de mis dedos. Podía observarme elegir una nota en la guitarra y sentir como la vibración entraba en la pastilla, se movía a través del cableado, bajaba por el cable de la guitarra hacia el amplificador, emergía del parlante de este hacia micrófono, atravesaba el cable hasta los grandes parlantes al costado del escenario y salía a la multitud, subía la colina, hasta que rebotaba y podíamos escuchar cómo el eco volvía al escenario.

Después pensé en las melodías que tocamos en Woodstock y me di cuenta de que había olvidado todo lo que tocamos en la primera mitad de la función. Sí recordaba las últimas canciones, incluidas "Jingo" y "Persuasion" y recordé que tocamos "Fried Neckbones" como bis. Y, por supuesto, "Soul Sacrifice", que fue parte de la película. Recuerdo escuchar a la multitud gritar y aplaudir; después recuerdo salir del escenario y darme vuelta para ver a Gregg detrás de mí. Tenía una expresión de victoria en la cara, como si dijera: "¡Sí! Lo *logramos*". Luego Bill Graham le llamó la atención y le hizo

un gesto para que se diera vuelta, como si dijera: "No tan rápido, miren a la multitud. Disfruten del momento". Gregg se dio vuelta y su cara parecía la de un niño pequeño, completamente sorprendido. Me di vuelta e hice lo mismo. Bill era, claramente, el que se sentía más orgulloso porque nosotros estábamos aún un poco aturdidos.

Me da gracia cuando pienso en ello. Con todo lo que estaba pasando en ese momento, con todas las personas y el ruido, y ser empujados de un lado a otro, mi último pensamiento cuando salí del escenario fue "Nunca volveré a drogarme; no lo haré en un concierto de estas magnitudes".

Para mí, lo mejor de estar conectado a Woodstock es que la mayor parte de nosotros todavía vive para poder hablar sobre ello. Gregg, Carabello, Shrieve, Chepito y yo estamos vivitos y coleando. Pero lo más importante, todavía defendemos los mismos valores que representaba Woodstock: revolución de la conciencia empapada de paz, amor y música. El público estaba lleno de personas que habían hecho una profunda inversión emocional para lograr el cambio. No eran solo personas que querían fumar marihuana y tener sexo (aunque muchos lo hicieron) y no se trataba de querer vender playeras y flores de plástico.

El Woodstock original no tenía la intención de vender nada. No estaba lo suficientemente organizado y reglamentado como para que eso pasara. De hecho, allí yace su belleza y esa es la razón por la que las personas todavía hablan sobre Woodstock. Se organizó naturalmente y el objetivo era usar música y paz para mostrarle al sistema que había muchos bichos raros dando vueltas que querían ser escuchados. Querían ser libres y ser quienes eran, y querían que terminara la guerra: "Maldita sea, no, no iremos". Decíamos que la guerra no era allí, en Vietnam. Era aquí, en casa, entre el gobierno y los hippies de Woodstock; entre el sistema y las personas que no tienen voz. En el 69, teníamos una generación con un programa y los grupos que tocaron en Woodstock ayudaron a difundir ese programa en el mundo y a las personas a tener voz.

El problema en ese entonces es que no había término medio; y eso tampoco era bueno. Algunas personas decían que si no estabas de acuerdo con todo lo que los Estados Unidos hacían, no eras patriótico. Al mismo tiempo, muchos hippies hacían sus propias reglas y hablaban de los militares que regresaban a sus hogares lesionados o sin piernas, y los llamaban asesinos de bebés. Ahora parecería que hemos vuelto a lo mismo: personas que juzgan a otras personas y toman decisiones sin estar bien informadas; y todavía no hay términos medios.

Los verdaderos hippies pensaban por sí mismos y ayudaron a que se produzcan los cambios que necesitábamos en los Estados Unidos. Según mis cálculos, hoy en día, no hay suficiente cantidad de hippies. Y, además, no me importa quién seas, parte del sistema o un hippie, tienes que aprender a pensar distinto que el resto de la multitud. Piensa por ti mismo y trabaja por un mundo mejor. No actúes con violencia, pero cambia en forma radical tu propia mentalidad. Cuestiona la autoridad si no está iluminada por el ser supremo. Thomas Jefferson lo explicó a su manera: la rebelión contra los tiranos es obediencia a Dios. En ese sentido, tanto Jesús como Jefferson eran hippies propiamente dichos.

Esa es la verdadera lección de Woodstock. El primer Woodstock vino y se fue. Dos Woodstock más han ocurrido desde 1969, pero solo uno de ellos quedó grabado en nuestras mentes y es por la paz, el amor y la felicidad. Recuerdo cuando me invitaron a tocar en el vigésimo quinto aniversario; estaba de gira en Australia. Les pregunté quiénes más tocarían. "Nine Inch Nails, Cypress Hill, Aerosmith, Guns N' Roses". Respondí: "Hombre, eso no es Woodstock; eso suena como tipos blancos únicamente. En el 69, tocaron Joan Baez, Richie Havens y Sly. ¿Qué pasó con las mujeres y dónde están los negros? Creo que esas son las preguntas que Bill Graham hubiera hecho si hubiera estado allí en el 94. Les dije que si querían hacer un Woodstock no podían tener solo un color del arco iris, tenían que tenerlos todos. Me escucharon, agregaron bandas afroamericanas y de mujeres, y volvimos a tocar en Woodstock.

En el 99, lo intentaron una vez más, pero se había perdido el

mensaje, ya no había paz y amor. En aquel entonces, para que la experiencia fuera igual al Woodstock original, tendrían que haber invitado a músicos de todo el mundo (amerindios, africanos, chinos) como los juegos olímpicos pero sin la competencia. En el 99, se trataba solamente de un tipo de música, de patrocinio por parte de empresas de bebidas sin alcohol y de difusión en televisión. Se trataba sobre acciones y no sobre Woodstock. No toqué en ese, no había forma de que lo hiciera.

En el 2010, tocamos con Steve Winwood en Bethel, Nueva York, a unas pocas yardas del lugar original de Woodstock. Acababa de pedirle la mano a mi esposa, Cindy, unos días atrás y estaba en un estado de total felicidad. Tuve una tarde libre; entonces, fui a pasear por lo que solía ser la explotación agrícola de Max Yasgur, todavía puedes ir allí a ver el campo donde se juntaron quinientas mil personas. Fue una experiencia muy emotiva para mí. Ahora, hay un museo allí y había personas en el museo que habían visto a Santana tocar esa tarde. "Estuvimos aquí la primera vez, es genial verte de nuevo", me decían. Fue muy gratificante volver a ese lugar y escuchar eso.

Sinceramente, creo que muchos de los recuerdos que tengo de nuestro paso por Woodstock los he creado al verme en la película, que salió casi un año después. La primera vez que vi la película fue cuando Santana volvió a la ciudad de Nueva York en 1970. Recuerdo que me gustó la forma en la que el director mostró todo lo que pasaba: dividió la pantalla en tres partes, pero odié ese gran angular que usó para hacerme ver como un insecto.

Devon Wilson, la novia de Jimi Hendrix, me llevó a ver la película la primera vez. Me dijo que cuando vio la película con Jimi, él estaba muy molesto. "Tendrías que haber visto su cara cuando aparecieron ustedes. No podía dejar de hablar sobre Santana".

"¿De veras?".

"Sí. A Jimi realmente le gustó cómo tocaron, viejo. Le encantó la energía".

Poco después de la muerte de Jimi, tuve otra conversación con Devon. Fue una enorme sorpresa enterarme que Jimi le dijo que le

hubiera gustado ser miembro de Santana. Todavía me pongo eufórico con tan solo pensar lo que hubiera sido eso.

Creo que hicimos buena música en Woodstock y, con tantos otros tipos de bandas que tocaron allí, veo que debimos haber sobresalido. Shrieve estaba realmente encendido ese día como un caballo corriendo libremente y Chepito tocó los timbales con absoluta convicción y fuego. Así, les mostraron a esos hippies un tipo de música que nunca antes habían escuchado. Estábamos preparados, como un coche listo para la pista, algunos de los otros grupos estaban confundidos y todavía en la zona de *boxes*, tratando de organizarse. Éramos *hippies*, pero éramos profesionales a nuestra manera. Después que nosotros tocamos llovió y algunas bandas realmente lo sufrieron. Recuerdo que más tarde hablé con Jerry y me contó que el escenario estaba mojado cuando The Dead tocó y que los cables de las guitarras los electrocutaban, así que les era imposible alcanzar las notas. No tenían aislamiento ni conductor de tierra; entonces, era literalmente como si pusieras el dedo en el enchufe. ¿Quién puede tocar así? Jerry me dijo que nunca tocaron tan mal como en esa ocasión.

Desde mi punto de vista, según lo que escuché en el álbum y lo que vi en la película, hubo tres bandas que estaban organizadas en términos de música y de energía. Sly fue la número uno, fue el amo y señor del fin de semana. Le siguió Jimi Hendrix, con la increíble forma en la que presentó el himno nacional y el resto de su espectáculo, lástima que gran parte de la multitud ya se había ido porque tocó el lunes por la mañana. Y si bien el tercer puesto podría disputarse entre varias bandas que sonaron muy bien, creo que ganaría The Who o Santana, y eso fue todo.

No nos quedamos a ver el resto del festival después de nuestro recital, ya era hora de partir. Los helicópteros sacaban personas para hacer lugar a las bandas que llegaban. Era caótico, y tampoco había suficiente espacio detrás del escenario como para pasar el rato. Yo todavía estaba loco, quería irme e hibernar. Los otros hablaban, pero yo permanecí callado. Temía que alguien dijera que había desentonado. Hombre, había sido demasiado. Al final, nos quedamos un

rato en el vestíbulo de un hotel estilo Howard Johnson, lejos del festival y luego seguimos camino.

Woodstock fue importante para Santana. Fue la puerta más grande que jamás atravesaríamos tan fácilmente. Pero, hasta que vi la película, de muchas maneras, Woodstock había sido tan solo un concierto más y, para nosotros, 1969 fue un verano lleno de grandes espectáculos. Después de Woodstock tocamos en festivales de pop en Atlanta, Nueva Orleans y Dallas. Estuvimos de gira durante dos semanas más antes de volver a casa; entonces, puedes imaginar que, para entonces, todo se estaba desvaneciendo en mi mente.

Siempre recordaré dos cosas maravillosas de esas giras nacionales. La primera ocurrió en Boston, donde tocamos justo después de Woodstock, en el Boston Tea Party. Paseábamos por Cambridge cuando de repente escuchamos "Jingo" en la radio. Una corriente de energía corrió por mi cuerpo cuando me di cuenta de que era nuestra canción. Por supuesto, todos empezamos a hablar sobre ello y luego la emoción giró hacia: "Hombre, es una basura; tenemos que conseguir un productor de verdad". Era cierto, la música sonaba muy débil. Realmente no se podía sentir nuestra energía salir de un pequeño parlante de radio. Esa fue una lección importante: pensar cómo las personas escucharían nuestra música. "Jingo" fue nuestro primer *single*, pero no lo transmitieron muchas estaciones de radio, entonces, Columbia eligió "Evil Ways" como el segundo *single*, y ese tuvo éxito después.

La segunda sucedió en octubre mientras nos encontrábamos en Chicago, presentándonos en algunos recitales. Era nuestra primera vez en esa ciudad y, para mí, Chicago solo significaba una cosa: el hogar del blues eléctrico. Tuvimos un día libre y nos quedábamos en un Holiday Inn. Había escuchado que Otis Rush tocaba en el vecindario South Side, una zona peligrosa de la ciudad; podría haber sido en el mítico bar Theresa's Lounge. No pude convencer a nadie de que me acompañe. "No; hoy es día libre, hombre. Me voy a buscar una hamburguesa, luego iré a la habitación a relajarme".

Entonces convencí a un taxista de que me lleve hasta allí y fui yo solo. En cuanto salí del taxi, pensé: "Ay, maldita sea. Esta sí que es una zona peligrosa". Era profundo, bien profundo, en el gueto. Podía sentir los ojos de todos sobre mí, mirándome como si fuera una chuleta de cerdo y ellos un grupo de tiburones. Entré rápidamente al pequeño club y ahí estaba, Otis Rush; lucía genial, con anteojos de sol, sombrero de vaquero y un palillo en la boca. Me paré en la barra y me quedé petrificado. Simplemente escuchaba su voz y miraba sus dedos en esa guitarra invertida. Tenía la impresión de que esta era tan solo una noche más para él, de que hacía eso cada vez que tocaba; pero verlo allí, tocando con una verdadera sección rítmica de Chicago, mostrándome cómo se hace y por qué se hace, era muy distinto a verlo en cualquier otro lado. Para mí, no existía mayor exposición de sentimientos que aquel que surgía del blues más sincero, esa música entraba por mis poros. Después de escuchar a Otis Rush tocar de ese modo, estaba listo para ir a Vietnam, Tehrán o Pakistán. Por escuchar esa música, iría hasta el infierno y haría un pacto para permanecer allí.

Desentonaba terriblemente en ese bar con mi cabello largo, mi bigote y mi ropa hippie. Observé que todos me miraban. Después, noté que un policía hablaba con el cantinero; entonces, me acerqué. "Disculpe", dije en voz baja. Me miró de pies a cabeza. "¿Sí?".

"Le puedo pagar cien dólares. ¿Me puede proteger? Déjeme escuchar a Otis y cuando termine, ¿le puede pedir al cantinero que llame a un taxi y acompañarme hasta subirme al coche?".

"¿Cien dólares? Muéstramelos".

Se los mostré. "Está bien, no te preocupes, hombre. Relájate y disfrútalo".

Lo hice, hasta el final del último tema. Otis desenchufó la guitarra, dijo: "Gracias, damas y caballeros, buenas noches" y se fue. El policía me miró. "¿Listo?". El cantinero llamó un taxi, me acompañó hasta el coche y le pagué por esperarme. Valió cada centavo. No vi las calles ni sentí las sacudidas cuando volvía al hotel. Todavía escuchaba la música; el sonido profundo de la voz de Otis y la forma en la que estiraba las notas. Ver a Otis y a otros bluseros

como Magic Sam y Freddie King, que todavía tocaban en pequeños bares de Chicago, se convirtió en parte de cada visita.

Creo que el hermano Otis siempre va a revivir al niño de siete años que llevo dentro. No soy el único que se siente así, Eric Clapton y Jimmy Page también lo hacen. Incluso Buddy Guy lo dejaría todo por Otis. Recuerdo una ocasión en 1988 que llegué a Chicago a eso de las cinco de la tarde y me hospedé en un hotel del aeropuerto. El teléfono ya sonaba en mi habitación cuando coloque la llave en la puerta. Era Buddy. "Hola, Santana. Escucha, Otis y yo, te estamos esperando. ¿Tienes una birome? Escribe esta dirección y ven".

La dirección era la del Wise Fools Pub y no perdí tiempo. Llegué lo suficientemente temprano, cuando el establecimiento estaba medio lleno. En realidad, Otis todavía no había llegado. Entonces Buddy y yo empezamos a tocar algunos solos y lo estábamos haciendo estupendamente. De repente, vi que el sombrero de vaquero y el palillo salían de entre las sombras. Parecía la escena de una película. Otis miró a su alrededor y caminó a través de la multitud como si no estuviera apurado. Este era su terreno. Tomó su guitarra y se paró bajo el reflector, que iluminó su cara de una manera muy dramática. Se inclinó sobre el micrófono y dijo: "Aplausos, damas y caballeros". Luego, en voz baja, casi para sí mismo, dijo: "Estrellas, estrellas, estrellas...".

Era como si Otis dijera: "Ah, ¿Sí? ¿Creen que estos tipos son buenos?". Conectó la guitarra y ni siquiera cantó, fue directamente de un tema a otro de blues instrumental, dejando en evidencia quién era la verdadera estrella. En el medio de un solo, tocó un *lick* que nos hizo, a Buddy y a mí, gritar como dos locos. No podíamos creer lo que era capaz de sacar de cada nota. Era como tomar una larguísima caña de azúcar fresca y pelarla con los dientes para llegar al centro, donde está el azúcar, y el sonido que hace cuando succionas la savia y el jugo comienza a caer por tu barbilla y sobre tus manos. Así era como te sentías cuando Otis alcanzaba esas notas, nada suena ni sabe mejor que eso.

Con el transcurso de los años, llegué a conocer a Otis y le hice

saber lo importante que es su música para mí. Sin embargo, no es una persona a la que le gusten los halagos. La primera vez que lo vi en el Fillmore, le dije lo increíble que sonaba. Su respuesta fue: "Hombre, me falta mucho por aprender". ¿Qué? ¿A ti? ¿Al hombre que hizo "All Your Love (I Miss Loving)" y "I Can't Quit You Baby"? Creo que es uno de esos hombres a los que les cuesta valorar su propio don, que, en su mente, están lejos de su alma, excepto cuando tocan. No hace mucho tiempo, Otis sufrió una apoplejía y no podrá volver a tocar. Hago todo lo que está a mi alcance por seguir en contacto, le mando a su familia un cheque dos veces por año y le hago saber cuán amado es. Nunca fue realmente bueno con las palabras, pero todavía llama por teléfono y dice: "Carlos, te quiero, hombre". ¿Qué puedo decir? Él cambió mi vida.

Cuando volvimos a Bay Area, en diciembre, nos pidieron tocar en otro festival. Fue en el Altamont Speedway, y creo que nunca antes me sentí tan feliz de que seamos la primera banda en tocar. Ahora que lo recuerdo, creo que, así como Woodstock era llevar al máximo la espiritualidad de cada uno, Altamont se trataba de los excesos y la cocaína, y de pavonear tus habilidades para demostrar lo bueno que eras. No era sobre The Rolling Stones contratando a los Hells Angels, aunque eso fue parte de ello. Era una onda extraña y pendenciera, las personas empujaban en lugar de relajarse, se enojaban con el otro, el tipo incorrecto de energía, y las personas que supuestamente debían evitar que eso pasara se estaban molestando más que el resto. Me daba mala espina, y había miedo y furia. Podías verlo en los ojos de las personas. Tocamos y nos fuimos antes de que todo se complicara. Después nos enteramos de que alguien de Jefferson Airplane fue golpeado, que The Dead no quiso tocar y que The Rolling Stones tocaron de todas maneras y un hombre fue asesinado.

Puedes verlo en la película *Gimme Shelter*, fue todo tan tangible. The Stones querían que participáramos en su película y creo que todos estábamos bastante de acuerdo con que no queríamos

relacionarnos con ese suceso. Hacía que todo se viera mal; la atmósfera era oscura, brutal y cruel, y nosotros no queríamos participar.
Dijimos que no; era mucho más que ondas negativas; esa experiencia tuvo una energía tangiblemente oscura, atemorizadora y violenta con la que no queríamos estar conectados. Todavía decimos
que no; porque cada tanto quieren volver a lanzarla con más
filmaciones.

Si en el 69 todo giraba en torno al volumen y la indulgencia
excesiva, otro elemento característico de ese año fue que todo sucedió con velocidad. Las cosas pasaban más rápido que nunca para
Santana. ¿Cuán rápido? En noviembre, cuando volvimos a Nueva
York para tocar en el Fillmore East, éramos la banda principal. The
Butterfield Blues Band y Humble Pie eran nuestros teloneros. Hay
una carta de ese mismo mes, que leí años más tarde, que le envió
Clive Davis de Columbia a Bill Graham, en la que le pedía que le
reserven un lugar a Miles Davis en alguno de los Fillmores y lo pre-
senten ante el público del rock. En medio de eso, escribió sobre las
importantes ventas de "Santana" y dijo que éramos "imparables".
En diciembre, se lanzó "Evil Ways" y, para principios de los 70
estaba entre los diez principales éxitos de la radio. Ya estábamos
listos para volver al estudio y, después de eso, como dijo Clive, Santana fue realmente imparable.

CAPÍTULO 10

La semana anterior a que toquemos en Woodstock, comencé a juntarme con un tipo que era más grande que yo. Tenía un poco de cocaína, y le dije "No, no quiero meterme en eso". Después comenzó a hacerme escuchar grabaciones ilegales de Charlie Christian tocando en vivo en Minton's Playhouse; eso sí que era escalofriante. Estaba escuchando los orígenes del bebop, que nacía del swing jazz, a través de un guitarrista

que había tenido tuberculosis, como yo, y que había muerto a los veinticinco años. Su música me penetró directamente. Era uno de esos tipos, como Django, Tal Farlow y Wes Montgomery, que podía tocar melodías intrincadas con diferentes acordes en cualquier parte del mástil de la guitarra sin mirar ni una sola vez. Si ves videos míos o de Jimi, podrás ver que contamos los trastes.

Creo que debería ser obligatorio escuchar a Charlie Christian si uno es un guitarrista serio y no simplemente un músico de fin de semana. A medida que conocí sus melodías (y las octavas y la calidez de Wes, y los sonidos exagerados y atómicos de Sonny Sharrock), comencé a creer que toda esa música y todos esos músicos llegaron a mí por alguna razón. Creo que todos los músicos de los que me hablaron me hicieron pensar en el instrumento y cómo hacer algo nuevo de una manera diferente.

Me tomó un tiempo, pero aprendí a respetar la forma de tocar de Christian. Es un idioma muy, muy desarrollado. El jazz moderno tiene otro tipo de vocabulario, que vino de una forma superior de expresión musical. Vino de un lugar especial, de Charlie Parker, Dizzy Gillespie y John Coltrane, y que tiene raíces profundas en el blues. Pero no es el mismo tipo de blues que con el que yo comencé; el de dobladores de cuerdas como B. B. y Muddy. Django, Charlie Christian y mi exsuegro, Saunders King, no eran dobladores de cuerdas.

Solía preguntarle a SK: "¿Por qué ustedes no doblaban las notas?" El me respondía casi con arrogancia: "Porque nunca tuvimos tiempo". Así yo lograba comprender. Puedes oír eso cuando escuchas a Charlie Christian alcanzando esas notas en esos tempos. No había tiempo para doblar las cuerdas. Gracias a Dios, Miles y Coltrane pasaron a tocar música modal; y se me hizo más fácil porque es más parecida al blues. Sé qué puedo y qué no puedo hacer y qué me sale mejor, y todavía no sé cómo tocar solos con cambios de acordes. Bueno, capaz inconscientemente lo sé. Pero cuando alguien como Charlie Christian o Charlie Parker comienza a hacer cambios de acordes, puedo acompañarlo y seguir su ritmo durante los primeros veinte, treinta segundos. Creo que me fue bien con ese estilo al final de "Hannibal".

En 1970 arrancamos el año ya subidos a un cohete espacial. Con Santana, estábamos ocupados de gira: de regreso en el Fillmore East y en Nueva York; de vuelta en casa, en San Francisco, donde tocamos en un especial de televisión producido por Ralph J. Gleason y una empresa llamada The Family Dog; y, luego, en un evento para recaudar fondos para ayudar a Grateful Dead después de que los arrestaran en Nueva Orleans. Más actuaciones en festivales y en universidades. Luego, Columbia Records nos dio el primer cheque por las regalías del disco "Santana", esta fue la primera vez que vimos dinero real como grupo. Recuerdo que algunos de los otros muchachos inmediatamente comenzaron a comprar motocicletas y coches caros.

Lo primero que hice fue mantener la promesa que le había hecho a mi madre: le compre una gran casa de dos pisos con garaje en la avenida Hoffman, en un lugar seguro de The Mission, cerca de Twin Peaks. En aquel momento, ya casi todos se habían ido de la antigua casa. Solo quedaban mi papá, mi mamá y María. Mi hermana Irma vivía en la planta baja. Mi mamá finalmente pudo tener una lavadora y una secadora. Se quedaron allí hasta 1991, cuando se mudaron a San Rafael y más tarde a Danville. Mis padres pasaron veintiún años en esa casa, más que en cualquier otro lugar donde hayan vivido.

Recuerdo que cuando le dije a mi mamá que iba a poder hacer más compras en el supermercado y que le iba a comprar una casa, me dio un abrazo y se quedó mirándome como si no supiera qué decir. Estábamos un poco distanciados en aquel momento. Nos llevó tiempo poder volver a comportarnos como madre e hijo. Había pasado bastante tiempo fuera de casa.

Mientras estaba de gira, mi novia, Linda, encontró una casa para nosotros en North Bay, en el condado de Marin, sobre el monte Tamalpais, que tenía una vista increíble de la bahía y del puente Golden Gate. Había halcones dando vueltas todo el tiempo, dejándose llevar por los vientos. Nos mudamos allí juntos y, en comparación con el centro de San Francisco, con todo el ruido de la calle, era un lugar tan tranquilo que me causaba problemas porque el silencio

era abrumador. Me tomó tiempo acostumbrarme. Todavía no meditaba, y recién había empezado a leer las obras de Paramahansa Yogananda y otros libros de filosofía oriental. Podría decirse que mudarme un paso afuera de la ciudad, y aprender a escuchar el silencio y los nuevos sonidos me ayudó a abrirme al camino espiritual que estaba a punto de tomar.

¿Qué otra cosa podía hacer con el dinero que ganaba? Empecé a coleccionar mucha música (casetes, discos) y compré una batería. Me dije a mí mismo que iba a dedicar una habitación a toda mi música. Más tarde, ese verano, en Nueva York, conocí a un hombre que acababa de comenzar a trabajar para Columbia Records en Francia que se llamaba Michel Delorme. Se llevaba bien con Miles Davis y también había tenido una relación estrecha con John Coltrane. De hecho, hay una foto a color, excelente de él entrevistando a Coltrane en 1965 con la que un amigo mío se hizo una playera. Inmediatamente, Michel Delorme pasó a ser un héroe y un amigo. La segunda vez que nos vimos fue en Francia unas semanas después. Michel me dio una enorme cantidad de grabaciones de magnetofón, en su mayoría de música de Miles y Coltrane que no había sido publicada. Trataba a esos ejemplares como si fueran piedras preciosas. Las llevé a casa y las copié con cuidado, y luego se las devolví a Michel. Todavía le gusta decirme cuán sorprendido estaba de que haya cuidado las grabaciones y se las haya devuelto. Debe estar pensando en la entrevista de tres horas que le hizo a Coltrane: le prestó el casete a un amigo que nunca se lo devolvió.

Michel es una de esas personas especiales que conocí a lo largo de los años, a quienes me gusta llamar "guardianes de la llama" por lo que hacen para que la música siga prosperando. Son coleccionistas de música, información y espíritu como Michel, o Hal Miller, que tiene casi todos los videos de *jazz*, o Jan Lohmann en Dinamarca, o Yasuhiro "Fuji" Fujioka, que tiene la Coltrane House en Osaka, Japón. Y hay gente como Michael Cuscuna, que siguen reeditando la música para que no desaparezca de las tiendas o de Internet. Esto no implica solo amar la música, sino dedicarse completamente a promover y preservar la historia de cualquier forma posible.

Años más tarde, Michel me dio una compilación que llamó *Intergalactic Wayne Shorter* (*Wayne Shorter intergaláctico*); eran las mejores actuaciones de Wayne en Francia. Una música increíble, una de mis recopilaciones favoritas al día de hoy. Con Michel seguimos viéndonos en Francia, y me sigue mostrando cosas viejas nuevas, es decir, música vieja que está siendo descubierta por primera vez. También me enseñó una linda expresión para usar cuando la música no se oye bien, o cuando algo es obvio: "¡puf!"

Con los casetes de Michel, comencé mi propia biblioteca de grabaciones raras, que incluía álbumes de vinilo, casetes, videocasetes y DVD (todavía los tengo y los aprecio). Siempre tuve una habitación especial para esa colección y otras cosas, como mis guitarras y amplificadores, baterías e instrumentos de percusión. Hoy en día, toda esa música, que solía ocupar toda una pared, puede entrar en un par de iPods, por lo que armé algunos que de vez en cuando regalo a mis amigos. Uno de ellos tiene toda la música de Bob Marley y está pintado de rojo, verde y dorado. También tengo otro que está decorado con un dibujo de un trompetista que tiene todas las piezas musicales de Miles, incluidas todas sus grabaciones en vivo poco conocidas y conciertos como músico acompañante (cuando tocaba como invitado en los discos de otros músicos). Lo mismo con Coltrane, Marvin Gaye y otros portadores de mensajes como ellos.

Además de comprar música, para lo que sí estaba listo, ese año me compré algo para lo que probablemente no estaba preparado: un coche. Y no cualquier coche, un descapotable Excalibur Phaeton rojo fuego de edición especial. Era hermoso. Era un modelo de 1970 y parecía que había sido fabricado en Alemania en la década de 1920. Tenía estribos, un motor Corvette de trescientos caballos de fuerza debajo del capó y tubos refrigerantes que salían del compartimiento del motor. Fíjense en Internet. Era un clásico cuando salió.

Nunca antes había tenido un coche. En realidad, no sabía conducir. Hasta ese momento, mis amigos que conducían me llevaban de aquí para allá. Con el éxito de Santana, teníamos muchas cosas que hacer y cada vez menos tiempo para hacerlas. Carabello y Gregg no tenían tiempo para pasarme a buscar, ni siquiera para ir a

los ensayos. Se estaba tornando un poco molesto. Pensé: "Tengo que comprarme un coche y aprender a conducir". En ese orden.

Así que fui a un concesionario en San Rafael que vendía estos coches (creo que era Annex Motors). Me miraron entrar con mi ropa hippie, y un hombre de traje y corbata se me acercó inmediatamente como si estuviera seguro de que había entrado al lugar equivocado. "¿Sí? ¿Qué desea?". Yo miraba el coche fijamente. "¿Cuánto cuesta ese coche?", le pregunté. Puso los ojos en blanco, se dio vuelta y comenzó a alejarse de mí. Le dije: "No, quiero comprar ese coche. Tome . . ." Le di la tarjeta de negocios de Sid Frank, el contador con quien Bill Graham nos había contactado. "Llámelo. Él se hará cargo de todo". Más adelante, Bill descubrió que Sid nos estaba estafando a todos, incluso a Bill, y quería matarlo.

Sid vino con el cheque, yo firmé los papeles, y el vendedor sacó el coche y me dio la llave. Les dije "Bueno, gracias. Los veo más tarde", y comencé a conducir. Estuve bien en las calles pequeñas, pero tuve que tomar la autopista 101 para regresar a casa, y fue entonces que comencé a tener problemas. Estaba conduciendo a treinta kilómetros por hora por el carril de la derecha, los coches me pasaban zumbando, y solo esperaba que no me chocaran. Ahora que lo pienso no había muchas posibilidades de que eso sucediera. Podías ver el Excalibur a kilómetros de distancia. Pero aquel día apretaba el volante como si estuviera exprimiendo el jugo de una naranja. El coche tenía un motor potente, pero yo iba a paso de tortuga. Por suerte, también tenía transmisión automática. La patrulla de caminos me vio en seguida. Dos policías me hicieron detenerme, y luego llegó otro coche. Había cuatro policías mirando el coche y mirándome a mí, tratando de comprender.

Creo que simplemente tuve suerte en situaciones como esa: siempre hubo un policía bueno al lado del policía malo. Uno de ellos quería revisar todos mis papeles, pero el jefe se acercó y me dijo: "Quiero ver tu licencia de conducir". De repente me di cuenta de que todavía no tenía una. El policía me miró sin sorprenderse. "Sé que no tienes una maldita licencia porque, si la tuvieras, no conducirías de esa manera".

Me miró más de cerca. "Espera un momento, ¿no eres Santana?". Luego me miró como si para él todo tuviera sentido. Pensó por un momento y me dijo: "Te diré lo que voy a hacer". Se dio vuelta y le dijo a uno de los otros policías: "Tú, ven para aquí". Luego, me miró: "Dale las llaves".

"¿Qué?".

"Te llevaremos a tu casa. Tú vienes conmigo, y él nos seguirá en tu coche. Y, ¿ves ese otro muchacho?".

"Sí".

"Él te pasará a buscar mañana para enseñarte a conducir".

¿Puedes creerlo? Eso fue lo que sucedió. Creo que los policías tomaron una sabia decisión, porque, si tenía que conducir por su tramo de la 101 en un coche con tanta potencia, iba a ser mejor que me ayudaran. Gracias a ellos, en aproximadamente cuatro días, había ganado confianza y tenía mi licencia.

Creo que esa historia dice mucho sobre cuán conocida era Santana en San Francisco para 1970. Éramos héroes locales, incluso para algunos policías. Ese coche también me dejó una enseñanza en cuanto a conocer mis limitaciones y mantener mi ego controlado. Llamó mucho la atención durante los dos años siguientes. Una vez, estaba conduciendo por una carretera de dos manos y otro convertible se me puso al lado. Las personas que iban en el gritaban: "Santana, ¡nos encanta tu música! ¡Ese sí que es un coche, Santana!" Solo que no estaban mirando el tráfico que venía en la dirección contraria, de donde venía un gran autobús que casi los choca de frente. Tuve que hacerme a un lado y detener el coche porque mi corazón latía muy rápido. Pensé: "Esto no es bueno. Esos muchachos casi se matan por mi culpa y por culpa de este estúpido coche". No quería cargar eso en mi conciencia.

Intenté hacer que el Excalibur llamara menos la atención y lo hice pintar de negro, pero sabía que era como bajar de un 10 a un 9,5. Pero realmente se veía muy, muy bien de esa manera. Conduje muchas marcas diferentes desde entonces. No soy Jay Leno, y no trato de coleccionarlos, pero me gustan los coches buenos. En la actualidad, tengo un Fisker Karma de color azul metalizado que

me gusta. Me encanta cuando el sistema eléctrico toma el control, y se escucha una especie zumbido. También tiene un excelente sistema de estéreo, que es importante.

Ese año comencé a sentir la fama, a que te reconozcan, y aprendí a comportarme gentilmente, incluso cuando trataba de comer o conducir por la calle. Si no te gusta que la gente te interrumpa, probablemente este no sea el negocio indicado para ti. Pasó todo tan rápido y con tanta fuerza que incluso afectó a mi familia. Mi papá me dijo que cuando estaba tocando con una gran banda mexicana en La Rondalla, obtuvo un mayor reconocimiento y respeto gracias a nuestro apellido. Mis hermanas me contaron que la gente solía llamar a todos los Santana que aparecían en la guía telefónica de San Francisco para encontrarme. Tuvieron que cambiar sus números de teléfono varias veces, y esto siguió sucediendo durante un tiempo. Mi mamá me dijo que, una vez, en los 80, estaba de compras en una tienda departamental en el centro y necesitaba ayuda, pero los vendedores no le prestaban atención. Luego, vieron su tarjeta de crédito y le dijeron "Ah, ¿eres la mamá de Santana?", y comenzaron a ser amables y serviciales.

A esta altura, ya podrás imaginar lo que dijo mi madre: "No necesito nada de su maldita tienda" y se marchó.

En junio de 1970, comenzamos a trabajar en el segundo álbum de Santana, *Abraxas*, en el estudio de Wally Heider, en San Francisco. Había pasado un poco más de un año desde que habíamos grabado el primero, así que habíamos estado trabajando en canciones nuevas y pensando en lo que queríamos cambiar o mantener igual esta vez. Queríamos que Gianquinto nos ayudara otra vez. De hecho, "Incident at Neshabur" fue la primera melodía en la que trabajamos. También sabíamos que queríamos trabajar con el productor correcto de Columbia. En otras palabras: a los integrantes de Santana, en verdad, no nos gustaba nuestro sonido hasta que sacamos *Abraxas*.

Me voy a meter en problemas, pero es la verdad. Fred Catero ayudó a muchos de los productores con los que trabajó a que se

oyeran bien; sus sesiones nunca se hubieran escuchado de esa manera sin su ayuda. Al principio, era el ingeniero de Columbia en San Francisco y tenía excelentes referencias. Trabajó con Sly y Janis, y en ese álbum en vivo de Bloomfield y Al Kooper. Trabajó como ingeniero para Mongo Santamaría cuando estábamos haciendo *Santana*. Nos enteramos de que sabía cómo grabar congas. Y, lo que era más importante, sabía cómo grabar congas con guitarras eléctricas, motivo por el cual lo elegimos como productor.

Creo que el sonido de la guitarra se estaba volviendo más claro; esto se puede notar en *Abraxas*. Me ayudó mucho con mi tono, y lo que más ayudó a mi tono fue un nuevo amplificador Boogie, el cual todavía no tenía nombre cuando conocí al muchacho que inventó la idea, Randy Smith. Mi amigo Randy me da crédito por el nombre porque dije que su amplificador realmente sonaba a *boogie* la primera vez que lo escuché. Esa palabra la tomé del "boogie man" original: John Lee Hooker.

A Randy el "Boogie Man", como yo lo llamo, se le reconoce la creación de un amplificador pequeño con poder suficiente para tocar con distorsión y *sustain* es decir, intentar prolongar el sonido de una nota, sin importar el volumen. Le puso potencia, y tenía un tono increíble. Algunas de las mejores canciones que toqué en mi vida (incluida gran parte de *Abraxas*) salieron de ese primer amplificador Boogie que me dio Randy.

En ese momento, todos tomaban sonidos e ideas de Jimi Hendrix y de los muchachos británicos o de guitarristas de R&B como los que tocaban para Motown. Bien en el fondo de mi mente, muy en el fondo, yo me preguntaba "¿Cuál es el sonido de un alma rezando o de un fantasma llorando?". Creo que mi sonido era más parecido a lo que Pete Cosey haría más tarde con Miles. Fred nos ayudó a que se nos hiciera fácil hacer nuestro arte y tocar sin preocuparnos por si nos estaban grabando de la manera correcta o no.

Fred hizo eso cuando a Carabello se le ocurrió "Singing Winds, Crying Beasts" en el estudio. Carabello no tocaba el teclado, pero le podía cantar la melodía que quería a Gregg, quien intentaría tocarla en el órgano. Cuando escucho esa melodía ahora, todavía recuerdo

que me encantaba llegar al estudio a horario y ver que Gregg y Carabello ya estaban allí y tenían una pista lista, que en cierto modo era gracioso porque a veces discutían mucho. Creo que capaz estaban allí desde la noche anterior. Pero, si eso era necesario para llegar al punto en el que una melodía necesitaba de mi guitarra, no tenía ningún problema.

Michael es un tipo dramático, a quien se puede escuchar en "Singing Winds", que fue una manera muy evocativa de empezar un álbum, con un poco de misterio. No te imaginas qué va a suceder después de eso, y luego comienza "Black Magic Woman".

Gregg trajo esa canción, y estuvimos todos de acuerdo inmediatamente. A mí ya me gustaba Peter Green, y, como dije, la canción era como una hermana para "All Your Love (I Miss Loving)" de Otis Rush. Creo que tomamos esa melodía y verdaderamente la hicimos nuestra. Sigue siendo nuestra canción más solicitada, y todavía se me acercan mujeres y me dicen: "Sabes, yo soy la mujer de tu canción". Por supuesto que, con el correr de los años, hubo algunas otras canciones de Santana que causaron el mismo efecto, como "Maria Maria" y "Smooth". Suelo escuchar "Soy Maria Maria" o "Soy la Spanish Harlem Mona Lisa", y, si todas ellas afirman que lo son, ¿quién tiene derecho a decirles que no?

Creíamos que la transición a "Gypsy Queen" era un puente perfecto entre esas dos canciones. Lo hicimos muchas veces en vivo y quedaba muy bien. Cuando escucho "Gypsy Queen" hoy en día, me hace pensar cuán persistente fue Michael Shrieve ese verano, ya que me hacía escuchar y entender a Miles y a Coltrane. Me daba cuenta de que ambos estaban usando escalas diferentes a las que nosotros usábamos, pero para mí lo importante no era descifrar cómo lograr sostenidos y bemoles, sino lograr comprender el sentimiento que buscaban transmitir y cómo lo hacían. En el estudio solíamos preguntarnos: "¿Cómo haría Miles para abordar este estado de ánimo?" De alguna manera, no quería que nadie explicara demasiado cómo lograba las notas y las escalas. Cuando sé exactamente donde se encuentra un acorde, es como si me contaran el remate antes que el chiste. "Maldita sea. Desearía que no me lo hubieras contado".

Abraxas fue muy bueno para algunas personas ya que hicimos versiones de sus canciones. Durante mucho tiempo, recibieron bastantes regalías, y eso me pone contento. Algunos de ellos son Peter Green, Gábor Szabó, Tito Puente. Tito siempre se reía de eso durante los años posteriores a que el álbum se hiciera muy conocido. Se quejaba de que la gente esperaba escuchar nuestra versión de "Oye Como Va" en vez de la suya, y tenía que lidiar con eso. "Siempre me dicen: '¿Por qué no la tocas como Santana?'. Al principio me enojo un poco, pero después pienso que, gracias a esa versión, acabo de comprarme una casa nueva. 'Está bien, no hay problema'".

Todavía no conocía a Tito Puente la primera vez que escuché esa canción. Sí conocía a Ray Barretto, pero a Tito aún no. Estaba en casa con Linda y acababa de consumir un poco de LSD y estaba alucinando, y de repente encendí la radio, algo que normalmente nunca hacía. Estaba sintonizada una estación local desconocida que pasaba música latina toda la noche, una recopilación de canciones del tipo que se escuchaba en fiestas nocturnas. Pasaron una canción que tenía un ritmo excelente, y comencé a descomponerla, y a pensar cuán parecida era en estilo a "Louie Louie" y a algunas canciones de jazz latino. A la mañana siguiente, fui a The Mission para encontrar esta canción, busqué entre todos los discos hasta que encontré el indicado, y lo escuché sin parar, una y otra vez. Tenía unos solos excelentes, de trompeta y flauta, y efectos del ruido de una multitud de personas y una especie de final falso, como el que hacía Ray Charles. Todo esto contribuía a un excelente ambiente de fiesta. Me decía a mí mismo: "Podemos tocar esta canción. Tenemos que tocar esta canción. Va a volver locos a los hippies, especialmente a las mujeres".

Hay ciertas canciones que hacen que las mujeres se comporten realmente como mujeres, y no se necesitan disculpas ni excusas. "Oye" es una de ellas, y eso era lo que quería, incluso en aquel momento: volver locas a las mujeres. Creo que eso es algo que saqué de Tijuana. Me parece que a algunas personas les interesaba más tocar música que pudiera impresionar de la manera que lo hacían Jimi Hendrix o Led Zeppelin. Pero a mí eso no me importaba en absoluto.

Estábamos preparándonos para grabar, así que ya estábamos pensando en la cantidad de canciones que íbamos a incluir. Llevé esa canción y comenzaron a decirme: "Viejo, eso no es rock. No suena como rock". Fue la primera vez que sucedió, que había personas en la banda que no estaban cómodas con una canción porque no sonaba como Cream, Hendrix o The Doors. En Santana, tratábamos de crear puentes entre distintos estilos musicales, y, aparentemente, este puente era demasiado largo. Para mí, cualquier cosa que se sintiera bien era rock and roll. Así que esta fue también la primera vez que verdaderamente me mantuve firme. "No. Vamos a grabar esta canción y punto". Creo que Gregg tocó "Oye Como Va" de una manera excelente.

Yo también tenía mis propios prejuicios. Gregg estaba creciendo como compositor y tenía algunas canciones excelentes, como "Hope You're Feeling Better". Nos presionó para que grabemos esa canción. La habíamos tocado en vivo, pero no muy a menudo. Para ser honesto, era una de esas canciones que Carabello y yo creíamos que era demasiado rock and roll, demasiado blanca. Cuando la tocábamos en los recitales, con Carabello a veces fingíamos que nos escondíamos detrás de nuestros amplificadores para molestar a Gregg. Podíamos ser así de crueles. Tenía mucho por aprender sobre cómo apreciar y validar lo que teníamos justo en frente nuestro. Es una canción excelente. Lo que tendría que haber hecho es acercarme a él y decirle: "Gregg, ¿tienes otras canciones como esa?"

Nos gustaba molestarnos. Solíamos fastidiarlo a Gregg porque caminaba como John Wayne. También imitábamos la manera en que hablaba, y Gregg nos seguía la corriente. Solía decir: "Está bien, forastero", como lo hacía Duke. "¿Vamos a ensayar hoy o simplemente nos vamos a quedar sentados? Un hombre tiene que hacer lo que un hombre tiene que hacer". Todos llorábamos de la risa.

Tuve que luchar por "Samba Pa Ti". Esta canción se me ocurrió cuando estaba en Nueva York, después de nuestra primera gira por Europa esa primavera, cuando estaba totalmente afectado por el desfase horario. No podía dormir; las paredes se movían como si

acabara de caerme de un carrusel. Justo cuando estaba por quedarme dormido, escuché a un muchacho que intentaba tocar un saxofón afuera en un callejón. Abrí mi ventana y vi a un hombre tambaleándose, no podía mantener muy bien el equilibrio. Parecía que no podía decidir si quería llevarse a la boca el saxofón o una botella de alcohol. Respiró hondo y estaba a punto de soplar, pero luego se detuvo y volvió a tomar. Escuché una voz dentro de mí que me decía: "Ese podrías ser tú, podrías estar así de perdido".

Tomé un papel y un bolígrafo, y se me ocurrió un poema, y no bien lo escribí pude escuchar la melodía que iba a acompañarlo. Las palabras y la música surgieron juntas como en una relación simbiótica. La música me recordaba a cómo sonaba mi padre cuando tocaba solo, y además podía escuchar un ritmo similar al de King Curtis en "Soul Serenade". Con "Samba Pa Ti", definitivamente intentaba incluir romance y belleza en mi forma de tocar. Quería lograr transmitir un sentimiento desnudo, desvestido, un sentimiento de vulnerabilidad.

Fue muy divertido tocarla ante la banda por primera vez. Creo que no esperaban algo tan delicado. Me miraron y me dijeron: "Rayos. Eso no se parece para nada al *rock and roll*, pero es honesto y auténtico". En nuestro favor, nunca descartamos ningún tipo de música que fuera honesto y sincero.

Una melodía puede ser memorable o fugaz. "Samba Pa Ti" no es de esas canciones que pasan desapercibidas. Si queremos ver qué está pasando cuando estamos en un tren en movimiento, tenemos que mirar lo que está a la distancia, no lo que está cerca nuestro. Para mí, con la música pasa lo mismo. Las mejores canciones son las que te permiten ver el panorama completo y que van en un camino ascendente. Son melodías largas, hermosas y memorables.

En cada etapa de tu vida, encuentras
Libertad que proviene de tu interior,
Y si pudieras llegar a comprender,
Mujer, ama a tu hombre.

Todos estamos buscando
Buscamos la paz eternal
Y está allí esperándonos
Solo debemos compartir.

Ingresamos al estudio sin saber quién iba a cantar la letra. No tenía la confianza para hacerlo. Sentía que no podía cantarla tan bien como podía tocarla en la guitarra. Creo que es mucho más transparente sin voz. Por supuesto que depende de quién la cante, pero podría haber sido demasiado espesa, demasiado parecida a . . la mayonesa. Sé que José Feliciano la grabó con su propia letra, pero no es la mía. Cuando la toco ahora en mi cabeza, la sigo tocando para acompañar ese poema. Quizás debería volver a grabarla y cantar la letra.

Ese cambio en el medio de la canción sucedió en el estudio. Ocurrió porque estaba escuchando los ritmos de "Soul Serenade" de King Curtis, "Groovin'" de The Young Rascals y "Angel" de Aretha. Toda esa música dio nacimiento a una idea, y todos sabíamos que debíamos seguirnos mutuamente en caso de que alguno quisiera ir a algún lado.

Cuando terminamos de tocarla por primera vez en el estudio, sabíamos que iba a ser importante. De nombre, le iba a poner "For Every Step, Freedom from Within", pero a Chepito se le ocurrió otro nombre en el momento. "Eh, Carlos, llámala 'Samba Pa Ti'". Pensé: "Sabes qué, me gusta", y confié en mi instinto.

Abraxas fue una producción grupal que se hizo canción por canción. De manera que Gregg, Carabello y Chepito coprodujeron sus propias canciones con Fred, y yo coproduje "Samba Pa Ti" y "Oye Como Va" con Fred, e "Incident" con Gianquinto. Amábamos ese álbum. Fue el primero que hicimos que era tan bueno como podía ser. Me encanta la forma en que se ve e incluso me encanta cómo lo llamamos.

El título *Abraxas* provino de un libro de Hermann Hesse que Gregg, Stan y Carabello estaban leyendo. En el álbum hay una cita del libro. Para la portada, tomamos una pintura del artista Mati Klarwein, que fue quien hizo la pintura de *Bitches Brew*. La había

hecho en 1961, y la vimos en un libro que tenía Carabello. Era perfecta para nosotros: la pintura iba bien con nuestra música e incorporaba los temas de África, espiritualidad, sexualidad y música Latina, los temas que nos interesaban. Tenía a una hermosa mujer negra en el centro y, a la izquierda, había un ángel montando una conga, que ahora para nosotros es como una marca registrada, como la lengua y los labios para The Stones. Carabello me la mostró, y estábamos seguros de que tenía que estar en el álbum nuevo. Columbia Records nos ayudó a que sucediera.

Fue tan fácil armar *Abraxas* que casi pareció que el álbum se creó solo. De todos los álbumes que hice, *Abraxas* fue el más fácil de armar. Las sesiones eran agradables y tranquilas, y se llevaban a cabo entre medio de algunas giras que hicimos en junio y julio, y podíamos relajarnos y no apurar las cosas. Les dedicamos más tiempo a los sonidos que antes. Intentábamos que las congas, las guitarras y el órgano sonaran bien en vez de conformarnos con ponernos de acuerdo, y, además, queríamos lograr que el sonido de la sala también fuera el adecuado. Algunos de nuestros amigos pasaban por el estudio y se sentaban a escucharnos, entre ellos: Steven Saphore, que tocaba el tabla, y el percusionista Rico Reyes. Reyes y Carabello tenían un grupo llamado San Pacu, que se formó aproximadamente en el 68; era una mezcla entre Santana y Tower of Power. Rico era un cantante excelente y nos ayudó a reafirmar la vibra de The Mission en el grupo. También era un tipo hermoso, pero terminó siendo otra víctima de la heroína y la cocaína.

Otro amigo que se juntaba con nosotros era el guitarrista Neal Schon, quien más tarde formó parte de Journey y Bad English. Gregg y Shrieve lo conocían de San Mateo. Todos vivían en esa parte de Bay Area. Neal ya se estaba dando todos los gustos. Tenía solo diecisiete años, pero tenía fama y era muy inteligente. No tocábamos juntos, pero él tocó un solo en "Hope You're Feeling Better" que no estaba en el álbum original. Tenía un tono excelente y muy buenas ideas cuando tocaba.

Clive Davis fue uno de los motivos por los cuales *Abraxas* fue tan fácil de armar. Estaba allí en la oficina de CBS en Nueva York y

no nos controlaba pero tampoco desaparecía. Confiaba en nosotros y estaba allí si lo necesitábamos. Entendía que hacíamos música que salía del corazón para que llegue directo al corazón de la gente, y, a pesar de que se inició como abogado, su amor por la música lo transformó en mucho más que un tipo de traje y corbata. Hasta el día de hoy, su talento principal nunca cambió: escucha música que puede gustarle al público general y la hace conocer. Eso es lo que hace.

Clive probablemente se reirá de esto, pero seguramente no tiene idea de lo que significa tocar un si bemol en séptima en el piano. No le importaría. Ese es el trabajo de otra persona. Tal como hacía Bill Graham, te entiende al escucharte; la diferencia es que él no se impone, como sí solía hacerlo Bill. A veces la tenacidad de Bill sacaba lo mejor de él y me alienaba, me decía: "Hombre, para un poco". Clive es experto en cómo ser diplomático. "Para ti y tu música, esto es parte de mi corazón; para todos los demás, es trabajo".

"Clive, qué bonito lo que dices. Gracias".

"No, te estoy diciendo la verdad".

Es increíble atraer a personas que quieren apoyarte y defenderte, e invierten en lo que haces. Todavía estábamos grabando *Abraxas*, y recuerdo que un día sonó el teléfono en el estudio y Carabello contestó. "Viejo, es para ti". Carabello tenía una relación estrecha con Miles Davis y Jimi, para él no era extraño hablar con ellos, así que respondió con total naturalidad que Miles era quien me llamaba por teléfono. Pero nunca nos habíamos visto en persona. ¿Por qué querría hablar conmigo? "No, viejo, no me jodas así".

"No, en serio. Es él".

Tomé el teléfono, y joder, era Miles, con esos susurros y su voz rasposa. "Hola, ¿qué estás haciendo?".

"Oh, hola, Miles. Es un placer conocerte. Estamos grabando un álbum".

"¿Sí? ¿Cómo va eso?".

"Estamos aprendiendo, ya sabes, aprendiendo y divirtiéndonos".

Se rio entre dientes. "Está bien, solo quería saber cómo iba todo. ¿Cuánto tiempo van a estar grabando?".

"Nos va a tomar un poco de tiempo, Miles. Estuvimos de gira por un tiempo".

"Está bien. No tarden demasiado".

Con el correr de los años, nos hicimos amigos, y solía llamarme para preguntarme cómo me estaba yendo. Mi repuesta era siempre la misma: "Estoy aprendiendo y divirtiéndome, Miles".

Las sesiones de *Abraxas* tuvieron lugar antes y después de nuestra segunda visita a Europa. En verdad, esa fue nuestra primera gira por Europa, porque la primera visita en abril fue para tocar en un espectáculo de dos noches en el Royal Albert Hall junto con otros artistas de Columbia Records, entre ellos: Johnny Winter, Taj Mahal y un grupo de San Francisco llamado It's a Beautiful Day, del cual Bill Graham era representante. Bill hacía cada vez más cosas para nosotros, para Santana. A veces era el productor del concierto en el que íbamos a tocar, otras veces era el agente de reservas y otras era quien nos grababa en el espectáculo. A veces cumplía las tres funciones.

Stan Marcum seguía siendo nuestro representante, y me daba cuenta de que, a pesar de que tenía un escritorio en la oficina de Bill, no siempre se ponían de acuerdo. Bill era un empresario, y a una parte de él le importaba el dinero. En Tijuana, aprendí que tener demasiado poder puede hacer que una persona realice acciones que te hagan querer checar tu bolsillo de vez en cuando. Pero también sabía que era bueno tener fuerza de nuestro lado. Y esa era más o menos la opinión que tenía de Bill.

La mayoría de los muchachos de Santana desconfiaban un poco de él. Sentían que en cuanto tuviera la oportunidad, se iba a llevar más de lo que le correspondía. Intuitivamente sentí que lo que nos podía dar valía más que el dinero que podía estar ganando. También sé que muchos de los muchachos que estaban involucrados se enfadaron con él a causa de acuerdos que salieron mal y otros problemas. Pero, a pesar de que no siempre estábamos de acuerdo, siempre sentí que podía confiar en Bill, que me iba a apoyar.

Déjenme que lo diga de otra manera: si uno tiene en cuenta a los otros promotores, representantes y agentes que había en ese momento, en cuánto se llevaban y cuánto recibían los artistas, no tenía ningún problema con Bill.

Bill tenía una relación más cercana conmigo que con el resto de los muchachos de Santana, y pude verlo en acción. Hacía que sucedieran cosas y que obtuviéramos resultados en un momento en el que el rock aún era algo bastante nuevo. Había usado sus influencias para hacer que tocáramos en Woodstock y nos había ayudado a llegar a un acuerdo con Clive Davis en Columbia. Se tomó el tiempo de tocar una melodía de Willie Bobo y descomponerla para nosotros. ¿Cómo se le puede poner un precio a todo eso? Para mí, nos dio más de lo que obtuvo.

Bill era como un hermano mayor para mí. A veces me invitaba a su casa, y yo llegaba justo cuando Tower of Power u otra banda se estaba yendo. Con el correr de los años, pasó a ser también un amigo y un consejero, y nos ayudó a manejar parte de nuestros negocios y a tratar varios acuerdos importantes. En ocasiones, la gente de su organización nos representaba y se encargaba de pagar las cuentas. Bill quería encargarse de todos los negocios de Santana y ponernos bajo su protección, y me sentí tentado a aceptar la oferta, pero en verdad nunca se convirtió en el auténtico representante de Santana.

Había leído el tablero güija; ya sabía cómo sería eso. Era como mi relación con Miles: a veces tenía ese sentimiento de que si me acercaba demasiado, me iba a terminar quemando. Bill podía ser muy intenso, y no quería poner nuestra amistad a prueba. Bill lo aceptó, pero todavía me decía cosas como: "Si alguna vez estás atascado en la línea de diez yardas y necesitas alguien para llegar a la línea de anotación, estoy aquí para ayudarte". Siempre estuvo allí para mí, y sí que supo cómo hacernos progresar.

CAPÍTULO 11

David Brown y yo en Tanglewood, 18 de agosto de 1971.

Sé que a algunas personas no les gusta el jazz. Creo que cuando se trata de algunos tipos de jazz, la gente les presta atención a las herramientas y no a la casa. Cuando uno escucha música, no quiere ver las herramientas. Uno no quiere saber cuántos clavos se necesitaron para construir la casa. Algunas personas todavía no escucharon Kind of Blue *o* A Love Supreme. *No escucharon la música de Wayne Shorter.*

    Hasta que no supe de la existencia de Miles y Coltrane, escuchaba jazz sin llamarlo así (grupos que había escuchado en vivo o capaz un éxito por la radio). Me gustaban Chico Hamilton, Gábor Szabó y Wes Montgomery, pero, si alguien mencionaba la palabra "jazz", no quería escucharlo. Esa palabra me hacía pensar en bandas cuyos integrantes

se vestían con esmoquin que tocaban mientras otras personas, que también usaban esmoquin, cenaban. No tenía colmillos ni dientes ni garras. Quería cosas que te arañaran.

Fue Michael Shrieve quien me hizo escuchar a Miles y a Trane, y quien corrigió la idea, errónea, que yo tenía sobre jazz: que era solo para gente vieja y anticuada. Revisó mi colección de discos y vio qué era lo que me faltaba, y decidió que tenía que escuchar a Miles y a Coltrane. Así que me trajo una gran pila de discos. Comencé a escucharlos y me sorprendí porque eran muy diferentes a los de John Lee Hooker. Empecé a ponerlos una y otra vez. Miles y Trane. Miles y Trane.

Comencé a interiorizarme en Coltrane escuchando Africa/Brass y el álbum de 1962 Coltrane, que incluía la canción "Out of This World", y, por supuesto, con el álbum A Love Supreme. Comencé a escuchar a Miles con el álbum In a Silent Way y con la banda sonora de Elevator to the Gallows, y, luego, con Kind of Blue.

Lo miraba a Shrieve y le decía: "¿De veras esto es blues? ¿Este es el mismo tipo que hizo Bitches Brew?".

"Sí, el mismo".

No lo podía creer. Podía sentir lo que Miles estaba haciendo con el jazz modal. Podías elegir un ritmo y hacer que suceda. Después de un tiempo, su música se volvió más agradable, más cercana a mí. Comencé a interiorizarme más porque su trayectoria verdaderamente era una historia, que se remontaba a sus primeros discos con Charlie Parker.

El álbum que hizo que verdaderamente me interesara en el jazz fue Bitches Brew de Miles. Tenía pistas largas como "Pharaoh's Dance" y "Spanish Key". En esta última, podía escuchar la conexión con su álbum Sketches of Spain. Esas pistas te hacían querer atenuar las luces. Un escritor lo llamó "un espectáculo de luces para los ciegos". Era un tipo de música muy visual. Esto parecía tan lógico con todo lo que estaba sucediendo en aquel momento, como un hombre caminando por la luna. Cuando salió, lo escuchaba una y otra vez, sin parar. Leí las notas del disco que escribió Ralph J. Gleason una y otra vez; esas notas en las que decía que, con el lanzamiento de Bitches Brew, el mundo nunca volvería a ser el mismo. No simplemente el jazz, sino el mundo.

Durante la primera parte de 1970, tocamos varias veces en Europa: en el Royal Albert Hall en Inglaterra, en algunos lugares de Alemania, Dinamarca y Holanda, y en el festival de Jazz de Montreux en Suiza, donde conocí a Claude Nobs. Claude se ganó mi respeto, al igual que Bill Graham. Había convencido al gobierno y a las empresas locales para que invirtieran en su idea: crear un festival de jazz, que rápidamente se convirtió en uno de los tesoros más valiosos de la música del mundo. Notaba que le caíamos muy bien a Claude, lo que era bueno, porque, a pesar de que ya habíamos tocado en el mismo festival con otros grupos de jazz, siempre había sido ante un público del rock. Esto era diferente, porque este en verdad era un festival de jazz. Allí nosotros éramos los desconocidos. Estábamos tocando ante personas que habían ido para escuchar a Bill Evans, The Tony Williams Lifetime y Herbie Mann, cuando tenía a Sonny Sharrock como guitarrista.

Claude hizo que funcionara. Nos pidió que tocáramos al aire libre, junto a la piscina, no dentro del casino, donde se realizaba la mayoría de los grandes conciertos. Ese es el casino que se incendió, sobre el cual Deep Purple canta en "Smoke on the Water". Hicimos lo que Claude nos pidió, y fue el primer lugar en Europa donde sentí un compañerismo aún más agradable que el que sentía cuando estaba con hippies en el antiguo Fillmore. En aquel momento, cuando te encontrabas con gente diferente a uno, que pertenecían a otra generación y se vestían distinto, solías ser muy cauto y educado. En Montreux, no había preocupaciones y todo era más libre. Sin importar las diferencias, allí todos estaban juntos, disfrutando de un momento muy agradable.

Con el correr de los años, toqué tantas veces en Montreux e hice tantos espectáculos especiales allí que verdaderamente me sentía como en casa. En serio, si pudiera tener tres o cuatro clones, uno de ellos viviría en Suiza para absorber la vibra que hay allí. Con Claude, nos hicimos amigos rápidamente, y Santana tocó allí más de doce veces. Cada vez que llegábamos allí, nos invitaba a su casa y nos mostraba su colección de grabaciones y videos. Parecía un

museo de la música en lo alto de las montañas nevadas con vista al mundo. Claude era un amigo y también un colaborador. Si yo quería probar algo nuevo, él me ayudaba a hacerlo posible: un concierto con John McLaughlin; una noche de blues con Buddy Guy, Bobby Parker y Clarence "Gatemouth" Brown. O el evento que hicimos en 2006: invitamos a músicos africanos y brasileños para que tocaran durante tres noches seguidas, que era como un festival dentro de otro festival. Lo llamamos "Dance to the Beat of My Drums" en honor a una canción de Babatunde Olatunji, quien también le había regalado "Jingo" al mundo. Si yo quería tocar durante tres horas, Claude no tenía problema. Creo que es importante que se lo reconozca de todas las formas posibles por todo lo que les brindó profesional y personalmente a los músicos. Necesitamos más laboratorios de música como Montreux, a donde los músicos puedan ir y ser abiertos, colaborar entre ellos y experimentar.

En aquel momento, todavía era tímido sobre el escenario. No hablaba mucho por micrófono y no daba entrevistas. Pero si quería conocer a alguien, no tenía miedo. Cuando Santana tocó en Nueva York en agosto (nuestra tercera vez durante 1970), pude conocer a algunos de mis mayores héroes, gente que estaba transformando el panorama musical. Ante mis ojos, no había nadie más grande que Miles Davis.

Bill había conseguido que tocáramos un fin de semana de verano en Tanglewood, un festival al aire libre en Lenox, Massachusetts. Eran todas bandas de *rock*, salvo el domingo. Organizó el cronograma como para que tocáramos el mismo día que un grupo de cantantes llamado The Voices of East Harlem y que Miles Davis: jazz, góspel, R&B y Santana. Esta era una genialidad de Bill. Creó un ambiente multidimensional de una manera consciente, honesta y brutal, e hizo que una nueva generación oyera la belleza de toda esta música. Y ese era el trato: si quieres escuchar a Steve Miller, a Neil Young o a Santana, tienes que escuchar a Miles Davis. Hoy en día, necesitamos más organizadores como él: si quieres escuchar a Jay Z o a Beyoncé, vas a tener que escuchar a Herbie Hancock o a Wayne Shorter. ¿No sería increíble?

Fuimos a Tanglewood, y recuerdo que llegamos y conocimos a un fotógrafo que vendía copias en blanco y negro de imágenes de Miles y Ray Charles tocando en el Festival de Jazz de Newport. Compré un par, y justo cuando las estaba llevando para guardarlas detrás del escenario, llegó un increíble Lamborghini amarillo, y Miles salió de él. No tenía miedo, así que me le acerqué.

"Hola, me llamo Carlos. ¿Serías tan amable de firmarme un autógrafo?" Me miró y miró la foto, tomó un bolígrafo y escribió "Para Carlos y la mejor banda", o algo parecido. Él sabía quién era, así que comenzamos a hablar, y al cabo de un rato me dijo que tenía algo para mí. Buscó dentro de su bolso y sacó un tubo que parecía un gran cuentagotas envuelto en cuero, y por supuesto, era cocaína. Miles me miró y me dijo: "Pruébala".

No había dormido la noche anterior, estaba con el mismísimo Miles Davis e hice algo de lo que luego me arrepentí. La cocaína puso una distancia entre mi corazón y yo, entre la música y yo. Mi cuerpo rechazaba la cocaína y me hacía sentir como que no era el dueño de mis propios actos. Era como si me dijera: "Esto no es para ti". Cuando me acuerdo de esa actuación en Tanglewood, aún siento vergüenza porque sentía como que no podía llegar al fondo de mi corazón. No era el mismo problema que había tenido en Woodstock, pero me arrepiento de la misma manera. Volví a tomar esa decisión y mantenerla para siempre: nunca volvería a consumir nada que otra persona me diera, sin importar quién fuera.

En Tanglewood, el público era hermoso y muy variado; muchas personas, al igual que en Woodstock, habían venido de Nueva York. El festival era mucho más pequeño y tenía una organización más estricta. Ese domingo había solo tres bandas. Me encantaba el grupo The Voices of East Harlem. Solo les importaba el poder de la gente y crear música que transmitiera mensajes positivos, y tenían esa energía de iglesia afroamericana. Hay algo de los coros contemporáneos que llama la atención, ¿sabes? Donald Byrd y su canción "Cristo Redentor", los álbumes de Alice Coltrane, con esas voces celestiales; los *Sacred Concerts* de Duke Ellington. Creo que lo que me gusta de ellos es ese sentimiento de oración: voces que suenan juntas y suben

directo hacia Dios. Si tiene un estilo africano *funk*, es imposible que lo deje de lado. The Voices tenía un bajista excelente, un muchacho joven con un enorme peinado afro: Doug Rauch. Lo llamaba Dougie. Se hizo amigo de todos en la banda e incluso viajó con nosotros antes de unirse al grupo. En el bajo, lograba un sonido fuerte y agradable, como un tono acústico y más maduro, pero con una técnica como la de Larry Graham, de estilo funk con golpes. Era parte de una nueva generación de bajistas que incluía a Chuck Rainey, Rocco Prestia con Tower of Power y Michael Henderson con Miles. Todos estaban haciendo que la música progrese y tocaban música que no era solo R&B pero tampoco era completamente jazz. Para Dougie, todos ellos eran sumamente importantes. Al año siguiente, se fue de San Francisco y terminó tocando con The Loading Zone y con Gábor Szabó, y, finalmente, con Santana.

En ese momento, la banda de Miles se estaba volviendo más popular entre el público del rock. Otros músicos de jazz habían tocado para un público hippie, pero creo que la diferencia que tenía Miles es que había escuchado a grupos de rock y de funk, y estaba haciendo que su música se pareciera más al rock. Sin ninguna duda, un motivo importante por el que hizo esto fue Betty Mabry, que era su esposa en aquel momento. Ella ayudó a transformar a su hombre. Logró que se sacara esos trajes italianos y comenzara a vestirse con pantalones de cuero y zapatos con plataformas. Ella no quería escuchar música antigua o enmohecida en su casa, así que lo hizo escuchar a Sly, Jimi Hendrix, James Brown, The Chambers Brothers y The Temptations. Amplió su colección de discos o, como dicen ahora, Miles expandió su cartera. Estoy casi seguro de que Betty fue quien lo hizo escuchar Santana.

Otro factor fue que, como Betty, la mayoría de los integrantes de la banda de Miles eran más próximos en edad a los hippies que a Miles. Esto se hace evidente en la forma de tocar de Jack DeJohnette y Dave Holland; se notaba que habían escuchado a Sly, Larry Graham y Motown. Algunos comenzaban a usar pedales de distorsión, y Chick utilizaba un modulador de sonido. Incluso Miles usaba el efecto wah-wah y eco.

Cuando lo escuché en Tanglewood, la música de Miles ya estaba cambiando y no era igual a la de *Bitches Brew*. Su grupo tocaba una canción llamada "The Mask" que te hacía sentir como si estuvieras en una película de Alfred Hitchcock, sentías como si algo estaba a punto de suceder y no podías escapar. Los integrantes de las bandas de Miles eran los maestros del misterio y la tensión. Nunca tocaban nada mundano ni obvio. Era como lo que me dijo una vez mi amigo Gary Rashid: reconoció que Miles era un genio, pero dijo que parte de esa genialidad se debía a que siempre estaba rodeado de cuatro o cinco Einsteins. La música siempre dependía de quién estaba en la banda, también de lo que comían, de lo que pensaban ese día y lo que pasaba entre ellos.

Empecé a hacer un seguimiento de todos los músicos que tocaban con Miles, mi propia lista por si alguna vez tenía la suerte de tocar con alguno de ellos en el futuro. En Tanglewood, Miles todavía estaba acompañado por Chick Corea, Keith Jarrett y Jack DeJohnette, como también por Gary Bartz, Dave Holland y Airto Moreira. Para fines de ese año, la banda había comenzado a cambiar: Jack, Dave y Chick se habían ido, y Michael Henderson y Ndugu Chancler le estaban echando más leña al fuego. Keith se había quedado.

Keith es fantástico. Déjenme que hable un minuto sobre él. Es totalmente increíble cómo puede crear algo ahí en el momento. Puedes darte cuenta al ver la manera en que se sienta a tocar el piano e improvisa un espectáculo entero como solista. Para mí, él representa a un alma nueva que llega a este planeta sin huellas, ni prejuicios, ni ideas preconcebidas de lo que la música debería ser. Es un gigante de la inocencia y la valentía por poder entrar con la mente en blanco, sentarse y tocar como lo hace. Yo soy exactamente lo opuesto: busco que me reconozcan por mis melodías. Tengo que tener algún tipo de melodía para desarmar de diferentes maneras; luego, trato de perfeccionarla y presentarla de la mejor manera que pueda. Colecciono melodías como una abeja recolecta polen: "The Night Has a Thousand Eyes"; "Wise One"; "Afro Blue". Me encanta Keith porque puede deshacerse de todas esas melodías y generar algo que es completamente nuevo y original. Lo que él hace es

honrar a la música: se sube al escenario sin tener la menor idea de qué es lo que va a hacer.

Estudié y escuché tantas grabaciones de las bandas de Miles de esa época que podía decir cómo el sonido de cualquier melodía iba a ser diferente cada vez que la tocaban. El ritmo siempre era flexible, y la música siempre parecía ir a la par de los músicos. Cuando Wayne Shorter estaba con Miles, la música parecía ir perfectamente con el cuerno que tocaba. Cuando Bartz comenzó a formar parte de la banda, también parecía que la música le quedaba cómoda a él.

Miles sabía lo que hacía incluso cuando no sabía de antemano qué iba a pasar. Tocaba ante un público del rock joven, y sabía que estaba trayendo su música a su territorio, pero las bandas de rock no podían acceder a su mundo del jazz. Esto no le daba miedo. Lo conocí ese día en Tanglewood, y llegamos a tener una relación muy estrecha. Después solía decirme: "Yo puedo ir a donde ustedes están, pero ustedes no pueden venir a donde estoy yo".

Miles tenía razón. No entendíamos lo que él y su banda hacían ni desde el punto de vista de la armonía ni desde el de la estructura. Eso nos tomó años y años. Tenían otro tipo de vocabulario, que vino de una forma superior de expresión musical. Vino de un lugar especial, de Charlie Parker, Dizzy Gillespie y John Coltrane, y a la vez tenía raíces profundas en el blues y se expandió a los sonidos del rock y del funk. El sonido de Miles en aquel momento era un microscopio que mostraba todo lo que había pasado anteriormente en el jazz y un telescopio que mostraba hacia dónde estaba yendo la música. Tuve la suerte de haber estado ahí y de haber podido escuchar su música cuando la estaba creando. Creo que si comienzas escuchando la música que hacía cuando tocaba para Bill Graham en los Fillmores, puedes escuchar cómo Miles ayudó a otras personas a expandir los límites de sus conciencias. Su música les provocó estrías en el cerebro.

Hay una historia que me encanta contar sobre Bill y Miles porque dice mucho sobre cada uno de ellos y sobre la relación que tenían. A ambos los llamo ángeles supremos por lo que hicieron

por mí y por el impacto que tuvieron en mi vida, y porque la manera en que vivían sus vidas era un ejemplo para todos. Ambos eran ángeles, pero también tenían pies de barro. Eran pícaros sagrados.

Esta historia me la contó Bill por primera vez. Según lo que él me contó, después de que recibió esa carta de Clive Davis pidiéndole que le reserven un lugar a Miles para tocar en el Fillmore (en la que dijo que Santana era imparable), Clive dejó que Bill se encargue de convencer a Miles. Bill ya lo apreciaba a Miles, pero ¿quién le dice a Miles qué hacer?

En un comienzo, Miles no podía hacerse la idea. Mucho tenía que ver con el dinero. Bill le ofreció un acuerdo diferente al que solían ofrecerle en los clubes de jazz, donde tocaba durante toda una semana. Así que Bill le hizo una propuesta que a Miles le resultara más interesante económicamente. Bill también le presentó el mismo argumento que Clive: que era una inversión a futuro. Si Miles tocaba en el Fillmore, su nombre iba a estar en la marquesina junto a bandas de rock e iba a llegar a una nueva audiencia: el público hippie. Podía no parecer significativo en un comienzo, pero al año siguiente duplicaría o triplicaría su público y, luego, duplicaría o triplicaría las ventas de sus discos.

Bill finalmente logró convencerlo a Miles, lo ubicó en el cronograma y le dijo: "Estas son las fechas que están disponibles, y vas a ser el telonero de tal, tal y tal". El razonamiento de Bill fue que, a pesar de que respetaba a Miles, no podía dejarlo ser el artista principal. Todos esos hippies que iban para escuchar a Neil Young, Steve Miller o Grateful Dead no se quedarían a escuchar a Miles, y quería asegurarse de que lo escucharan. Quería que Miles saliera primero para asegurarse de tener a todo el público, aunque pareciera ser el telonero.

Miles no conocía a esas bandas; su música no lo conmovía, y no se veía como telonero de esos grupos. Así que llegó tarde para su primer espectáculo en el Fillmore East. Realmente tarde. Neil Young era el artista principal, y Steve Miller también tocaba ese día. Miles llegó tan tarde que Steve Miller tuvo que tocar primero, y estaban a punto de pedirle a Neil que continuara. Alguien logró hacerlo entrar en razón a Miles para que ingrese al club rápidamente.

Recuerdo cómo se ponía Bill si una banda se atrevía a llegar tarde: se paraba de brazos cruzados. Cuando Miles llegó, Bill miraba el reloj y luego a Miles.

Miles hizo como si no pasara nada: "¿Todo bien, Bill?". Miles sabía que lo tenía comiendo de la palma de la mano. Bill había cometido el error de decirle que *Sketches of Spain* era su álbum preferido de todos los tiempos, el álbum que se llevaría a una isla desierta. Cuanto más rojo se ponía Bill, más calmo estaba Miles. Bill quería soltar algunas de las expresiones que había aprendido en Nueva York, palabras especiales como "idiota". Pero no podía. No estaba frente a un grupito de *rock* conformado por adolescentes. Estaba frente a Miles Davis.

Finalmente, Bill logró expresarlo. "Miles, ¡llegas tarde!" Miles lo miró inocentemente y le dijo: "Bill, mírame. Soy un hombre negro. Sabes que los taxistas no suben a gente negra en Nueva York". ¿Qué podía contestar Bill? Mientras tanto, el Lamborghini de Miles estaba estacionado a la vuelta. Probablemente, Bill lo sabía.

Después de que nos conocimos en Tanglewood, a Miles lo veía cada vez que tocábamos en Nueva York, sentado en primera fila, con ropa llamativa y una hermosa mujer a su lado. Me llamaba para juntarnos: averiguaba dónde estaba, me ubicaba y me contactaba por teléfono. "¿No te dije que no se te ocurriera volver a Nueva York sin llamarme antes?".

"Hola, Miles. ¿Cómo estás?".

"¿Qué estás haciendo?".

¿Qué estaba haciendo? Eran las tres de la mañana. "Solo estoy divirtiéndome y aprendiendo".

A Miles también le gustaba pasar tiempo con Carabello. Conseguían un poco de cocaína y se drogaban juntos. Recuerdo que un par de nosotros, de los dos grupos, estábamos juntos en un hotel ubicado sobre la Quinta Avenida. Estaba con Keith Jarrett y Shrieve en el elevador esperando a Miles y a Carabello, que estaban pidiéndole algo a un traficante en el vestíbulo. Esperamos y esperamos, y Shrieve lo

miró a Keith y le dijo: "¿Cómo haces?". Lo que quiso preguntarle era cómo hacía para tolerar todo el asunto de la cocaína. Keith respondió: "Así". Chasqueó los dedos. "Simplemente lo apago, como un botón". Recuerdo haberme sorprendido y pensado: "¿Qué botón es ese?". Me pregunté qué tendría que hacer para poder ignorar las conversaciones sobre cocaína en Santana.

Finalmente, Miles y Carabello ingresaron al elevador, y, cuando estábamos subiendo, Miles me miró y de la nada me dijo: "Tienes que comprarte un pedal wah-wah. Yo tengo uno". No me dejó ni contradecirlo. Yo ya usaba un pedal wah-wah en algunas de las canciones de Santana, como en "Hope You're Feeling Better", pero no lo subía al escenario conmigo. Pero Miles lo dijo como si quisiera decir: "Vamos, viejo. Mantente actualizado".

Miles tenía razón. Hendrix lo había usado, luego Clapton con Cream, y Herbie Hancock tenía uno en su grupo. Después de un tiempo, parecía que cualquier banda en los 70 tenía que tener un pedal wah-wah y un Clavinet o algún tipo de piano eléctrico. Le hice caso a Miles y comencé a usar un pedal wah-wah en todos los espectáculos en vivo. Recuerdo haberlo mirado a Keith mientras que Miles me daba ese consejo, y simplemente puso los ojos en blanco.

Miles me dio siempre muchísimos consejos. Unos años más tarde, luego de no haber viajado a Nueva York por un tiempo, me llamó. "¿Qué estás haciendo ahora?".

Le contesté: "Estuvimos de gira durante un tiempo, así que decidimos tomarnos un descanso, grabar un álbum y volver a cargar energías".

"Bueno. No desaparezcan por mucho tiempo, viejo. No desaprovechen el impulso. Están en buen camino, así que no dejen que pase mucho tiempo sin volver los escenarios". Le respondí: "Está bien".

En otra oportunidad, Miles me dijo: "Puedes dar mucho más que 'Black Magic Woman'".

"Gracias, Miles. Haré todo lo que pueda". No era una crítica, era una invitación.

Sé que Miles hizo muchos esfuerzos para buscarme y mostrarme el camino, decirme cuándo agacharme, mantenerme alejado de

algo o probar algo. No sé a cuántos otros músicos les mostró esa faceta, pero tengo la sensación de que no a muchos. Cuanto más leía sobre Miles, y más hablaba de él con otras personas, más me sorprendía de que a veces haya bajado la guardia y me haya guiado. Porque Miles se volvía muy intenso y podía leer a las personas, y, si se daba cuenta de que podía manejar a alguien, lo manipulaba psicológicamente. Lo vi hacer eso con muchas personas.

Miles podía ir demasiado lejos. Hay una historia que me contó Armando Peraza después de unirse a Santana. Armando era un tipo rudo. Vino de Cuba en los 40 y, no bien llegó a Nueva York, comenzó a tocar instrumentos de percusión con Charlie Parker y Buddy Rich. Además, no tenía ningún problema en ir a la parte más peligrosa de la ciudad para buscar dinero que le debían. Una vez, Armando iba a tocar con George Shearing en el Apollo, y Miles también tocaba ese día. Tanto Miles como Armando eran bastante pequeños de tamaño. Cuando se conocieron, Miles comenzó a fastidiarlo, fiel a su costumbre. Pero Armando lo arrinconó y le dijo con su acento: "Te aseguro que no te quieres meter conmigo. Te voy a romper la mandíbula y nunca más vas a poder volver a tocar la trompeta". Puedo imaginar un globo sobre la cabeza de Miles, como en las historietas, con sus pensamientos en ese momento: "¡Pucha! Este hijo de la chingada está más loco que yo". Miles era astuto. Sabía cuándo echarse para atrás.

Me gustaba usar el término "pícaro divino" para describir a Miles. Más tarde me enteré de que, más o menos por ese entonces, Gary Bartz llamó a la puerta de la habitación de hotel de Miles y le dijo: "Miles, tengo que hablar contigo. No puedo tocar más así, ese Keith Jarrett me arruina todos los solos... en vez de respaldarme toca cualquier cosa... Voy a renunciar, viejo". Miles le dijo: "Está bien, entiendo. Dile a Keith que venga". Y adivina qué le dijo a Keith... "¡Ey! Bartz acaba de decirme que le encanta lo que estás haciendo: hazlo un poco más".

A veces nos encontrábamos de casualidad. Una noche yo estaba esperando detrás de escena en el Fillmore East, escuchando cómo tocaba la flauta Rahsaan Roland Kirk en la canción de Stevie

Wonder "My Cherie Amour". *¡Fuop!* Alguien me dio un capirotazo en la oreja desde atrás, realmente fuerte. Pensé: "¡Ah! Ese maldito Carabello...". Me doy vuelta y *¡fuop!*, en la otra oreja. Me volví a dar vuelta y ahí estaba Miles, corriendo casi hasta el ascensor. Vio que lo vi y volvió lentamente, sonriendo. "¿Qué haces, viejo?", me dijo. Yo me froté la oreja. "Estaba escuchando a Roland Kirk".

"¡Ah! No lo soporto a ese n...", me contestó, usando la palabra con *n*.

"¡Ah!, ¿sí?".

"Toca una basura cursi".

Y yo pensé: "Bueno, será que no te cae bien, porque a mí me gusta *Volunteered Slavery*".

Miles tenía una forma de ser *bien* de gueto. No creo que le importara demasiado lo que otros pensaran sobre él o lo que él decía, pero muchas veces usaba palabras solo para molestar a la gente. Una vez le pregunté a Miles si le gustaba Marvin Gaye. "Sí... si tuviera una teta, me casaría con él". A Bill Graham le decía "Jew-boy" (muchachito judío) y Bill solo respondía: "Oh, Miles...". Bill no hubiera aceptado eso de ningún otro: ni de Hendrix, ni de Sly ni de Mick Jagger. Luego venía y me decía: "¿Puedes creer cómo me habla Miles?". Yo sabía que, por debajo, había un respeto mutuo, pero aún no podía entender cómo esa personalidad tan de macho que tenía Bill podía derretirse tan fácilmente por Miles.

La gente podía envidiarlo; incluso temerle. Hacía que algunas personas se enojasen o se sintieran heridas. Algunos consideraban que Miles era ofensivo con los blancos. Yo nunca vi eso. Me parecía que era ofensivo con todos.

Detrás de escena en el Fillmore, cambié de tema. Acababa de sacar *Jack Johnson*, así que le dije: "Miles, viejo, tu nuevo álbum es increíble". Él me miró y sonrió: "Sí, ¿verdad?".

Conocí a dos héroes más en Nueva York ese verano de 1970, los dos conectados con Miles: Tony Williams y John McLaughlin. Tony tocó la batería con Miles a través de casi todos los cambios de los años 60,

y en un álbum que me encantaba: *In a Silent Way*. Lideraba su propio grupo, Tony Williams Lifetime, con John McLaughlin en guitarra y Larry Young en órgano. Parecía que todos los caminos conducían a Miles: Larry y John también habían tocado con Miles en *Bitches Brew*.

Lifetime tocaba en Slug's, un pequeño club venido a menos en el Lower East Side. Este lugar estaba como en una zona de guerra; fue el club donde, al año siguiente, le dispararon al trompetista Lee Morgan, y entonces lo cerraron para siempre. Yo estaba caminando por Avenue A o B, y había unos tipos que me miraban como: "¿Qué hace este hippie aquí?". John me dijo que a él le pasó lo mismo: "¿Adónde vas, niño blanco?".

"Voy a tocar con Tony Williams".

"¿Tony Williams? Te acompañaremos, viejo. No puedes caminar solo por aquí. Te van a quitar la guitarra". La historia de John me dio la misma sensación que tuve cuando aquel conductor de autobús en San Francisco me hizo sentar junto a él esa vez que iba con mi guitarra. Todos tenemos nuestros ángeles.

El espectáculo de Lifetime fue alucinante y a todo volumen. Me quemó el cerebro. Nunca había escuchado ideas de rock y jazz juntas con tanta intensidad y con el volumen tan alto. Slug's era un lugar pequeño y estrecho, y Lifetime lo llenó con un vórtice de sonido. Cream tenía una energía parecida, no con las mismas ideas o sonidos; pero no me sorprendió mucho que Jack Bruce, de Cream, se uniera a Lifetime un poco después.

Los tres tenían una actitud que los hacía ver como esbirros. Casi te daba miedo mirarlos. John era increíblemente brillante en su forma de tocar y, sé que así como me asustó a mí, seguro que también lo asustó incluso a Jimi Hendrix. Era como: "¡Rayos! Tiene el talento de Buddy Guy y Charlie Parker juntos". No hay muchos músicos que puedan tocar con velocidad y profundidad como él. Hasta el día de hoy me encanta improvisar con él, luego dar un paso atrás y simplemente escucharlo *elevarse*.

Conocí a John cuando tomaron un descanso, y él me reconoció enseguida. "¿Santana? Un gusto conocerte". Aproximadamente un mes antes, había escuchado el álbum *Super Nova* de Wayne Shorter,

que tenía a Sonny Sharrock y John en algunas pistas, así que eso fue lo primero que le dije. "También me encanta lo que haces en 'Follow Your Heart', de Joe Farrell, con Jack DeJohnette". Creo que lo sorprendí un poco al decirle lo que estaba escuchando, y luego me dijo lo que *él* estaba escuchando: Coltrane, Wayne, Miles y Bill Evans, en ese orden. Eso fue todo lo que necesitábamos conversar. John aún no estaba interesado en Sri Chinmoy, pero poco tiempo después estaría formando la orquesta Mahavishnu.

No llegué a hablar con Tony o Larry esa noche, pero los conocería más adelante, junto con muchos otros músicos que tocaron con Miles, incluido Jack DeJohnette. Fue Jack quien me dijo que le sugirió a John que dejara Londres y se mudara a la Ciudad de Nueva York. En ese entonces, John, como Jimmy Page, era un guitarrista de sesión, y Jack lo había escuchado tocando en algunos lugares. Siempre me pregunté, sin embargo, cómo es que Tony lo había dejado a Miles, que parecía algo perfecto para él, y luego Miles había usado la nueva banda de este (John y Larry Young sin Tony) en *Bitches Brew*.

Nunca le pregunté a Tony sobre eso, pero creo que puedo escuchar los motivos en un concierto en vivo en el Jazz Workshop en Boston en 1968, no mucho después de que él tocara con Miles en *In a Silent Way*. Sonaba casi como si estuviera teniendo un berrinche sobre la batería; como si hubiera sido un niñito arrojando cosas desde su silla alta al piso. Mientras tanto, Miles estaba calmo, y Wayne y Chick, también. Yo lo hubiera despedido. Realmente no sé qué ocurrió para hacerlo reaccionar de ese modo, pero ciertamente estaba enviando una señal muy clara.

Tony necesitaba su propia banda; eso es algo que yo vería una y otra vez en otros grupos, y también en Santana.

La primera vez que Jimi Hendrix y yo conversamos como músicos fue en agosto, en Bay Area, pero no nos conocimos ahí. En el 67, la semana después de que Bill echó a nuestra banda por llegar tarde, Carabello había logrado hacernos entrar en un espectáculo en el Fillmore para conocer a Hendrix. Estábamos tratando de eludir a Bill y

no teníamos nada de dinero; entramos cuando estaba empezando la prueba de sonido. No importó que Bill nos viera, porque estaba ocupado con unos amplificadores que no estaban cooperando. Todo producía acople y chirriaba como cerdos electrificados. Finalmente todo se arregló, y nosotros estábamos en el detrás de escena justo antes de que la banda saliera. Jimi y yo no nos habíamos dicho nada más que 'hola', y de repente todos se fueron al baño; *todos*. Alguien dijo: "¡Ey! amigo, ¿quieres venir con nosotros?". Yo era joven, pero sabía lo que estaban haciendo. "No, gracias. No quiero consumir cocaína".

"¿Seguro? Es de Perú, de primera clase".

"Te agradezco, viejo, pero ya estoy bien".

Ahí fue cuando empecé a usar mi mantra para el exceso de juerga. "Ya estoy bien, viejo. No quiero pasarme".

Luego Jimi tocó, y ambos espectáculos esa noche fueron increíbles. Yo no podía creer cómo manejaba la guitarra para hacer esos sonidos. Ya no sonaban como cuerdas y amplificadores; era un sonido intergaláctico, con frecuencias espectrales que eran notas y, al mismo tiempo, mucho más. Por momentos sonaba como si el Gran Cañón estuviera gritando.

Yo estaba boquiabierto. Gábor también estaba en el programa, y esa primera noche sonó bien, pero sé de primera mano que Gábor nunca quiso que Hendrix volviera a abrir para él. Me lo dijo él mismo cuando vivimos en la misma casa por un tiempo, en 1971, y casi empezamos una banda juntos. Ese era el impacto que tenía Hendrix: venía y pasaba por el lugar como un conquistador, blandiendo sables de luz y láseres, armas que nadie había visto o escuchado antes. Lo vi unas siete veces en total, y esa noche fue excelente. Pero ningún espectáculo de Hendrix superó al que le escuché hacer en la Feria del Condado de Santa Clara en San José, en el 69. Nunca lo escuché tocar mejor.

La segunda vez que nos encontramos fue en abril de 1970, en la Ciudad de Nueva York. Devon me llamó desde el vestíbulo de nuestro hotel y me dijo: "Baja, quiero que vengas conmigo a una fiesta".

"¿Qué fiesta?". Pensé que íbamos a ir a algún lado a escuchar música.

"Solo baja, hombre; vamos a una fiesta de Jimi Hendrix. Va a grabar algo".

Sonaba tan extraño… "¿Va a grabar y a dar una fiesta? Cuando yo grabo no quiero a nadie en el estudio". Devon se rio. "Vamos, no seas tan convencional. Aquí en Nueva York hacemos las cosas de otra manera". Devon me había llevado a ver la película de Woodstock el día anterior, y ahora estábamos yendo al estudio Record Plant. Está bien, ¿por qué no?

Nos subimos a un taxi y llegamos al estudio justo cuando llegaba Jimi, acompañado de una mujer rubia que, la última vez que la vi, estaba con Tito Puente. Qué pequeño es el mundo. Jimi nos abrió la puerta y me miró: "Santana, ¿verdad?".

"Sí. ¿Cómo estás?".

Pagó ambos taxis y luego me miró. "Me gusta tu elección de notas, hombre", dijo con una sonrisa.

Le contesté lo mejor que se me ocurrió en ese momento: "Bueno, gracias, viejo".

Entramos al estudio y estaba lleno de gente. "¡Ey! ¿Cómo estás?… ¿Cómo va todo? ¿Cómo estás, hombre?". Caminamos desde la puerta principal por el pasillo hasta el estudio, y allí había un buffet de drogas dispuestas en una mesa: hachís, marihuana, cocaína. Realmente, era un buffet. Jimi iba delante mío, pasando sus manos por todas ellas, probándolas. Me miró y me dijo: "Sírvete, hombre".

"Gracias; solo fumaré un churro. Excelente; gracias".

Jimi y su ingeniero, Eddie Kramer, empezaron enseguida, hablando de retomar donde habían dejado la noche anterior; una canción llamada "Room Full of Mirrors". Yo miraba y escuchaba, preguntándome cómo se manejaban en el estudio y viendo qué podía aprender. Tocaron la canción, y escuché a Jimi cantando: "I used to live in a room full of mirrors / All I could see was me…" Entonces Eddie dijo: "Vamos, Jimi, aquí viene tu parte". Estaban agregando sonido a una parte de guitarra slide. Jimi empezó a tocar, y durante los primeros ocho compases se mantuvo a tiempo. Para cuando llegó al doceavo, ya no tenía nada que ver con la

canción. No hubiera sido un problema si solo hubiese estado improvisando una melodía, pero esta era una canción más estructurada. Yo miraba alrededor para ver si los demás estaban escuchando lo mismo. Eddie se veía preocupado y había dejado de grabar, pero Jimi siguió tocando, cada vez más fuera de tiempo.

Jimi estaba de espaldas a la ventana de la sala de control. Eddie le dijo a uno de sus muchachos que fuese a ver cómo estaba, y te juro que este tuvo que tirar físicamente de Jimi para separarlo de la guitarra y el amplificador. Lo hizo parar, y cuando se dio vuelta (no bromeo), Jimi lucía como un demonio poseído. Casi parecía que estaba teniendo un ataque epiléptico: echando espuma por la boca y con los ojos rojos como rubíes.

Recuerdo que toda la experiencia me dejó agotado, y me invadió una interrogante: "¿Es así como tiene que hacerse? Tiene que haber una forma mejor".

La última vez que vi a Jimi fue unas semanas después, en California, cuando tocó en el Teatro Comunitario de Berkeley. Había hecho un cambio en el bajo: ahora lo tenía a Billy Cox en vez de a Noel Redding. Fuimos al concierto y luego fuimos a ver a Jimi al hotel. Algo me dijo que Jimi necesitaba ayuda, así que decidí traer la medalla de oro que yo usaba alrededor del cuello y que mi madre me había dado cuando era bebé (el tipo de medalla que todas las madres mexicanas les dan a sus hijos para que estén protegidos, con Jesús de un lado y la Virgen de Guadalupe del otro). Estaba pensando que tomaría la mano de Jimi y le dejaría la medalla, diciendo: "Esto es para ti: úsala, porque creo que te puede servir". Cuando llegamos allí, Jimi abrió la puerta y pude ver que ya estaba usando seis o siete de estas medallas, así que me dejé la mía en el bolsillo.

Unos meses después, Santana estaba tocando en Salt Lake City cuando nos enteramos de que Jimi había muerto. Esa noche se escuchó tirar muchas veces la cadena en todos los baños de nuestro piso del hotel; todos arrojaban sus drogas, enojados porque habíamos escuchado que había muerto de una sobredosis. Haya sido verdad o no, fue el primero de nuestra generación en irse, y estábamos

seguros de que las drogas habían tenido algo que ver. "Malditas drogas, viejo". Así reaccionamos.

Creo que nadie atravesó los 60 sin probar alguna droga. También creo que nadie atravesó esa época sin cambiar; solo que algunos cambiaron demasiado rápido. ¿Quién puede decirle a alguien que tiene veintiuno, veintidós o veintitrés años que vaya más lento? Yo cumplí veintitrés ese año, y sentí que todos los planetas se alineaban y había una explosión divina. Salió la película de Woodstock y, unas semanas más tarde, en septiembre, salió también *Abraxas*, que escaló en los rankings más rápido que nuestro primer álbum. Era como ver muchos arroyos que se iban juntando e iban creando un río cada vez más grande y más salvaje. Empecé a ver cómo algunas bandas de rock y algunos grupos de jazz tomaban congas y timbales y los incorporaban en su sonido. En cada lugar que tocábamos venían a vernos celebridades: estrellas, estrellas y más estrellas. En Londres vino a vernos Mick Jagger. Paul McCartney vino a nuestra función en L'Olympia, en París, así que en medio de la canción "Incident" cité la canción de The Beatles "The Fool on the Hill". Raquel Welch estaba en la primera fila cuando tocamos en el Hollywood Bowl. Miles y Tito Puente vinieron a nuestros espectáculos en Nueva York y nos vieron desde la platea alta.

Todos querían un poco de Santana, ya fuera para la televisión o para diversos proyectos. A finales de 1970, tocamos en *The Tonight Show* para Johnny Carson e hicimos *The Bell Telephone Hour* con Ray Charles y la Orquesta Filarmónica de Los Ángeles. Eso fue al mismo tiempo que The Rolling Stones nos pidieron que apareciéramos en *Gimme Shelter*, el documental sobre Altamont, y tuvimos que decir no.

Abraxas iba camino a vender más de tres millones de copias solo en ese año. "Black Magic Woman" estuvo entre los diez principales éxitos en las radios de pop, y todas las estaciones de rock FM independientes pasaban *mucho* el álbum. Cuando escuché "Samba Pa Ti" en la radio por primera vez, todo se detuvo. Estaba en casa, viendo unas luces distantes que parpadeaban, ni siquiera centrándome en ellas, solo escuchando. Fue una linda sensación salirme de mí mismo y

simplemente escuchar las notas, que sonaban como si alguien más las estuviera tocando bellamente y con el corazón. Al mismo tiempo, sabía que era yo; era más yo que todo lo que había grabado antes. Esa parte inicial de "Samba" me hizo pensar: "¡Qué impresionante! Puedo escuchar a mi mamá hablando, o a papá contando una de sus historias". Es una historia sin palabras que puede ser tocada y comprendida por cualquier persona, no importa dónde esté: Grecia, Polonia, Turquía, China, África. De hecho, fue la primera vez que no me sentí incómodo o extraño escuchándome a mí mismo.

Ese fue un año agitado, y la predicción de Bill fue absolutamente correcta: cuando el dinero se vuelve algo más serio, todo se vuelve más serio, y en la banda se estaban dando algunas cuestiones de ego. Las personas comenzaron a cambiar. Stan Marcum empezó a tener la idea de que debía estar en la banda, tocando la flauta. También por esa época convocó a una reunión de la banda con Bill, básicamente para reprocharle a este por la tajada de dinero que se llevaba, y para decidir claramente quién era el representante de la banda. Fue como si pusiera un límite claro. Bill tomó las riendas de la reunión desde el comienzo. Estaba preparado: había escrito una larga lista de todos los espectáculos, giras y conciertos en televisión que nos había conseguido y de todas las demás cosas que había hecho para apoyarnos aun cuando no tenía obligación de hacerlo (como darnos un espacio para ensayar gratis, y la idea para "Evil Ways"). Era evidente que Stan no estaba a la altura de Bill, sin embargo, sentimos que teníamos que elegir entre Bill y Stan. Yo no dije nada. Bill podría haber dicho sencillamente: "Woodstock".

Él había hecho cosas por nosotros de las que no teníamos ni idea; nos enteramos en años posteriores. Cuando estábamos negociando nuestro primer contrato con Columbia, Bill y su abogado lo revisaron y, por alguna razón, insertaron una línea en letra chica en la parte posterior, algo a los efectos de que si Columbia volvía a lanzar nuestra música en formatos diferentes, la tasa de las regalías se mantendría igual que en los lanzamientos anteriores. Cuando los discos compactos se pusieron de moda, en los años 80, Santana comenzó a obtener cheques con muchos ceros por las ventas de

viejos álbumes de nuestro catálogo, y lo mismo sucedió cuando *Supernatural* se tornó internacional en 1999. Es un regalo que todavía nos sigue recompensando: gracias, Bill.

A fines de 1970, Neal Schon había estado haciendo algunas improvisaciones con nosotros. Tanto Neal como yo tocábamos una Gibson Les Paul, pero teníamos diferentes estilos, así que eso no era un problema. Yo tenía una Les Paul en reemplazo de la SG roja que había tocado en Woodstock y luego se había roto.

Me gustaba la destreza de Neal, y aportaba mucho fuego para ser tan joven, pero con humildad. Teníamos algunas melodías en las que él sonaba bien, y empezamos a pensar dónde ubicar los solos para no tener dos solos seguidos de guitarra. Cuando Gregg hacía un solo, yo lo acompañaba con algo que lo estimulara, y Neal era capaz de hacer su parte con solvencia.

Tocar al lado de él me hizo pensar en bandas que me gustaban que tenían dos guitarristas, y cómo funcionaban juntos: la Butterfield Blues Band tenía a Bloomfield y Elvin Bishop.

Fleetwood Mac tenía *tres* guitarristas en ese entonces: Peter Green, Jeremy Spencer y Danny Kirwan.

Eric Clapton tenía una nueva banda: Derek and the Dominos, con Duane Allman en algunas de las melodías.

En noviembre, Clapton vino a San Francisco con los Dominos y, como Bill era el promotor, organizó un encuentro especial para reunirnos a todos en Wally Heider Studios. Estábamos todos allí con Neal y, cuando Eric apareció, el único problema fue que yo estaba drogado y demasiado desconectado como para improvisar. Me dije a mí mismo: "Esta vez mejor te quedas sentado y aprendes". Eric había escuchado sobre nosotros y fue realmente amable en venir y reunirse. Todos la pasamos bien y me cayó bien Eric; me sentí cómodo con él porque sabía que veníamos del mismo lugar.

Luego me enteré de que Clapton había invitado a Neal a unirse a los Dominos, lo cual me hizo pensar que si queríamos mantener a Neal con nosotros, solo teníamos una opción. Se sentía bien tener

otra voz melódica fuerte en la banda, y yo no me sentía amenazado por la idea: no era paranoico ni demasiado orgulloso como para tener otro guitarrista con nosotros. Fue mi decisión pedirle que se uniera a nosotros, después de que hablé con el resto de la banda. Neal aceptó, y para diciembre ya formaba parte de Santana.

Sé que muchos tienen su propias ideas sobre si Santana necesitaba otro guitarrista o no. Recuerdo que Miles tenía su propia visión al respecto; me la volvió a expresar cuando estábamos en las oficinas de CBS, en el ascensor. "¿Por qué hiciste eso? No lo necesitas". Unos años después de haberme dicho esto, Miles tenía dos guitarras en su propia banda: Reggie Lucas y Pete Cosey, y luego en los 80 tuvo a John Scofield y Mike Stern juntos. Digo, ¿no?

Además, Miles no tenía forma de saber que estábamos haciendo algunas melodías nuevas, como "Jungle Strut", de Gene Ammons, que estarían en el próximo álbum y que yo quería tocar con dos guitarristas. Le pedí a Neal que se uniera no porque estuviera pensando qué partes tocaría cada uno, o que me aliviaría un poco de la carga. Se trataba más bien de agregar más fuerza a la banda; del sonido y la energía que teníamos juntos. El fuego que trajo Neal dio un calor muy muy puro.

El año 1970 finalizó con Columbia preparándose para lanzar "Oye Como Va", y en enero nos estábamos preparando para volver al estudio a trabajar en las canciones del próximo álbum. Seguimos avanzando y haciendo espectáculos sin descanso. A veces la energía era frenética, y en Santana podíamos ser un poco engreídos, incluso antes de hacernos famosos.

A veces nos gustaba gastar bromas: una vez Carabello, que siempre hacía tonterías, volcó un batido de frutilla sobre el peinado estilo colmena de una pobre mesera. También vimos que Chepito podía tener momentos locos; siempre usaba impermeables largos con muchos bolsillos en el interior, que llenaba con objetos de cortesía y otras cosas que recolectaba en el camino, como jabón y champú, toallas e incluso cubiertos.

Una vez compró una maleta muy grande y la llenó con toda clase de cosas inservibles. "¿Qué estás haciendo, hombre?", le decíamos.

"¿No se dan cuenta? Soy el Robin Hood de Nicaragua. Estoy devolviendo a los pobres algunas cosas que les quité a los gringos blancos".

"Está bien, pero ¿dónde están el papel higiénico y las bombillas de luz?".

A veces hacíamos cosas estúpidas que nos metían en problemas. Una vez llegamos al Aeropuerto de Los Ángeles la misma semana que salió *Abraxas*, y Chepito llevaba una caja de álbumes encima. Su saco hizo sonar el detector de metales y le preguntaron: "Muy bien, ¿qué hay en la caja?". Él dijo: "Explosivos". ¡*Pam!* El personal de seguridad del aeropuerto lo esposó, se lo llevaron y le hicieron un interrogatorio muy minucioso. Supimos que esto iba a llevar un buen rato, así que nos separamos: Ron se quedó a esperarlo y el resto nos fuimos al hotel. Finalmente lo dejaron libre cuando les dijo que se refería a que la música era explosiva: "Es el flamante nuevo álbum de Santana, hombre". Realmente se había pasado con la broma, pero nunca quería echarse atrás de su lógica. "Es *explosivo*, hombre".

Las cosas nos iban pasando muy rápidamente. El hecho de que las drogas pudieran conseguirse cada vez más fácilmente no nos ayudaba, ni siquiera teníamos que buscarlas: ellas venían a nuestro encuentro. No puedo negar que las drogas tenían mucho que ver con el entorno del cual provenía Santana, pero mi idea siempre fue que nada de eso importaba en tanto la música siguiera adelante en el nivel supremo en el que debía estar. "No pierdas el respeto por eso, hombre, porque eso fue lo que nos condujo hasta aquí", le decía a la banda.

El verdadero problema era la heroína. Algunos miembros de Santana y otras personas alrededor nuestro la estaban usando, y *sí* estaba empezando a entorpecer el desarrollo de la música. Tocábamos mucho, pero no nos estábamos reuniendo a ensayar y pensar en canciones, melodías y partes como hasta unos meses antes. A algunos se les hacía difícil sobrellevar el ímpetu de la banda. A veces me despertaba

a la noche con un sudor frío y pesadillas: teníamos que tocar frente a cincuenta mil personas y nos estaban esperando desde hacía veinte minutos… veinticinco… *media hora,* y todavía no podíamos salir porque algunos de nosotros estábamos pasados de droga. Todo el tiempo les contaba de esa imagen al resto de la banda. "Diablos, sigo teniendo esta misma pesadilla. Primero me molestaba un poco, después empezó a preocuparme, ¡y ahora realmente me cabrea!"

Me miraban y me decían: "¿Y tú quién eres para venir y decirnos esto? Si estás haciendo lo mismo, fumando un montón de marihuana y tomando LSD". Tenían un punto: realmente yo no había estado en un estado como para tocar en Woodstock, pero al menos tenía la suficiente claridad como para pedirle a Dios que por favor me ayudara. Les dije: "Sí, hombre, pero no soy incoherente. Eso no se va a interponer en mi camino". Siempre sentí que la heroína y la cocaína eran más que perturbadoras: eran destructivas. Esa es la mejor forma de explicarlo.

Yo no era un ángel en esto. Probé la heroína un par de veces: la primera porque algunos de la banda se estaban inyectando y me invitaron a probar, y fue realmente increíble. La probé una segunda vez y fue realmente, realmente increíble. Me encontré tocando toda la noche, bebiendo agua y pensando: "¡Impresionante!, es muy fácil tocar así". Sentí que las preocupaciones y los miedos se disipaban y estaba súper relajado, solo pasándola bien.

El subidón fue inmediato, y no me hizo vomitar. Solo fui hasta la guitarra, y lo único que sé es que estuve tocando tanto tiempo que los dedos me quedaron negros por las cuerdas; pero no me dolían. Tocar después de inyectarte era muy tentador y, al mismo tiempo, frustrante: mientras estabas tocando, te parecía que habías adquirido la habilidad de articular a un nivel más allá de lo que habías conocido antes. Te parecía que podías subir y bajar por el cuello de la guitarra sin equivocarte en nada. Pero al día siguiente escuchabas la cinta que habías grabado y te dabas cuenta de que te estabas engañando a ti mismo. La heroína te hace eso.

Para mí fue importante saber, realmente saber, que no necesitaba la heroína para entrar en un trance así con mi guitarra. Un día

cualquiera puedo estar tocando y, al mirar hacia abajo una hora después, ver que me babeé la camisa de tanta euforia. Cuando eso sucede, me miro y me digo: "Excelente; esto es una medalla de honor". Pero trato de no hacerlo en el escenario.

La tercera vez que estuve a punto de inyectarme, estaba en un baño con un tipo que no podía encontrarme la vena. Por la voluntad de Dios, justo cuando encontró un lugar para pincharme, la tapa del botiquín se abrió sola y me quedó el espejo en mi cara. De repente solo podía verme a mí mismo en primer plano, y parecía el Hombre Lobo de una de esas películas de trasnoche en la televisión. "¡Mierda!", pensé. Realmente me asusté.

"Espera, espera", le dije al tipo.

"No, está bien; ya encontré la vena".

"No. Por favor quítame la banda de goma. No me pongas eso. Úsala tú si quieres". Me miró como para confirmar. "De veras, no la quiero".

Algo en la forma en que se abrió el espejo y en el aspecto de mi cara me dijo de una vez por todas que la heroína no era para mí y que nunca más la tocaría. Gracias a Dios aún no estaba enganchado y no la necesitaba. Soy bastante bueno escuchando las señales, y esta la sentí más como un presagio. Realmente capté el mensaje: "la heroína y la cocaína no son para ti".

Así que sabía cómo se sentía la heroína y por qué la gente la usaba, pero hacia finales de 1970 no podía soportar ver lo que estaba sucediendo con algunos integrantes de la banda y cómo estaba afectando nuestra música. Había más peleas y discusiones que creación musical; parecía que la alegría de hacer música estaba desapareciendo. Estar en el escenario con Santana era como estar en un equipo de fútbol americano, pero si arrojas la pelota y ves que los mismos tipos la dejan caer una y otra vez, eso empieza a desgastar a todos y el equipo se empieza a desmoronar. Pero cada vez que yo decía algo sobre el tema, todos lo negaban, y si decía algo sobre las drogas, reaccionaban como si yo hubiera tenido un termómetro enorme en la mano y estuviera a punto de colocarlo en el trasero de alguno. Me miraban y me decían: "Nosotros estamos bien; ¿cuál es

el problema contigo?". Era frustrante; parecía que no había forma de salir de eso.

En la víspera de Año Nuevo tocamos en un festival en Hawái y tuvimos unos días libres. La mañana después del concierto me desperté a eso de las cinco y media en la casa donde nos alojábamos, sobre la playa. Todavía estaba oscuro pero no podía dormir, así que fui y desperté a Carabello. Le dije: "Michael, necesito tu ayuda, amigo. Necesito que te levantes y vengas a caminar conmigo". Se dio cuenta de que hablaba en serio. Empezamos a caminar por la playa, y él me escuchaba.

"Tú y yo comenzamos esto, viejo. Pero algo tiene que cambiar, porque no estamos progresando; estamos empeorando con nuestra actitud hacia la música. Nos estamos volviendo muy arrogantes y agresivos. Se me está volviendo un fastidio incluso la idea de ir al estudio, y si yo me siento así, sé que a los demás les tiene que estar pasando lo mismo. Este carrusel no llega a ningún lado, y siento que la música que estamos creando no tiene la misma fuerza que la que hacíamos al comienzo.

"Mira, yo estoy en esto con todos ustedes; soy parte de ello, pero quiero cambiar. Quiero que volvamos a hacer lo mismo que cuando empezamos, ensayando canciones nuevas y probando cosas diferentes. Quiero recuperar esa alegría. Pero si las cosas no cambian, quizá tenga que dejar la banda.

"Necesito tu ayuda, amigo. Creo que necesitamos tener una reunión, plantear esto y hablarlo, y tomar una decisión seria al respecto".

Carabello y yo todavía hablamos sobre esa conversación al día de hoy. Él la trajo a colación hace poco, recordándome que lo había despertado y lo había llevado a caminar. "Realmente trataste de hablarnos sobre cambiar nuestro rumbo antes de que nos diéramos la cabeza contra la pared o cayéramos en un precipicio. Tenías razón".

Esa mañana en la playa, Carabello me miró y dijo: "De acuerdo, viejo. Ocupémonos de esto". Pero pasó un largo tiempo antes de que lo hiciéramos.

CAPÍTULO 12

Yo con mi playera de Jesús, Ghana, 6 de marzo de 1971.

Quiero hablar sobre África. Solo he estado ahí unas pocas veces, pero cada vez que fui, la primera sed que sentí en todo mi cuerpo fue la sed de ritmos: de escuchar la música y ver a los bailarines. Se trata de las conexiones entre nosotros y nuestras raíces. Hasta el día de hoy, la música africana es mi hambre más importante. No me canso de los ritmos, las melodías, las segundas melodías, los colores, el modo en que la música puede cambiar repentinamente mi ánimo de ligero y alegre a

sombrío. Si la gente me pregunta, le digo que tocamos un 99,9 por ciento de música africana. Eso es lo que hace Santana.

Ralph J. Gleason escribió una reseña de nuestro álbum Santana III en la revista Rolling Stone, y todo lo que dijo allí es muy cierto. Dijo que los ritmos que usamos deberían analizarse con un microscopio para que la gente pudiera ver cómo cada uno conduce a África. En mi mente, puedo ver un mapa que muestra cómo se puede rastrear el origen de todos los ritmos que tenemos aquí en los Estados Unidos a través de Cuba y de otras partes del Caribe y de América Latina, hasta diferentes partes de África. ¿Qué era la rumba antes de ser una rumba? ¿El danzón? ¿El bossa nova? ¿El bolero?

Quizá la música no siempre encaje tan bien en los mapas, pero me gustaría ver que alguien intentara hacerlo. Algunos lugares deberían ser más grandes en el mapa de lo que son en realidad porque son más importantes de lo que la gente cree: Cuba, Cabo Verde. Es muy loco. Cabo Verde dio origen a la música de México y de toda América del Sur, especialmente Brasil. Cuando escuchas un cierto tipo de romance en la música (el bolero, el danzón, el cha-cha lento), todo ello vino de esa pequeña isla. También habría que centrarse en Colombia, con esas cumbias geniales que le encantaba tocar a Charles Mingus. Luego está Texas, Misisipi, los shuffles de Memphis y todos esos ritmos callejeros de Nueva Orleans. Sería fascinante ver adónde apuntan las flechas.

Ojalá hubiese una escuela aquí que solo enseñara una cosa: cómo tener un poco de humildad y reconocer que África es importante y necesaria para el mundo, y no solo por su música. Cuando se trata de música africana, no tengo otra cosa más que tiempo para aprender. Creo que he sorprendido a algunas bandas africanas porque fui capaz de engancharme con la música; ¡hay demasiado ritmo como para no hacerlo!

Una cosa más sobre África: uno de los mayores elogios que recibí en mi vida no vino de algún premio, sino de Mory Kanté. Es un gran cantante y guitarrista de Mali. Me encanta muchísimo su música. Fue parte del concierto "Dance to the Beat of My Drums" que hicimos con Claude Nobs en Montreux. Estaba allí en mi sala de afinación, y un caballero africano entró y dijo que era el representante de Mory y que Mory pedía disculpas por no saber hablar inglés pero que tenía un

mensaje para mí. Este hombre me dijo el mensaje en su idioma y luego lo tradujo: "Mory quiere decirte que si bien tu barriga está llena, tú tienes hambre de alimentar a la gente".

"Muy bien, ¡gracias!"

Luego hizo una reverencia y se fue.

Guau. Sonaba como un gran cumplido. Lo acepté.

Si bien la música es de muchos lugares, también es de un lugar, y Santana no hubiera surgido sin San Francisco. Si necesitabas conocer un buen bajista, siempre había alguien que conocía a alguien más, o quizá te enterabas de un nuevo pianista o baterista o grupo que tenías que ir a ver. Mi propio hermano Jorge estaba formando su banda, los Malibus, y formando una reputación con la guitarra; luego cambiaron su nombre a Malo y armaron su propia mezcla de rock, ritmos latinoamericanos y letras en español. Unos años después, algunos músicos de Malo vinieron a Santana, como también algunos músicos de Tower of Power, la estupenda banda de vientos de Oakland. Incluso hoy me fijo en las bandas de la zona para considerar a personas que podríamos incorporar a Santana.

Así fluían las cosas en San Francisco. Santana nunca fue exclusiva. Como muchas bandas, tocábamos y hacíamos improvisaciones y sesiones unas con otras, donde descubríamos nuevas ideas y personas con las cuales salir de gira. Así como Neal entró a la banda, estábamos abiertos a pensar en tocar y grabar con otros músicos. Estábamos abiertos a tener otras personas como cantantes principales, además de Gregg (como hicimos en "Oye Como Va").

Todo eso está en nuestro tercer álbum. Empezamos las sesiones para *Santana III* a comienzos de 1971. Rico Reyes volvió para cantar en otra canción en español, "Guajira", acompañado en piano por Mario Ochoa. Tuvimos los vientos de Tower of Power en "Everybody's Everything", que más adelante, ese mismo año, se convirtió en el primer single del álbum. Abrimos la puerta e invitamos a Luis Gasca a tocar en "Para Los Rumberos", otra canción de Tito Puente de la que queríamos hacer un cover. Convertimos a esta

canción en nuestro tema de presentación (como antes hicieran los Sly and the Stone Family con "Dance to the Music"), cantando los nombres de Carabello, Chepito y el mío antes de tocar nuestras respectivas partes. Greg Errico de la banda de Sly y Linda Tillery de The Loading Zone tocaron percusión en algunas canciones, y tuvimos a Coke Escovedo haciendo percusión en todo el álbum.

Coke vino y agregó tanto a las sesiones desde el comienzo que tuvimos que darle el crédito por la inspiración que trajo a ese álbum. Coke era de raíces mexicanas, y antes de tocar con nosotros había tocado con Cal Tjader. Es uno de los famosos hermanos Escovedo (toda la familia hace música). Su hermano Pete también hace percusión, y es el padre de Sheila E. Los hermanos tenían un grupo de jazz latino que tocaba por la ciudad, y en el 72 formaron Azteca, el grupo de rock-jazz latino en el que se iniciaron muchos músicos. Coke ayudó a escribir "No One to Depend On", el segundo single de *Santana III,* y comenzó a salir de gira con nosotros.

El desafío del tercer álbum fue encontrar melodías nuevas e ideas nuevas que se adecuaran a nuestro sonido. Nos impusimos esa presión porque, durante un tiempo más, todavía estábamos en un punto donde podíamos ser una unidad. Estábamos ensayando y, de repente, alguno decía: "¡Ey! tengo una idea" y la tocaba, o alguno quería empezar a tocar una melodía latina o un riff de B. B. King que había estado escuchando, y enseguida nos poníamos a elaborar nuestra propia interpretación. La melodía "Batuka" surgió de un arreglo musical que nos envió Zubin Mehta para tocar con la Orquesta Filarmónica de Los Ángeles en el programa de televisión *The Bell Telephone Hour.* La pieza fue escrita por Leonard Bernstein con el nombre de "Batukada". Es una partitura larga, ¡la mirábamos como monos tratando de ver cómo funciona una computadora! "¿Qué carajo es esto?". Pero nos gustó el nombre, así que lo acortamos a "Batuka" y dijimos: "Hagamos lo que sabemos hacer, viejo; inventemos algo". Así es como surgió esa melodía, a partir del nombre de la partitura que nos dio Mehta.

Así también fue como surgió "Toussaint L'Ouverture" en el estudio. Fue una de las últimas cosas que hicimos con Albert

Gianquinto. "Everybody's Everything" se basó en una canción de 1966 llamada "Karate", del grupo vocal de R&B The Emperors. Tenía un estupendo gancho que yo no me podía sacar de la cabeza. La había escuchado una vez en la radio, luego, unos años después, yo estaba en Tower Records, donde siempre iba a investigar un poco: compraba viejos discos de 45 rpm con éxitos de los años 50 y 60. La encontré todavía a la venta y el empleado la hizo sonar, y pensé: "¡Guau!, esto es como música country o música de contradanza afroamericana", y me encantó.

La canción hablaba sobre un nuevo tipo de danza, pero en Santana no nos interesaba esa letra, así que hablé con dos abogados, que llamaron a los dos tipos que habían escrito la canción (Milton Brown y Tyrone Moss) y obtuvimos su aprobación para ponerle nuestra propia letra. Neal tocó el solo, y conservamos la frase "Yeah, I'd do it" del original.

Busqué en mi archivo de la música que me gustaba y tomé "Jungle Strut", de Gene Ammons. Se la toqué a la banda y me dijeron: "Sí, eso suena como Santana. Podemos hacerla". Escribimos juntos "Everything's Coming Our Way" (fue mi forma encubierta de introducir algo de Curtis Mayfield en nuestra música). David estaba incursionando cada vez más en la música latina y afro-caribeña; desarrolló algunas ideas con Chepito y Rico Reyes y así crearon "Guajira".

Normalmente hacíamos una canción por día en el estudio, pero debido a nuestras giras en el 71, las sesiones para *Santana III* se extendieron por más tiempo que cualquier otro álbum de Santana: empezamos en enero y en julio todavía estábamos grabando. Grabábamos en San Francisco, salíamos de gira por un tiempo y, en el camino de regreso, íbamos a un estudio en Nueva York con Eddie Kramer. Estábamos cruzando las zonas horarias, tanto en los Estados Unidos como en el extranjero. Estar de gira puede resultar muy difícil. Chepito solía tener muchísima energía; pero después tuvo un aneurisma y quedó tan frágil que por un tiempo no pudo más tocar. Le pedimos a Willie Bobo que lo reemplazara en los timbales, y lo hizo.

En marzo tomamos un avión en Nueva Jersey que nos llevó más lejos de casa de lo que jamás habíamos estado. Recibimos una

llamada telefónica acerca de ir a Ghana para la celebración del aniversario del país; querían que Santana tocara en un festival con Ike & Tina Turner, The Staple Singers, The Voices of East Harlem, Les McCann, Eddie Harris, Wilson Pickett y Roberta Flack. Teníamos que tomar una decisión: podíamos ir a Ghana o quedarnos en casa y ver a Aretha Franklin y Ray Charles en el Fillmore West, que iban a grabar un álbum en vivo. Era una elección difícil. Pero dijimos: "Vayamos a África".

Y, cuando quise darme cuenta, estaba en un vuelo, sentado entre Roberta Flack y Mavis Staples, que iban cantando "Young, Gifted, and Black" (lo tengo en estéreo). Me dije: "¡Genial! Esto va a ser divertido". Al lado nuestro iba la sección de vientos de Wilson Pickett.

Todo el avión comenzó a estar de fiesta apenas despegamos. No había más que músicos a bordo; todos empezamos a fumar marihuana y consumir cocaína. Willie Bobo resultó ser como un número cómico constante, un instigador de bromas e historias graciosas. Sabía cómo provocarte para ver si tenías la suficiente sabiduría como para reírte de ti mismo, pero muchos quizá no estaban preparados para eso. O te enojabas o te reías. La mitad de su material podría haber sido libreto para Bill Cosby. Willie tenía ese tipo de presentación. Nos hicimos muy amigos en ese tiempo.

Fue el vuelo más largo que jamás había hecho: más de doce horas. Cuando aterrizamos, todo el aeropuerto se veía como un tsunami de africanos; estaban todos allí para saludarnos, de todos los colores, tamaños y formas. Algunos eran tan negros que su color era casi azul iridiscente. Fue hermoso; vinieron hasta el avión mismo. Bajamos las escaleras y la multitud comenzó a abrirse como el Mar Rojo frente a Moisés, y de repente apareció una hilera de lugareños que representaban a las doce naciones de Ghana y venían a recibirnos. Cada nación tenía su propio estilo de danza y vestimenta, algunos decorados con grandes cuernos de búfalo y conchas marinas. Uno a uno los grupos nos fueron saludando, y después lo hicieron el alcalde de Accra y su grupo de gente.

Ver y escuchar toda esta escena como primera cosa después de aterrizar, fue algo increíble. Luego vimos a un hombre que era como

un médico brujo; vestía pieles de animales y sacudía una calabaza enorme (era tan grande y redonda como una pelota de baloncesto). La hacía sonar como un redoble de Buddy Rich. Por el modo en que ocupó el centro del escenario, era evidente que imponía mucho respeto. Incluso la gente del alcalde le abrió paso, y las personas que estaban filmando el viaje y el concierto estaban maravilladas con él. Todos estábamos con una expresión de: "¿Quién es este hombre?".

Willie decidió llamar la atención; tenía un amuleto que usaba siempre y empezó a decir que su vudú era más poderoso, que él tenía su propia conexión con los espíritus. En ese momento me di cuenta que todos tenemos nuestra propia forma de manejarnos con el reino invisible, solo que yo no hacía alardes de la mía. Pero ese santón nos fascinaba y nos atemorizaba al mismo tiempo. Me di cuenta inmediatamente de que era un brujo y que tenía un modo de interactuar con el reino invisible; podía conectarse con los espíritus. Y esa no fue la última vez que lo vimos.

Pasamos por aduana y fuimos directo al hotel para prepararnos para una gran cena que iba ofrecer el presidente. Antes de empezar a comer, se nos pidió a todos que nos pusiéramos de pie, y un grupo de hombres y mujeres cantaron el himno nacional de Ghana, que tenía un estilo como de llamada y respuesta. De repente lo reconocí: sonaba muy parecido a "Afro Blue". No podía creerlo. Si la canción de Mongo Santamaría no había salido de este himno, entonces era prima cercana. Las dos venían del mismo lugar.

Estuvimos allí casi una semana, y había muchísimo para ver y aprender. Al día siguiente Carabello comió o bebió algo que le causó disentería, lo que lo obligó a quedarse en el hotel, cerca del baño. Shrieve y yo fuimos a la ciudad a dar unas vueltas por el mercado y nuestro taxi quedó atascado en el tráfico: los coches iban pegados unos a otros, todos con las ventanillas bajas. Yo llevaba conmigo un pasacintas e iba escuchando algo de Aretha Franklin en mis auriculares. Una mujer que pasó caminando se detuvo junto al coche y se quedó mirándome como si yo hubiera bajado de un plato volador. Me quité los auriculares y le mostré cómo colocárselos en la cabeza. Lo hizo, y sus ojos se agrandaron como platos, y sonrió con una

sonrisa enorme. Fue una maravillosa conexión; estar allí era como estar en casa.

Los trabajadores todavía estaban construyendo el escenario cuando llegamos, así que tuvimos que esperar a que terminaran. A la noche estábamos libres y todos nos juntábamos en el único lugar en que podíamos: en el salón en el vestíbulo del Holiday Inn. Comíamos allí y bebíamos allí, y nos reíamos a carcajadas de las cosas que decía Willie Bobo. Una noche se la agarró con Wilson Pickett: "¡Ey!, Wilson Pickle. Wilson Pickle". Pickett podía ser un tipo duro. Era serio, como Albert King; no le gustaba ningún tipo de tonterías. Pero Willie siguió insistiendo. "Hombre, déjame mostrarte lo que vas a hacer en tu espectáculo". Se ubicó sobre una rodilla y se colocó el saco encima como si fuera una capa. "Como James Brown, pero no va a funcionar, porque aquí en África él es número uno, lamento decirte".

Yo no podía creerlo; me fui tan rápido como pude al otro lado del vestíbulo, lejos de toda esa tensión. Creo que todos estábamos con ganas de salir un poco más y, al mismo tiempo, recuerdo que deseé que algunos hubiéramos sido más comprensivos y respetuosos de la gente y su cultura. Recuerdo que Pickett dijo que los africanos deberían usar más desodorante, y Willie se burlaba del santón que conocimos en el aeropuerto diciendo que era un charlatán, un tipo que había convencido a la gente de que tenía cierto tipo de poder. También recuerdo que esperé que el médico brujo no se enterase de nada de esto, por si acaso.

La noche siguiente en el bar del vestíbulo escuché a un hombre africano vestido de traje y corbata hablando sobre cómo solo estábamos allí para robar sus cosas y explotar su música. Lo dijo lo suficientemente alto como para que yo lo escuchara. Caminé hacia él y le dije: "Disculpa". Le di mi guitarra y le dije: "Toma, hombre, toca algo para mí".

"¿Qué? Yo no toco la guitarra; soy abogado", me dijo.

"Entonces no es tu maldita música; solo es tuya cuando la tocas". Yo también podía ser engreído, y me gustaba dejar las cosas en claro. Agarró su trago y me devolvió la guitarra.

Volví a bajar al día siguiente: era el mismo lugar, la misma

gente, como si nada se hubiera movido desde la noche anterior. Más tarde esa tarde, alguien se me acercó en el vestíbulo: "¿Sr. Santana? El Sr. Pickett desea verlo en su habitación".

"Eh, bueno".

Subí las escaleras y llamé a la puerta. Me abrió una mujer joven. Desde adentro alguien preguntó: "¿Quién es?".

"Creo que es Carlos Santana".

"¿Sí? Déjalo pasar".

Entré, y Pickett y Ike Turner estaban consumiendo cocaína. "Pasa, amigo".

"¿Qué tal, muchachos? ¿Cómo están?".

Pickett me miró de arriba a abajo. "Así que tú eres el magnífico, ¿eh? ¿Tú eres *el* Santana? ¿Tú eres el tipo?". Sabía de mis días en Tijuana adónde conducía esto, y no quería nada de eso. "Escuché que querías hablar conmigo y aquí estoy, pero antes quiero decirte que tengo todos tus álbumes. Aprendí todas tus canciones y me encantan. 'In the Midnight Hour', 'Land of 1000 Dances', 'Mustang Sally', 'Funky Broadway', 'Ninety-Nine and a Half (Won't Do)'...". Seguí con toda la lista porque era verdad: las había aprendido a todas. "Eres mi ídolo, hombre".

Wilson lo miró a Ike. Ike, dicho sea en su honor, sacudió la cabeza como diciendo: "Está bien. Carlos es buena onda". Salí educadamente de la habitación.

No fue la primera ni la última vez que sucedió eso: conocer a un músico que me encanta y que no confíe o no se alegre con los elogios. Pero debo decir que sucede muy pocas veces; creo que en todos estos años, puedo contar con una mano la cantidad de encuentros así.

Conocí a Eddie Harris en Ghana en ese mismo viaje y le pregunté si podíamos tocar juntos en una de sus canciones. "Oye, Eddie, ¿quieres improvisar? Hagamos 'Listen Here' o 'Cold Duck Time'". Él se negó con la cabeza. "No, Santana, no voy a dejar que me superes en mi propia música. Eso no va a pasar". Esa no era mi idea, y traté de explicarle: "Solo quiero tocar porque me encanta tu música, hombre".

Sucedió otra vez, apenas unas semanas después de que volvimos

de África, cuando compartimos el programa en el Fillmore East con Rahsaan Roland Kirk. La noche en que Miles estaba allí y me dio un capirotazo en la oreja, llamé a la puerta del camerino de Rahsaan; algo que hice en poquísimas ocasiones. Se abrió, y recuerdo que estaba casi completamente oscuro. Rahsaan y algunos de los muchachos de su banda estaban en la habitación. "Sr. Kirk, mi nombre es Carlos Santana, y solo estoy aquí para agradecerle desde el centro de mi corazón por traer tanta alegría en su música. He escuchado *Volunteered Slavery* y *The Inflated Tear*…". Tal como había hecho con Wilson Pickett, empecé a nombrar las canciones que me encantaban, y luego esperé. De golpe, todos comenzaron a reírse como hienas, se reían y se reían sin parar. Busqué silenciosamente la perilla de la puerta, la abrí y me fui. Me dije a mí mismo: "Muy bien. Nunca voy a volver a hacer eso".

Otra cosa que no pienso hacer es meterme con cosas de magia negra. Nos encontramos de nuevo con ese santón caminando cerca de nuestro hotel en Ghana, y un pollo se cruzó en su camino. Él se detuvo y lo miró de una forma extraña, y *¡paf!* El pollo de golpe cayó muerto, aunque hasta hacía un segundo se veía bien y saludable. Todos retrocedieron y le dieron lugar al hombre. Nosotros volvimos al hotel y, en el restaurante, todos los integrantes de la banda de Pickett querían contarle la historia. "Pickett, viejo, no vas a creer lo que hizo ese brujo de vudú. ¡Fue algo muy raro!" Pickett repetía una y otra vez: "No, no. No quiero saber. No me cuenten, no me cuenten". Pero ellos siguieron; estaban como niños que vuelven a casa y necesitan contarles a sus padres algo que pasó en la escuela. Le contaron a Pickett sobre el pollo, y él sacudió la cabeza con resignación. "Les dije que no me contaran estas cosas. Ahora voy a tener pesadillas". Mientras tanto, Willie Bobo se mataba de risa.

El último día antes del concierto en Ghana, los organizadores nos encontraron algo para hacer. Nos invitaron al Castillo de la Costa del Cabo; un lugar donde mantenían prisioneros a los africanos antes de colocarlos en barcos de esclavos que los llevarían a diversas partes de Estados Unidos. Era básicamente una antigua fortaleza pintada de blanco, junto al océano, con cañones en el

frente. Un guía de turismo nos explicó lo que había sucedido allí. Nos mostró la "puerta sin retorno" por la que pasaban los esclavos al pisar por última vez el suelo africano. Nos llevó abajo a un sótano horroroso donde mantenían amontonados a los esclavos mientras esperaban los barcos. Todos nos quedamos en silencio; aún se podía sentir la intensidad de todas las almas que habían sido metidas allí.

El viento hizo su aparición en el momento justo, produciendo un silbido solitario cuando pasaba por las grietas y rajaduras de la vieja fortaleza. A todos se nos erizó la piel; era como escuchar a esas almas aullando de dolor y horror. *¡Wuuuujaaauuuiiiiii!* Tina Turner lo escuchó y se le aflojaron las rodillas; comenzó a llorar y tuvieron que llevarla de nuevo al autobús. El viento seguía soplando más fuerte, y todo comenzó a volverse más y más espeluznante. Todavía me agarran escalofríos de solo acordarme.

Willie no vino con nosotros al castillo porque no se sentía bien. Cuando volvimos al hotel estaba realmente descompuesto: sudando, con fiebre y vomitando. Era lo mismo que había tenido Carabello durante la mayor parte del viaje, pero peor. Tenía mucha fiebre, y no le bajaba. Todos nos fuimos turnando para quedarnos con él y ponerle paños fríos encima toda la noche. Alrededor de medianoche, llegó un médico local en traje y corbata mientras yo lo estaba cuidando, y lo revisó.

Dijo que era disentería, y no pude evitar pensar en ese santón y todas las cosas que Willie había estado diciendo sobre él, y si no tendría algo que ver; en realidad, todos estábamos igual: teníamos nuestras sospechas y no sabíamos qué creer. En ese momento alguien llamó a la puerta, el médico se levantó para atender y, en efecto, ahí estaba: el santón, que venía a ver a Willie. El médico lo hizo pasar, pero yo me levanté y le bloqueé el paso. Nuestras miradas se encontraron y tuvimos una conversación interna: hablé con él en mi interior.

"Hombre, sé que tienes el poder y sé que le hiciste esto". Luego señalé mi playera, que tenía una imagen de Jesús. Seguí hablando con el santón en mi mente. "Yo respeto y honro las creencias que tiene la gente de todo el mundo, como respeto las tuyas; pero te

crees más poderoso que Jesús? Quizá puedas pasar por encima mío, pero también tendrás que pasar por encima de él, porque no solo estoy con él, sino que le pertenezco".

Tienes que comprender que respeto y honro a Jesucristo; fue una figura histórica extraordinaria que se enfrentó a la autoridad y creyó en la gente común y en el poder de su mensaje y, lisa y llanamente, fue asesinado por ello. La cuestión acerca de Jesús que no se tiene en cuenta, creo yo, es que era un hombre; que nació y que tuvo que crecer para convertirse en quien fue. Era un hombre, y seguramente era muy atractivo, porque tenía carisma y la gente lo amaba. Las mujeres lo amaban. Es curioso que la Biblia no cuente nada sobre la época en que se fue de su casa siendo adolescente, y luego volvió. ¿Dónde estuvo entre los trece y los treinta? Yo creo que viajó por el mundo, fue a Grecia y a la India. Anduvo por ahí e hizo cosas. Tenía que hacerlo para saber cómo se siente estar vivo, cómo se siente comer bien y ser amado, pero también cómo se siente tener hambre y ser despreciado. Para tener la experiencia de lo que es ser un hombre y, al mismo tiempo, mantener el misticismo divino.

Hay una escena en la miniserie de TV *Jesús de Nazareth*, de Franco Zeffirelli, que es una de mis favoritas: Jesús entra a un templo justo cuando el rabino está por abrir las santas escrituras y leerlas, pero Jesús amablemente le pide al rabino que se haga a un lado. Éste lo hace, y entonces Jesús toma los pergaminos abiertos y los cierra, diciendo: "Hoy, ante vuestros ojos, la profecía se ha cumplido" y "El reino de los cielos ha llegado".

La gente que estaba en el templo se enoja y piensa que es una blasfemia; pero es porque no comprenden su mensaje: podemos dejar de sufrir porque la divinidad ya está aquí, en cada uno de nosotros (cosa que la iglesia no quiere que oigamos, porque desea controlarnos y que el mensaje pase por ellos). Desde esta vista aérea de la situación, tanto si Dios habla a través de Jesús, Mohamed, Buda o Krishna, como si se comunica directamente con cada uno de nosotros, puede alcanzar a cualquier persona y decirle lo que necesita escuchar. Nadie debería tener un monopolio de esa conexión; nadie

puede decir con seguridad: "Tienes que pasar por mí para llegar a Él". Para mí, eso suena más a un proxeneta.

Me molesta cuando ese mensaje se distorsiona para que ciertas personas puedan controlar y manipular a otras, que es lo que ha hecho la religión durante siglos, sin ayudar a la gente que necesita ayuda; cuando la religión deja que las personas sufran a fin de mantener su dogma y sus tradiciones.

Hay algo más que me gusta de esa escena: Jesús fue uno de esos tipos cuya tarea fue pararse en medio de la multitud y decir: "¡Ey! El mundo *no es* plano", y eso requiere mucho coraje. Así me siento también respecto a alguien como Ornette Coleman, que vino a Nueva York desde otra ciudad con un tipo de música diferente, cuando todos estaban haciendo un tipo de jazz más establecido. Respeto mucho a las personas que no solo tienen la claridad para ver, sino también la valentía para dar un paso al frente y decir algo.

Si Jesús anduviera por aquí encarnado hoy, no habría una fiesta de Navidad. Eso es solo un negocio, y la religión es una institución organizada como el Bank of America, y tiene mucho más dinero que el Bank of America. Hay un dicho que me encanta: "Tienes que dejar la cruz, hombre. ¡Bájate de ahí que necesitamos la madera!"

Jesús nunca habló de reglas y requisitos. Él tenía la consciencia de un Cristo, y no le interesaba dividir el mundo en creyentes y no creyentes, o en santos y pecadores, y hacer que todos se sintieran culpables por haber nacido en el pecado y decirles que debían sufrir por eso.

Cuando me paré frente a ese chamán en Ghana, no se trataba de "mi Dios contra tu dios". Solo estaba enfrentando mi miedo y apelando al poder del amor, que es la fuerza más suprema de todas: amor y perdón, compasión y generosidad. Con apenas estas pocas cosas pueden ocurrir milagros; la consciencia humana puede avanzar y el miedo puede ser erradicado.

El santón me miró con furia. Pude ver que había comprendido lo que yo estaba pensando. Me miró a los ojos, luego miró mi playera, luego miró al médico y se hicieron un gesto con la cabeza. Casi me pareció que tenían algún acuerdo entre ellos: uno hacía

que las personas se enfermaran, y el otro cobraba cuando traía la medicina. Entonces el santón se fue. A mí no me pasó nada; no me agarró disentería.

Mira *Soul to Soul*, la película del concierto; Willie pudo tocar al día siguiente, pero verás que estaba muy lánguido. También notarás la fascinación del equipo de filmación con el santón; cada vez que podían, giraban las cámaras hacia él. ¿Quién sabe? Quizá también hizo algún tipo de vudú sobre ellos.

Recuerdo que Ike y Tina salieron primero, ya que tocaban la canción principal del concierto: "Soul to Soul". Wilson Pickett fue el titular principal, y creo que nosotros tocamos bastante bien. Lo extraño fue que la multitud no sabía cuándo aplaudir. Terminábamos una canción y... nada. Aun así podíamos sentir que lo estaban disfrutando mucho y que realmente les gustábamos, pero creo que los temas tan largos y las diversas secciones los confundían, como confundían a mi papá. A medida que pasaba la música iban aprendiendo, sin embargo, porque aplaudieron cuando terminó el programa y, para cuando le llegó el turno de tocar a Pickett, estaban bailando y haciendo palmas.

Esa noche también tocó The Voices of East Harlem, con Dougie Rauch en bajo, y me impresionaron más que la primera vez que los escuché, en Tanglewood. Tenían una canción estupenda llamada "Right On Be Free" que toco a veces con Santana incluso ahora, más de cuarenta años después. Me gusta la música con un mensaje como ese, música que llamo "brutalmente positiva" (como las canciones de Curtis Mayfield, o "What's Going On", de Marvin Gaye, o "A Simple Game", de The Four Tops) porque la gente necesita una dosis constante de "Kumbayá" sin la mojigatería. Hay mucha música africana de ese tipo también; me encanta Fela Kuti y su hijo Seun, que hace una canción que dice: "Don't bring that shit to me... don't bring bullshit to Africa" (No me traigas esa basura... no traigas sandeces a África). Me encantan las canciones que dicen: "Voy a tomar todas esas palabras y a decirte sin rodeos lo que está pasando y te voy a quitar todos los miedos".

Después de que volví de África, ese viaje permaneció conmigo

durante mucho, mucho tiempo. Me traje varios álbumes a casa y empecé a coleccionar más dondequiera que los encontraba. Dije: "Gracias a Dios por Tower Records" cuando hicieron una sección aparte para la música africana. Quería tener una habitación en mi casa solo para la música africana, porque quería aprender a tocarla. Al principio fue difícil encontrar los discos; luego, a principios de los 80, cuando estaba en París, me iba derechito a la sección africana en esas grandes tiendas de música en los Campos Elíseos. Tomaba una canasta y empezaba a agarrar discos.

Chepito se recuperó de su aneurisma, y él y Coke Escovedo se unieron a nosotros después de que regresamos de África. Anduvimos de gira desde el Bay Area hasta Nueva York, y luego fuimos a Europa, donde volvimos a tocar en el Festival de Jazz de Montreux en abril. Volvimos a los Estados Unidos y seguimos de gira, a veces con Rico Reyes o con Víctor Pantoja, que tocaban las congas en el primer disco que escuché de Chico Hamilton. Y en julio, finalmente grabamos nuestro tercer álbum: *Santana III*.

Estábamos haciendo mucho *como* banda, pero las cosas no habían mejorado *dentro* de la banda. Creo que las primeras fisuras reales en Santana, las que comenzaron a formarse el invierno anterior, habían comenzado a notarse en términos de nuestros gustos musicales. Al principio, las diferencias en lo que escuchábamos nos ayudó a desarrollarnos como banda: compartíamos todo y eso nos mantenía juntos. Pero, cuando estábamos en medio de la grabación de nuestro tercer álbum, nuestras diferencias hacían que quisiéramos crecer cada uno en nuestra propia dirección. Gregg y Neal querían hacer algo parecido a Journey (más de su sonido rockero). David Brown estaba ahondando en música de baile latina, y Chepito ya estaba allí, escuchando a Tito Puente y Ray Barretto. Yo estaba totalmente abocado a John Coltrane y Miles; y Shrieve estaba igual. También estaba empezando a escuchar Weather Report, que tenía músicos que habían tocado con Miles en *Bitches Brew*; Joe Zawinul y Wayne Shorter eran el núcleo de ese nuevo grupo.

Realmente se podían sentir esas diferencias después de nuestros espectáculos, cuando hacíamos tiempo en el hotel. Shrieve y yo nos juntábamos para escuchar nuestra música favorita en su habitación o la mía, despertando mutuamente nuestro interés en diferentes discos que acababan de salir. Podía ser jazz, soul o lo que fuera. A veces venían algunas chicas en busca de drogas y juerga, y se aburrían viendo que nosotros dos nos la pasábamos diciendo: "¡Escucha este ritmo!" o "Tienes que escuchar este solo". Entonces se iban a la habitación de Chepito o de David.

No estoy diciendo que una cosa sea mejor que otra; hay tiempo para todo. Pero no era solo la música. Para 1971 las diferencias también se notaban en las prioridades de algunos de los integrantes de la banda. El estilo de vida del rock and roll se estaba apoderando de todo; no eran solo las mujeres o los coches o la cocaína y otros excesos; era también la actitud. Solíamos decir que éramos de las calles y que éramos auténticos; mirábamos a otras bandas que estaban triunfando y juzgábamos cómo se comportaban. "Nunca vamos a ser unos idiotas así", decíamos. Pero veía cómo se comportaban algunas personas de nuestra banda y pensaba para mí mismo: "Es fácil ver por qué muchas bandas fracasan: por una sobredosis de ego".

Pensé que Santana se estaba volviendo una contradicción ambulante. El alma quería una cosa, pero el cuerpo estaba demasiado ocupado haciendo otra, y estábamos tratando de ser algo que ya no éramos. Todo lo que Bill Graham anticipó que sucedería, estaba sucediendo: nuestras cabezas se estaban volviendo tan grandes que empezamos a tener la sensación de que no había suficiente espacio para todos. Creo que a todos a veces nos sentíamos así.

Para mí, lo peor seguía siendo que no estábamos practicando o trabajando en música nueva, y yo estaba hambriento de eso. Tenía que hacer un esfuerzo para lograr que nos juntáramos a tocar. Yo decía: "Estos álbumes de platino están llenos de polvo, hombre. Nuestra música está empezando a oxidarse. Necesitamos juntarnos, y no tendría que sonar como si estuviera diciendo que necesitamos ir al dentista para ocuparnos de un absceso. Deberíamos

juntarnos y disfrutar mutuamente de nuestras canciones, como hacíamos en los dos primeros álbumes".

Ser una cooperativa hacía posible nuestra existencia de muchas formas, es lo que *éramos*. Pero, básicamente, no teníamos disciplina, y nadie más que Shrieve estaba dispuesto a escuchar que podíamos estar tomando las decisiones incorrectas. Éramos muy, muy jóvenes; hasta nuestro representante era joven. Se suponía que él debía estar cuidándonos, pero él también estaba participando en muchos de esos excesos. Consumía drogas y ayudaba a proveerlas a la banda, y aún quería estar en la banda.

Algunas personas de la banda estaban enojadas conmigo porque casi nunca estaba contento. Es verdad: probablemente yo no era un tipo muy agradable con quien estar porque me quejaba por todo. Yo mismo me sentía en conflicto con tanto dinero y excesos, y mi lado espiritual se estaba desmoronando.

En esa época empecé a inclinarme más profundamente hacia una dirección espiritual. Comenzó con un par de libros. Lo único que había leído cuando era niño eran libros de cómics, como *Amazing Stories,* y el Hombre de Hierro y el Hombre Araña de Stan Lee. En los inicios de Santana yo ya me estaba inclinando hacia los libros de filosofía oriental. En Bay Area esto flotaba en el aire. Todos estaban leyendo *The Urantia Book* (traducido al español como *El libro de Urantia*), *Autobiography of a Yogi* (traducido como la *Autobiografía de un yogui*) de Paramahansa Yogananda y las memorias de Swami Muktananda. Y yo también.

Había yoguis que venían de San Francisco y hablaban a quien quisiera oírlos: seguidores y amigos curiosos. A veces me enteraba de que John Handy o Charles Lloyd pensaban asistir, lo que era una razón más para ir. Aprendí los nombres de varios gurús, incluidos Krishnamurti y un joven regordete llamado Maharaj Ji. También estaba Swami Satchidananda, de quien Alice Coltrane era seguidora. Vendían libros después de sus conferencias y yo solía llevarme alguno.

Todos habían oído hablar de The Beatles y de Maharishi Mahesh Yogi, el gurú que ellos habían seguido durante un tiempo y a quien

algunos consideraban un embustero. Comencé a entender que estos gurús no eran charlatanes, sino hombres muy sabios que podían ayudar a la gente a ver su propia luminosidad, esa luz divina que cada persona tiene en su interior y que nos permite reducir el temor, la culpa y el ego. Aprendí nuevas palabras para describir estas ideas, como *despertar*. Esa era realmente la tarea que hacían estos maestros: despertar a la gente hacia una consciencia superior.

Lo siguiente que aprendí es que mi química molecular comenzaba a cambiar solo por ser curioso y considerar las preguntas metafísicas de las que estos gurús hablaban. Estaba aprendiendo un nuevo lenguaje. Empecé a hacer preguntas del tipo: "¿Cómo puedo evolucionar y no cometer los errores que cometen todos a mi alrededor? ¿Cómo puedo desarrollar una disciplina espiritual tangible y confiable, con un gurú o sin él? ¿Cómo puedo conectar esto con mi estilo de vida de rock and roll y con la música que estoy haciendo?".

Estaba comenzando a sentir una necesidad interior de leer más libros y de escuchar una música que resonara en la misma frecuencia. Empecé a dejar a un lado la música de Jimi y hasta la de Miles por un tiempo. Buscaba la resonancia que obtenía de estos gurús y la encontré cuando escuchaba los discursos de Mahalia Jackson o de Martin Luther King; simplemente sus palabras, su tono y su propósito. John McLaughlin surgió con su nuevo grupo, la Mahavishnu Orchestra. Escuché ese primer álbum varias veces y sentí su propósito.

También toqué la música de Coltrane en incontables oportunidades. Permaneció en el plato de mi tocadiscos durante un largo tiempo. Estaba aprendiendo, intentando comprender el lenguaje de la ascensión. "El Padre, el Hijo y el Espíritu Santo" eran la puerta para mí. No era fácil, ya que las primeras diez veces que lo escuchas ni siquiera puedes encontrar 1: el compás acentuado. Todo es 1 y lo único parecido a una melodía ahí es "Frère Jacques" (Fray Santiago).

Podía tocar la guitarra y quedarme con la música modal que Coltrane hizo después, alrededor de la época de *A Love Supreme*,

pero Shrieve me ayudó a sentir verdaderamente el material que Coltrane había hecho en sus comienzos, y el de Miles y otros jazzistas, porque la idea de las canciones de 32 compases y la forma AABA eran totalmente nuevas para mí. Él me explicaba: "Aquí está el interludio" y "esta es una coda". "¿Ves cómo modularon hacia otro tono?" o "Escucha cómo tocan los primeros dieciséis compases a dos tiempos y luego el interludio está en 4/4 para darle *swing*". Shrieve comenzó en una banda de *jazz* de la preparatoria, por lo que tenía cierto entrenamiento y podía desempeñarse como guía.

Al ser la música de Coltrane tan intensa, se estaba convirtiendo en mi remanso de paz interior. Tocaba Coltrane o Mahavishnu y podía ser yo mismo. La cocaína, las fiestas y todo ese libertinaje no se llevan bien con *A Love Supreme* y *The Inner Mounting Flame*; esa música era como la luz del día para los vampiros. A veces tocaba Coltrane para encontrar mi paz interior, pero honestamente en ocasiones lo hacía para alejar a algunas personas que pasaban demasiado tiempo a mi alrededor. Funcionaba siempre, ¡salían como una tromba!

Sé que Coltrane estaba a favor de la paz y de la no violencia, al igual que Martin Luther King; podías escucharlo en su música. Pero la intensidad, que vi que desilusionaba a algunos, provenía de un propósito supremo; el tipo de propósito con el que me conecté cuando me involucré con los Panteras Negras en la bahía de Oakland. Habíamos oído de ellos a través de David y Gianquinto, que fueron los primeros blancos del partido de los Panteras Negras que conocí. Habíamos escuchado acerca de los programas que establecieron para ayudar a su comunidad, como proveer el almuerzo a los niños de las escuelas. El gobierno no lo veía así y empezó a perseguir a los Panteras. En la época en que tocábamos para ellos estaban controlados: Huey P. Newton y Bobby Seale estaban en prisión esperando el juicio y Eldridge Cleaver se encontraba exiliado en África.

Algunos grupos de San Francisco, como The Grateful Dead, hacían conciertos a beneficio a fin de recaudar dinero para que los

Panteras Negras pudieran costear sus batallas legales. Recuerdo que hicimos dos conciertos para ellos y pude ver el temor que esta situación generaba. Llegamos en una limusina al Berkeley Community Theatre. Al bajarnos, los encargados de seguridad, que vestían boinas y chaquetas negras, nos pidieron que nos detuviéramos y aceptáramos la situación: "Tenemos que cachearlos".

Respondí: "Está bien, pero ¿saben que estamos tocando para ustedes?".

"Lo sabemos y les agradecemos, pero ubíquense contra la pared. De todas formas tenemos que hacerlo".

Después supe que tenían muchos infiltrados y gente en su propia organización que los espiaba. No confiaban en nadie. Tenían que protegerse a sí mismos. Vivían como si cada segundo fuera el último que les quedaba. Yo pude sentirlo y me impresionó. Recuerdo una vez que hablé con uno de los Panteras. Acercó su cara a la mía y me dijo: "Tengo una pregunta para hacerte, hombre. ¿Estás listo para morir en este preciso instante?". Me estaba hablando de lo que significaba ser parte del partido en ese entonces. "¿Estás preparado para morir ahora por lo que crees? Porque si no es así, lárgate ya mismo de aquí; si te unes a los Panteras, debes estar preparado para morir en este momento". Mantuve la boca cerrada. Eso daba miedo. Yo pensaba: "¡Mi Dios! Estos no son precisamente unos niños exploradores". Su accionar era brutal, igual que su nivel de compromiso.

Ahora veo que esa especie de propósito supremo tuvo un efecto en mí; sentí que era hora de tomar decisiones. Al poco tiempo de esto era evidente para todos que David no estaba bien; se le notaba el consumo de heroína y su música estaba empezando a sufrir las consecuencias. A veces tomaba demasiado, cabeceaba y no era capaz tocar y ofrecer música como debía. No podía mantenerse en la glorieta, como decían los músicos de jazz. Estaba demasiado confundido como para entablar una conversación o aceptar ayuda.

Las drogas se habían llevado a Jimi el año anterior y Jim Morrison había fallecido en París el verano de ese mismo año. En 1971 mucha gente tenía miedo. Algunos sentíamos que todo lo que

habíamos estado construyendo se derrumbaba. Al final de ese verano, pensé que una parte de Santana iba por el mismo camino. Solo unos meses después, encontraron a Janis con una jeringa clavada; ella también se había ido.

Sentí que tenía que poner un freno a todo lo que tenía que ver con la cocaína o la heroína en la banda. Yo no tenía ningún problema con la marihuana y el LSD, pero las cosas más pesadas tenían que irse. También estaba la cuestión de con quiénes solíamos reunirnos: narcotraficantes, proxenetas y algunos personajes que venían de la Prisión Estatal de San Quentin. Yo venía desde Tijuana con un radar para detectarlos y esto ocurría desde hacía bastante tiempo; estos tipos no eran más que mala gente. Todo se estaba tornando peligroso y esto proyectaba una mala imagen de nuestro grupo.

En aquel momento me di cuenta lo que significaba que mi nombre fuera también el de la banda. Esa comenzó a ser mi explicación de por qué me preocupaban tanto muchos aspectos. ¿Por qué no podía relajarme cuando alguien llegaba tarde o no estaba en condiciones de tocar?

"Te voy a explicar por qué", les decía. "Esto se trata de la música, no de mí. Pero ocurre que este grupo tiene mi nombre y, por lo tanto, yo tengo una responsabilidad".

"Simplemente la llamamos así porque no sabíamos qué otro nombre ponerle, pero no es tu banda", argumentaban algunos.

Yo pensaba: "Bueno, no todavía".

Tomé la decisión de echar a David. En realidad no lo despedí directamente, sino que le manifesté que ya no tocaría más con él. Ese fue el paso más importante que tuve que dar para tomar las riendas de la banda. Pienso que todos entendieron que debía ser de esa manera. Pero no nos estábamos deshaciendo de David, sino que le estábamos dando la posibilidad de enderezarse porque, de hecho, volvió a Santana unos años después.

Teníamos fechas pautadas de presentaciones, así que reemplazamos a David por Tom Rutley, un bajista acústico con quien Shrieve había trabajado en una importante banda de un colegio secundario.

Tom me gustaba. Era un tipo corpulento y parecía un oso de peluche; tenía una voz muy, muy baja que me costaba entender y lograba un tono recto extraordinario con el bajo. Había grabado algunas pistas con nosotros en *Caravanserai*. Solo estuvo en la banda durante un corto tiempo hasta que Dougie Rauch se hizo cargo del puesto, pero Tom nos ayudó en el momento justo, cuando Shrieve y yo intentábamos navegar por la música jazz e imaginábamos que podríamos tocar con intérpretes como Joe Farrell y Wayne Shorter.

David ya se había ido y teníamos otro bajista, pero muchas cosas seguían mal. Las drogas, las malas compañías y los canallas seguían interponiéndose en el camino de la música. Habíamos llegado al punto en que se despertaban por la mañana, aún borrachos y jodidos de la noche anterior, totalmente perdidos por la cocaína. Entonces necesitaban más cocaína para despertarse, pero luego estaban cansados y nerviosos, y yo era el que trataba de poner un freno. "Ellos" eran principalmente Stan y Carabello.

Un día de septiembre, antes de embarcarnos en otra gira por el país, dije lo que pensaba y terminamos discutiendo todos. Entonces dije: "Yo no voy a ir, a menos que dejemos a Stan Marcum y Carabello, porque ellos son los que proveen a la banda todo ese material pesado y sonamos como la mierda. No estamos practicando y esto es embarazoso. O se van ellos o me voy yo". Yo tenía que hacer lo que tenía que hacer.

Stan y Carabello estaban en la habitación, y dije esto enfrente de ellos. Se rieron y dijeron que yo no podía hacerlo. "Nos vamos el lunes, viejo. Si no vienes, entonces no estarás más en la banda". Y eso es exactamente lo que pasó. Me sentí terriblemente mal. Me sentí pésimo por ser parte de una banda que acababa de marcharse de gira sin mí. Pero así fue. No hubo anuncio de separación oficial, ni conferencia de prensa ni acuerdo legal. Todos se fueron y yo me quedé, lamiéndome las heridas.

Durante las siguientes semanas, encontré consuelo en distintos clubes de jazz de San Francisco donde pasaba el rato tocando con músicos como George Cables en Basin Street West. Mi relación con George se había vuelto tensa cuando ambos tocamos en el álbum

de Luis Gasca *For Those Who Chant* ese verano. Él tocaba en el grupo de Joe Henderson, donde estaba Eddie Marshall en batería, y me dijeron que fuera y me sentara junto a ellos.

También frecuentaba a Dougie Rauch, que se había mudado a San Francisco; estaba tocando en el Matador con Gábor Szabó y Tom Coster en piano y el baterista Spider Webb. Ahí fue cuando nuestra relación puso tensa. Nos juntábamos y tocábamos, luego hablábamos y escuchábamos música. Yo justo había roto con Linda después de casi cuatro años juntos. Él venía a casa con frecuencia, pero muchas veces se sentía incómodo por las peleas y la onda del lugar. Después de que volví con Santana, unas semanas después, Linda se marchó. Gábor se mudó y empezamos a salir con un grupo de chicas entre las que se encontraba Mimi Sanchez, una camarera del Matador, una mujer increíblemente hermosa y fuerte.

Mimi es la mujer de la portada de *¡Caramba!*, el álbum del genial trompetista de jazz Lee Morgan y es la misma Mimi que después se casó con Carabello. Quiero mencionarla, así como a Linda, Deborah y otras mujeres que han estado en mi vida. Hay personas que son fuerzas poderosas e independientes en la vida de muchos músicos; tienen que serlo. Nos ayudan a desdoblarnos de una manera que cobra sentido en medio de toda la locura que sucede a nuestro alrededor. Nos ayudan a no tener miedo de nosotros mismos y a saber cómo lidiar con confrontaciones brutales que parecen tan importantes pero que en realidad no significan nada. Para muchos de nosotros, esas personas son nuestros maestros. Nos nutren y mantienen todo en su lugar cuando nos despistamos del camino.

Mimi y mi primera esposa, Deborah, eran amigas. En los 80 Carabello y volvimos a ser amigos, y cuando Mimi se enfermó de cáncer terminal, Deborah organizó una fiesta para ella y su familia. Me acuerdo de que no la reconocí debido a su enfermedad. Mimi tenía un pedido: que yo tocara "Samba Pa Ti" para ella. Recibió tanta efusión de amor ese día de su familia y de la ofrenda divina de Deborah, ya que ella lavó los pies de Mimi. Hubo una razón por la cual Deborah y yo estuvimos treinta y cuatro años juntos.

Gábor y yo nos mantuvimos en contacto, incluso después de

que yo volviera con Santana. Recuerdo muchas cosas de él. Nunca habló sobre su época con Chico Hamilton ni escuchó su música. No estoy seguro de por qué. Pero podría decir que él estaba pensando en un sonido diferente cuando nos reuníamos; algo en lo que estaba trabajando con Bobby Womack, que posteriormente llamó "Breezin" y al que George Benson hizo famoso.

En cierta ocasión Gábor me invitó a sentarme con él en el estudio, y trajo otro amplificador para mí. "Oh, viejo, gracias", dije. Terminamos pasando un rato juntos y después Gábor quería ir a caminar. Caminamos por Broadway en San Francisco, un área moderna de la ciudad. En un determinado momento se detuvo, giró y me dijo: "Carlos, escuché que Santana está empezando a tener algunos problemas. Si en algún momento quieres que empecemos una banda juntos, tú y yo, no tienes más que decírmelo".

Contesté: "¿En serio? Ese sería un gran honor, Gábor, pero ¿para qué diablos me necesitas?".

Un dato que creo que la gente debe saber acerca de Gábor es que incluso antes de que Wes Montgomery agregara algo de *jazz* a las melodías de *rock* y pop, Gábor en realidad era el primer guitarrista de *jazz* que decía que estaba bien tomar prestadas abiertamente canciones de The Beatles, de The Mamas and the Papas y de otras estrellas de la radio y grabarlas con estilo de jazz y un toque propio. Después otra gente del *jazz* hizo eso y a nadie se le pasaba por alto: "¡Eh, esa idea está vendiendo un montón!"

Me sentía honrado de que Gábor quisiera formar un grupo conmigo y pensé en ello, pero creo que él me veía como un músico independiente cuando en realidad yo ya era parte de una banda. Yo formaba parte de Santana y me sentía conectado con Gregg, Shrieve y Carabello, aun con las drogas en el medio. Posteriormente desarrollé el tipo de perspectiva que me facilitaba realizar colaboraciones, tocar con otras bandas y aun así estar totalmente en Santana.

Tres semanas después de que Santana saliera de gira (menos este Santana), el teléfono sonó. Era Neal. La banda estaba viajando por

la costa este y se encontraba en el Felt Forum en Nueva York. "Eh, hombre, no quiero decir esto porque probablemente sea malo para tu ego, pero el público está gritando y chiflando; quieren escucharte. Saben qué tú eres Santana. Vamos, ¿por qué no te subes al próximo avión?". Yo no iba a cambiar de idea. "No. No, a menos que tú subas a Carabello y Stan en el próximo avión y los mandes de vuelta a casa. Entonces sí iré".

Después me enteré de que cuando la banda tomó la decisión de hacerme volver y de enviar a casa a Carabello y Stan, ambos fueron a las habitaciones de todos para hacerles saber lo enojados y heridos que estaban. Tomé un avión y volé a Nueva York para reunirme con la banda en su hotel. Fue muy incómodo porque cuando llegué, Stan y Carabello estaban en el vestíbulo fulminándome con la mirada. Carabello dijo: "Bien, te saliste con la tuya. Esto era lo que querías, ¿verdad?". No mordí el anzuelo. Simplemente lo miré y respondí: "Lo que quería es que la banda progresara".

La sensación en ese momento fue que estaba por comenzar un nuevo capítulo para Santana. No se debía únicamente a que habíamos conseguido un nuevo conguero; también necesitábamos hacer eso mientras estuviéramos a miles de kilómetros de los músicos a los que conocíamos mejor. Entonces una noche en Nueva York decidimos divulgarlo al mundo y preguntamos si había algún conguero entre el público. Así encontramos a Mingo Lewis. Era un músico callejero con mucha energía. Presenté nuestra convocatoria desde el escenario, probablemente fui el único que lo hizo, y lo siguiente que supimos fue que este tipo apareció, toco con nosotros y sonó muy bien. Sabía casi todas las partes de nuestras canciones, de manera que le pedimos que se uniera a la banda allí mismo.

Durante esos primeros recitales hubo definitivamente una división o una sensación de separación en la banda. La mitad de los integrantes quería golpearme, también algunos del equipo. Estaban enfurecidos porque sentían que yo estaba matando algo bueno. Mi punto de vista era "ya estaba muerta y lo estará aún más si no cortamos por lo sano". También pienso que quizá les hice un favor a algunos, los ayudé a vivir unos años más.

De inmediato se sintió el cambio de energía sobre el escenario, donde parecía que Gregg, Neal y yo estábamos enfrentados, mientras que Michael era el tipo bueno que estaba en el medio. Cuando Dougie arrancó con el bajo y Mingo con las congas, se produjo una especie de ritmo completamente nuevo, más flexible y libre. Fue ahí cuando verdaderamente empecé a sentir que tal vez Santana podía ir hacia una dirección diferente, que se haría evidente en nuestro cuarto álbum, *Caravanserai*.

Luego de finalizada la gira por los EE. UU., volamos por primera vez a Perú para hacer nuestro último concierto de 1971; pero algo ocurrió que nos impidió tocar. Y gracias a Dios que no tocamos, porque probablemente hubiéramos sonado horrible. Solo pensemos en esto y repitamos las siguientes palabras: *banda de rock; Perú; 1971*.

Los hermanos gemelos que nos habían contratado estaban muy involucrados con la cocaína, así que nos encontramos con ellos en el avión en Nueva York y trajeron un jarrón de "harina" lleno, hasta el tope. La fiesta empezó en el aire y cuando aterrizamos, el aeropuerto de Lima estaba repleto de gente; uno hubiera pensado que The Beatles venían en el avión que seguía al nuestro. Parecíamos... bueno, ¿conoces la historia de Ulises y los marineros que son convertidos en cerdos, y gruñen y actúan como tales? Eso era Santana al bajar del avión. Cuando aterrizamos el contenido del jarrón estaba casi a la mitad. Yo estaba listo para tener otra pesadilla con sudor frío en la que subía al escenario y descubría que todos los miembros de la banda estaban congelados como paletas.

Había otra parte de la historia que no conocíamos hasta que estuvimos allí. Algunas personas no estaban contentas con el hecho de que estuviéramos allí; estudiantes comunistas que pensaban que representábamos al imperialismo estadounidense. No todos los que escuchan la palabra *Estados Unidos* piensan en *Howdy Doody* y Fred Astaire. Hubo una protesta y alguien provocó un incendio en el lugar donde íbamos a tocar.

Después me enteré de que Fidel Castro no dejaba que la gente escuchara nuestra música por el mismo motivo. También me

comentaron que Buddy Rich hacía bajar a las personas de su auto-bús por escuchar a Santana. No me preocupa saber que no todo el mundo comulgará con nosotros.

Cuando arribamos a Lima, nos quedamos en compañía del alcalde hasta que nuestro equipaje llegó al hotel. Nos dieron la llave de la ciudad, tomamos algunas fotos y después fuimos a visitar algunas iglesias, a pedido mío; estaba de nuevo en Latinoamérica y quería ver las iglesias. Hacía quince minutos que nos encontrábamos en la primera cuando de repente el lugar fue rodeado por policías. Nos acompañaron hasta un edificio municipal, donde esperamos y tratábamos de comprender qué estaba pasando. Los policías nos aseguraban que estaban haciendo todo para protegernos, pero no revelaban nada más.

Debíamos tocar a la noche siguiente y algunos se estaban enojando. Gregg vociferaba: "Eh, viejo, ¡a la mierda con esto!" Le dije que no se hiciera el John Wayne. "Sabes, los abogados no te van a ayudar con esto, hombre. Tranquilízate". Yo podía darme cuenta de que nuestra situación no era diferente de estar en una prisión de Tijuana. Después los policías nos comunicaron que había más problemas con estudiantes y que estábamos en peligro; teníamos que irnos. Solicitaron a un avión que volaba de Brasil a Los Ángeles que aterrizara y nos recogiera para que pudiéramos volver sanos y salvos. Fuimos directamente al aeropuerto. Nuestro coordinador de gira era Steve Kahn, que trabajaba para Bill Graham, lo llamábamos Killer Kahn. Regresó más tarde para recoger todos nuestros equipos y equipaje que habíamos dejado en el hotel. Tuvo que colocarse una peluca para ocultar su cabellera hippie y afeitarse los bigotes para que no lo reconocieran como estadounidense.

Así es que nos subimos al avión que nos sacaría de Perú. Había un solo lugar para que me sentara, junto a una chica de aspecto estrafalario y pelo rubio desaliñado que tenía puesto un enorme vestido hawaiano llamado *muumuu*. Despegamos y me preguntó: "¿Qué ocurrió?". Le conté toda la historia, luego miró a su alrededor y dijo: "Yo no me preocuparía por eso. Mira lo que tengo". Se levantó el vestido y fue como si a mi lado estuviera sentado el protagonista

de la película *Midnight Express*. Era una mula y llevaba una enorme cantidad cocaína pegada al cuerpo con una cinta, parecía embarazada. "¿Por qué no vamos al baño y tomamos un poco de coca?". Justo lo que necesitaba. "No, gracias", respondí. "Tengo que sentarme en otro lugar, hombre". Apenas aterrizamos en el aeropuerto de L.A., el FBI y otra gente uniformada querían interrogarnos sobre lo ocurrido. "Por supuesto, vamos". Quería poner la mayor distancia posible entre la chica embarazada y yo, rápidamente.

La historia que nos contaron es que en realidad el gobierno intentaba ayudarnos. Sé que aún hoy, en Lima, algunos hablan de aquella vez que Santana visitó el país, pero que nunca tocó.

Una vez hablaba con Miles sobre cómo podía cambiar los músicos de sus bandas y siempre seguir adelante con su música. "Es una bendición y una maldición, amigo. *Tengo* que cambiarlos", explicó. Me gustaba la idea de una banda así, libre y natural, abierta al regalo de nuevas ideas.

Quería que Santana fuera de ese modo. Pero a fines de 1971, Santana se estaba desintegrando. Dos de mis amigos más viejos se habían ido de la banda y el estado anímico no era bueno; las cosas se estaban volviendo intensas.

Podríamos habernos tomado un tiempo y salir del camino para calmar las aguas. Cuando estás ocupado tocando, creando música nueva y grabando; repitiendo, repitiendo y repitiendo, no sabes durante cuánto tiempo mantener la situación. No sabes hasta cuándo sonará el teléfono con propuestas para hacer espectáculos y discos. Nunca nos preguntamos: "¿Durante cuánto tiempo podríamos retirarnos? ¿Unas semanas? ¿Un año o dos?". Pero quizá deberíamos haberlo hecho.

Santana III salió en octubre y fue otro álbum número uno para nosotros. Digo "nosotros" porque en los tres primeros álbumes cada uno tocaba su parte y nadie le decía al otro qué hacer. Sin embargo, cuando iniciamos las grabaciones de *Caravanserai* en 1972, yo comencé a decir a los integrantes qué hacer y qué *no* hacer.

Santana III fue el último álbum que incluyó a la mayoría de los miembros originales de Santana, entre los que se encontraba Gregg. Podría decir que había una fricción incómoda cuando estaba en una habitación con determinadas personas y estoy seguro de que ellas sentían lo mismo, pero lo que sucedió tenía que suceder. Cuando algo termina, termina.

Pasaron unos ocho meses hasta que Santana tuvo una nueva formación, consolidó realmente su música y volvió a ponerse en marcha. Fue la única vez que Santana hizo eso: dejar el escenario por tanto tiempo y volver con nuevos integrantes y sonido.

Habíamos pasado de apoyarnos mutuamente a tolerar que fuéramos dos bandas en una, en conflicto tanto musical como filosófico. De un lado teníamos a Gregg y Neal, que querían hacer más melodías de *rock*, mientras que del otro lado nos encontrábamos Shrieve y yo. Chepito siempre estaba en su propio camino, lidiando con sus distracciones sin involucrarse verdaderamente en lo que la banda hacía o el rumbo que estaba tomando. Había compuesto algunas canciones y su sonido siempre será una parte importante de la banda, pero frente a todos los cambios que tuvieron lugar en Santana, él siempre parecía estar en su cueva, nunca participando en el juego.

Shrieve y yo éramos como jardineros que intentábamos hacer que la música se relajara un poco y creciera por sí sola. Escuchábamos *jazz* y distintos ritmos mientras los analizábamos y pensábamos con cuántos músicos podríamos reunirnos e improvisar. Creo que nuestra forma era más fiel a la idea de la banda original, que daba a todos la libertad de decir "Eso estuvo hermoso. Probemos unas veces más, tal vez en otra dirección". El gran cambio fue que en la época en que estábamos grabando *Caravanserai*, yo era el único que decía eso.

CAPÍTULO 13

En un año pasé de sentirme parte de la banda a sentir que el nombre que llevaba era algo más que un simple nombre con onda: era mi nombre y eso me confería una responsabilidad. Pienso que es bueno haberme dado cuenta de esto porque yo no estaba listo o preparado para mantener un tipo de banda como The Who, The Rolling Stones o Led Zeppelin: todos para uno, sin un líder claro. Yo soy Santana. Si no estoy en la banda y esta tiene el nombre Santana, entonces es un tributo a Santana.

Soy muy afortunado de haber trabajado con todos los músicos que tocaron en Santana. Todos aportaron diferentes ritmos y compases, diferentes maneras de articular los cambios de acordes y diferentes energías. He aprendido algo de cada uno, y mi mente tiene muy claro qué cosas y de quién. Puedo nombrar a todos los tecladistas y percusionistas de congas, así como a todos los bateristas y bajistas. Todos han sido importantes.

Si uno ve a un músico tocando en Santana, no está allí simplemente porque conozca las canciones. Es por la confianza. Confío en que cada uno de ellos es auténtico y que respetará profundamente las tres cosas que nunca deberá perder: el tempo, el estilo y el ritmo. Hablamos acerca de eso todo el tiempo. El tempo y el estilo tienen que ser los adecuados para cada canción, mientras que el ritmo, bueno... el ritmo es el rey.

Uno de los motivos por los cuales Santana sobrevivió a tantos cambios en su formación con el correr de los años es que cada nuevo tecladista, bajista o cantante no estaba ahí para sonar igual que los discos de treinta y cinco años atrás. Cada banda Santana tenía su propia identidad. Cada flamante músico tenía que mostrar su propio corazón, contribuir con un nuevo compromiso a la mezcla y hacer que funcione para todos. Algunos me preguntan qué deberían hacer o ensayar. Les respondo que si quieren hacer una investigación antes de tocar en Santana, no investiguen sobre Santana. Ni siquiera estaría hablando con ellos si no conocieran nuestra música.

Les aconsejo que vayan y busquen información sobre Marvin Gaye; que miren un video suyo de 1974 y verán que no tienen otra opción más que creer en cada palabra que él canta. O que vean a Michael Jackson en el 83. A Miles en el 69. A Jimi en el 67. Al Lobo Aullador en los 50. Les crees cada nota que tocan. Les digo que no justifiquen la música ni hablen de cambios de acordes sin mencionar cómo darles vida en todo momento, como Frankenstein, creado a partir de la muerte. Me doy cuenta de por qué a Wayne Shorter le gustan esas películas viejas: ¡Está vivo! Eso es lo que necesitamos escuchar en Santana.

Cierta vez tuvimos una discusión en el autobús. Un miembro de la banda dijo: "Sabes, no nos gusta que nos digas qué tenemos y qué no tenemos que hacer".

Respondí: "Muy bien, entonces sorpréndanme. No pongan lo mismo

en cada canción". No me toquen algo que aprendieron. No enseñan audacia, impertinencia o "hijoputez" en Berklee ni en ninguna otra escuela de música". No es que tengan que hacerlo en cada oportunidad. Pero puedo saber si alguien simplemente está pasando el tiempo y es mi función hacerlo notar, así como también es mi trabajo decirle a un músico: "¡Guau!, has tocado fantásticamente esta noche. Gracias".

Muchos proyectos surgieron de tipos que venían a pasar el rato, tocaban y analizaban ideas para trabajar en conjunto. El concierto realizado en Hawái con Buddy Miles fue producto del encuentro de Buddy y Greg Errico con músicos como Neal y Coke Escovedo. Buddy y Greg tenían un gran afecto el uno por el otro, por lo que resultaba natural que hiciesen algo juntos. Cuando visité a Buddy en su casa de Nevada, me habló de un concierto de Año Nuevo en el cráter de Cabeza de Diamante que haría junto con Greg y otros músicos.

Buddy Miles había sido el último baterista de Jimi Hendrix y antes de eso había estado con Wilson Pickett y The Electric Flag. En el año 1970 logró un gran éxito con "Them Changes" y en la época de ese concierto justo acababa de firmar con Columbia. Desde mi punto de vista, las cosas ya no funcionaban más con Santana, y quién sabía qué nos depararía el futuro. Actuar en este concierto era como imaginar a Santana bajo los efectos de esteroides. Parecía la última parte de un desfile y resultaba divertido: una banda con figuras estelares provenientes en su mayoría de Bay Area, tales como Neal, Gregg, Coke, Luis Gasca, el saxofonista Hadley Caliman y Victor Pantoja. Carabello también estuvo ahí, tocando; sin embargo yo había empezado a pasar más tiempo con Coke después de nuestra ruptura, y Coke y yo afianzamos nuestra relación allí.

Buddy y los demás aportaron algunas melodías, pero principalmente improvisamos sobre la base de algunas ideas sueltas. Primero tocamos y después les pusimos nombre a las pistas. Todo el concierto fue grabado por Columbia, y después Buddy y yo fuimos a un estudio para mezclar la música. Tuve mi primera lección sobre

cómo colaborar musicalmente y encontrar la manera correcta de decir algo que debe ser dicho; lejos de Santana, en un estudio lleno de músicos, amigos, novias y Buddy, que tenía mucha más experiencia que yo.

Después de un rato Buddy entró en la sala de mezcla con el ingeniero y nos pidió a los demás que saliéramos. Horas y horas más tarde, nos mostró lo que había hecho. Escuché lo que serían los dos primeros lados de un álbum doble y cuando el sonido comenzó a disminuir para finalizar, exclamé: "Buddy, contigo no basta". "¿Qué?", preguntó con una mirada penetrante. Le respondí: "Hombre, tengo que escuchar voces y cuernos y guitarras. No puede tratarse solo de ti. Tú apareces demasiado en la mezcla, ¿y dónde está el resto? Solo contigo no es suficiente. Tenemos que mezclarlo de nuevo".

Todos se quedaron mirándome hasta que voltearon la vista hacia Buddy como diciendo: "Es cierto, únicamente suenas tú, viejo". Y Buddy empezó a mirarme en señal de "¿cómo puedes decir eso frente a todos?". Tenía que mezclarse nuevamente, no había dudas al respecto. "Vamos, Buddy, hagámoslo una vez más, pero esta vez asegurémonos de que todos se escuchen lo suficiente".

Me gustaba la música. Me sentía honrado de que hubiera confiado en mí para que sacara algo diferente de él y él definitivamente sacó algo diferente de mí. Ese es el modo en que aún escucho esa música. Buddy la rompió cantando "Evil Way" y "Faith Interlude"; es un fenómeno.

La relación entre Buddy y yo se hizo más fuerte después de ese álbum, lo que fue positivo porque tuvimos que respaldarlo y hacer giras con esa música cuando salió a la luz. Encontramos una manera de hablarnos y de respetar a la música en primer lugar. Buddy solía decir: "Tú me hablas y me dices cosas que nadie más me dice". La mayoría de las personas tenían miedo de hacerlo enojar y de decir algo incorrecto. Yo le explicaba: "Buddy, nunca trato de subestimarte. Amo tu percusión y tu canto. Solo digo que a veces te interpones en el camino de muchas cosas con esa máscara que te colocas. Solo quiero llegar a Buddy Miles: al alma, al corazón, a ese don que Dios te dio".

Buddy tenía una voz que le permitía cantar en cualquier tono y además tocaba la guitarra fabulosamente. Los problemas se suscitaban cuando no estaba tocando. Tenía que ser el centro de atención y que todo estuviera a su servicio. O era Buddy, Buddy, Buddy, o se generaba un conflicto muy, muy rápido. Igualmente aprecio a Buddy a pesar de Buddy Miles. Volvimos a encontrarnos en 1987, luego de que lo viera con mi amigo Gary Rashid en el Boom Boom Room. Lo pasamos tan bien que lo invité a la banda. Tengo la buena suerte de tener una mala memoria, es decir que me olvido fácilmente de las estupideces del pasado y doy a las personas una segunda oportunidad. Hicimos un par de espectáculos y nos divertimos, hasta que empezó a ocurrir, otra vez, lo mismo de siempre. Buddy era un baterista intenso; lograba tener un control total del ritmo y juntos lográbamos estar en perfecta sintonía, lo que resulta excelente si vas a tocar "In the Midnight Hour", "Knock on Wood" u otros ritmos de R&B de ese tipo. Si estás por tocar "Manic Depression", ese estilo no siempre funciona. Buddy, e incluso el famoso baterista de Stax Al Jackson Jr., tan bueno como para tocar con Otis Redding, a veces son demasiado inflexibles. Con bateristas cósmicos como Roy Haynes, Jack DeJohnette, Tony Williams, Elvin Jones y Mitch Mitchell, se produce una química de burbujas y chispas que genera una simbiosis y un control del ritmo completamente diferente. El extremo es Rashied Ali, el último baterista de Coltrane: tenía un control infinito.

John Coltrane, Pharoah Sanders, Antônio Carlos Jobim y Alice Coltrane, con sus ritmos más libres y melodías espirituales y de alabanzas, estaban inspirando un cambio en el tipo de música que Shrieve y yo queríamos hacer. Si uno analiza la música de nuestras primeras sesiones de 1972, parecería como si estuviésemos trabajando con varas de zahorí, en busca de agua. Puede oírse cómo cambia nuestra música de febrero a marzo, de abril a mayo.

Estábamos buscando nuestra nueva identidad más allá de Santana. Uno podría pensar que estábamos buscando a Weather Report y Miles Davis. Es decir, Don Alias y Lenny White, que tocaban en *Bitches Brew*, están también en algunas grabaciones de Santana. Creo que

todos estábamos buscando nuestra identidad en los mismos lugares, en el rock y el jazz, con un espíritu de exploración y el coraje de intentar algo nuevo, aunque no tuviera sentido o no debiéramos hacerlo. *Caravanserai* fue el álbum que no debíamos haber hecho.

Durante los cinco meses siguientes éramos Santana principalmente mientras nos encontrábamos en el estudio. La banda solo hizo unos pocos recitales en vivo con ese nombre y no estaba claro cuál sería el futuro de Santana. Seguimos adelante con las sesiones de marzo a junio del 72, en el nuevo estudio de grabación de CBS en San Francisco, donde habíamos hecho *Santana III* con Glen Kolotkin. Originalmente el estudio había sido Coast Recorders, el lugar donde John y Alice Coltrane habían hecho una de sus últimas sesiones en 1966, y tenía sentido que hiciéramos el mismo tipo de música cósmica en el estudio que ellos habían usado.

Lo que resultó extraño fue que en lugar de los momentos de tensión habituales que se vivían mientras hacíamos los otros álbumes, estas sesiones se llevaron a cabo en total armonía. No peleábamos: esa etapa había quedado en el pasado. En su lugar, había una especie de tristeza. David Brown, Stan y Carabello se habían ido, mientras que Gregg y Neal aceptaron hacer la música que conformaría *Caravanserai*, pero estaban pensando en la música que se convertiría en Journey. Para mí, era la tristeza de sentir que la banda Santana original estaba llegando a su fin. Pienso en esos meses y recuerdo que me descubrí llorando mucho, preguntándome qué estaba mal. Mi cuerpo derramaba lágrimas por la desarticulación de mi relación con todos, haciendo mi duelo por el hecho de que ya no nos teníamos unos a otros, como antes. Al día de hoy escucho "Song of the Wind" y se me estruja el corazón al escuchar tocar a Gregg; no un solo, sino una parte de apoyo en órgano, simple, que no es llamativa ni nada pero que es sumamente importante para la canción.

Las transiciones pueden ser dolorosas, pero quien hizo que este período fluyera de manera más orgánica fue Michael Shrieve. Musicalmente él y yo sentíamos que teníamos que caminar por una cuerda floja con *Caravanserai*; sabíamos que implicaría intentar nuevos tipos de música, mucho más elástica. Fue Shrieve quien

dijo: "Démosle un vistazo a Jobim"; así decidimos grabar "Stone Flower" y escribirle la letra. Los músicos del álbum incluyeron a Gregg, Neal y Chepito, así como a algunos miembros nuevos tales como Mingo y Tom Rutley en bajo, que después de estas grabaciones volvió al mundo del jazz, lugar de donde provenía. Contamos con Dougie Rauch para algunas melodías. Realmente podía apreciarse lo que le aportó a "All the Love of the Universe" y "Look Up (to See What's Coming Down)". Cuando escuchamos esas pistas, nos dimos cuenta de cuánto necesitábamos a Dougie.

Gregg estaba listo para despedirse, también, pero yo había escuchado a Tom Coster en la banda de Gábor en la misma época en que Dougie tocaba con ellos. Tom (o TC, como nosotros lo llamábamos) era decididamente un tipo del jazz. Podía tocar de todo. Yo sabía que si lo reemplazaba a Gregg proporcionaría algo distinto al estilo de órgano que había en la banda y también traería otros sonidos de teclado. Él toca ese solo de piano eléctrico de gran energía en "La Fuente del Ritmo". TC nos ayudó a crear algunas fantásticas canciones para Santana cuando las necesitábamos, como "Europa" y "Dance Sister Dance".

Con Coster y los demás empecé a encontrar mi propia forma de hablar sobre lo que escuchaba en la música. Estaba aprendiendo que, especialmente con los nuevos integrantes de la banda, yo necesitaba ser lo más respetuoso posible, pero también lo más claro posible con respecto a lo que quería: "Pienso que ese acorde suena así... tienes que imaginar un atardecer, cuando las nubes se tiñen de rojo... no, ese acorde suena a mediodía. Prueba con este otro. Está bien, ese suena a cuatro de la tarde. ¿Podemos estirarnos hasta las seis en punto, justo antes de que se oculte el sol?".

Para mí la música siempre ha sido algo visual. Puedo ver cuando hay un color o un estado emocional, agua o fuego, una lágrima corriendo por una mejilla o una sonrisa. Esa es la tarea de un músico: lograr que un acorde, un ritmo o cualquier "combinación sonora" se convierta en una determinada memoria o emoción y se conecte con algo real.

Le comenté a Glen Kolotkin en el inicio de las sesiones que

quería que el álbum empezara con el sonido de la naturaleza y él me respondió: "Tengo el elemento justo; en mi patio hay un coro de grillos que canta increíblemente fuerte". Así es como el álbum empieza, y después se oye a Hadley Caliman tocando la parte de saxofón: el sonido sibilante del paso de la niebla después de los grillos. También es Hadley el del solo salvaje de flauta en "Every Step of the Way". También incluimos a otros artistas locales: Rico Reyes cantó en una melodía y un guitarrista de la zona, Doug Rodrigues, tocó conmigo en "Waves Within". Wendy Haas tocó los teclados en este álbum, como lo haría en otros álbumes de Santana. Decidí que mi solo en esa melodía debía cortar la música como un cuchillo caliente a través de manteca. Mi música estaba influenciada por "First Light" de Freddie Hubbard y el "Concierto de Aranjuez" de Miles. Neal y yo citábamos a muchos autores, y utilizábamos ideas y sentimientos que obteníamos de otra música. "Astral Traveling" del álbum *Thembi* de Pharoah Sanders nos ayudó a concebir la canción de apertura de *Caravanserai*.

Con la preparación de *Caravanserai*, Santana pudo lograr que la gente trabajara por separado en el estudio; Shrieve, Dougie y Chepito juntaron sus pistas, luego vinieron y me dijeron: "Bueno, ahora necesitamos que vengas y toques tu solo". Escuché eso por primera vez en ese momento. Entonces me mojé un dedo y lo levanté al aire como si fuese una antena del edificio Empire State, mientras dejaba que las melodías y la inspiración vinieran a mí; estaba pensando en "Nature Boy" y "Love on a Two-Way Street". Los *licks* de Gábor Szabó. Están todos en ese álbum. La gente después me decía: "¡Guau!, ese solo en 'Stone Flower' fue fantástico". Yo les respondía: "¡Muchas gracias!" y me quedaba pensando: "¡Espero que nadie me mate por eso!"

Existen dos motivos por los cuales mi canción favorita de *Caravanserai* sigue siendo "Every Step of the Way". Primero, porque suena realmente como lo que nos gustaba en ese entonces: *Crossings*, de Herbie Hancock. Y, además, la canción también me trae recuerdos de Shrieve porque él la escribió y por la manera en que la tocamos juntos. Shrieve estuvo allí para completar el viaje que se

transformó en *Caravanserai*. Él estaba de mi lado y yo del suyo: nos ayudamos mutuamente para realizarlo. Cuando llegó la hora de definir el orden de los temas del álbum, los dos juntos grabamos muchos casetes con diferentes secuencias. Luego, cada uno los escuchaba mientras manejaba y daba vueltas por San Francisco. Después los intercambiábamos y debatíamos hasta descifrar exactamente cómo debían ir las melodías. Más que cualquier otro álbum de Santana, la idea de *Caravanserai* era que fuera una experiencia completa, donde cada pista se conectara con la siguiente: un conjunto de obras, como *What's Going On* o *A Love Supreme*.

Recuerdo cuando le expliqué a Shrieve: "Encontré la palabra *caravanserai* mientras leía algo de Paramahansa Yogananda".

"¡Guau!, suena excelente... ¿qué significa?".

"La caravana es el ciclo eterno de la reencarnación; cada alma entra y sale de la vida, de la muerte a la vida y así sucesivamente, hasta que llegamos a un lugar donde podemos descansar y encontrar la paz interior. Ese sitio es el *caravanserai*. Cómo vives ahora determina cómo vivirás nuevamente, si es que puedes llegar ahí. La reencarnación está en tus manos".

Tenía mucho sentido para mí; es el ciclo que nos corresponde a todos: mineral, vegetal, animal, hombre, divinidad. Está en nuestras manos. Me acuerdo de que estaba feliz de haberme encontrado con la filosofía oriental porque hasta ese momento yo solo pensaba que uno moría y era el fin; que íbamos al infierno por el solo hecho de vivir. Por eso incluí la cita de Metaphysical Meditations (traducido al español como *Meditaciones Metafísicas*) de Paramahansa Yogananda en la portada del álbum:

El cuerpo se funde en el universo.
El universo se funde en la voz silente.
El sonido se funde en la resplandeciente luz que brilla en todo.
Y la luz penetra en el seno de la bienaventuranza infinita.

A mi parecer, Armando Peraza fue la persona más importante que se unió a Santana ese año; o quizá en todos los años. Tocó dos

melodías en *Caravanserai*; agregó bongós en "Fuente" y después se unió formalmente a la banda como conguero. Era uno de los cuatro congueros que vinieron de Cuba en los 40 junto con Patato Valdez, Francisco Aguabella y Mongo Santamaría. Vivió en San Francisco desde los 60.

Armando era mayor y más sabio que todos nosotros; en aquel momento tenía casi cincuenta años. Estaba en el juego desde hacía muchos años. Era mayor que Miles Davis, que era otro motivo por el cual no se metió en ningún problema con él. Armando era compacto y fuerte. Podías escucharlo en sus congas: Armando era un guepardo y un láser. Lograba penetrar y era muy rápido. Mientras tanto, al lado de Armando, Mongo tenía un sonido hermoso, voluminoso, paternal. Era una combinación grandiosa.

Armando conformaba un espíritu y una fuerza sorprendentes en la banda. Se convirtió en mi mentor, mi tutor y mi ángel divino. Me daba consejos cuando necesitaba escucharlos y me contaba unas historias maravillosas. Tenía anécdotas sobre todas las personas con quienes había tocado y sobre las locuras que había hecho. Desafiaba a la gente con sus credenciales: su insignia de honor era que en su primer concierto, luego de llegar a la ciudad de Nueva York, había tocado con Charlie Parker y Buddy Rich. "Después ambos querían que tocara en sus bandas", contó. Y él preguntó: "¿Qué tienen ustedes?".

Otra cosa que a Armando le gustaba hacer era mirarse las manos después de un concierto. Tenía unas manos muy pequeñas y un sonido grande, grande. Armando solía decir: "Y no uso una maldita paqueta, viejo". Su vocabulario no incluía la palabra baqueta. "No necesito ninguna maldita paqueta". Tenía su propia forma de hablar. En vez de decir "me importa un cacahuate", exclamaba "me importa un cacahuase". Si le gustaba la manera de tocar de alguien, opinaba: "Me gusta la chorrata de ese tipo"; en lugar de "chorrada".

A mí me llamaba Carlo. McLaughlin era Maharishi, no Mahavishnu. Lionel Richie era Flannel Richie. Estaba Argentina Turner, Roberta Flop y el tipo ese de Weather Report, Joe Sabano. "Eh, Carlo, ¿sabías que yo estaba con Sabano cuando escribió 'Mercy, Mercy, Mercy'?".

"¿De veras, Armando?".

"Sí, yo lo ayudé".

Había otra historia que Armando nos contó un par de veces sobre la época en que estuvo en Tijuana, donde hizo un poco de todo: fue bailarín, jugador de béisbol y sacabullas. Una noche le apostó a un barman que podía entrar en una plaza de toros y lidiar con un toro. ¿Quieres hablar de la historia completa? Años después una mujer hermosa y elegante me vio con él en una calle de Daly City, California, gritó su nombre y se nos acercó. Dijo que era la esposa de uno de los Nicholas Brothers y luego exclamó: ¿Cómo puede ser que no te acuerdes de mí? Estuve contigo en Tijuana cuando apostaste al barman que podías enfrentar al toro".

Armando se dirigió hacia mí. "¿Ves, Carlo? A veces la gente me acusa de estar senil, pero simplemente tengo una excelente memoria". Aún no sé qué significa eso.

Leí por primera vez acerca de Armando en las notas de la portada de uno de los primeros álbumes de Leon Thomas, que describe cuando tocó en la ciudad de Nueva York. La primera vez que escuché tocar a Armando fue en un parque en San Francisco en 1968; él y un tipo llamado Dennis estaban concentrados en su tarea. Nadie compraba ni hacía nada, solo había una gran multitud enfocada en ellos. Terminaron y la gente se levantó, enloquecida para darles una ovación de pie. Armando vino directamente hacia mí, transpirando y sin que le importara demasiado. "¿Carlos Santana?". Sabía quién era yo.

"¿Sí?".

"Algún día me gustaría estar en tu banda, viejo".

Yo no sabía qué decir. "Oh, amigo, eso sería un honor".

"Pero no puedo en este momento porque estoy tocando con Cal Tjader en el Matador. Ven a verme".

En otra oportunidad, en la ciudad de Nueva York, Carabello me dijo que Armando estaba sentado junto a Mongo en el Village Gate. Tomamos un taxi hasta el club, y todos estos bateristas se encontraban allí: a mi derecha estaba Roy Haynes y Tony Williams estaba a mi izquierda. Mongo tocaba sus canciones, e incluyó en su repertorio

varios chachachás y "Watermelon Man". Armando también estaba ahí, poniendo más y más de "ese algo" en la música. Luego repentinamente solo quedaron Armando y Mongo: lo que todos habían ido a ver. Se miraron como diciendo "eres mi amigo, pero hay algo que necesito mostrarte".

He visto a Armando batallar contra Francisco Aguabella y Billy Cobham. Hacía unos movimientos, después retrocedía un poco y colocaba las manos como un toreador agitando su capa. "¡Eso, ahí vamos! ¿Qué tienes para mostrarme?". Cada vez que músicos así se reúnen, las paredes comienzan a sudar. Juro que realmente reorganizan la estructura molecular del ensamble.

Armando seguía siendo una de las personas más importantes que llegó a mi vida; era otro ángel que apareció en el momento justo. Tenía tanta música en su interior y podía ser todo un personaje. Al ser como era, me despertaba confianza. Me ayudó a creer en lo que hacía y en el rumbo que había tomado la banda. Yo necesitaba eso en 1972, porque cuando terminamos *Caravanserai* todo el mundo a nuestro alrededor estaba sacudiendo las cabezas y diciendo que habíamos ido demasiado lejos.

En aquel entonces ya habían transcurrido casi seis meses desde la primera ruptura de Santana, cuando Stan y Carabello fueron invitados a retirarse. Carabello andaba por ahí, tocando con otros tipos en Bay Area y comenzando su propia banda. David estaba intentando recuperarse. Pero Stan estaba atrapado y finalmente se convirtió en otra víctima de las drogas.

Un aspecto positivo fue que no había sido un divorcio complicado, al menos no desde el punto de vista financiero. Nunca peleamos por las regalías ni nada por el estilo; aún hoy lo desconocemos. Pero era complicado porque nos sentíamos desilusionados unos de otros y nos echábamos la culpa entre nosotros como no sé qué.

Santana estaba avanzando, y yo era quien hablaba en nombre de la banda dentro y fuera del estudio. Cuando terminamos *Caravanserai,* Clive Davis solicitó una reunión en el estudio de CBS. Éramos solo Clive, Shrieve y yo.

Definitivamente, Clive no estaba contento. Había escuchado la

música y no sonreía. Fue una de las reuniones más importantes que hemos tenido con respecto a Santana, tan importante como la que tuvimos con Bill Graham antes de Woodstock. Llegado este punto en que la banda se desintegraba, Bill y Clive manejaban gran parte de la energía a nuestro alrededor para ayudarnos a mantenernos juntos. Pero cuando se trataba de música, Shrieve y yo éramos aquellos a quienes todos acudían.

Clive suele hacer algo extraño a veces, generalmente cuando está en su oficina. No te mira y te habla en forma indirecta, a través de su gente. "Ah, Harry, dile a Carlos que deberíamos lanzar el álbum en esta fecha". Mientras tanto yo me encuentro en la misma habitación y estoy escuchándolo mientras lo dice. No importaba. "Eh, Carlos. Clive cree que deberíamos lanzar…".

Recuerdo que estábamos sentados uno frente al otro y había una vela sobre la mesa entre ambos. Clive me miraba directamente. Probablemente a Clive le haya parecido raro, pero yo seguía observando la vela mientras hablábamos; no con el fin de ignorarlo, pero sabiendo que algo estaba por ocurrir. Sabía que él intentaría persuadirme para llevar la banda hacia otra dirección. Pero estábamos muy metidos en *Caravanserai* como para cambiar de rumbo.

Clive exclamó: "Lo siento, pero tengo que preguntar. ¿Por qué quieres hacer esto?". Debo admitir que inició la conversación con paciencia. No se mostraba autoritario, sino muy amable. Respondí: "¿Por qué quiero hacer qué cosa?". Se explayó: "Claramente no hay un solo *single* en todo este álbum. No hay nada aquí que podamos llevar a la radio para pegar un gran éxito. Parece como si estuvieran dándose la espalda entre ustedes mismos. El jazz es fantástico, pero ya existe un Miles Davis; ya existe un Weather Report. ¿Por qué no son simplemente Santana?".

Le expliqué: "Va a ser así, hombre. Este es un conjunto de obras: el álbum en su totalidad es un *single*". Me quedé contemplando la llama de la vela porque no quería mirarlo a los ojos y ser inducido a decir: "Está bien, volvamos al estudio y hagamos otro álbum del estilo de *Abraxas*".

Mis ojos se perdían en la vela. Sabía que Clive estaba haciendo

su trabajo y que Bill sentía lo mismo que él. Ambos tenían razón: no había un solo *single* en *Caravanserai* para llevar a la radio.

Recuerdo que cierta vez Quincy Jones me habló de cómo Ray Charles defendía su música; los dos habían surgido juntos en Seattle. Cuando Ray estuvo listo para hacer canciones con cuerdas y voces, una música producida, de estilo pop; algunas personas a quienes les gustaba su sonido de R&B manifestaron: "No puedo tolerarlo. No me gusta esto de 'I Can't Stop Loving You' o 'Crying Time'. ¿Qué estás haciendo?". La respuesta de Ray era: "Bueno, viejo, no vas a ser un ignorante toda tu vida, ¿no?".

Yo no iba a decirlo de esa manera. Respetaba demasiado a Clive, así que le dije: "Clive, gracias por venir hasta aquí y decirnos lo que necesitabas decir. Tú tienes que hacer lo que tienes que hacer y nosotros tenemos que hacer lo que tenemos que hacer. Pero no podemos seguir haciendo otra 'Black Magic Woman' por el resto de nuestros días. No podemos volver atrás; con todos los cambios de los últimos meses, literalmente no podemos volver atrás. Debemos aprender a cambiar y crecer". Clive no discutió; solo se quedó pensativo por un momento. "Bueno, realmente debo decirles que aquí no hay *singles*".

Clive estaba decepcionado, pero no intentaba apretarnos las clavijas: "Háganlo de esta forma o de esta otra". No era ese tipo de comentario. Clive siempre ha sido muy amable con los artistas. Te dice su opinión directamente, pero no es la clase de persona que te hace sentir como un niño tonto que no sabe lo que hace. Bill Graham también era de ese estilo, con la diferencia de que era franco y no tenía ningún tipo de miramientos. Cuando se enteró de cuál sería el título, dijo: "¿*Caravanserai*? Me parece un suicidio de carrera".

"¿Suicido de carrera?". Está bien, sonaba un poco como *Caravanserai*. Jaja. Pero no, no pensé que estuviéramos haciendo eso.

A pesar de todo lo que sé ahora, creo que hoy tomaría la misma decisión. Pero no podía discutir con Clive. Yo sabía que él tenía razón en su pensamiento y que lo hacía por nuestro bien, así como también por el de Columbia. Mirando en retrospectiva, lo que me hubiera gustado decir era: "Clive, déjanos hacer esto y en el próximo

trabajamos juntos, ¿quieres?". Sin embargo, en ese momento no sabía cómo hacerlo, cómo ser diplomático. Ahora lo sé. Todo está en la forma de expresarlo: en el momento exacto, en la presentación y en el tono. Hoy me gustaría poder invitar a la gente a invertir emocionalmente conmigo, sin que consideren que la música es mía o suya: es *nuestra* música.

Columbia retiró a *Caravanserai* dos meses después de que saliera *Carlos Santana & Buddy Miles! Live!* Ninguno de estos álbumes logró ubicar grandes éxitos en la radio ni obtener discos de oro, pero recibieron excelentes críticas. En la *Rolling Stone*, Ralph Gleason destacó que le había gustado mucho *Caravanserai* y escribió una reseña junto con *On the Corner* de Miles, pero la reacción general fue: "¿Qué diablos es esto?". De todos modos cosechó buenas ventas porque mucha gente sintió curiosidad, y nosotros recibimos una gran cantidad de elogios por ese álbum. No obstante, como no teníamos un *single* en la radio, las ventas disminuyeron en comparación con nuestros tres primeros álbumes. No importaba. No podíamos retroceder. Teníamos que seguir hacia adelante, y *Caravanserai* fue lo que creímos adecuado en ese momento.

Unos meses más tarde, en el 73, como consecuencia de una discusión sobre dinero en CBS, Clive se marchó. Clive, a su manera, nos había adoptado, como lo había hecho Bill. Al igual que Bill, tenía su propio sistema y los empleados adecuados que trabajaban para él, por lo que podía afirmar con total convicción: "Si trabajamos juntos y vienes a mí, levanto el tubo del teléfono y tu música estará sonando en la radio. No solo vas a recibir discos de oro, sino de platino". Clive y su personal siempre sabían cómo hacer para que la música entrara en la tendencia principal. Santana aún estaba en condiciones de continuar, pero una vez que Clive se marchó, la sensación en CBS nunca más fue la misma.

Gregg se fue de San Francisco ese verano; llegó un punto en que ya se había retirado por completo de los escenarios del rock. Abrió un restaurante con su padre en Seattle, su ciudad natal. Yo sabía que lo

extrañaría. Pero en esa época, él estaba absolutamente convencido de lo que quería hacer lejos de Santana, tal como yo estaba enfocado en la dirección que Santana debía tomar. Si acaso existía alguna oportunidad de reconciliación y de reencuentro, en ese momento, se había esfumado. Yo había estado haciendo muchas improvisaciones con otras bandas de Bay Area, desde la primavera y durante el verano; tocando en conciertos con músicos como Elvin Bishop y Buddy Miles; Malo, la banda de mi hermano; y Azteca. En julio me convocaron como artista invitado para tocar junto a Tower of Power en el Centro Cívico del Condado de Marin; este grupo compartía cartelera con Loading Zone. Llegué en mi Excalibur acompañado por dos chicas rubias que eran amigas de Neal. Tomé mi guitarra y fuimos tras bambalinas.

Esa fue la noche en que Deborah y yo nos percatamos realmente uno del otro. Cuando la vi me acordé de que ella había estado con Sly; parecía ser su novia. Esta vez Deborah estaba sola y sus ojos, su piel y toda su persona lucían muy atractivos, con un halo de elegancia. Tenía algo especial en la forma de caminar, como si fuese una reina, algo que descubrí con el correr del tiempo. En ese entonces yo no sabía que provenía de una familia de músicos ni que su padre era un famoso guitarrista de blues. Ni siquiera sabía su nombre.

Yo estaba totalmente soltero y sin apuro. En aquellos días las mujeres encontraban la forma de acercarse y los hombres no necesariamente tenían que dar el primer paso a la hora de la conquista. Sé lo que dice Deborah en su libro con respecto a que yo la perseguía. Pero en mi libro, yo digo lo siguiente: fui a tomar agua de un bebedero y cuando me levanté, ella estaba detrás de mí. Se veía realmente preciosa y tenía unas largas pestañas. Hablamos un poco. Después yo hice un solo en "You Got to Funkifize". Volví a casa y al día siguiente sonó el teléfono. Era Lynn Medeiros, exmujer de Jerry Martini, quien es el saxofonista que ayudó a conformar la banda Sly & the Family Stone. Lynn dijo que ella y Deborah estaban trabajando en un libro de cocina sobre las recetas favoritas de las mujeres de los músicos de rock y me preguntó si a mi mujer le gustaría participar.

Viejo, me di cuenta al instante. ¡Vamos! Pero fue linda,

encantadora y en cierto modo graciosa la forma en que lo hicieron. Respondí: "Bueno, no. No hay ninguna mujer por aquí. Gracias. Por supuesto, me gustaría hablar con Deborah. Pásame con ella". Así empezó todo.

Nuestra primera cita fue una o dos semanas después y las cosas se dieron bastante rápido. Le encantaba la música, entendía a los músicos, y no era alguien que se interpondría entre un músico y su música. Era joven, hermosa y muy unida a su familia, esto me atraía. Hablaba mucho de su madre y de su abuela. Tenía confianza y una base muy sólida. Ahora, cuando lo veo en retrospectiva, creo que eso es lo que más me atrae de las mujeres. Que ellas estén bien consigo mismas, ya sea que estén contigo o no; tal vez te deseen, pero no te necesitan. No me gustan las mujeres necesitadas o quejosas. Si oigo un "Oh, sin ti no soy nada", entonces estoy con la mujer equivocada. ¡Tengo que irme!

Deborah además tenía una belleza interior, una especie de chispa divina. Apenas comenzamos a salir, me di cuenta de que ella aspiraba a una consciencia superior, como yo. Ella estaba leyendo a Swami Satchidananda y yo, a Paramahansa Yogananda. Ambos estábamos desencantados de toda la parafernalia del estilo de vida rocanrolero y desilusionados con algunas personas que estaban cerca de nosotros. Por alguna razón siempre terminábamos hablando de esto mientras cruzábamos el puente Golden Gate: del dolor y de la decepción que nos producían las personas que seguían su camino y se perdían.

Todo lo que ocurrió entre ella y Sly está descrito en su libro; y eso y lo que sucedía conmigo y mi banda nos había dejado a ambos con una necesidad de apoyo y consuelo. Creo que lo que nos unió tan rápido fue que los dos éramos como pájaros con las alas rotas: necesitábamos una reparación. Nos consolábamos mutuamente.

Aún había un hueco en mi interior por lo que había ocurrido con Santana, y Deborah llegó y se mantuvo a mi lado en el momento preciso. Dougie Rauch solía decir que todos tenemos un agujero para llenar. Algunos lo llenan con sexo, drogas, dinero o comida, pero todos tienen un espacio interno que necesitan llenar. Eso fue

lo más parecido a la filosofía que alguna vez escuché en palabras de Dougie.

¿Sabía que Deborah era la indicada en aquel entonces? Yo sabía cómo me sentía en ese momento y eso era lo único en que pensaba. Estaba abierto a la posibilidad sin siquiera pensar al respecto. Creo que lo importante, pensando en el pasado, es que debemos saber que uno no atrae a quien desea o necesita. Uno siempre atrae a quien *uno es*. Por eso si haces todo el trabajo interno necesario y te ocupas de quien eres, entonces tu corazón se abrirá, y podrás ser flexible y vulnerable nuevamente e invitar a tu reina y llevar tu existencia a otro nivel. No creo que haya sido una coincidencia.

Deborah era *sexy* y apasionante, y me hacía sentir a gusto. Tenía un costado muy generoso y protector. Inmediatamente después de que empezáramos a salir tuve la sensación de que uno de los motivos por los cuales nos encontramos era porque yo necesitaba ayuda para limpiar mi clóset interior. Luego ella comenzó a pedirme que fuéramos a Oakland a conocer a sus padres.

Deborah era la hija menor de Saunders King, un músico de blues de Bay Area. Él era afroamericano y su esposa blanca, y eran gente respetable y devota. SK se había hecho conocido en el área de San Francisco durante la Segunda Guerra Mundial, tocando blues y baladas para militares afroamericanos con su gran banda u "orquesta", como la llamaban en esa época. Tenía una manera tranquila de cantar. "S.K. Blues" fue su gran éxito en el 42.

SK tenía historia. Era uno de los primeros guitarristas de *blues* eléctrico de la costa oeste y pertenecía a la misma generación que T-Bone Walker; había escuchado a Charlie Christian tocar la guitarra con Benny Goodman, y eso era todo. SK consiguió su propio instrumento, armó una banda y de repente estaba tocando en espectáculos con Billie Holiday cuando ella se encontraba en la cúspide. Según lo que me contó después, me pareció que a veces él reunía a su banda de la costa oeste por ella. SK había conocido a Charlie Parker y había trabajado con él. SK también era veterano del antiguo circuito TOBA (la Theater Bowers Boeing Association, propiedad de afroamericanos, el *verdadero* circuito Chitlin'), había hecho giras

por algunos lugares difíciles y se había enfrentado a cuestiones raciales graves.

Para comprender qué tan respetado era SK, es necesario saber que B. B. King lo llamaba su dios personal. La respuesta de SK cuando oía eso era: "¿B. B.? Conozco a ese muchacho desde antes de que supiera tomar una guitarra".

SK no tenía problemas en que sus hijas se relacionaran con tipos que tenían un cierto tipo de perfil público. Tenía práctica en ello: Deborah había estado un tiempo con Sly y la hija mayor de SK, Kitsaun, salía con Kareem Abdul-Jabbar en ese entonces. Años después, Kareem y yo nos contábamos anécdotas sobre SK. Me contó que recordó los consejos de SK mientras recibía una golpiza jugando con los Milwaukee Bucks, creo que solo así podían detenerlo. SK le dijo que se defendiera, que no esperase a que llegara el árbitro. Solo una vez, solo un buen golpe. Así lo hizo y dio sus frutos: sus contrincantes empezaron a dejarlo solo.

Después, cuando empecé a llamarlo "papá", SK me narraba sus historias. Una de sus favoritas era sobre la vez que tocó en una sesión con Louis Armstrong, creo que era una emisión de radio. Todos estaban leyendo la partitura antes de salir al aire, excepto Louis. Cuando le preguntaron qué haría en caso de no saber la música, él respondió que tocar música era como caminar en un huerto lleno de árboles frutales; cada nota era una fruta que colgaba de una rama y él solo recogería las más maduras.

Una vez, noté que SK se veía contrariado y le pregunté qué le ocurría. "Sabes, recibí una llamada telefónica anoche y un tipo empezó a hablarme. Me di cuenta de que era músico, y no dejaba de llamarme 'negro'. No tolero cuando alguien no me llama por mi nombre". Así es como hablaban de eso en la generación de SK.

SK dijo: "Ni siquiera sabía quién era. Corté el teléfono y me enojé; pero, de repente, me dije: 'Sé quién era'. Era Dizzy Gillespie, pero no me importó. Volví al teléfono y lo llamé. 'Hombre, nunca más vuelvas a llamar a mi hogar ni me vuelvas a insultar, ¿me entiendes? Me llamo Saunders King, ¿te quedó claro? Ahora entiendo por qué te llaman Dizzy'".

Kareem y yo solíamos hablar sobre el tiempo que tomaba pasar la etapa de prueba de SK. Ni siquiera se volteaba para mirarte y, con el palillo en la boca, parecía Otis Rush. Puedes hablar de lo que era el Checkpoint Charlie, o de la seguridad aeroportuaria y todo eso; pero nada de esto puede compararse a lo que yo sentía cada vez que Deborah me llevaba a la casa de sus padres. SK tardó bastante en realmente abrirse.

Yo me acercaba a Deborah, no a sus padres. Pero, cuanto más tiempo pasaba con ella, más tiempo pasaba con todos ellos. Estaba recibiendo otra familia. Recuerdo una vez, poco después de conocer a Deborah, que Armando me miró y meneó la cabeza, como si pensara: "Ya es demasiado tarde para salvar a este tipo".

Caravanserai se lanzó en octubre del 72 y, al igual que para los otros álbumes, nos preparamos para salir de gira y tocar en conciertos para mostrar nuestra nueva música. En ese momento, Santana estaba compuesto por Shrieve, Dougie en el bajo, Armando, Mingo y Chepito en percusión y dos tipos en teclados, TC y Richard Kermode, quien tocaba un *montuno* malo y directo, tenía un estilo latino consistente y era firme como un caballo. Para mí, TC era el Keith Jarrett de Santana y Kermode se convirtió en Chick Corea. Kermode había tocado en Malo, la banda de Jorge. Recuerdo que mi madre me recomendó que fuera más cuidadoso cuando incluyera músicos que provenían de la banda de mi hermano. Yo no pensaba que me lo había *robado*. Yo pensaba que Santana era otra oportunidad para los músicos y, si querían, podían intentar tocar con nosotros, ver si funcionaba y luego decidir qué querían hacer. Esa era una muy buena combinación, TC y Kermode.

La gira *Caravanserai* comenzó por América del Norte en octubre. Estaba compuesta por Santana, Bobby Womack y Freddie King: grupos de rock, blues y soul, todo junto. Hombre, cuando tocaba junto a todas estas leyendas, sentía que tocaba el cielo con las manos. Tocamos en varios lugares del Chitlin' Circuit, que normalmente no recibían bandas de rock. Entonces, uno podía observar entre el

público una gran cantidad de tipos afroamericanos, que no se veían con frecuencia en los conciertos de Santana y, por supuesto, había muchos admiradores blancos de rock viendo a Bobby y a Freddie, a quienes no irían a ver habitualmente.

El problema fue que cuando comenzamos a tocar las piezas más largas de *Caravanserai*, nuestros admiradores comenzaron a gritar: "Eh, Santana, toca 'Oye Como Va' ". Lo hacían sin ningún tipo de reparo. Yo estaba tocando un solo lento y largo y, de repente, alguien gritaba a todo pulmón: "Toca la maldita 'Evil Ways' ". Oh, hombre. Recuerdo que me volteé y miré a Shrieve, luego debíamos comenzar con "Stone Flower". La gente realmente se expresó en esa gira. Las otras bandas se daban cuenta. Recuerdo a Freddie King decir: "Oye, Santana, están tocando una porquería muy rara. ¿Por qué no tocan un poco de 'Black Magic Woman'? Me gusta más cuando solo tocan blues".

Cambiar de dirección musical nunca es fácil; pero parecía que esa primera gira después de *Caravanserai* fue lo que causó más tensión, tanto entre nosotros como entre la banda y los admiradores. Incluso causó tensión dentro de mi familia; mi mamá no entendía por qué tocaba música original y mi papá todavía no había podido descifrar las estructuras de las canciones de Santana. Los dos pensaban que era una locura de mi parte cambiar a Santana drásticamente. Mientras tanto, estábamos de gira; yo pensaba mucho en Deborah y en mi espiritualidad que crecía. Meditaba y Larry Coryell me había presentado un nuevo guía espiritual.

Coryell y yo ya transitábamos el mismo camino desde el punto de vista musical; era un guitarrista que mezclaba intenciones de rock y jazz antes de que a mí incluso se me ocurriera. Incluso había grabado pistas con Jimmy Garrison y Elvin Jones, el bajista y el baterista de Coltrane, el año después de que John se fuera. A principios del 72, antes de conocer a Deborah, Coryell pasó por San Francisco y se quedó en mi casa. Meditamos juntos y observé una fotografía que llevaba con él; estaba enmarcada y era intimidante. Mostraba a un hombre que meditaba tan profundamente que la fotografía zumbaba. Sus ojos no estaban completamente cerrados y

parecía que tuviera una pequeña sonrisa en el rostro. Le pregunté a Larry quién era. "Esta es una imagen trascendental de Sri Chinmoy en un estado superior".

Un estado *muy* superior; podía sentir la intensidad que emanaba del hombre con tan solo mirar la imagen. Llegaría a conocer muy bien esa fotografía y esa imagen; pronto me encontraría meditando sobre la foto como lo hacía Larry y lo seguiría haciendo durante casi diez años. Ese rostro se convertiría en la nota que usaría para conectarme con una conciencia cristiana, una conciencia budista.

Sri Chinmoy era un gurú de la India que se había mudado a la ciudad de Nueva York y había fundado un centro de meditación y ashram en Queens. Larry fue uno de sus primeros discípulos pero eso no importaba; si Larry me hubiera invitado a conocerlo en ese momento, creo que hubiera corrido en dirección contraria. Pero nueve meses después, después de juntarme con Deborah y terminar *Caravanserai*, estaba preparado. Comenzó con John McLaughlin, me encontró en un estado de apertura y ayudó a plantar la semilla.

Así sucedió: justo antes de que comenzara la gira *Caravanserai*, John me llamó para grabar un álbum con él. Creo que se debía al álbum de Buddy Miles, algunas personas se dieron cuenta de que estaba dispuesto a colaborar, y John sabía que la música de Coltrane ocupaba un lugar en especial en mi vida. Y lo mismo le pasaba a él. El álbum de John de ese año, *The Inner Mounting Flame,* se conectaba conmigo en el mismo nivel; entonces, tenía sentido. Más tarde supe que Mahavishnu fue el nombre con el que Sri bautizó a John.

Pero John había sido guitarrista en el grupo de Tony Williams, el tipo que tocó con Miles en *In a Silent Way* y después en *Jack Johnson*. En esa época, las personas me preguntan si me resultaba intimidante tocar con John; *siempre* es intimidante tocar con John. Estaba muy ocupado tratando de reestructurar el sonido de la guitarra para el jazz; para la *música*. ¿Qué podía hacer yo al lado de él?

Es raro, no tenía problema en defender la música de Santana; podía hacerlo por mi cuenta. Pero cuando John me pidió que grabe con él, hablé con muchas personas, incluidos Shrieve y Deborah, antes de aceptar. Recuerdo que Armando me dio un buen consejo:

"No te preocupes, maldita". (Decía "maldita" en vez de "maldita sea"). "Déjalo tocar su música, déjalo tocar. Cuando sea tu turno, ya tendrás algo que él no tiene".

Para mí, eso tenía sentido; estoy allí para complementar lo que John hace y no, para competir con él o para que nos comparen. Sin embargo, antes de aceptar, me dije que debía prepararme para esperar, esperar a ver qué tocaba y cómo lo tocaba; luego, hacer lo contrario. Si sube y baja por el cuello de la guitarra rápidamente y con notas cortas y claras (*staccato*); debería responderle lentamente, con notas más largas y sería un hermoso contraste.

Era como si Miles hubiera sido mi maestro; nunca dejaría de aprender porque así soy yo.

Esas lecciones nunca desaparecerían; están grabadas en mí y las llevo siempre conmigo. Todavía las recuerdo cada vez que toco con otra persona que sé que es excelente o si simplemente tengo que encontrarme con alguien como con un presidente o con Nelson Mandela. El miedo y la intimidación son como la ira y el odio, todos son parte del juego del ego.

Aceptar grabar con Mahavishnu, para entonces lo llamaba Mahavishnu y el me llamaba "Little Brother" (hermanito), se resumió en esta importante lección: mi mente trabaja para mí, yo no trabajo para ella. Sin importar qué le ordene a mi mente, lo haremos. Me dije a mí mismo: "Sí, van a ser un poco moviditos los primeros intentos en el estudio con John, pero encontraré el camino". Todavía tengo esa actitud, no importa con quién vaya a tocar o dónde vaya a hacerlo.

Cerramos el trato cuando John se fue de San Francisco para unirse al nuevo Santana en Winterland, a principios de octubre, que fue realmente la primera vez que la nueva formación completa tocaba. John tocó durante la última media hora. Era la primera vez que Deborah miraba un espectáculo de Santana detrás de escena. Me sentía estupendamente porque la música sonaba bien y yo estaba enamorado. Me sentía liberado y abierto a lo que fuera que viniera después, como si me quitara un peso de encima.

La gira *Caravanserai* en los Estados Unidos y Canadá no duró

mucho; terminó con algunos espectáculos en la ciudad de Nueva York a fines de octubre. Deborah y yo nos encontramos allí; luego, McLaughlin y yo fuimos a grabar al estudio nuestras secciones rítmicas. Larry Young y Jan Hammer tocaron el órgano; la mujer de John, Eve, tocó el piano; Don Alias y Billy Cobham se encargaron de la percusión; y Shrieve, Armando, Mingo y Dougie tocaron el bajo, aportando equilibrio. La música incluyó algunas canciones originales de John; puede escribir canciones hermosas y largas, melodías celestiales y sé que esa es una de las razones por las que Miles lo adoraba. Escribió dos para este álbum, "Meditation" y "The Life Divine". También grabamos una hermosa canción espiritual meditativa llamada "Let Us Go into the House of the Lord", que se convirtió en una de mis canciones preferidas para tocar al final de los recitales, porque cuando las personas la escuchaban, realmente comprendían: "Está bien, es hora de partir".

John y yo también tocamos dos de nuestras piezas preferidas de Coltrane, la introducción de *A Love Supreme* y "Naima". Fue gracias a Coltrane que tocamos juntos. Entonces, sentimos que teníamos que celebrar su música y reconocerlo. No pensamos en que éramos solo unos músicos de *rock* tocando algunas de sus canciones más sagradas a tan solo unos pocos años después de su muerte. Era demasiado inocente como para pensar en eso; incluso después del lanzamiento del álbum, no leí ninguna reseña sobre si habíamos cometido un sacrilegio o no. Sé que así como existe la policía de la clave, existe la policía del jazz. Gábor Szabó le había puesto un nombre. "Oye, no son músicos", diría. "Son solo un puñado de *jazzbos* (presumidos, sin talento). Los verdaderos músicos no piensan así". Así me sentía yo. No me parecía tan grave, no habíamos pintado a la *Mona Lisa* con bigote; nunca sentí que fuera un error tocar esa música.

John y yo nos volveríamos a juntar a principios del 73 para terminar la música que se incluiría en el álbum. Finalmente lo llamamos *Love Devotion Surrender*, que era el camino espiritual de Sri Chinmoy. Coryell había sido el primero en mencionar a Sri, luego John había comenzado a hablar sobre él con mucha más intensidad, con una serenidad consistente en su persona. Esa última

semana de octubre, John y Eve nos llevaron a Deborah y a mí a conocer a su gurú por primera vez.

La reunión se celebró en el Centro Religioso de las Naciones Unidas, que se encontraba en frente de los edificios principales de las Naciones Unidas. Había muchas personas, se servía comida india y había música en vivo. Luego, algunas personas leyeron poesía; no era muy distinta a las reuniones a las que asistía en San Francisco. Llevé flores como señal de respeto; había escuchado hablar a otros líderes espirituales, pero no sabía qué esperar. Sri era un hombre de baja estatura que se estaba quedando pelado, llevaba túnicas rojas y una gran sonrisa blanca, una sonrisa increíble y dulce.

John nos presentó y Sri dijo: "Ah, Mahavishnu me ha hablado de ti. Buen chico. Me alegra mucho que estés aquí". Más tarde aprendí que saludaba así a todos sus discípulos: "Buen chico", "Buena chica". Me miró atentamente y aceptó las flores. Luego dijo: "Puedo ver que tu alma quiere, realmente, estar aquí".

Sri empezó a dirigirse a todos los que estaban presentes; contó historias y habló sobre su filosofía. Descubrí de inmediato que *deseo* era la palabra que utilizaba para describir las fuerzas descontroladas del ego, las fuerzas que separan y dividen a las personas. *Aspiración* era el esfuerzo del espíritu para escapar del yugo de esas fuerzas, para alcanzar un estado superior de la conciencia y unir a las personas. "La aspiración es el grito interno", decía. "Pide la dicha eterna, paz ilimitada y luz. La aspiración armoniza; el deseo monopoliza".

Cerré los ojos y lo próximo que supe es que sentía que estaba cada vez más cerca, que se iluminaba más y más, hasta que estuvo justo en frente de mí, aunque estaba a metros de distancia en el frente de la habitación. Dejé los ojos cerrados y, además de la voz de Sri, recuerdo haber escuchado otra voz dentro de mí que me decía que Sri era un hombre de los elementos, que él llevaba al sol, al agua y a la tierra en su interior. La voz interior decía: "Eres una semilla. La semilla necesita sol, agua y tierra. Juntos van a poder crecer y brindar el fruto divino a la humanidad".

No lo invento, eso es realmente lo que escuché. Sri dejó de hablar y sentí que estaba dentro de una catarata, pero en lugar de agua había luz y, en vez de caer, la luz subía. Me preguntaba: "¿Esto realmente sucedió?". Cuando abrí los ojos, supe que las enseñanzas de Sri estaban destinadas a ser mi camino. Sri también lo sabía. No había que firmar contratos, no debíamos darnos un apretón de manos, ni nada por el estilo. No había una bienvenida oficial; solo Sri parado frente a mí, sonriendo y diciendo: "Te recibo; te acepto. Si quieres, te tomo como discípulo. Pero debes cortarte el cabello y afeitarte la barba".

Sabía que Sri no aceptaba el consumo de drogas y de alcohol, y defendía la abstinencia sexual hasta el matrimonio. John me lo había contado todo. Sri se centraba en la disciplina (de eso se trataba la parte de "entregarse") y no estaba muy de acuerdo con el estilo de vida hippie. Estaba feliz de que me lo hubiera ofrecido, pero no estaba seguro. ¿Cortarme el cabello? Nadie jamás me había pedido hacer algo así, y pensaba que nadie lo iba a hacer, excepto alguien como Sri. En 1972, el cabello largo no solo era una marca de honor, era tu identidad, tu fuerza y tu conexión a un estilo de vida que decía: "Me cansé de la antigua manera de hacer las cosas". Lo que Sri pedía me recordaba a la historia de Sansón y Dalila.

Cuando regresamos al hotel, Deborah me preguntó qué iba a hacer, si realmente me iba a unir. Ella me explicó cómo se sentía, y dijo que estaba lista. Le respondí: "No lo sé. No quiero que parezca extraño, pero tengo que tener algún tipo de señal". Acababa de decir eso, cuando un pájaro entró a la habitación, habíamos dejado abierta la ventana. Aleteó por la habitación y luego salió. Deborah y yo nos miramos con los ojos bien abiertos. Pensaba: "Maldita sea. ¿Eso acaba de suceder realmente?". Después de unos segundos, Deborah dijo: "Está bien. Creo que te cortarás el cabello".

Encontramos un peluquero en el Village. Recuerdo la expresión en la cara de la mujer cuando entré, como si hubiera entrado al lugar equivocado. La próxima vez que vi a Sri, me veía limpio. Llevaba una camisa blanca y, entonces, creo que por primera vez en seis o siete años mi cabello no me tocaba el cuello. Todo lo que quedaba en mi cara era un prolijo bigote.

Sri nos dio la bienvenida a Deborah y a mí en su ashram. Sentía como si me hubiera desecho de una gran joroba, como si me hubiera curado de un cáncer de ira y miedo, y hubiera vuelto de una meditación muy profunda. Inmediatamente mejoraron mi sentido del gusto y del olfato. Me sentía saludable; mi propia saliva tenía gusto dulce, ya no tenía mal olor. También noté que ya no olía raro, incluso después de un largo concierto, antes de darme una ducha. Algo había cambiado en mi estructura molecular; las moléculas obedecen a los pensamientos, sabes.

Luego, casi de inmediato, tuvimos que abandonar Nueva York y unirnos a Santana en Londres para comenzar una gira por Europa. Todos se sorprendieron cuando me vieron. Podía leer en sus expresiones que pensaban que alguien había secuestrado a Carlos y había enviado a su hermano gemelo en su lugar. Les expliqué que Deborah y yo habíamos aceptado a Sri Chinmoy como nuestro guía espiritual, nuestro gurú, y que él nos había aceptado a nosotros. Creo que la mayoría lo entendió, aunque mi corto cabello fue un gran cambio. Shrieve fue el que verdaderamente lo comprendió, porque ambos amábamos a Coltrane y porque ambos estábamos en este planeta en busca de lo mismo: estabilidad espiritual, mental y física. Poco después, él también se cortó el cabello y se convirtió en discípulo de Swami Satchidananda.

Nuestra gira por Europa de *Caravanserai* fue un éxito después de eso. Tocamos en el Wembley Arena de Londres, y recuerdo que todas las dudas, la frustración y la ira que sentía en relación con el rechazo del público hacia nuestra nueva música desaparecieron después de leer las reseñas de nuestro álbum y de nuestro espectáculo en el *Melody Maker*. Richard Williams, uno de los mejores periodistas de rock de Inglaterra, había escrito las dos reseñas. Dijo que *Caravanserai* era el "álbum de ritmo más deseado de 1972", y explicó que nuestro progreso era "lógico, orgánico e inteligente". Señaló que cada melodía se fundía para crear la próxima. La reseña también comparaba algunos de los arreglos de orquesta con el sonido que obtenía Gil Evans; cualquier comparación con la música de Miles me hacía sonreír.

Los elogios de Williams sobre nuestro recital en el estadio de Wembley fueron aún mayores. Él dijo, y cito: "Parecía que los dioses habían bajado del Olimpo y vuelto a habitar la Tierra". Explicó que esta era la mejor versión de la banda hasta el momento y que claramente, yo me sentía cómodo siendo el líder del grupo, interactuando con todos en el escenario. Nos volvió a comparar con la banda de Miles; hizo mención especial de Tom Coster y Richard Kermode, llamándolos "un par de Keith Jarretts", y también escribió sobre el equilibrio entre lo sofisticado y lo moderno de la música.

Hasta el día de la fecha, es mi reseña preferida sobre Santana. No fue solo por la felicitación de Williams, había poder en lo que dijo y en cómo lo dijo. Realmente comprendió el trabajo que habíamos hecho en *Caravanserai* y el riesgo que habíamos tomado cuando elegimos una nueva dirección. ¿Quién hubiera pensado que provendría de una revista británica y no de una estadounidense?

Me sentía en las nubes, la banda estaba trabajando muy bien. Tocamos en muchos lugares de Europa y luego volvimos a tocar en Montreux, y las bendiciones continuaron. Claude Nobs nos invitó a Deborah y a mí a su hogar. Cocinó para nosotros una *fondue* de queso y frambuesas flambeadas. Nos dio una extraordinaria habitación donde había conectado su teléfono con una tecnología determinada, de forma tal que al presionar los botones sonaba la música que había grabado en sus festivales. La música se escuchaba en el sistema de sonido de la habitación. "I Say a Little Prayer" de Aretha Franklin estaba conectada a los números uno, siete y nueve. Presionaba los números y se escuchaba la canción. Recuerden que era 1972. Aún no sé cómo hizo Claude para conseguir esa tecnología en ese momento.

Cuando regresamos de Europa, hicimos algunos conciertos más que había coordinado Bill Graham por Estados Unidos. Cuando me preguntó qué banda quería que fuera la telonera de Santana, me tomó menos de un segundo responder Weather Report. Aceptaron acompañarnos y en cada espectáculo me quedé detrás de escena escuchándolos tocar a Wayne, Joe, Eric Grávátt en la batería y Miroslav Vitous, que tocaba el bajo acústico con un sonido tipo *wah-wah*.

Amaba su música, pero me sentía muy incómodo cuando el público gritaba "Santana" mientras tocaban. Quería subir al escenario, tomar el micrófono y decir: "¡Eh, cierren la boca! Es Weather Report; este es *Wayne Shorter*. Me avergüenzan". Tenía que respirar hondo. Pensaba que tal vez, podíamos intercambiar roles y ser nosotros su banda telonera, pensé que el problema se solucionaría si Santana tocaba primero y luego ellos, pero recuerdo que Bill explicó que no sería justo porque el público se iría inmediatamente después de que termináramos. "No comprenden el valor de esta música como tú lo haces".

Wayne es un genio armónico y era una de las razones por las que la banda de Miles sonaba así en los 60 y por las que el jazz sonaba así en los 70. Joe Zawinul y él fusionaron el *jazz* y el *rock* eléctrico en Weather Report con elegancia y con supremo coraje y compromiso en una época en la que las personas de ambas corrientes se quejaban de ellos. La policía del *jazz* y la multitud del *rock* no sabían qué pensar sobre ellos.

Más tarde, llegué a conocer a Wayne y descubrí que, en persona, es dulce y afectuoso. Ahora es uno de mis amigos más cercanos y me enorgullece mucho que así sea. Pero nos llevaría varios años fortalecer nuestra relación. Tengo la necesidad de expresar todo lo que siento por ese hombre. Lo explicaré de esta manera: si existieran siete Carlos Santana, uno de ellos se quedaría con Wayne todo el día. Solo se ocuparía de él desde el momento en que se despierta hasta que se sube al avión o al coche para ir al espectáculo o al estudio, y hasta el momento en que regresa nuevamente a casa. De este modo se aseguraría de que siempre esté bien, haciendo lo que hace. Pocas cosas me importan tanto como poder ayudar a Wayne Shorter. Esa es la magnitud de mi respeto y veneración hacia él.

El carácter de Wayne es una mezcla entre un niño con una nueva caja de crayones, que acaba de descubrir el color naranja, y un caballero Jedi viejo y sabio. Puede estar riéndose, pensando en la escena de una de esas viejas películas que adora (se acuerda de todas ellas); y luego, darse vuelta y decir una de las cosas más profundas.

Una vez, estábamos juntos y el baterista de la banda estaba muy molesto por algo que había ocurrido durante la gira, algo que puede pasar en cualquier lugar y en cualquier momento. Wayne lo dejó seguir, lo escuchó, lo respetó. Al final, el baterista dejó de hablar para poder respirar y Wayne dijo: "Entonces, ¿qué *aprendiste*?".

Una excelente manera de abordarlo para que reflexione, y además para que deje de quejarse. Wayne plantea las cosas de cierta manera que logra que cambies la perspectiva completamente, como la forma en la que piensa la música. En una ocasión, lo vi sentado en el piano, pensando, traspirando, colgándose de las teclas como una mantis religiosa, preparándose para tocar un acorde. De repente, bajó sus manos, se inclinó hacia atrás y preguntó: "¿Lo escuchaste?". Alguien más que estaba presente respondió: "Bueno, esa es una inversión de una séptima aumentada de si bemol con…". Wayne ni siquiera lo dejó terminar. "No, ¡no lo es!" El otro hombre respondió: "Pero, hombre, sí lo es; mira, tú tienes…".

"No, no lo es. Es una textura, una textura en sonido".

Nunca lo había visto a Wayne reaccionar de esa manera, lo que él decía era: "No trates de encajonar a la música, adherirla y guardarla, como si fuera una mariposa seca de colección. Déjala que viva, al menos durante un rato, antes de analizarla y encajonarla. Mantén la imaginación abierta y fluyendo". Wayne se dedica a crear música que a veces no tiene sentido pero que siempre te pone la piel de gallina.

Bill tenía razón en el 72: la mayor parte de las personas no podían escuchar lo que Wayne y Weather Report hacían. En ese momento, Wayne tampoco sabía realmente lo que yo pensaba. Entonces, cuando finalizó la gira y me dirigí a él, fue un poco frío conmigo. Me di cuenta de que esta experiencia con nosotros, no había sido de las mejores de su carrera.

Para cuando volvimos a San Francisco, al final de la gira, Deborah y yo nos mirábamos de una manera completamente nueva y diferente. Estábamos enamorados y era el momento de presentársela a mi familia. Lo hice antes de que concluyera el año. Luego viajé a

Oakland. Allí su madre, Jo, me recibió como si volviera a casa. Ella me aceptaba completamente.

Luego hablé con SK, esa era como la tercera vez que lo hacía, y esta vez bajó la guardia hasta el punto en el que se me acercó y me dijo: "¿Puedo hacerte una pregunta?".

"Sí, señor".

Me miró con mucha seriedad. "¿Crees en el Tono Universal?".

Le respondí: "Sí, señor. Tono Universal significa que existe una nota que puede conectar alfa con omega, que puede conectar lo espiritual con lo terrenal. Existe una nota que se puede tocar en cualquier momento, en cualquier lugar, que puede hacer que te comuniques con todos los corazones al mismo tiempo".

SK no fue el primero en hablarme del Tono Universal. Supongo que la primera vez que escuché hablar sobre el Tono Universal fue con los hippies, dada su conexión con Charles Lloyd y Coltrane, The Beatles, The Doors y todo el ámbito de San Francisco. En ese momento, no sabía mucho sobre el sonido sagrado pero sí sabía lo que era el *om* gracias a mis lecturas espirituales y por supuesto, por el álbum de John Coltrane que llevaba el mismo nombre. Conocía la idea de que existe un Tono Universal y que muchos caminos religiosos, incluso el de los amerindios, lo utilizan para conectarse con el Padre Cielo y la Madre Tierra. Entendía que el Tono Universal se trataba de una conciencia colectiva. No se trata de una persona; se trata de todas. Es una forma de utilizar el sonido para conectarse con lo divino que todos llevamos dentro.

Me sorprendió escuchar a SK hacer esa pregunta. Creo que él había visto a muchos músicos (algunos de mi generación y seguramente, muchos de su generación también) que habían perdido el equilibrio, que estaban desconectados del Tono Universal. Era la primera vez que SK hacía una pregunta como esa y supe que eso significaba que comenzaba a mirarme en una forma diferente.

(De izq. a der., fila superior) Tony, Irma, María, mi papá y mi mamá; (fila inferior) Jorge, Lety, yo y Laura, 1982. (© Deborah Santana)

(En sentido horario) Alphonso Johnson, Alex Ligertwood, David Sancious, Raul Rekow, Chester C. Thompson, Chester D. Thompson, Orestes Vilató, Greg Walker, yo y Armando Peraza, 1984. (© Jim Marshall Photography LLC)

Salvador y yo en una sesión de video en San Francisco, 1985. (© Ken Friedman)

"Veo tu cerebro. Veo lo que piensas". El sensitivo Salvador, 1987. (© Santana Archives)

"¿Estás listo para mí?". Stellabella, 1987. (© Santana Archives)

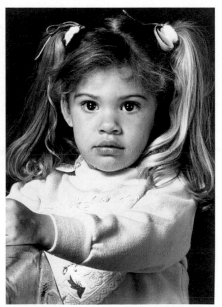

Stella y Salvador, 1988. (© Santana Archives)

"Lista para el mundo". Angelica,
1992. (© Daniel Valdez)

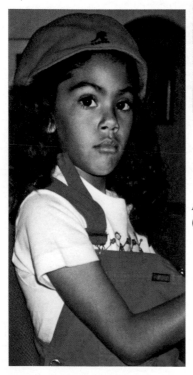

Angelica Faith, 1996.
(© Santana Archives)

(De izq. a der., fila superior) Yo, Irma, mi mamá y mi papá, Tony, Laura; (fila inferior) Lety, Jorge y María, 1988. (© Deborah Santana)

(De izq. a der.) Alphonso Johnson, Michael Shrieve, Chester Thompson, José "Chepito" Areas, Armando Peraza, yo y Gregg Rolie, detrás de escena en 1988. (© Ken Friedman)

Tocando en la prisión de San Quentin el 10 de diciembre de 1988. (© MarkBrady.com)

Con mi madre en San Rafael en 1988. (© Santana Archives)

Tocando con Stevie Ray Vaughan y Double Trouble en el Oakland Coliseum, diciembre de 1989. (© Jay Blakesberg)

José y Josefina en su quincuagésimo aniversario, 1990. (© Santana Archives)

José y sus hijos: (de izq. a der.) José, yo, Jorge y Tony, 1990. (© Santana Archives)

(De izq. a der.) Salvador, Angelica, Deborah, yo, Stella y Champ, el perro, 1991. (© Linda J. Russell)

Bill Graham y yo
conversando sobre
el escenario en
1991. (© Santana
Archives)

Clive Davis y yo en
los Grammy, 23 de
febrero de 2000.
(© Rick Diamond)

"Tarde supernatural con Santana": (de izq. a der.) Everlast (también conocido como Erik Schrody), Sincere (también conocido como David McRae), Wayne Shorter, Money Harm (también conocido como Marvin Moore-Hough), yo, Rob Thomas, Sarah McLachlan, Dave Matthews y Carter Beauford, 2000. (© Neal Preston)

(De izq. a der.) Deborah, yo, Stella y Angelica, 2000. (© Mark Seliger)

Josefina, Dolores Huerta y José José en los Grammy latinos en 2000. (© Santana Archives)

Gary Rashid y yo en 2003. (© Santana Archives)

Hal Miller y Kitsaun King detrás de escena, 2003. (© Santana Archives)

Dejando que fluya el Tono Universal. Tocando con Buddy Guy en el San Francisco Blues Festival, 26 de septiembre de 2004. (© Gabriel Bronsztein)

(De izq. a der.) Chad Wilson, Gary Rashid, Chester Thompson, Tony "TK" Kilbert y yo en Hawái, 2007. (© Hal Miller)

Apostando al futuro: Cindy y yo el día de nuestra boda en Maui, 19 de diciembre de 2010. (© Jimmy Bruch)

Sellado con un beso.
(© Jimmy Bruch)

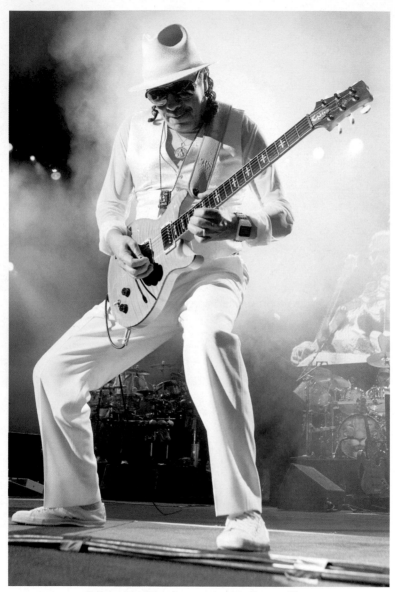

Sobre el escenario en 2011. (© Gary Miller)